Rüdiger von Fritsch
Russlands Weg

aufbau

RÜDIGER VON FRITSCH

RUSSLANDS WEG

ALS BOTSCHAFTER IN MOSKAU

Mit einem Vorwort von Viktor Jerofejew

aufbau

Das Vorwort wurde übersetzt
von Beate Rausch

MIX
Papier aus verantwortungsvollen Quellen
FSC® C083411

ISBN 978-3-351-03814-4

Aufbau ist eine Marke der Aufbau Verlage GmbH & Co. KG

4. Auflage 2022

Einbandgestaltung Anzinger und Rasp, München
Satz LVD GmbH, Berlin
Druck und Binden CPI books GmbH, Leck, Germany
Printed in Germany

www.aufbau-verlage.de

Für Huberta, in großer Dankbarkeit
für 35 gemeinsame Jahre im Auswärtigen Dienst

»Ich weiß sehr gut, dass man Politik nicht mit dem Herzen macht, und trotzdem denke ich, dass man der Politik keinen Schaden zufügen kann, wenn das Herz ein wenig beteiligt ist. Die Gemeinsamkeit unserer Schicksale und die gemeinsamen Interessen haben mich zu dieser Überzeugung gebracht, mit der ich hier meinen Dienst geleistet habe.«

Ulrich Graf Brockdorff-Rantzau, deutscher Botschafter in Sowjetrussland und der UdSSR 1922 bis 1928

INHALT

VORWORT

Wozu Putins Zarenreich fähig ist

Dieses Buch, wohl eine der interessantesten Publikationen über das gegenwärtige Russland, besticht mit seiner eleganten, zurückhaltenden Erzählweise, die die Klugheit und literarische Fähigkeit des Autors reflektiert.

Die heutigen Botschafter schreiben selten Bücher, schon gar keine gescheiten. Entweder sie haben nichts zu sagen, oder es mangelt ihnen an schriftstellerischem Talent. Rüdiger von Fritsch ist da eine Ausnahme von der Regel. Der charmante und stets sehr sachlich argumentierende deutsche Botschafter, der erst kürzlich nach mehreren Dienstjahren Moskau verlassen hat, gesteht weder seine wahnsinnige Liebe zu meinem Land, wie das häufig bei Autoren der Fall ist, die über Russland schreiben, noch zeigt er sich furchtbar enttäuscht von seinen Erfahrungen als Diplomat in Moskau.

Ganz konkret schreibt er über seine Einsichten, zu denen er nach gründlichem Nachdenken gelangt ist. Seine Erkenntnisse setzte er bei seiner Arbeit ein und diskutierte mit vielen Menschen darüber. Als Botschafter Deutschlands vertrat er in Moskau nicht nur die politischen Interessen seines Landes, sondern auch europäische Werte, die über Jahrhunderte gewachsen sind und deren Eigenheiten vor allem im Vergleich zu anderen, in diesem Fall russischen Werten, besonders deutlich hervortreten. Der Autor schildert seine Erfahrungen aus drei verschiedenen Perspektiven. Als Botschafter. Als Literat. Als Europäer. Nein, Moment mal, es gibt noch eine vierte Perspektive. Die des Menschen, der das Russland der Kultur und der unabhängigen Meinungen schätzen und lieben gelernt hat. Ein solches Russland existiert glücklicherweise.

2014 kam Rüdiger von Fritsch als Botschafter nach Moskau, in einem für die russisch-europäischen Beziehungen höchst tragischen Jahr. Damals traten die verborgenen Absichten des Kremls, der von einem Wiederaufstieg zur Supermacht träumte, deutlich zutage. Im politischen Nebel zeichneten sich vage die Konturen der ehemaligen Sowjetunion – angeblich Opfer westlicher Verschwörung – als Zukunftsvision ab. Das Moskauer Polittheater präsentierte den Zuschauern rund um den Globus eine Überraschung: eine geschickte Spezialoperation zur Angliederung der Krim an Russland. Und anschließend befleckte es sich mit dem Blut eines ganz realen Krieges in Europa, im Südosten der Ukraine.

Das Buch bietet eine ausführliche und fundierte Analyse dieser Geschehnisse, der Gründe und Ziele, und geht auch darauf ein, wie sich die Situation weiterhin entwickelt, denn die Tragödie ist noch nicht zu Ende.

Das Wesentliche an dem Buch ist, dass es als politische Geschichte beginnt und übergeht in eine philosophische Reflexion der Unterschiede zwischen den russischen und westlichen Lebenseinstellungen. Dabei idealisiert der Autor den Westen durchaus nicht, obwohl er ganz und gar zu den westlichen Werten steht, und er dämonisiert auch nicht Russland, das sich unterdessen mehr und mehr in ein feudalistisches Lehnsgut seines unabsetzbaren Präsidenten verwandelt.

Der Autor sieht die russische Mentalität im Grunde als kognitive Dissonanz, als ein Aufeinanderprallen gegensätzlicher Tendenzen, als ein Bündel unvereinbarer Ideologien, historischer Verflechtungen und nicht zuletzt persönlicher Ambitionen des ersten Mannes im Staate. Im Buch wird eine amüsante Parallele zwischen den identischen Zielen des reaktionären Zaren Alexander III. und des jetzigen Präsidenten gezogen, der aus den bescheidenen Verhältnissen einer sowjetischen Leningrader Familie stammt, und der anlässlich der Einweihung eines Denkmals für den Zaren auf der Krim diesen unlängst in den höchsten Tönen lobte.

In der russischen Außenpolitik, so lesen wir, zeigen sich die Stimmungen der Ideologen, die davon träumen, wie man

Europa schwächen und zugleich sein ökonomisches Potenzial nutzen kann. Irritiert ob der Festigkeit seiner Positionen, weisen russische Kollegen aus dem Außenministerium den Botschafter mal harsch zurecht (»Herr Botschafter, Sie sind hier nicht in Warschau!« – in Anspielung auf seine Arbeit als Botschafter in Polen), mal wird ihr Blick milder, und sie sind bereit, ihn während einer kurzzeitigen »Waffenruhe« des Kremls mit ihrem Wohlwollen einzuwickeln. Sogar Putin bringt beim letzten Vieraugengespräch gegenüber dem künftigen Autor dieses Buches seine persönliche Sympathie zum Ausdruck.

Ob er wohl mit von Fritschs Buch zufrieden sein wird? Ich weiß es nicht. Jedenfalls wird er vermutlich beeindruckt sein von der scharfen Beobachtungsgabe und dem Erinnerungsvermögen, mit dem von Fritsch die vor offiziöser Geschmacklosigkeit strotzenden Empfangssäle im Kreml beschreibt und die kurzen formalen Treffen ganz im Stil des »Kalten Krieges«, bei denen weder Tee noch Kaffee und nicht einmal Mineralwasser gereicht wird. Eine wunderbare Szene spielte sich in der palmenbestandenen Residenz des Präsidenten in Sotschi ab: Einer der deutschen Gäste schiebt die schweren Stores zur Seite und scherzt, er wolle nur überprüfen, ob das Meer denn noch da sei. Putin quittiert den Scherz mit einem huldvollen Lächeln. Er freut sich über das Lob für seine Deutschkenntnisse, seinen reichen Wortschatz und die Fähigkeit zur verbalen Improvisation. Bedenkt man, dass das Buch treffend den militärischen und politischen Konflikt zwischen dem Westen und Putins Russland beschreibt, muss man konstatieren, dass von Fritschs Aufrichtigkeit zweifellos künftigen Geschichtsbetrachtern unserer Zeit zugutekommen wird.

Natürlich wirft die Konfrontation zweier Zivilisationen, der westlichen und der russischen, wieder einmal die Frage auf, ob Russland geistig zu Europa gehört. Und es ist gut, dass der Autor darauf nicht voreilig die Antwort »ja« oder »nein« parat hat. Russland geht, wie schon der Titel des Buches verrät, seinen eigenen Weg, womit viele unserer großen Philosophen vom Beginn des 20. Jahrhunderts einverstanden wären. Heutige hochgestellte Gesprächspartner erzählten dem Autor von einem stolzen Russland, dem man keine Bedingungen für sein Verhalten auf der internationalen Bühne vorschreiben dürfe. Andererseits beansprucht dieses stolze Land für sich, anderen die Bedingungen von Krieg und Frieden zu diktieren. Der Kult der Stärke, der in Russland auf staatlicher und privater Ebene existiert, schockiert die Europäer in seiner finsteren Archaik. Im Grunde gehen die Probleme meines Landes zurück auf ein nationales Unterbewusstsein. Sie bestehen nicht nur darin, dass wir leicht zu kränken sind und uns Wunder was auf uns einbilden, sondern auch darin, dass wir uns – herrje! – für besser als alle anderen halten, besser als die Amerikaner, die Europäer, die Türken und die Chinesen, denn wir haben die richtigste aller Religionen, wir sind Rechtgläubige, wir sind die Spirituellsten und dabei die Fröhlichsten und Abgefahrensten, kurzum, etwas ganz anderes als die Einwohner dieses langweiligen Europa! Und unsere Machthaber können nicht begreifen, warum die ehemaligen Sowjetrepubliken es so eilig hatten, das Heil in der Europäischen Union zu suchen und nicht bei uns bleiben wollen, wo wir doch die Allerbesten sind! Auf der diplomatischen und politischen Ebene aber wird es so dargestellt, als seien die Ukrainer und die Belarussen unsere kleinen Brüder und liefen vor uns nur davon, weil sie der Westen verführt. Das ist die Falle des politischen Denkens im heutigen Russland, das aus dem Mund des Präsidenten und im Staatsfernsehen gebetsmühlenartig ein und dasselbe wiederholt: Der Westen will uns in Stücke reißen.

Doch es gibt auch tiefere Schichten dieses Denkens, über die der Autor schreibt. Sich offen zu den Besten zu erklären, funktioniert nicht, im Ausland versteht man das möglicherweise nicht. Aber man kann die Idee ausbauen, dass man die »Landsleute« im Ausland verteidigen muss, und das bedeutet, dass die Fürsorge für die russische Welt keine Grenzen kennt. Im Grunde ist das eine neue Version der Weltrevolution, nur dass sie nicht auf Klassenkampf und kommunistischen Idealen beruht, sondern auf national-religiöser Einmaligkeit, wobei das offene Gespräch darüber in Russland eher das Privileg orthodoxer Geistlicher ist. Politische Phantasmen geistern herum. In den Jahren 2014 bis 2015 drehten sie sich um die Idee, auf ukrainischem Territorium einen eigenen prorussischen Staat zu gründen, »Neurussland«, von Charkow bis Moldawien. Doch offenbar überschätzten die Geheimdienste, wie der Autor schreibt, den Wunsch der Einwohner dieser ukrainischen Gebiete, in so einem Staat zu leben, und die Utopie scheiterte. Jetzt ranken sich die utopischen Ideen um den Gedanken einer neuen Jalta-Konferenz, bei der die Großmächte Amerika, China, Russland, Frankreich und Großbritannien sich an einen Verhandlungstisch setzen und ihre Einflusssphären bestimmen. Die Welt präsentiert sich als riesige Torte, die bloß in die richtigen Stücke geteilt werden muss. Deutschland ist zu diesem Festmahl nicht geladen, und Polen gegenüber hegt der Kremlherr ein besonders feindseliges Gefühl, da dieses Land sich mehr als alle anderen allein schon dem theoretischen Gedanken an ein neues Jalta widersetzt.

Russland ist ein Land mit explosivem Bewusstsein. In ferner Vergangenheit musste es das Joch der tatarisch-mongolischen Eroberung erdulden und war faktisch eine Kolonie des orientalischen Khanats. Die Folgen dieses kolonialen Jochs spürten die Russen beinahe bis zur Zeit Peters des Großen und errichteten ihre politische Struktur nach dem Muster einer orientalischen Despotie. Ungeachtet der Atempause einer Europäisierung vom 18. bis zum Ende des 19. Jahrhunderts, geißelte uns erneut eine grausame Diktatur in Gestalt der Bolschewiki. Im Ergebnis ist das Problem Russlands nicht nur die Tradition des Autoritarismus, sondern auch die politische Ignoranz weiter Teile der Bevölkerung, die sich leicht manipulieren lassen.

Als Putin an die Macht kam, stand er vor einem Dilemma. Was tun? Das Land nach dem Beispiel Peters des Großen modernisieren und nach Europa führen oder es im Angesicht eines äußeren Feindes mobilisieren und nach stalinschem Muster in eine uneinnehmbare Festung verwandeln? Mit der Modernisierung klappte es nicht. »Wir sind keine Chinesen«, gestand mir einmal ein Kremlfunktionär, der in diesem Buch erwähnt wird. Und wen sich als Feind wählen? Für den Kreml gibt es eine Hierarchie von drei erfundenen Feinden Russlands: An erster Stelle steht das Böse an sich, die NATO, schlimmer als der Leibhaftige. Gleich danach kommen die USA. Und an dritter Stelle steht die Europäische Union (mit ihren gleichgeschlechtlichen Ehen – was die Propagandisten nicht müde werden zu betonen). Deshalb ist die Annexion der Krim aus Sicht des Kreml nicht nur die Wiederherstellung von Gerechtigkeit, sondern auch eine notgedrungene Maßnahme zur Wahrung der Integrität des Landes selbst, denn sonst wären NATO-Schiffe in Sewastopol eingelaufen. Nun aber der Sieg: Die-Krim-ist-unser! Für immer! Das ganze Land hüpft vor Glück auf den Kühlerhauben seiner Autos auf und ab! Russland eilt in der Propaganda des Kreml von Sieg zu Sieg, andere ideologische Ressourcen funktionieren schlecht. Das ist auch der Grund dafür, wie im Buch gezeigt wird, dass die Vorstellung von Gerechtigkeit in der russischen Politik (der subjektive Faktor) über dem Begriff des Völkerrechts rangiert. Und für den Triumph der Gerechtigkeit und um den Gegner um den Finger zu wickeln, ist Putin jede Finte recht. Gleichzeitig muss man natürlich mit den Waffen rasseln – sonst gibt es ja nichts, womit man rasseln könnte – und wie im Zirkus übers Seil balancieren und den Absturz in einen globalen Krieg riskieren.

Vorsichtig kritisiert Rüdiger von Fritsch auch den Westen, der im Grunde die Möglichkeit eines fruchtbaren Dialogs auf der Ebene ökonomischer und politischer Beziehungen mit dem frühen Putin verpasst hat. Der hatte nämlich damals noch keinen Weg für Russland gewählt. Außerdem vertritt von Fritsch nachdrücklich die Ansicht, nicht der Westen habe die Ukraine an sich gezogen und sich gegen Russland gestellt, sondern die Ukraine selbst habe sich für den Westen entschieden. Das Gerede, »Faschisten« hätten die Macht in Kiew ergriffen, wird durch die freien Wahlen in der Ukraine widerlegt, bei denen die Rechtsextremen nicht mehr als drei Prozent der Stimmen erhielten.

Natürlich lässt sich schwerlich mit Sicherheit feststellen, wie viel Prozent der Krimbewohner heute zur Ukraine zurückkehren wollten. Viele werden es wohl kaum sein. Ukrainische Reisepässe zu bekommen, mit denen man visafrei nach Europa reisen kann – das bitte gern! Nicht einmal im Donbas, auch nicht nach sechs Jahren eines schändlichen Krieges, wird die gesamte Bevölkerung davon träumen, zur Ukraine zurückzukehren. Hierin liegt auch die bittere Realität der Territorialfrage: Nach internationalem Recht gehörten und gehören die Gebiete selbstverständlich zur Ukraine. Nicht einmal Armenien und Belarus, treue Verbündete Russlands, haben die Angliederung der Krim an Russland juristisch anerkannt.

Liest man von Fritschs Buch, wird einem klar, dass er eine außergewöhnliche Geduld aufbringen musste, um den europäischen Standpunkt zum militärischen Konflikt in der Ukraine zu vertreten. Mutig musste er gegen die Lügen Stellung beziehen, die im Zusammenhang mit dem Absturz der malaysischen Passagiermaschine im Jahr 2015 verbreitet wurden. Doch der Botschafter weist auch darauf hin, dass in Deutschland selbst viele verschiedene Menschen – Geschäftsleute, Schriftsteller, Künstler, Journalisten – fordern, man solle sich nicht weiter mit den Russen »bekriegen« und stattdessen die Sanktionen aufheben, die als Protest gegen das Vorgehen des Kremls verhängt wurden. Besonders eindringlich und mit Einfühlungsvermögen beschreibt der Botschafter die russischen Gegensanktionen. Diese zielten darauf ab, die westliche Wirtschaft zu untergraben, und gipfelten in der Vernichtung von »illegalen« polnischen Äpfeln und französischem Käse durch Bulldozer an der belarussisch-russischen Grenze. Statt diese Lebensmittel der Kirche zur Verteilung unter den Notleidenden zu übergeben, zeigte man voller Stolz wiederholt die Vernichtungsaktionen im Staatsfernsehen.

Das Material für das Buch stammt aus unterschiedlichen Quellen. Der Botschafter betont die Bedeutung der Informationen, die er von seinen Kollegen in der Botschaft erhielt. Zweifellos haben auch zahlreiche Konferenzen, Treffen, Reisen durch Russland, das Buch mit konkreten Landeskenntnissen bereichert. Schließlich waren da noch die vielen Empfänge, Abendessen und andere Veranstaltungen in der deutschen Botschaft und in der Residenz des Botschafters, an denen auch Huberta aktiv beteiligt war, die bezaubernde Gattin des Botschafters. Ich war nicht selten bei ihnen in der Residenz zu Gast. Ich erinnere mich an einen wunderschönen Abend, der dem Werk des russischen Schriftstellers und Liedermachers Bulat Okudschawa gewidmet war, organisiert an einem der letzten Moskauer Tage von Fritschs. Tatsächlich war unter anderem dieser Abend ein Beweis für die Existenz eines anderen Russland, eines Landes mit großer und mutiger Kultur, die sowohl oppositionelle als auch existenzielle Bedeutung besitzt. Beim Okudschawa-Gedenkkonzert und dann beim großen Abschiedsempfang traf man praktisch *tout Moscou* – Kremlfunktionäre, unabhängige Journalisten, Oppositionelle – man musste schon ein sehr gastfreundlicher Hausherr und herausragender Diplomat sein, um so viele unterschiedliche Menschen bei sich zu versammeln.

Aus dem gleichen Geist wie die fruchtbaren Empfänge ist auch dieses aufrichtige Buch mit seinen vielfältigen Eindrücken von der schwierigen Zeit im heutigen Russland entstanden. Das Buch von Rüdiger von Fritsch wird, wie ich glaube, als Zeugnis sensibler Diplomatie von bleibendem Wert sein.

Viktor Jerofejew

PROLOG

»Und, Herr Botschafter, was werden Sie machen im Ruhestand? Ein Buch schreiben?«

Es war ein intensives Gespräch gewesen mit Wladimir Putin, das sich nun dem Ende zuneigte: offen, kontrovers – aber auf eine bestimmte Art auch vertraut. Dass diese Begegnung im Juni 2019, am Ende meiner fünfjährigen Zeit als Botschafter in Moskau, überhaupt zustande gekommen war, war mehr als ungewöhnlich. Staatsoberhäupter empfangen keine Botschafter zu Gesprächen oder Abschiedsbesuchen, schon gar nicht sogenannte »exekutive Staatsoberhäupter« wie die Präsidenten in Frankreich, den USA – oder eben Russland. Offizielle Ansprechpartner der Botschafter sind die Außenminister und deren Vertreter, die Fachminister einer Regierung, die Berater des Präsidenten. In einem großen Land erhält ein Botschafter ein Abschiedsessen, gegeben von einem Staatssekretär oder Vizeaußenminister. In Deutschland ist das nicht anders. Auch für mich hatte der für Deutschland zuständige russische Vizeaußenminister ein solches Essen ausgerichtet, mit seinen und meinen engsten Mitarbeitern als weiteren Gästen.

So sagte ich Wladimir Putin zu Beginn unserer Begegnung das Naheliegende: dass ich dieses Gespräch als eine Geste gegenüber meinem Land empfinde und dem stetigen Bemühen meiner Regierung, selbst für schwierige Fragen eine Lösung zu finden, so sehr sie uns auch trennen mögen. Um diese strittigen Fragen ging es dann auch in unserem Gespräch: um die Ukraine und Syrien, um Russland, Deutschland und Europa, um Menschenrechte und Pressefreiheit. Zu zweit unterhielten wir uns, ohne Dolmetscher oder Berater – denn Wladimir Putin spricht gerne und vorzüglich Deutsch, überlegt bestenfalls einmal, ob es nun »erhalten« oder »verhalten« heißt.

»Ein Buch schreiben – ja, Herr Präsident, das würde ich gerne versuchen. Es besorgt mich, dass wir uns so sehr voneinander entfernt haben und dass unsere Narrative zunehmend auseinanderlaufen. Jeder richtet sich in seiner Wahrheit ein, keiner hört dem anderen zu oder versucht, ihn zu verstehen. Wir müssen ja nicht einer Meinung sein, aber versuchen, einander zu verstehen, das sollten wir.« Wladimir Putin nickte zustimmend, lebhaft. »Davon sollte das Buch handeln,« fügte ich hinzu. »Was Deutsche und Russen trennt und verbindet und wie es uns immer wieder gelungen ist, gute Beziehungen aufzubauen – bis es 2014 zum Bruch kam. Es soll klären, warum es dazu gekommen ist – und vor allem: wie es nun weitergehen könnte.« – »Ja, das ist eine gute Idee. Tun Sie das! Wir müssen versuchen, uns besser zu verstehen.« Ein Händedruck, gute Wünsche, ein gemeinsames Foto.

Einander zu verstehen – darum war es bereits Anfang 2014 in Berlin gegangen, als ich mich darauf vorbereitete, als Botschafter nach Moskau zu gehen. Seit wenigen Wochen eskalierte die Ukraine-Krise. Die Wogen schlugen hoch und die Meinungen lagen immer weiter auseinander. So war es auch gar nicht weiter verwunderlich, dass ein führender Politiker einer Regierungspartei – in Berlin – mir kurz vor meiner Abreise nach Russland die Frage stellte: »Sind Sie auch so ein Russland-Versteher?!?« Nun, die Bundesregierung wäre schlecht beraten gewesen, hätte sie jemanden nach Moskau geschickt, der nicht zumindest versuchen wollte, Russland zu verstehen. Verstehen heißt nicht billigen, aber den anderen zu verstehen und seine Motive zu begreifen – das ist die Voraussetzung erfolgreichen Handelns.

In den mehr als fünf Jahren, die ich Deutschland in Russland habe vertreten dürfen, haben mich zwei Tendenzen zunehmend besorgt, weil sie sich verstärkten: zum einen eine Neigung, der russischen Politik langfristig nur schlechte und aggressive Absichten zu unterstellen und ›dem Putin‹ alles Böse zuzutrauen. Jeder Versuch, Gesprächspartnern, die in diese

Richtung argumentierten, Hintergründe und Bedingungen russischen Handelns zu erklären und es einzuordnen, geriet unmittelbar in den Verdacht gefährlicher Verwässerung oder zumindest naiver Schönfärberei, der Blauäugigkeit.

Aber auch die Tendenz zu alles verzeihendem Verständnis irritierte mich. Nicht wenige Deutsche mahnten ständig zu besonderer Rücksichtnahme auf Russland und relativierten jeden noch so groben Regelbruch mit Verweis auf vermeintliches Fehlverhalten anderer. Wie oft ist mir die argumentative Trias begegnet: »Ja, aber – eigentlich – irgendwie.« »Ja, aber eigentlich war die Krim doch irgendwie immer russisch, oder?« Jeder hat sich in seiner Wahrheit eingerichtet, ein Dialog findet nicht mehr statt. Hier will das Buch ansetzen – im Bemühen, beiden Seiten Erklärungen anzubieten.

Bei allem Trachten nach Fairness ist sein Autor allerdings kein distanzierter, wägender Beobachter, sondern Partei: Wo fundamentale Regeln eines friedlichen Miteinanders verletzt sind, gibt es nichts zu rechtfertigen oder zu beschönigen.

Rücksicht auf die Interessen unseres Landes gebietet es, dass manches ungesagt bleibt, Gesprächspartner zitiert, aber nicht immer benannt werden. Zu kurz liegt das Erlebte zurück, zu sehr spielt es in gegenwärtige Politik hinein. Die Bundesregierung braucht Handlungsfreiheit für ihr Bemühen, das Verhältnis zu Russland auf einen guten Weg zu bringen. Auch manche russische Gesprächspartner, deren Offenheit ich sehr geschätzt habe, werden zitiert, ohne genannt zu werden.

Es geht nicht darum, Zensuren zu verteilen. Im Rückblick haben wir bekanntlich alle immer Recht gehabt und alles kommen sehen. Die Wahrheit ist: Aus konträren Sichtweisen sind zunehmend Weltanschauungen geworden. Vor dem Hintergrund einer sich grundlegend ändernden internationalen Lage scheint es immer schwieriger, überhaupt noch zueinander zu kommen. Die Rückkehr eines Systems großer Mächte, die die Dinge unter sich ausmachen, der machtvolle Aufstieg Chinas und die Neuausrichtung der amerikanischen Außenpolitik, die Preisgabe bewährter Prinzipien und Regelwerke – einschließlich wichtiger Errungenschaften im Bereich von

Rüstungskontrolle und Abrüstung: All das stellt die Welt vor Herausforderungen ganz neuer Art.

Ganz zu schweigen vom tiefen Einschnitt, den die Corona-Pandemie für das globale Geschehen bedeutet: Welche Folgen wird sie für die internationale politische Ordnung haben? In Russland offenbarte sie ein vernachlässigtes Gesundheitssystem und die Schwächen eines zwar reichen, aber doch ganz auf den Export seiner Rohstoffe setzenden Landes. Der Eindruck der Stagnation verstärkte sich: Zugleich kam es vermehrt zu Protesten, die sich nicht nur gegen konkrete Missstände, sondern gegen die politischen Verhältnisse insgesamt wendeten. Als in dieser Situation auf Russlands bekanntesten Oppositionellen, Alexej Nawalny, ein Anschlag mit einem chemischen Nervenkampfstoff verübt wurde, erschütterte dies nicht nur Russland, sondern führte zu einer erneuten schweren Belastung des Verhältnisses mit dem Westen, vor allem auch zu Deutschland, wohin er zur Behandlung gebracht worden war. Wie ein Wetterleuchten schienen die Proteste im benachbarten Weißrussland zu sein, wo die Menschen im Sommer 2020 nach offensichtlich gefälschten Präsidentsschaftswahlen zu Zehntausenden auf die Straße gingen.

Wie kann es weitergehen in den deutsch-russischen Beziehungen, diesem besonderen Verhältnis, dessen Funktionieren unabdingbar ist für ein gedeihliches Miteinander auf dieser großen eurasischen Landmasse? Und wie kann dauerhaft der Frieden bewahrt bleiben in einem Europa, zu dem auch Russland gehört? Denn zumindest in einem besteht über den Streit der »Russland-Fraktionen« hinweg in Deutschland Konsens: Zu guten deutsch-russischen Beziehungen gibt es letztlich keine Alternative. In meinen Jahren als Botschafter in Moskau ist dies die wichtigste Richtschnur meines Handelns gewesen.

Nein, Russland macht es einem nicht leicht. Das große, stolze Land sperrt sich gegen den Fremden, ja es wehrt sich fast. Es gibt sich gar keine Mühe, verstanden zu werden. Es ist, wie es ist – ist einfach da, wie es immer war. Andere haben sich an ihm auszurichten. Und es schätzt, als Rätsel wahrgenommen zu werden. Je kleiner ein Land, desto intensiver und geschickter sind die Bemühungen seiner Bewohner, es in gutem Licht erscheinen zu lassen, attraktiv und interessant. »Wussten Sie, dass ein Landsmann von uns die elektrische Nähmaschine mit automatischem Fadenwechsel erfunden hat?«, heißt es dann, oder: »Bei uns gab es schon 1537 …« Und oft gibt es dann auch einen Komponisten oder Maler, der dauerhaft über seine wahre Bedeutung hinaus in den Olymp nationalen Glanzes erhoben wird. Nichts von alledem in Russland. Russland ist groß und bedeutend, darauf muss nicht erst hingewiesen werden. Es hat so viel Geschichte, so viel Glanz und Schrecken, so viele grandiose Maler, Schriftsteller und Komponisten hervorgebracht, besitzt so viel Raum und Vielfalt, Wasser und Wälder, Öl und Gas, Gold und Diamanten, dass es sich nicht zu erklären braucht. Russen erwarten, dass man ihr Land und seine Größe kennt und respektiert. Natürlich würde man gerne geliebt werden, aber das ist das Letzte, was man zugeben würde. Man ist stolz – und abweisend.

Besonders schwer ist es, ein Land sympathisch zu finden, trifft man dort zu Zeiten schwerster politischer Unwetter ein. Monatelang gingen Hagel und Sturmschauer nieder, schlugen Blitze ein und rollte der Donner – am 18. März 2014 war die Annexion der Krim vollzogen worden. Am 23. März landete ich in Moskau. Ich hatte gar keine Gelegenheit, das Land näher kennenzulernen, persönliche Beziehungen aufzubauen. Es war Konfrontation pur, von Anfang an. Nun gehört so etwas zum diplomatischen Geschäft – dafür sind wir da: Zu verstehen und zu vermitteln, Positionen dialogbereit, aber mit Festigkeit zu vertreten und Konfrontation auszuhalten. Die Position meiner Regierung zu vertreten fiel mir nicht schwer: Aus tiefster innerer Überzeugung hielt ich sie für richtig, war ich empört über das, was russische Politik mitten im Frieden anrichtete.

Doch dauerhaft kann man seine Aufgabe als Diplomat nicht erfolgreich ausüben, hegt man nicht Sympathie für das Land, in dem man arbeitet. Ich hatte das Glück, dass mir in frühen Jahren eine große Zuneigung zu Russland, seinen Menschen und seiner Kultur mit auf den Weg gegeben worden war. Durch Schule und Studium kam Respekt vor dem schweren Schicksal seiner Menschen im 20. Jahrhundert hinzu, an dem Deutschland einen so großen Anteil hatte.

Meine Mutter war eine Baltendeutsche, wie man jene Gruppe vor langer Zeit in das Gebiet des heutigen Estlands und Lettlands ausgewanderter Deutscher nannte. Nach einer wechselvollen Geschichte war die Region am nordöstlichen Rande Mitteleuropas im 18. Jahrhundert unter russische Herrschaft gekommen, bis die baltischen Staaten als Folge des Ersten Weltkrieges erstmals ihre Unabhängigkeit erlangten. Die Erzählungen meiner Großeltern waren geprägt von Erinnerungen an das versunkene Zarenreich, in dessen Diensten ihre Familien gestanden hatten. Mein Urgroßvater war vor dem Ersten Weltkrieg Abgeordneter beider Kammern des russischen Parlaments gewesen, der Duma und des Reichsrates. Seine Tochter, meine Großmutter, hatte 1916, während des Krieges, in Moskau die Schule abgeschlossen. In ihren Erzählungen erstand eine wundersame Welt: der Zarenhof in Sankt Petersburg, das Moskau jener Zeit mit seiner reichen Kultur, die Revolutionen von 1905 und 1917. Und schließlich, 1944, die Flucht aus der baltischen Heimat nach Deutschland vor der heranrückenden Roten Armee. Bei allem Schrecken, der für diese Generation von der Sowjetunion ausgegangen war, vermittelten uns unsere Großeltern eine tiefe Zuneigung zu Russland und seinen Menschen, zu seiner Kultur und Sprache. Die Großmutter rezitierte Lermontow-Gedichte und liebte die Musik Rachmaninows, der Großvater ließ mich die Schönheit russischer Volkslieder verstehen. Zu Ostern kochte meine Mutter die traditionelle Süßspeise Pas'cha; kamen Freunde in größerer Zahl zu Besuch, buk sie Piroggen und heizte den Samowar an. Die enge Verbindung mit Russland hatte das Leben der Baltendeutschen über Jahrhunderte geprägt. Der Schrecken der Revolutionen, der kommunistischen Herrschaft und der Roten Armee war in ihren Augen nicht russisch, sondern sowjetisch gewesen.

In dieser Spannung mochte auch mein eigenes wachsendes Interesse, ja meine Faszination ihren Ursprung genommen haben: für Russland, für die russische Kultur, aber zugleich auch für die Sowjetunion und die sozialistische Lehre und für die Frage, warum der totalitäre Zugriff der leninistischen Machtapparate auf Millionen von Menschen dauerhaft zu gelingen schien. Als ich während der Schulzeit begann, Russisch zu lernen, diente mir für meine Leseübungen ein Band mit Gedichten von Anna Achmatowa, den mir meine alte Lehrerin gegeben hatte, »Fräulein Gendel«. Sie entstammte, so erzählte sie, einem Zweig der Familie des großen deutschen Komponisten, der nach Russland ausgewandert und nach der Revolution zurückgekehrt war. Das Russische kennt weder ›h‹ noch ›ä‹ – so war aus »Händel« eben »Gendel« geworden. Ich liebte die melancholischen Lieder Bulat Okudschawas und las, auf Deutsch, seine satirisch-subversiven Bücher, die die politischen Zustände im alten Russland kritisierten und in Wahrheit die Sowjetunion meinten. In Alexander Solschenizyns eindrucksvollem Bericht »Ein Tag im Leben des Iwan Denissowitsch« begegnete mir erstmals der Schrecken des sowjetischen Totalitarismus. Als die Staaten des Warschauer Vertrages 1968 unter Führung der Sowjetunion in die Tschechoslowakei einmarschierten, um den »Reformkommunismus« zu unterdrücken, nahm ich an einem Schweigemarsch teil, der an meinem Urlaubsort in Wyk auf Föhr organisiert wurde – was in der ČSSR geschah, war Unrecht, das konnte auch ein Vierzehnjähriger empfinden.

Wirklich kennengelernt habe ich das riesige Land erst, als ich dort gelebt habe. Meine Frau und ich haben versucht, so weit wie möglich einzutauchen in die russische Wirklichkeit, wir haben Industriebetriebe besucht und Hochschulen, Wohnsiedlungen und Märkte. Vom Weißen Meer im Norden bis zur Wolga-Mündung haben wir Russland durchreist, von den Kriegsgräbern bei Rschew bis nach Wladiwostok und Chabarowsk, der hoch über dem Amur gelegenen Stadt im Fernen Osten, von der Jamal-Halbinsel ganz im Norden bis zu den blumenübersäten Hängen des Altai-Gebirges. Grandiose Ballett-, Konzert- und Opernaufführungen haben unseren Alltag bereichert; wir haben uns faszinieren lassen vom Licht der Gemälde bei uns zu wenig bekannter Maler wie Archip Kuindschi oder Wassili Wereschtschagin, die wunderbare Lyrik Marina Zwetajews und Sergej Jessenins lieben gelernt und großartige moderne Literatur gelesen – von Sergej Lebedew und Wladimir Sorokin, von Gusel Jachina und Alissa Ganijewa. In den trostlos-bedrückenden Erzählungen Warlam Schalamows, der achtzehn Jahre seines Lebens in der Hölle des Stalinschen Lagersystems verbrachte, ist mir der Terror der sowjetischen Repression noch einmal vor Augen geführt worden.

Vor allem sind wir wunderbaren Menschen begegnet, überall und oft ganz unvermittelt. Mutigen Intellektuellen und Schriftstellern mit einem unerschöpflichen Vorrat an Geschichten – wie Viktor Jerofejew, der uns zum Freund wurde. Der Blumenverkäuferin am Straßenrand, die sich als ehemalige Universitätsdozentin erwies; der altgedienten Friseurin, die nach zehn Minuten den Busen über meine Schulter legte, um mir auf ihrem Handy die Tomaten auf ihrer Datscha zu zeigen; der Kellner-Köchin im Zugrestaurant, die mich anpfiff, als ich nach 45 Minuten in ihre Richtung schaute, da unser Essen ausblieb. Sie sei allein, wie ich mir das eigentlich vorstellte?! Dann nahm sie mich mit in ihre Küche und zeigte mir ihre selbstgemachten Würste. Die Frauen in Russland – sie tragen dieses Land. Sie lassen die Männer im Vordergrund wichtig sein, sorgen aber mit drei Arbeitsstellen dafür, dass alle durchkommen. Das Leben so vieler Menschen ist ungleich schwerer als bei uns, zumal in den abgelegenen Dörfern dieses unendlich weiten Landes.

Als ich vielleicht zwölf war, kannte ich die Namen dreier Russen, die mich besonders beeindruckten: Juri Gagarin – der erste Mann im All, Valentina Tereschkowa – die erste Frau im All – und Lew Jaschin. Lew Jaschin war der Torhüter der sowjetischen Fußballnationalmannschaft, legendär in seiner vorausdenkenden Spielweise und schließlich zum »Welt-Torwart des 20. Jahrhunderts« gewählt. Von meiner jugendlichen Begeisterung für den »fliegenden Russen« sprach ich bei der Eröffnung eines Abends über deutsch-russische Fußballgeschichte. In der ersten Reihe strahlte mich eine alte Frau an: Lew Jaschins Witwe. Dass der deutsche Botschafter von ihrem Mann sprach! Es wurde ein wunderbarer Abend im Kreis russischer Fußballlegenden.

Als der deutsche Astronaut Alexander Gerst und seine Crew Anfang 2019 aus dem All zurückgekehrt waren, veranstalteten wir in der Botschaft eine große Party, auf der russische, deutsche und amerikanische Raumfahrtpioniere bis in den Morgen feierten. Als einer der Letzten ging Maxim Surajew, Kosmonaut, ›Held Russlands‹ und Duma-Abgeordneter. Es sei einfach ›duschewno‹ gewesen, meinte er, als er mir zum Abschied um den Hals fiel – seelenvoll, menschlich, herzlich. So ruppig es manchmal zugeht – wenn man dieses Gefühl, dieses Bedürfnis, nicht respektiert, ihm keinen Platz einräumt, ist es schwer in Russland. »Die Deutschen fangen immer gleich an zu verhandeln«, fasste es ein deutscher Geschäftsmann einmal zusammen. »Die Russen fragen erst einmal, wie es geht, wo man herkommt, was die Familie macht und ob man nicht einen Tee zusammen trinken will.«

Alles Erlebte, alle Begegnungen haben meine Zuneigung zu Russland, seiner Kultur und seinen Menschen verstärkt, meinen Respekt, und sie haben es mir leicht gemacht, einen festen Grundsatz durchzuhalten: mich von den Zeitläuften nicht beirren zu lassen in meiner Sympathie für Russland.

Haben meine Frau und ich das Land und seine Menschen in diesen Jahren besser zu verstehen gelernt? Es war ein langes Mittagessen mit einem der »ganz Reichen« im Lande – »reich und machtnah« –, einem aus der Gruppe jener, die man früher ›Oligarchen‹ nannte. Vor unserem Haus parkten seine große deutsche Limousine und zwei Geländewagen mit Personenschutz. Irgendwann drehte sich auch dieses Gespräch um die unvermeidliche Frage: Was ist Russland für ein Land? »Wissen Sie, Herr Botschafter«, sagte mein Gesprächspartner schließlich, »ich bin ein Russe, ich bin hier geboren, aufgewachsen, und ich liebe mein Land. Ich werde es immer in Schutz nehmen. Aber manchmal würde ich es auch gern verstehen.«

TEIL I – DER BRUCH

RUSSLAND UND WIR – EIN BLICK ZURÜCK

»In den Westen gezerrt«

»Hätten wir nicht wissen müssen, dass Russland nicht alles mit sich machen lässt, dass es sich zur Wehr setzen wird? War Putin nicht deutlich genug in seiner berühmten Rede auf der Münchner Sicherheitskonferenz 2007, als er davor warnte, das Weltgeschehen dem Gutdünken einer einzigen Macht zu überlassen, den USA?« Oft habe ich dieses Argument in Diskussionen in Deutschland gehört: »Man muss die Russen doch verstehen!«, heißt es dann, häufig mehr billigend denn verständnisvoll. »Wir sind ihnen immer näher gerückt, haben die NATO immer weiter ausgedehnt! Wir haben Russland regelrecht eingekreist und umstellt – das konnten sie sich doch auf Dauer nicht gefallen lassen!«

Das bedrängte Russland setzt sich zur Wehr. Nach dieser Logik rechtfertigte die russische Politik 2014 auch die Annexion der Krim (die in Russland vorzugsweise »Heimholung« oder »Rückkehr« der Krim genannt wird). Hier wird deutlich, warum wir uns fundamental missverstehen: Wir haben einen unterschiedlichen Blick auf die Welt. Insbesondere beurteilen wir das Weltgeschehen seit dem Ende des Kalten Krieges grundverschieden. Für uns im Westen geschah zu diesem Zeitpunkt etwas ganz und gar Staunenswertes: Geschichte schien uns zu gelingen. Alle, die alt genug sind, sich an das Lebensgefühl in den Jahren des Kalten Krieges zu erinnern, spüren noch heute die Hoffnungslosigkeit der Jahre vor 1989. Der Griff der sowjetischen Machthaber auf das eigene Land und die Länder ihres Machtbereiches war eisern. Unvorstellbar schien, dass die sozialistische Herrschaft je enden könnte.

Immer wieder hatte es in Ostmitteleuropa Versuche gegeben, sich gegen das Diktat Moskaus aufzulehnen: der Volksaufstand in der DDR von 1953, die Posener Unruhen und der Ungarn-Aufstand von 1956, der »Prager Frühling«, der mit dem Einmarsch der Truppen des Warschauer Paktes im August 1968 ein gewaltsames Ende fand. Nationale Versuche, die sowjetische Herrschaft abzuschütteln, waren ebenso zum Scheitern verurteilt wie der mutige Versuch der Kämpfer für Menschen- und Bürgerrechte, »der Dissidenten«, in der Sowjetunion selbst die Verhältnisse zu ändern.

Und doch lehnten sich die Menschen in einem Land noch einmal auf, diesmal in großer Zahl, Ende der siebziger Jahre in Polen. Der regierenden Machtelite, die auch hier vorgab, die »Partei der Arbeiter« zu sein, stellten sie selbstbewusst eine eigene Arbeiterorganisation entgegen, die nach kurzer Zeit zur größten Gewerkschaft der Welt wurde und die große Einmütigkeit der Menschen im Namen trug: »Solidarność« – »Solidarität«. Das Aufbegehren von elf Millionen Mitgliedern, Arbeiterinteressen durchzusetzen und die ökonomischen und sozialen Bedingungen im Land zu ändern, endete, zweifellos unter sowjetischem Druck, mit der Verhängung des Kriegsrechts durch die polnische Regierung.

Mitte der achtziger Jahre schienen sich plötzlich Veränderungen anzubahnen, ausgerechnet in Moskau selbst. Ein neuer, jugendlich wirkender Parteiführer ging neue Wege. Die Wahl von Michail Gorbatschow zeigte, dass man im Politbüro offenbar zu dem Schluss gekommen war, das System könnte an seinen inneren Widersprüchen und Unzulänglichkeiten scheitern, würde man nicht im wirtschaftlichen und sozialen Bereich tiefgreifende Änderungen vornehmen. Auch aus der weltweiten Überdehnung des sowjetischen Imperiums zog Moskau Konsequenzen. War man bislang stets bestrebt gewesen, die sowjetische Ideologie auch in die letzten Winkel Angolas, Kambodschas und Nicaraguas zu exportieren und schwächelnde »Brudernationen« zu stützen, so wurde den Partnern nun signalisiert: Ihr habt euer Schicksal selbst in die Hand zu nehmen. Moskau hielt nicht länger seine schützende Hand über alles.

Als junger Diplomat hatte ich diese Entwicklung aus nächster Nähe miterlebt. Von 1986 bis 1989 war mein erster Posten Polen gewesen. Russisch hatte ich zuvor gelernt und den Wunsch geäußert, in einem Land des sozialistischen Machtbereichs eingesetzt zu werden. »Polnische Innenpolitik« lautete mein Aufgabenbereich an der westdeutschen Botschaft in Warschau, wo die Verhältnisse im Sommer 1988 in Bewegung gerieten. Niemand konnte sich recht vorstellen, wie in einem zweiten Anlauf gelingen sollte, was wenige Jahre zuvor bereits einmal gescheitert war. Doch der entscheidende Unterschied bestand darin, dass sich die Haltung Moskaus grundlegend geändert hatte. Die Wirtschaft des Landes war ruiniert, die polnische sozialistische Führung auf sich allein gestellt und die katholische Kirche weit mächtiger als die Einheitspartei. Eine wachsende Oppositionsbewegung kanalisierte die Unzufriedenheit der Millionen. Und sie besaß in dem Danziger Elektriker Lech Wałęsa eine charismatische Führungspersönlichkeit.

In Verhandlungen am »Runden Tisch«, auf noch nie beschrittenen Wegen, wurde die Macht neu ausgehandelt. Erstmals war es für die Opposition mehr als nur ein Glasperlenspiel, sich über die Frage Gedanken zu machen, wo Polens Ort in Zukunft sein sollte. Die Intellektuellen, die Wałęsa berieten, waren sich rasch einig. Polen, so ihre Vision, sollte ein freies, demokratisches Land mit einer marktwirtschaftlichen Ordnung werden. Man wollte sich an den erfolgreichen Modellen im Westen Europas orientieren und hoffte darauf, dass eine Einbindung in die Strukturen der Europäischen Gemeinschaft und eine Mitgliedschaft in der NATO beides bringen würde: Wohlstand und nationale Sicherheit.

In den Gesprächen, die ich damals mit Vertretern der Opposition führte, kam niemand auf die Idee, für eine Alternative zu plädieren, etwa Neutralität oder gar eine Fortsetzung der Ostbindung. Die Sowjetunion hatte sich 1939 mit Deutschland darüber verständigt, Polen zu teilen und sich hierfür nie entschuldigt. »Wiedergutmachen kann man das Geschehene nicht«, so wurde mir oft gesagt, »aber Ihr Deutschen versucht wenigstens, mit der Geschichte umzugehen, und steht zu Eurer Verantwortung.« Anders als die Sowjetunion, deren offizielle Geschichtsschreibung bis Ende der achtziger Jahre bestritt, dass jene Massaker, bei denen weit mehr als zwanzigtausend polnische Offiziere und Vertreter des Bürgertums hingerichtet wurden und die sich mit dem Namen Katyn verbinden, vom sowjetischen Geheimdienst verübt worden waren.

Die Diskussionen im polnischen Untergrund drehten sich daher um die Frage, wie es gelingen könnte, Polen an die westlichen Strukturen heranzuführen. Zwischen Polen und der Europäischen Wirtschaftsgemeinschaft, wie die EU bis 1993 hieß, befand sich die DDR. Von daher lag nach Überzeugung der polnischen Opposition nicht nur eine demokratische Entwicklung in der DDR in Polens Interesse, sondern auch eine Vereinigung der beiden deutschen Staaten. Würde Polen diesen Prozess befürworten, würde man nicht allein die Gunst der Deutschen und ihre Unterstützung bei der Integration in die westlichen Bündnisse gewinnen, sondern auch erreichen, dass die Deutschen die Zugehörigkeit der früheren deutschen Ostgebiete zu Polen auch rechtlich bestätigten. Selbst innerhalb der regierenden Partei, der PVAP, begann man neu und in eine ähnliche Richtung über die deutsche Frage nachzudenken – für eine Zukunft, die Polen weitgehend würde selbst gestalten können. Wie weit war man in Deutschland von solchen Gedankengängen entfernt! Noch im Juni 1989 formulierte einer der angesehensten Journalisten der Bundesrepublik, der Chefredakteur der »Zeit«, Theo Sommer, in einem Artikel: »Wer heute das Gerippe der deutschen Einheit aus dem Schrank holt, kann alle anderen nur in Angst und Schrecken versetzen.« Jahre später räumte er reumütig ein: »Man soll die Zukunft nicht durch einen Mangel an Phantasie beleidigen.«

Festzuhalten bleibt: Der Wunsch der überwältigend großen Zahl der Menschen in den Ländern Ostmitteleuropas in jenen Jahren war es, die politischen und wirtschaftlichen Verhältnisse in ihren Ländern nach westlichen Vorbildern und Ideen umzugestalten. Es bedurfte keines Drucks und keiner

»Karotten«, damit sie in Demokratie und Marktwirtschaft, Meinungspluralismus, Reisefreiheit und Wohlstand ihre Zukunft sahen. Einen Zwang, sich einem Bündnis anzuschließen, gab und gibt es nicht. Schweden, Finnland und Österreich gehören bis heute nicht der NATO an, Norwegen und die Schweiz nicht der EU. Niemand muss – aber viele wollen in die Bündnisse, wie z. B. auf dem Balkan unverändert zu beobachten ist.

Die Wirklichkeit jener Umbruchjahre in den Ländern Ostmitteleuropas habe ich in Diskussionen in Russland oft in Erinnerung gerufen, wenn behauptet wurde, Polen oder Rumänien, Lettland oder die Slowakei seien quasi »in den Westen gezerrt worden«. Diese Behauptung wird gerne geglaubt, bedient sie doch die beliebte Vorstellung einer gegen Russland gerichteten Verschwörung. Gewundert hat mich bisweilen, wie leichtfertig auch manch einer im Westen dieser Erzählung folgte, die den Freiheitswillen und den Mut der Menschen in Riga und Leipzig, in Danzig und Budapest ignoriert, ja beleidigt und ihre freie, selbstbestimmte Entscheidung bestreitet. Die streikenden Arbeiter der polnischen Werften, die Montagsdemonstranten in Leipzig und die hunderttausenden Teilnehmer der singenden Revolution in den baltischen Ländern brauchten weder Ermutigung noch Verführung, sie handelten aus ehrlicher Empörung, wirklicher Verzweiflung und tiefer Überzeugung, sie folgten ihrem eigenen Urteil und dem Wunsch nach Freiheit.

»Die größte geopolitische Katastrophe des 20. Jahrhunderts«

Die Menschen in der Sowjetunion und dann Russland haben das, was seit dem Ende der achtziger Jahre im bis dahin sozialistischen Machtbereich geschah, völlig anders erlebt als wir. Anfang der neunziger Jahre begaben sich ja nicht nur die Satellitenstaaten der Sowjetunion einer nach dem anderen auf eigene Wege. Die Ränder des Imperiums brachen weg und sagten sich von Moskaus Herrschaft los, schließlich sogar das »Fleisch vom eigenen Fleische«, Weißrussland und die Ukraine. Russland blieb mit sich allein.

Was diese Entwicklung für das russische Selbstverständnis bedeutete, wird in einer Äußerung Wladimir Putins deutlich, der den Zerfall der Sowjetunion »die größte geopolitische Katastrophe des 20. Jahrhunderts« genannt hat. Sie zeigt auch, was an Russland für Wladimir Putin – und viele andere – am wichtigsten ist: Eine Großmacht zu sein. Der Zerfall der Sowjetunion war ein ungeheurer Gewichtsverlust, ein Verlust an realer Macht, ein tiefes Trauma. Kaum je in meiner 35-jährigen Berufstätigkeit als Diplomat bin ich so nachhaltig von Vertretern meines Gastlandes darauf hingewiesen worden, Entwicklungen und Ereignisse doch bitte unter psychologischen Aspekten zu betrachten. »Russland leidet unter Phantomschmerz«, hat Henry Kissinger einmal gesagt. Ja, so sei es wohl, räumte ein machtnaher russischer Gesprächspartner mir gegenüber einmal ein. »Zumindest unter Phantomgefühlen leiden wir.«

Um die russische Sicht zu verstehen – es ist nicht nur die des Präsidenten –, gilt es sich vor Augen zu führen, dass mit dem Zerfall der Sowjetunion nicht allein die kommunistische Herrschaft zu Ende ging, sondern auch das alte Russische Reich zerbrach. Mag die Sowjetunion auch ein ideologisch neu ausgerichtetes Land gewesen sein – geographisch wie machtpolitisch war sie identisch mit dem Russischen Reich. Mit dem Zerfall schrumpfte nicht nur das Territorium einer Weltmacht: Von einem Tag auf den anderen befanden sich wichtige wirtschaftliche und industrielle Zentren jenseits neuer Grenzen in neuen Staaten, lagen Streitkräfte und ihre Basen im Ausland. Betroffen waren nicht zuletzt auch verwandtschaftliche Verbindungen und persönliche Erinnerungen.

An der Vorstellung, dass die Sowjetunion und Russland irgendwie identisch gewesen seien, arbeitet Wladimir Putin kontinuierlich und gezielt. In exakten Zahlen deklinierte er in seiner Rede an die Nation im März 2018 die Verluste durch, die das Ende der Sowjetunion brachte, und setzte sie mit russischen

Verlusten gleich: »Nach dem Zusammenbruch der Sowjetunion verlor Russland, das zu Sowjetzeiten als Sowjetunion bezeichnet wurde – sie nannten es im Ausland Sowjetrussland –, in Bezug auf unsere Landesgrenzen 23,8 Prozent des Territoriums, 48,5 Prozent der Bevölkerung und 41 Prozent des Bruttosozialprodukts, 39,4 Prozent des industriellen Potenzials (also fast die Hälfte), 44,6 Prozent des militärischen Potenzials im Zusammenhang mit der Aufteilung der Streitkräfte der UdSSR zwischen den ehemaligen Sowjetrepubliken.«

»25 Millionen Russen lebten plötzlich im Ausland«, hat Wladimir Putin bei anderer Gelegenheit gesagt.

Es trifft zu: Millionen von Russen (die tatsächliche Zahl ist umstritten) lebten plötzlich in Turkmenistan und Estland, in Kirgisistan, Georgien und Lettland und hatten häufig einen schweren Stand. Dass die meisten ihrer Vorfahren nicht freiwillig dort hingegangen sind, sondern von Stalin angesiedelt wurden, macht die Sache nicht einfacher. Weil Russen es in manchen dieser Länder nicht leicht haben, haben russische Politiker, der Präsident eingeschlossen, auch wiederholt angedeutet, sie seien willens, deren Interessen zu schützen. Was genau das im Einzelfall bedeutet bleibt unklar. Schaut man nach Transnistrien, das eigentlich zur Republik Moldau gehört und bis heute von russischen Truppen »geschützt« wird, in das von Russland »unterstützte« Abchasien, eigentlich ein Teil Georgiens, auf die Krim oder in den Donbas, dann vermag man sich eine Vorstellung davon zu machen, wie weit die Bereitschaft Russlands »zum Schutz« gehen mag und wie groß die Sorge in Ländern wie Estland oder eben der Ukraine ist. Kasachstan, Russlands großer südlicher Nachbar und bis 1991 Teil der UdSSR, sei eigentlich nie ein eigener Staat gewesen, meinte Wladimir Putin im August 2014. Im gemeinsamen eurasischen Raum biete sich dem Land jedoch die Chance, Teil der »großen russischen Welt« zu bleiben. Eine Aussage auf dem Höhepunkt der Ukraine-Krise, die in Kasachstan hohe politische Wellen schlug.

Die Tatsache, dass Russen unter schwierigen Bedingungen im Ausland leben müssen, macht es vielen Russen leicht, in eine

Opferrolle zu schlüpfen. »Wir sind heute das größte geteilte Volk der Welt«, so Putin in rhetorischer Emphase. Diese Perspektive lässt außer Acht, dass mancher Unmut der Mehrheitsbevölkerung in den neu entstandenen Staaten darin gründet, allzu lange von einer russischen Minderheit gelenkt, kontrolliert und auch kujoniert worden zu sein. Russen blenden in ihrer Sicht auf den Zerfall der Sowjetunion gerne aus, dass es sich dabei um nichts anderes als das Auseinanderbrechen des letzten großen Kolonialreiches auf Erden handelte, mochte die Sowjetunion auch den Versuch unternommen haben, aus dem Kolonialreich einen »multiethnischen Staat« zu machen. Denken wir an Kolonialreiche, so haben wir in erster Linie das britische Weltreich vor Augen. Aber ein Kolonialreich kann sich auch auf dem Landweg ausdehnen. Es war kein Geringerer als Lenin selbst, der Russland vor Beginn des Ersten Weltkrieges als die nach Großbritannien bedeutendste Kolonialmacht bezeichnete. National gesinnte Russen reagieren auf die Feststellung, das Russische Reich sei eine Kolonialmacht gewesen, üblicherweise mit Empörung. Die Völker des Zarenreiches hätten sich mehr oder minder freiwillig unter die Herrschaft Moskaus gestellt, wird dann gesagt, und im Übrigen seien sie sehr gut behandelt worden. Das Argument ist nicht unbekannt.

Wer Schuld trägt am Zusammenbruch

Warum ist das alte Reich zerfallen, wer trägt die Schuld? »Es waren dunkle Kräfte aus dem Ausland, die es zerstörten. Im Übrigen aber: Gorbatschow natürlich! Gorbatschow ist an der ganzen Misere schuld, er ist schuld, dass die Sowjetunion untergegangen ist – denn so schlecht war ja doch alles nicht und vielleicht hätte man sie reformieren können. Er aber hat sie in den Ruin geführt, er ist schuld an ihrer Auflösung.« Darin sind sich die Menschen in Russland weitgehend einig. Dabei ist die Sowjetunion an ihren eigenen Widersprüchen gescheitert, ihr Wirtschaftssystem war nicht konkurrenzfähig und ihr politisches System so repressiv, dass es jede Eigeninitiative im Keim erstickte und Veränderung unmöglich war. Dass die Sowjetunion nicht zu reformieren war, das ist die Wahrheit über Gorbatschows Herrschaft, und es ist seine Tragödie. Denn Michail Gorbatschow ist in Russland heute eine Unperson. Er kommt schlicht nicht vor – es sei denn, er meldet sich einmal zu Wort, um die Politik des jetzigen Präsidenten zu unterstützen. Oder eben, wenn es darum geht, einen Schuldigen für den Untergang der Sowjetunion zu benennen. Die politische Führung aber ignoriert ihn.

Als Michail Gorbatschow im März 2016 85 Jahre alt wurde, organisierten Getreue im traditionsreichen Moskauer Hotel ›Ukraina‹ eine Geburtstagsfeier mit Freunden und Weggefährten, einige wenige Ausländer waren eingeladen. Ich hatte Glückwünsche dabei, des Bundespräsidenten und der Bundeskanzlerin. Die russische Führung glänzte durch Abwesenheit – ranghöchste Vertreterin war die Sprecherin des Ministerpräsidenten: ein Zufall, Gorbatschow und sie kannten sich aus früheren Zeiten.

Gorbatschow mag Fehler gemacht haben – aber er hatte auch einfach keine Chance. Boris Jelzin war es, der Präsident der russischen Teilrepublik der UdSSR, der erkannte, dass der Versuch zum Scheitern verurteilt war, die Sowjetunion zu reformieren. Er ließ die kommunistische Partei verbieten und beschloss, gemeinsam mit den Präsidenten der Teilrepubliken Weißrussland und Ukraine die Sowjetunion aufzulösen. Gorbatschow, immer noch Präsident des gesamten Landes, wurde hiervon am 08.12.1991 lapidar per Telefon in Kenntnis gesetzt. Immer wieder habe ich mich mit Michail Gorbatschow zum Gespräch getroffen, jede Begegnung war von langen Ausführungen über seine damalige Rolle und die Verantwortung Boris Jelzins geprägt. Er leidet unter den Vorwürfen, die gegen ihn erhoben wurden.

Interessanterweise werden »Die schrecklichen neunziger Jahre«, in denen Jelzin das Land führte, weniger mit dem Präsidenten jener Zeit in Verbindung gebracht als mit dessen Regierung. Der Zusammenbruch des Wirtschaftssystems, der Kollaps der Währung, Arbeitslosigkeit, Armut, Orientierungslosigkeit – all dies wird den verantwortlichen Ministerpräsidenten und Ministern der Zeit angelastet. Sie führten einen Titanenkampf, um mit dem Erbe des kollabierten Sowjetsystems fertigzuwerden, mit dem Ergebnis, dass ihre Zeit eben auch von Verarmung, Verunsicherung, Unordnung geprägt war – so wie die Anfangszeit Präsident Putins von einer Rückkehr zu gesellschaftlicher Ordnung, wirtschaftlicher Stabilität und Aufschwung. Weitgehend erntete Wladimir Putin die Früchte der Arbeit jener bis heute gescholtenen Regierungen der neunziger Jahre – und er profitierte vom rasant steigenden Ölpreis.

Wie dramatisch die Situation Anfang der neunziger Jahre war, schilderte mir sehr anschaulich einmal Pjotr Awen, heute Chef von Russlands größter privater Bank und international angesehener Wirtschaftsfachmann. »Ich war 36 und plötzlich Außenhandelsminister, als ich 1991 mit den westlichen Regierungen und Finanzinstitutionen über die Schulden der UdSSR verhandelte. Die Sowjetunion wankte, nein, stürzte eigentlich schon ein, und zu Hause drohte eine Hungerkatastrophe. Das waren die Dimensionen. Das hält man nur in einem solchen Alter aus – schon mit 50 führt so etwas unweigerlich zu einem Herzinfarkt.« Seine besten Erfahrungen habe er damals mit den historisch-politisch umsichtigen Deutschen gemacht, dem Team um Theo Waigel, mit Horst Köhler und anderen – obwohl die Verschuldung bei den Deutschen viel größer gewesen sei »als bei den hartleibigen Amerikanern«.

Seit wann denn die Überzeugung in ihm gewachsen sei, habe ich Michail Gorbatschow einmal gefragt, dass das sowjetische Modell möglicherweise nicht zukunftsfähig sei? Eigentlich schon sehr früh, sagte er, als er Chef der kommunistischen Jugendorganisation im Nordkaukasus gewesen sei. Bei einem privaten Treffen habe sein Pendant im Südkaukasus, Eduard Schewardnadse, späterer sowjetischer Außenminister und schließlich Präsident seines Heimatlandes Georgien, zu ihm gesagt: »Michail Sergejewitsch, das kann doch so nicht weitergehen! Alles verfällt!« Das sei auch seine Auffassung gewesen, und so hätten sie gemeinsam begonnen, Zukunftspläne zu schmieden.

Zum ersten Mal begegnete ich Michail Gorbatschow im Sommer 2014. Ich fragte ihn als Sohn eines Russen und einer Ukrainerin nach seiner Meinung zum Konflikt im Nachbarland. Doch die Außenpolitik des aktuellen Präsidenten mochte er nicht bewerten. Er habe Putin, so sagte er lediglich, in dessen erster Amtszeit durchaus unterstützt – inzwischen tue er dies nicht mehr vorbehaltlos. Aber Putin sei im Moment wohl der beste Führer für das Land – es gelinge ihm, das Volk hinter sich zu scharen.

Über Deutschland sprach Gorbatschow stets nur positiv, kramte auch Kindheitserinnerungen heraus. Sicher war dies auch Höflichkeit, denn seine Heimat war im Zweiten Weltkrieg mehrere Monate lang von der Wehrmacht besetzt. Doch immer wieder wurde deutlich, wie durch die intensive Zeit der deutschen Vereinigung, zu der er so viel beigetragen hat, eine tatsächliche, enge Bindung entstanden ist. Als ich ihn einlud, an Feierlichkeiten teilzunehmen, die wir in Moskau aus Anlass des 25. Jahrestags des Mauerfalls veranstalteten, berichtete er lebhaft von jenen Tagen. Er erinnerte sich genau. Ob er vom Beschluss der DDR-Führung gewusst habe, Reisefreiheit zu gewähren? – »Nein!« Aber überrascht habe damals nur noch wenig. Kurz zuvor sei er ja zum 40. Gründungstag der DDR in Berlin gewesen. Abends dann dieser gespenstische Fackelzug, den sie aus Anlass des Jubiläums abgenommen hätten. Deutlich habe man aus dem Hintergrund die Sprechchöre der oppositionellen Demonstranten herüberhallen hören. Neben ihm habe der Vorsitzende der Polnischen Vereinigten Arbeiterpartei gestanden, Mieczysław Rakowski: »Michail Sergejewitsch«, habe dieser zu ihm gesagt, »das ist doch das Ende!« Etwas anders erinnerte sich Rakowski, den ich aus meiner Zeit in Polen kannte. Als bei jener Jubiläumsfeier in Ost-Berlin Rufe zu hören gewesen seien »Gorbi, hilf!«, habe er, Rakowski zu Gorbatschow gesagt: »Michail Sergejewitsch, es scheint, als wollten sie ein zweites Mal von Euch befreit werden!«. Das habe Gorbatschow sichtlich amüsiert.

In den Jahren, die ich in Moskau war, machten Beschwerden des Alters Michail Gorbatschow zunehmend zu schaffen.

Doch er blieb stets ein lebendiger, sehr liebenswürdiger und – wie könnte es anders sein – hoch interessanter Gesprächspartner. Das Gespräch führte er mit wachen Augen und einer unverändert wohlklingenden Stimme. Im April 2019 trafen wir uns zu einer letzten Begegnung. »Je älter ich werde, desto mehr glaube ich an Gott«, meinte der ehemalige Vorsitzende der größten kommunistischen Partei der Welt zum Abschied.

Ein sehr kurzer Blick in Russlands Geschichte

Das Reich zerfiel. Wie war es entstanden? Den Beginn des historischen Selbstverständnisses von Russen, Ukrainern und Weißrussen bildet die »Kiewer Rus«, gern auch »die alte Rus« genannt, mehr ein dynastischer Herrschaftsverband denn ein Nationalstaat mit fest umrissenen Grenzen, der sich um die Wende vom ersten zum zweiten Jahrtausend zwischen dem östlichen Polen und dem heutigen Finnland erstreckte. Mit dem Vordringen der Mongolen begann Anfang des 13. Jahrhunderts eine 300-jährige Fremdherrschaft, die bis heute tief in das russische Selbstbewusstsein eingegraben ist. »Weder die Europäer noch die Russen haben verstanden, dass Russland anders ist. Zwar ein Land mit einer europäischen Kultur, aber sozial und politisch Erbe des Reichs von Dschingis Khan«, urteilt hierzu Sergej Karaganow, führender Politikwissenschaftler und streitbarer Anwalt des gegenwärtigen Russlands. Ja, räumt der Philosoph Wladimir Kantor ein, die Willkür der Macht, das mangelnde Verständnis für Privateigentum, das »Fehlen der selbsttätigen autonomen Persönlichkeit«, das sei ein Erbe aus jener Zeit. Russland habe in der Tat einen eigenen, besonderen Weg. Doch zu diesem gehöre eben vor allem »das ständige Sich-Beziehen auf den Westen«. Kantor verweist darauf, dass »das Volk sich … sogar in Zeiten der Entfernung von Europa, wenn es sich von diesem durch einen »Eisernen Vorhang« verbarg, … an die Ursprünge seines historischen Lebens erinnerte … Und jedes Mal kam es zu einer grundsätzlichen Korrektur des russischen Weges nach westlichem Muster. Ob geglückt oder nicht – das ist eine andere Frage …«

Die Christianisierung hat Russland viel nachhaltiger geprägt als die Zeit unter mongolischer Herrschaft. Als mit der Eroberung Konstantinopels durch die Osmanen 1453 das oströmische Reich, das »zweite Rom«, unterging, hat Russland, in seinem Selbstverständnis, das Erbe von Byzanz angetreten. Eine Nichte des letzten byzantinischen Kaisers heiratete den russischen Großfürsten, der sich seither des Titels Zar – Kaiser – bediente. Russland übernahm das Wappen der byzantinischen Kaiser, den doppelten, nach Ost und West schauenden Adler. Seither – und im Verständnis vieler Russen bis heute – gilt Russland als »drittes Rom«. Nachdem Hammer und Sichel verschwunden sind, erhebt nun wieder der Adler sein gekröntes Doppelhaupt – auf den Farben der niederländischen Flagge, die Peter der Große aus Holland mitbrachte.

Anders als im Westen Europas entstanden zur Mongolenzeit keine starken, regionalen Herrschaften, keine mächtigen Städte mit selbstbewusstem Bürgertum und Handwerkerzünften. Nur im Norden wirkte sich der Einfluss der Hanse begrenzt aus. Während im Westen Europas die Renaissance ihre kulturelle und geistesgeschichtliche Blüte entfaltete, rangen die russischen Fürsten nach dem Niedergang der mongolischen Macht um die Vorherrschaft. Mit der Wende zum 16. Jahrhundert ging sie an das Moskauer Großfürstentum.

Russland blieb ein Land ohne natürliche Grenzen. Katharina die Große, eine deutsche Prinzessin, die das Land seit 1762 regierte, erklärte das außenpolitische Dilemma zur Strategie. Ihr wird der Satz zugeschrieben: »Der einzige Weg, Russland zu schützen, ist es, seine Grenzen beständig auszuweiten«. Sie und ihre Nachfolger haben diesen Grundsatz fleißig beherzigt. Im 18. Jahrhundert kam das Gebiet der späteren baltischen Staaten zum Russischen Reich; nur kurz konnten sie sich nach dem Ersten Weltkrieg vom Russischen Reich lossagen, bis die Sowjetunion sie 1939 mit Hitlers Hilfe erneut annektierte. 1783 wurde die Krim dem Osmanischen Reich abgenommen, um die Wende vom 18. zum 19. Jahrhundert kam der südliche Kaukasus mit Georgien, Armenien und Aserbaidschan hinzu, im gleichen Jahrhundert in langen Kriegen Zentralasien. 1860 zwang Russland das geschwächte chinesische Reich, ihm Gebiete jenseits Sibiriens abzutreten, und baute das Fischerdorf Haishen-wie zum eisfreien Hafen aus. Sein neuer Name: »Beherrsche den Osten« – Wladiwostok.

Wurde mir in Russland entgegengehalten, die Krim gehöre »eigentlich« zu Russland, habe ich gerne zurückgefragt, ob nicht die äußere Mandschurei – einschließlich Wladiwostoks – »eigentlich« zu China gehöre. Wie mir überhaupt viele historische Beispiele einfielen, welches Territorium »eigentlich« wem gehöre. Ob es daher nicht sinnvoller sei, jeder halte sich an Regeln und Verträge, statt sich zu nehmen, was ihm aus Gründen vermeintlicher Gerechtigkeit angeblich zustehe.

Russland griff aus – und erlebte immer wieder Invasionen: 1610 besetzten Adlige unter polnischer Führung für drei Jahre die Hauptstadt, 1812 nahm Napoleon Moskau ein. 1917, nachdem die junge Sowjetmacht mit dem Deutschen Reich den Frieden von Brest-Litowsk abgeschlossen hatte, landeten britische, französische und japanische Truppen im Norden, Süden und Osten des Russischen Reiches. 1941 schließlich erfolgte die furchtbarste und folgenreichste der Invasionen: Die Truppen des nationalsozialistischen Deutschlands drangen innerhalb weniger Monate weit in die Sowjetunion vor, vernichteten und verheerten große Teile des Landes, Millionen von Soldaten und Zivilisten kamen zu Tode, und es fehlte nicht viel, dass es zum dritten Mal einer ausländischen Macht – nach Polen und Franzosen – gelungen wäre, Moskau einzunehmen.

»Russland, umstellt und bedrängt«

All das rief Präsident Putin in Erinnerung, als er am 18. März 2014 im Georgssaal des Kremls vor den versammelten Würdenträgern des Landes die Geschichte Russlands als eine Kette von Bedrängungen von außen darstellte. Die »Rückkehr der Krim« war Anlass seiner Rede. »Wir haben alle

Gründe zu der Annahme«, sagte er, »dass die Eindämmungspolitik gegen Russland, die im 18., 19. und 20. Jahrhundert betrieben wurde, auch heute fortgesetzt wird. Es wird versucht, uns ständig in die Ecke zu drängen ... Doch alles hat seine Grenzen. Im Falle der Ukraine haben unsere westlichen Partner eine Linie überschritten, sie verhielten sich grob, verantwortungslos und unprofessionell.« Er sprach von einer »Kette gelenkter ›Farbrevolutionen‹«, die der Westen initiiert habe – zuletzt eben auch in der Ukraine. »Und dieses Mal warfen sie eine vorsorglich vorbereitete und gut ausgerüstete Armee von Kämpfern ins Gefecht. Wir verstehen, dass all diese Aktionen sowohl gegen die Ukraine als auch gegen Russland gerichtet waren.« Mit diesem »Argument« wurde zugleich der Boden bereitet für die Rechtfertigung eigenen militärischen Eingreifens im Nachbarland. In bewährter Tradition wurde ein Hilferuf konstruiert: »Selbstverständlich konnten wir diese Bitte nicht ignorieren«, so Wladimir Putin in seiner Rede am 18. März 2014, »wir konnten die Krim und ihre Bewohner nicht im Stich lassen, das wäre schlichtweg Verrat gewesen.«

An der vehementen, aggressiven Reaktion Russlands auf den Versuch der Ukraine, sich der EU anzunähern, wird deutlich, dass es Moskau von Anfang an um etwas ganz anderes ging als um die Frage, wo die Ukraine ihre wirtschaftliche Zukunft sah – näher an Russland oder näher an Westeuropa. Die vertiefte und umfassende Freihandelszone, die die Ukraine seit 2016 mit der EU verbindet, ist längst kein Thema der russischen Rhetorik mehr, die vorhergesagten katastrophalen wirtschaftlichen Folgen sind so nicht eingetreten, strittige Punkte konnten in Verhandlungen zwischen Moskau und Kiew ausgeräumt werden. Aus russischer Sicht kulminierte im Streit mit der Ukraine eine Entwicklung, die 25 Jahre lang zu Russlands Nachteil verlaufen war. Hierauf hat man reagiert.

Empörung und Verletzung, Verlust und Demütigung – solche Gefühle dominieren das Denken der russischen Führung mitunter stärker, als man es sich im Westen vorzustellen vermag. Um es mit einem Zitat aus der Sportwelt anschaulich zu machen: »Russen lieben nicht Fußball, Russen lieben den Sieg!« –

»Nullsummen-Denken« heißt dies auf die internationale Politik übertragen, es geht um Sieg oder Niederlage – »Dein Vorteil ist mein Nachteil«. So wird auch das Ende des Kalten Krieges betrachtet. In der Selbstwahrnehmung mancher in Moskau wurde der Kalte Krieg allerdings gar nicht einmal verloren, nein, man hat nur das Feld geräumt, klug und kampflos. Eine weitere Dissonanz der Wahrnehmung, mit gravierenden Folgen.

Da dem Westen der »Gegner« abhandengekommen war, wurde er aus Sicht Moskaus automatisch zum »Sieger«, auch wenn er selbst dies gar nicht so sah und sich eher überrascht denn triumphierend in eine ungewisse Zukunft bewegte. Gewiss, es gab die Freude darüber, dass die Menschen in Ostmitteleuropa sich die Freiheit erstritten hatten, die Begeisterung über die deutsche Einheit. Aber Triumphalismus, Siegerpose, wie in Moskau beharrlich behauptet wird? Da wird, auf der Folie tradierter Urteilskriterien, vieles konstruiert. Beklagt wird beispielsweise, der Abzug der russischen Streitkräfte aus Deutschland sei nicht angemessen gewürdigt worden. Da hätten auch andere Siegermächte Grund zur Beanstandung. Amerikanische Kollegen beschweren sich, im Zusammenhang mit der deutschen Einheit sei immer nur von Gorbatschow die Rede, nie von Bush. Franzosen wie Briten zeigen sich gerne verärgert, dass die Haltungen ihrer Regierungen im Jahr 1990 konsequent schlechtgeredet würden.

Ein Gesprächspartner im Moskauer Außenministerium berichtete mir, der russische Botschafter in Berlin habe ihn einmal auf einem Spaziergang zum nahe gelegenen Reichstag geführt und ihm dort ein Denkmal gezeigt: Mit einem Stück Mauer der Danziger »Lenin-Werft« wird dort an den Beitrag erinnert, den Polen zum Fall des Eisernen Vorhangs in Europa geleistet hat. So sei das, habe der Botschafter gesagt, an den Beitrag Polens erinnerten die Deutschen, aber gegenüber Russland seien sie ziemlich undankbar. Die Installation der Werftmauer ging zurück auf eine Initiative des tatkräftigen polnischen Botschafters in Berlin. Der eine handelt, der andere klagt ... Im Übrigen befindet sich nur wenige hundert Meter vom Reichstag entfernt an prominenter Stelle eines der drei sowjetischen Ehrenmale in Berlin, die an die im Zweiten Weltkrieg gefallenen Soldaten der Roten Armee erinnern. Auch zu Zeiten der Teilung wurde es im Westen der Stadt geehrt.

Sobald die Länder Ostmitteleuropas eins nach dem anderen ihre Freiheit erkämpft hatten, war ihre Politik von dem dringenden Wunsch bestimmt, diese nicht wieder zu verlieren und erneut unter sowjetische beziehungsweise russische Herrschaft zu geraten. »Aber wir haben den Russen doch versprochen, die NATO nicht auszuweiten!«, ist in diesem Zusammenhang oft zu hören. Doch eine solche Vereinbarung hat es nie gegeben, was russischen Politikern auch bekannt ist. Also wird behelfsweise unterstellt, es habe entsprechende Zusagen gegeben, die bloß nicht aufgeschrieben worden seien. »Gorbatschow hat einen Fehler gemacht«, beklagte Präsident Putin, nicht zum ersten Mal, im November 2019. »In der Politik muss man die Dinge dokumentieren. Und er sprach nur darüber und dachte, damit sei es getan.«

Der geeignete Moment für eine schriftliche Festlegung wären die Verhandlungen im Sommer 1990 über den 2+4-Vertrag gewesen, der der deutschen Einheit den Weg ebnete. Sowohl Gorbatschow als auch sein damaliger Außenminister Schewardnadse haben wiederholt Stellung zu dieser Frage bezogen und ein schlagendes Argument vorgebracht: Es wäre absurd gewesen, so Gorbatschow, die Westmächte im Sommer 1990 um schriftliche Garantien zu bitten, die Mitglieder des Warschauer Vertrages nicht in die NATO aufzunehmen. Denn das hätte bedeutet, das östliche Militärbündnis für tot zu erklären, noch bevor es sich aufgelöst hatte. Das geschah erst im Juli 1991 – und lag ein Jahr zuvor noch außerhalb der Vorstellungswelt nicht allein Moskaus.

Aber mussten wir die Letten denn in die NATO aufnehmen? Die Gegenfrage lautet: Hätten wir ihnen in den Jahren nach 1989 sagen sollen: »Ihr mit euren knapp 6000 Soldaten und der Erfahrung fünfzigjähriger sowjetischer Okkupation bleibt mal schön, wo ihr seid, und kümmert euch allein um eure Sicherheit!?« In Polen habe ich aus eigener Anschauung erlebt, wie mit dem Ende der sozialistischen Herrschaft und der Loslösung von der Sowjetunion ein kollektives Aufatmen durch das Land ging: endlich nicht mehr diese Bedrohung, diese Unterdrückung, diese Verweigerung des eigenen Weges. Im Rückblick ist es leicht zu sagen, man hätte die schlechten Erfahrungen vergessen und »erinnerungslos« neu beginnen sollen. Man stelle sich vor, deutsche Politiker wären in den neunziger Jahren in Warschau, Prag oder Tallinn mit der Botschaft angetreten: »Ihr könnt leider nicht das gleiche Recht beanspruchen wie alle – wir müssen Rücksicht nehmen auf Russland.« Wer beklagt, die NATO sei »Russland immer näher gerückt«, indem sie dem legitimen Wunsch europäischer Staaten entsprach, Mitglied des Bündnisses zu werden, sollte bedenken, dass russische Truppen sich gegen den Wunsch europäischer Länder bis heute auf deren Territorium befinden: in Georgien, der Republik Moldau – und eben in der Ukraine.

Unsere Partner in Ostmitteleuropa reagieren aus gutem Grund äußerst empfindlich auf das alte Denken in Einflusssphären, das Russland mehr Rechte einräumt als Estland oder Polen – insbesondere, wenn solche Gedanken in Deutschland laut werden. Das Recht, von dem diese Staaten im Interesse ihrer Sicherheit Gebrauch machten, hatten alle Staaten Europas – einschließlich der Sowjetunion – in der Schlussakte von Helsinki 1975 festgeschrieben und im Dezember 1990 in der Charta von Paris neuerlich bekräftigt: das Recht auf freie Selbstbestimmung einschließlich des Rechts, sich einem Bündnis anzuschließen. Das gilt auch für militärische Bündnisse.

Richtig ist gleichwohl: Die Erfahrungen der Geschichte kollidierten nach 1989 mit dem Wunsch, es anders zu machen als bisher, mit der richtigen, aber abstrakten Vorstellung, in Europa eine neue Friedensordnung zu bauen. Von dieser Idee waren vermutlich alle Teilnehmerstaaten der KSZE gleichermaßen beseelt, als sie 1990 jene Charta von Paris unterschrieben. Alle mögen es ernst gemeint haben. Im Dezember 1990 konnte man den Eindruck gewinnen, am Endpunkt einer Entwicklung zu stehen, am Ende des Kalten Krieges. Doch wie sich zeigte, war es das eine, eine gute Absicht zu erklären, und das andere, mit gewachsenen und sich neu bildenden Wirklichkeiten umzugehen.

Das galt vor allem für den größten Teilnehmerstaat der KSZE, die Sowjetunion. Dort war der Umbruch noch in vollem Gange. Wie gewaltig die Veränderungen sein würden, die schließlich das Auseinanderbrechen und den Kollaps der UdSSR herbeiführten, konnte zu diesem Zeitpunkt niemand ahnen. Eine einzige Zahl mag das Ausmaß verdeutlichen: Im Dezember 1990 gehörten der KSZE 32 Staaten an, heute existieren auf dem gleichen Territorium 57 Länder. Wie und ob sich das neue Russland, das bald seiner eigenen Wege ging, in jenes Gefüge einpassen würde, war damals schwer vorauszusagen. Dennoch müssen sich die Teilnehmerstaaten der OSZE im Rückblick die Frage stellen, warum sie dieses bewährte Instrument des Dialogs und des Ausgleichs nach 1990 nicht intensiver und besser genutzt haben, um in Europa zu einem verträglichen Miteinander zu kommen.

Der Versuch Moskaus, neue auf Russland ausgerichtete Institutionen zu etablieren, zeitigte keinen großen Erfolg. Weder die »Gemeinschaft unabhängiger Staaten« (GUS) noch der militärische »Vertrag über kollektive Sicherheit« erwiesen sich als besonders schlagkräftig, und die »Eurasische Wirtschaftsunion« ist weit davon entfernt, sich mit vergleichbaren Zusammenschlüssen anderswo auf der Welt messen zu können. Hingegen entwickelten sich ausgerechnet jene ehemaligen Teilrepubliken und zuvor von der Sowjetunion abhängigen Staaten besonders erfolgreich und attraktiv, die Richtung EU und NATO strebten. Die zu Russland geschrumpfte Weltmacht UdSSR verlor den Anschluss, der »Gleiche unter Großen« wurde zum altindustrialisierten Schwellenland in Randlage. Doch Russland sieht sich eben nicht als »Randzone, die gegen das Zentrum Europas auftritt, sondern will im Gegenteil selbst Zentrum Europas werden«, so Wladimir Kantor. »Mit der Bezeichnung ›drittes Rom‹ (Rom! Nicht Istanbul, Bagdad oder Samarkand) setzte Moskau sich mit Europa gleich, mit dessen ehemaligem Zentrum.«

Russland an den Rand gedrängt, verbannt aus dem Kreis

der Großen und nun auch noch umstellt – so lautet das Narrativ der führenden russischen Politiker, der staatlichen Propaganda, aber auch vieler Bürger. Gescheitert ist man nach dieser Lesart nicht an den unauflöslichen Widersprüchen und Defiziten des sozialistischen Systems, an Dysfunktionalität, Ressourcen-Verschwendung und Repression, nein, schuld ist der Sieger. Der äußere Feind als (nützlicher) Schuldiger generiert ein Paradox, das man kennen muss, will man das Land verstehen: Das größte und an Bodenschätzen reichste Land der Erde, stets tatsächlich oder potenziell mächtig und aggressiv, lebt in ständiger Sorge, bedroht und bedrängt zu sein.

In diesen Zusammenhang gehört auch ein Wort über die Rolle, die westliche Medien in der russischen Propaganda einnehmen. Die angeblich russophoben Medien im Westen, so auch in Deutschland, spielten Russland übel mit, ist die beharrliche Behauptung der russischen staatlichen Propaganda, die aber auch von nicht wenigen im Westen gerne kolportiert wird. Ständig werde nur Schlechtes über das große Land berichtet, Russland in Kampagnen regelrecht niedergemacht. Auch mir hat nicht jeder Kommentar und nicht jede Überschrift gefallen, die von einer Redaktion effekthaschend über einen ansonsten ausgewogenen Artikel gesetzt wurde. Aber Tatsache ist, dass wohl in keinem anderen Land so umfassend und aus so vielen Blickwinkeln über Russland berichtet wird wie in Deutschland. In Moskau sind mehr als 35 Korrespondentinnen und Korrespondenten unterschiedlicher Medien akkreditiert, die für eine bemerkenswerte Bandbreite politischer Pluralität stehen. Diese Korrespondentinnen und Korrespondenten kennen Russland nicht nur sehr gut, sie sind dem Land häufig durch Studium, lange Aufenthalte und zum Teil auch familiär eng verbunden. Ich habe keinen getroffen, der nicht eine positive Haltung zu seinem Gastland gehabt hätte. Wenn diese Journalisten bei sehr unterschiedlicher Grundausrichtung in ihren Berichten zu einem bestimmten Thema zu ähnlichen Schlüssen kommen, so sollte das eher denen zu denken geben, die sich über sie beschweren, als dass es den Journalisten selbst angelastet werden könnte.

Eine der teuersten und umfangreichsten Dokumentationen, die je für das deutsche Fernsehen produziert wurden, heißt »Russland von oben«. Finanziert und ausgestrahlt von den öffentlich-rechtlichen Sendern, in Russland gerne als »Staatsfernsehen« gescholten, wurde in sechs Folgen à 45 Minuten schön und eindrucksvoll gezeigt, um welch ein grandioses, vielfältiges Land es sich handelt. Eine Kinofassung lief in Russland, ein Hit. Das Interesse an Russland in Deutschland ist eben groß, die Bande sind alt – und besonders.

»Dass Russland meine Heimat ist ...«

»Heeelm ab – zum Gebet!« Nur die von den Soldaten gehaltenen Fackeln erleuchten noch das militärische Schauspiel. Der »Große Zapfenstreich« hat seinen Höhepunkt erreicht. Das Musikkorps der Bundeswehr setzt an zu einer getragenen, langsamen Melodie: »Ich bete an die Macht der Liebe.« Von Gerhard Tersteegen stammt der deutsche Text dieses Kirchenliedes. Doch komponiert wurde es von Dmitri Bortnjanski. Im Herzen des höchsten, ehrenvollen militärischen Zeremoniells der deutschen Streitkräfte erklingt ein russisches Musikstück.

Eng und reich sind die deutsch-russischen Beziehungen. Was wäre unser Kulturbetrieb ohne die Musik Rachmaninows oder Glinkas, Tschaikowskis oder Schostakowitschs, ohne die Werke Tolstois und Dostojewskis, Puschkins, Gogols oder Pasternaks. Jedes Jahresprogramm der großen russischen Konzertsäle zeugt davon, wie sehr die Werke deutscher Komponisten geschätzt und verehrt werden, genauso wie die Werke deutscher Schriftsteller und Dichter Teil des russischen Kulturkanons sind. Die wechselseitige Wahrnehmung und Bereicherung waren stets groß: Puschkin verehrte Goethe, der sich seinerseits intensiv mit der russischen Literatur auseinandersetzte. Rilke dichtete auch auf Russisch, Boris Pasternak erschloss als Übersetzer dessen Werke den russischen Lesern. »Dass Russland meine Heimat ist, gehört zu jenen großen und geheimnisvollen Sicherheiten, aus denen ich lebe«, hat Rilke über das Land gesagt, das sein verklärter Sehnsuchtsort war. Zu den Begründern der Künstlergruppe »Blauer Reiter« gehörte Wassily Kandinsky, der als Student nach Deutschland kam und zum Lehrer am Bauhaus wurde; deutsche Architekten prägten den Wohnungsbau in der jungen Sowjetunion.

In Wirtschaft und Wissenschaft, Kultur, Militär und Politik Russlands begegnen uns immer wieder deutsche Namen. Das erste Kaufhaus, das von Deutschen gegründet wurde, öffnete nicht in Breslau oder Berlin, in Köln oder Königsberg seine Pforten – sondern 1865 in Wladiwostok: »Kunst und Albers«. Mehr als viertausend Unternehmen mit deutscher Kapitalbeteiligung sind unverändert in Russland engagiert, auch wenn es zu Boom-Zeiten der russischen Wirtschaft schon einmal mehr waren. Die Zuverlässigkeit und Beharrlichkeit der deutschen Firmen, die dem Land auch in wirtschaftlich schwierigen Zeiten nicht gleich den Rücken kehren, wird in Russland hoch geschätzt. Thyssenkrupp lieferte seine ersten Produkte bereits vor 200 Jahren nach Russland: Hammer. Siemens hat vor dem ersten Weltkrieg in Russland mehr Geld verdient als in Deutschland, nachdem es das ganze Land seit 1860 mit Telegrafenleitungen überzogen hatte.

Der deutsch-russische Austausch in den meisten Bereichen hat die politischen Stürme der zurückliegenden Jahre nicht allein ausgehalten, sondern ist noch dichter geworden. Die wissenschaftliche Zusammenarbeit erfasst heute mehr Hochschulen und Forschungseinrichtungen als je zuvor. In kein Land sind bislang mehr der renommierten Humboldt-Stipendien vergeben worden als nach Russland, 14 000 junge Russinnen und Russen studierten 2019 in Deutschland.

Bedeutend in unserer gemeinsamen Geschichte ist die Rolle der Russlanddeutschen. Fleißig und kenntnisreich erschlossen sie seit dem 18. Jahrhundert weite Landstriche an der Wolga, am Schwarzen Meer und in anderen Regionen des Riesenreiches. Für die Verbrechen des Nationalsozialismus haben sie, obwohl Sowjetbürger, mit Deportation und Zwangsarbeit schrecklich bezahlen müssen. Seit den siebziger Jahren konnten sie nach Deutschland ausreisen, rund 2,4 Millionen Menschen sind so mit ihren russischen Familienangehörigen zu uns gekommen. Neue Brücken sind entstanden.

Politisch haben Deutschland und Russland Zeiten größter Nähe erlebt. Bis heute ist in Russland die Erinnerung daran lebendig, dass Deutsche und Russen gemeinsam im Kampf gegen die ausgreifende Landnahme Napoleons standen. Zahlreich waren die dynastischen Verbindungen zwischen dem russischen Herrscherhaus Romanow und den deutschen Fürstenhäusern, noch die letzte Zarin war eine deutsche Prinzessin. Über viele Phasen ihrer Geschichte sind Deutschland und Russland gut miteinander ausgekommen – im 20. Jahrhundert jedoch in zwei Weltkriegen in schrecklichste Tiefen gestürzt. Furchtbar waren die Folgen des deutschen Angriffs auf die Sowjetunion 1941, kein Land hat so viele Opfer bringen müssen. Mehr als 26 Millionen Menschen sind ums Leben gekommen. Der Krieg, den Deutschland entfesselt hatte, fiel furchtbar auf Deutschland zurück.

Trotz dieses schrecklichsten aller Kriege geschah etwas, was an ein Wunder grenzt: Zwischen Deutschen und Russen gelang eine neue Annäherung – nicht allein in den Bahnen der »Deutsch-Sowjetischen Freundschaft«, zu der die Menschen in der DDR verpflichtet wurden, sondern auch zwischen der Sowjetunion und der Bundesrepublik Deutschland. Noch siebzig Jahre nach Ende des Krieges spürte ich in meiner Zeit in Russland in der Begegnung gerade mit älteren Menschen überall und immer wieder die ehrliche Bereitschaft zur Versöhnung. In der DDR gab es, jenseits der verordneten Bruderschaft zur Sowjetunion und Abneigung gegen die »Besatzer« ein großes und aufrichtiges Interesse an Russland, seiner Sprache, den Menschen, der Kultur, befördert u. a. durch Austausch und Begegnung. Doch auch im Westen existierte eine ungebrochene, geradezu erstaunliche Zuneigung zu allem Russischen: Während einerseits die Furcht groß war, die Streitkräfte des Warschauer Paktes könnten morgen durch die norddeutsche Tiefebene zum Atlantik vorstoßen, zogen die

Menschen in Scharen in die Kinos, um das Hollywood-Epos »Doktor Schiwago« zu sehen, traten die Don-Kosaken in vollen Konzertsälen auf, und gab eine Sängerin, die mit ihren Eltern vor der Roten Armee aus dem Memelland geflohen war, sich und ihren Liedern einen geheimnis-sehnsuchtsvollen russischen Anstrich: Alexandra. Und der stimmgewaltige Berliner Bass Hans Rippert kaufte sich eine Pelzmütze und feierte als Ivan Rebroff mit »Moskauer Nächte« und dem »Wolgalied« Triumphe.

Dann kam der Umbruch in Europa – am 12. September 1990 wurde in Moskau der »Vertrag über die abschließende Regelung in Bezug auf Deutschland« unterzeichnet (»2+4-Vertrag«), der die friedliche, auch von der Sowjetunion beförderte Wiedervereinigung ermöglichte. Einen Monat später schlossen Deutschland und die Sowjetunion einen »Vertrag über gute Nachbarschaft, Partnerschaft und Zusammenarbeit«. Das Interesse aneinander und die Aufmerksamkeit füreinander wuchsen und blieben hoch, in Politik wie Gesellschaft.

International setzte die Bundesrepublik sich beharrlich dafür ein, auf Russland und seine Interessen Rücksicht zu nehmen. Das Gipfel-Format »G7« wurde auf deutsches Drängen zu »G8« erweitert, die NATO traf zum ersten Mal mit einem einzelnen Staat eine Vereinbarung, die »NATO-Russland Grundakte«, die die wechselseitigen Sicherheitsvorstellungen aufgriff. Die Europäische Union und Russland unterzeichneten ein »Partnerschafts- und Kooperationsabkommen« und die EU entwarf eine Strategie der »vier Räume der Zusammenarbeit«, um die Beziehungen in die Zukunft zu nehmen. Eine 2010 vereinbarte »Modernisierungspartnerschaft«, sollte Russland unterstützen, seine schwierige wirtschaftliche Transformation zu bewerkstelligen. All dies waren Vereinbarungen der westlichen Bündnisse mit Russland – kaum eine wäre ohne die Initiative und den beharrlichen Nachdruck der deutschen Außenpolitik so zustande gekommen.

Doch plötzlich scheint dieses besondere Verhältnis in Scherben vor uns zu liegen. Was ist aus dieser deutsch-russischen Nähe geworden? Wieso kam es 2014 zum Bruch?

»KRIM NASCH!« – »DIE KRIM GEHÖRT UNS!«

Dienstantritt in Moskau

»Herr Botschafter, unsere Position zur Krim ist glasklar. Argumente haben wir genug ausgetauscht. Sie sollten die Realitäten akzeptieren, dann können wir sehen, wie wir gemeinsam vorankommen.« Vizeaußenminister Titow hält sich nicht lange mit Floskeln auf an jenem 24. März 2014. Acht Vizeaußenminister hat Russland; Titow, als Lawrows Vertreter, ist der »Erste Vizeaußenminister«. Zum Vergleich: Im deutschen Auswärtigen Amt gibt es zwei Staatssekretäre und eine Reihe Abteilungsleiter – die Vizeaußenminister rangieren also etwa dazwischen. Tags zuvor war ich in Moskau gelandet, fünf Tage nach jener Feier zur »Rückkehr der Krim« im Kreml, mit der die Annexion vollzogen worden war. Mein erster Termin im russischen Außenministerium hätte normalerweise rein förmlichen Charakter gehabt. Um in seinem Gastland offiziell als Vertreter seiner Regierung arbeiten zu dürfen, überreicht der neu eingetroffene Botschafter so rasch wie möglich eine Kopie seines Beglaubigungsschreibens, üblicherweise im Außenministerium. Das Original übergibt er später in einer förmlichen Zeremonie dem Staatsoberhaupt des Landes. Doch im März 2014 war gar nichts normal.

Schreiben wie protokollarischer Termin sind diplomatische Traditionen. Der neue Botschafter ist seiner Gastregierung schließlich längst bekannt, sie hat seiner Entsendung zugestimmt. Im Beglaubigungsschreiben wird lediglich noch einmal festgehalten, dass der Bundespräsident entschieden habe, Herrn oder Frau XY als bisherige(n) Botschafter/Botschafterin abzuberufen und Herrn oder Frau XY als Nachfolger(in) zu entsenden. In förmlicher Sprache wird um die wohlwollende Behandlung des neuen diplomatischen Vertreters gebeten.

Bei aller Kontroverse und allem Streit ist die Diplomatie in Summe stets höflich – ein ungeheurer Vorteil im Bemühen, miteinander im Gespräch zu bleiben und, wo möglich, gemeinsam Probleme zu lösen. Offizielle diplomatische Schreiben, sogenannte »Verbalnoten«, beginnen auch heute noch stets mit der Formel: »Die Regierung der Republik Ruritanien beehrt sich, der Botschaft des Königreiches Molwanien folgendes mitzuteilen: …« Und die Schlussformel wird lauten: »Die Regierung der Republik Ruritanien benutzt diese Gelegenheit, die Botschaft des Königreiches Molwanien ihrer ausgezeichneten Hochachtung zu versichern.« Zwischen diesen beiden Sätzen mag eine Menge Deutliches stehen. Aber der förmliche Rahmen hilft, um zu signalisieren: Letztlich respektieren wir einander und wollen im Dialog bleiben.

Dabei hilft die codierte Sprache der Diplomatie, die meist moderat-umgänglich im Ton ist. Beide Seiten werden verstehen, was gemeint ist, jeder kann sein Gesicht wahren. Man kann einen offensichtlich abwegigen Vorschlag, der einem unterbreitet wird, mit den Worten »Das ist nun wirklich großer Unfug« abtun. Es reicht aber auch völlig zu sagen: »Ich werde Berlin selbstverständlich umgehend über Ihre Überlegungen unterrichten. Erlauben Sie mir jedoch eine erste persönliche Einschätzung: Ich kann mir nur schwer vorstellen, dass meine Regierung diese Idee aufgreifen wird.« Auch ein Satz wie: »Darüber könnte man nachdenken« deutet nicht unbedingt auf Zustimmung hin. Solch sprachlich zurückhaltender Umgang lässt auch Eskalationsstufen offen, der Ernst einer Lage zeigt sich im Grad der Deutlichkeit des Austauschs. Wie in jenem ersten Gespräch im russischen Außenministerium, dem viele vergleichbare folgen sollten. Vom ersten Moment an ging es um den tiefen Graben, der sich zwischen uns aufgetan hatte infolge der Annexion der Krim durch Russland.

Wem gehört die Krim – »eigentlich« ...?

Wann mag ich selbst das erste Mal von der Krim gehört haben? Im Geographieunterricht, als wir die Landschaften der Sowjetunion durchnahmen? Möglicherweise. Sie gehörte jedenfalls nicht zu jenen Orten und Regionen Russlands, über die in meiner Familie häufig gesprochen wurde. Das waren Sankt Petersburg und Moskau und vor allem das Baltikum – als dieses noch Teil des alten russischen Reiches war. Bilder von einer fruchtbaren, sonnendurchfluteten südlichen Landschaft mit Stränden und Weinbergen waren es, die sich in meinem Kopf mit der Krim verbanden.

Im Geschichtsunterricht war irgendwann der »Krimkrieg« drangekommen, vertieft später im Studium der Geschichte. Erst da erfuhr ich, dass er nur in Westeuropa so genannt wird. »Orientalischer Krieg« heißt er in Russland zumeist und »Neunter Russisch-Türkischer Krieg« in der Türkei. In jenem »ersten modernen Krieg« ging es 1853–1856 um weit mehr als nur um die große Halbinsel im Schwarzen Meer. Erst siebzig Jahre zuvor war sie von osmanischer unter russische Herrschaft gelangt. Doch so recht türkisch war sie zuvor auch nicht gewesen, vielmehr ein vom Osmanischen Reich abhängiges Gebiet aus kleineren Territorien, die im 15. Jahrhundert entstanden waren, als die mongolische Herrschaft sich auflöste. Im Laufe der Zeit hatten sich überdies die europäischen Handelsmächte Venedig und Genua mit der östlichen Vormacht Byzanz um die strategisch günstig gelegene Halbinsel gestritten.

Ein kurzer Blick in die Geschichte zeigt, wie schwer es sein kann, von einem Landstrich zu sagen, er gehöre »eigentlich« zu diesem oder jenem Staat. Vergleichbare Behauptungen oder Ansprüche haben überall in Europa immer wieder für Zwist und Gewalt gesorgt, für Konflikte um das Elsass oder Südtirol, um Nizza, das Olsa-Gebiet oder Triest. Erst Verträge und Regeln, die von allen gleichermaßen respektiert werden, haben diesen Streitigkeiten ihre Brisanz genommen. Wer bloß seine Sicht gelten lässt und seine Ansprüche gewaltsam durchsetzt, gefährdet den Frieden in Europa – wie Russland 2014 im Falle der Krim.

Präsident Putin griff im Dezember jenes Jahres in seiner jährlichen »Poslanie«, einer Art »Rede an die Nation«, daher auch tief in das Arsenal nationaler Befindlichkeit, als er die Bedeutung der Krim für Russland mit jener des Tempelberges in Jerusalem für Juden und Moslems verglich. Der grundsätzlichen Zustimmung seiner Landsleute konnte er sich sicher sein, »Krim nasch!« – »Die Krim gehört uns« geriet 2014/15 zum populären Slogan. Als ich im März 2016 an einer Moskauer Universität mit Studenten über die deutsch-russischen Beziehungen diskutierte, waren wir schnell bei der Krim. Ich legte dar, wieso es sich bei der »Heimholung« 2014 aus unserer Sicht um einen schweren Bruch des Völkerrechts handle, um eine Annexion. Viele Studenten meldeten sich, doch bezeichnenderweise erteilte der Dekan der Historischen Fakultät sich selbst als Erstem das Wort. Diese unerhörten Argumente konnte man nicht einfach so stehen lassen! Immer emotionaler geriet seine Erwiderung, bis er sich schließlich den Studenten zuwandte und ihnen bebend zurief: »Krim naaasch!!« Der Saal tobte …

Wenn es um die Krim geht, kochen die nationalen Wogen hoch. Selbst manche Intellektuelle, die Putin gegenüber kritisch eingestellt sind, wollten fünf gerade sein lassen, wenn es um die Zughörigkeit der Halbinsel ging: »Ja, wir wissen, das Völkerrecht … Aber Sie müssen verstehen, die Krim …« Das Verhältnis zur Ukraine hat für viele Russen etwas emotional Befrachtetes. »Es will den Russen einfach nicht in den Kopf, dass die sommerlichen Jugendlager auf der Krim, an denen so viele Erinnerungen hängen, und dass der ewige sowjetische Meister im Fußball, Dynamo Kiew, nun im Ausland liegen«, meinte Aleksander Kwasniewski, der ehemalige polnische Präsident, als ich ihn kurz vor meinem Wechsel als Botschafter von Warschau nach Moskau Anfang 2014 noch einmal traf. Kaum jemand kannte die Problematik so gut wie er: Als Sonderbeauftragter des Europäischen Parlaments war er dutzende Male in Polens östlichem Nachbarland gewesen.

Die ukrainischen Brüder

Für viele Russen gehört nicht allein die Krim, sondern – eigentlich, irgendwie – die ganze Ukraine zu Russland, zumindest ihr größter Teil, sieht man sich in Moskau doch gleichsam als legitimer Haupterbe der »alten Rus«. Es beginnt bei der Bezeichnung: Redet man über etwas, was sich in der Ukraine zugetragen hat, so benutzt man im Russischen die Präposition »na«, um »in« zu sagen, nicht »w«, wie es sich für einen ordentlichen Staat gehört: »na« ist für Regionen und Landschaften reserviert. Und die Bezeichnung selbst – »Ukraina« – suggeriert im Russischen, es handle sich um eine am Rande gelegene Region, ein Grenzland des russischen Reiches.

Wie oft habe ich das Argument gehört, Russen und Ukrainer seien Brudervölker, zwischen ihnen gebe es eigentlich keinen Unterschied. Dabei klang stets heraus, dass damit ein Verhältnis großer (russischer) zu kleiner (ukrainischer) Bruder gemeint war, stets schwang etwas Paternalistisches, Überhebliches mit: Die Ukraine sei eigentlich gar kein rechter Staat, war immer wieder zu hören, die Ukrainer seien ganz offensichtlich auch gar nicht in der Lage, ihre Angelegenheiten selbst zu regeln. Russland, so sollte es wohl im Umkehrschluss heißen, müsse sich kümmern. Mindestens so häufig wie von russischen habe ich solche Argumente auch von deutschen Gesprächspartnern gehört. Unbeantwortet blieb die Frage, warum man dann über den kleinen Bruder so herfällt, ihn derart behandelt. In diesem Zusammenhang sei eine Anmerkung gemacht zum Begriff »Ukraine-Konflikt«: Er wird häufig verwendet – so auch der Einfachheit halber in diesem Buch. Dabei sei nicht vergessen, dass es sich nicht bloß um einen Konflikt ›in‹ oder gar ›mit‹ der Ukraine handelt, sondern um einen militärischen Konflikt, dessen Opfer die Ukraine wurde.

Dafür zuständig, im Ukraine-Konflikt die Politik des Präsidenten umzusetzen, war Wladislaw Surkow, einer der Berater Wladimir Putins. Surkow ist ein kluger, hochbegabter Strippenzieher und Machiavellist, Literat, Intellektueller, Zyniker. Viele der Konzeptionen und Begriffe des derzeitigen russischen Machtsystems gehen auf ihn zurück: die »Vertikale der Macht«, die »souveräne Demokratie«, die Gründung der Einheitspartei »Gerechtes Russland« und der (gescheiterten) Jugendorganisation »Naschi« – »die Unsrigen«. Wir und sie, unser und ihres – bewusst wird immer wieder mit diesem abgrenzenden Dualismus gearbeitet. Was Surkow von jenem Staat hielt, mit dem er eigentlich eine Friedenslösung hätte vereinbaren sollen, offenbarte er in einem Interview kurz nach dem Ende seiner Dienste für den Kreml Anfang 2020: »Es gibt keine Ukraine. Es gibt Ukrainertum. Das heißt, eine bestimmte Geistesstörung … Der Zwang zu brüderlichen Beziehungen ist historisch die einzige Methode gewesen, die sich gegenüber der Ukraine als wirksam erwiesen hat. Ich glaube nicht, dass irgendeine andere erfunden werden wird.«

Im Jahr 1991 hatte es auf der Krim eine Volksabstimmung gegeben, die eine Mehrheit dafür erbrachte, dass man nach dem Zerfall der Sowjetunion zur Ukraine gehören wolle und nicht erneut zu Russland, wie dies bis 1954 der Fall gewesen war. Daran änderte auch die Tatsache nichts, dass die frühere sowjetische Schwarzmeerflotte, die nun Russland gehörte, weiterhin in Sewastopol lag (nachdem Russland und die Ukraine das Oberkommando anfänglich sogar gemeinsam innegehabt hatten). Hierüber hatten die beiden Staaten einen langfristigen Pachtvertrag abgeschlossen. Für den Verbleib der Krim bei der Ukraine dürften insbesondere die Krimtataren gestimmt haben. Die von alters her dort ansässige Bevölkerungsgruppe spricht eine Turk-Sprache und ist muslimischen Glaubens. In der Stalin-Zeit verfolgt und unterdrückt, setzten viele Krimtataren ihre Hoffnungen seit Sommer 1941 fatalerweise auf die deutschen Besatzer, um das sowjetische Joch abzuschütteln. Das sollte sich bitter rächen: Nur drei Jahre später, im Mai 1944, als die Rote Armee die Krim von der Wehrmacht zurückerobert hatte, wurden alle Krimtataren, fast 190 000, unter furchtbaren Bedingungen nach Zentralasien deportiert, Zehntausende verloren ihr Leben. In der späten Sowjetzeit durften sie zurückkehren. Etwa eine Viertelmillion Tataren lebten auf der Krim, als die Ukraine unabhängig wurde.

Die neu erstandene Russische Föderation hatte die Zugehörigkeit der Krim zur Ukraine ausdrücklich anerkannt, als die Ukraine sich 1994 bereit erklärte, auf ihre Nuklearwaffen zu verzichten, die sie noch aus Sowjetzeiten besaß. Im Gegenzug verpflichteten sich die USA, Großbritannien – und Russland – im sogenannten ›Budapester Memorandum‹, unter Verweis auf die KSZE-Schlussakte von Helsinki, die Souveränität und die bestehenden Grenzen der Ukraine zu achten. Im Ergebnis hielt die Ukraine an ihrer Neutralität fest, für die sie sich mit der Unabhängigkeit entschieden hatte. Hierin konnte sie sich auch sicher fühlen: Sie hatte ja die feste Zusage wichtiger Mächte, dass ihre territoriale Unversehrtheit und Sicherheit garantiert blieben. »Und im Ergebnis waren wir angeschmiert«, hat es ein ukrainischer Gesprächspartner mir gegenüber einmal salopp formuliert. »Wir hatten uns für neutral erklärt und gehörten keinem Bündnis an, dafür hatten wir aber solide Sicherheitszusagen. Doch als Russland uns 2014 angriff, standen wir allein da, hatten keine Verbündeten, und die uns gegebene Zusage war nicht bloß nichts wert, sie wurde sogar von einem der Vertragspartner mit Füßen getreten.« Und sarkastisch fügte er hinzu: »Schöne Grüße nach Nordkorea. Rückt bloß nicht eure Nuklearwaffen gegen irgendwelche Versprechungen raus – eure Vertragspartner werden sich später nicht daran halten.«

Ukrainische Hoffnungen, russisches Misstrauen

Als ich am 23. März 2014 in Moskau eintraf, war die Krim nicht mehr unter ukrainischer Hoheit. Was war geschehen?

Seit 2008 hatten die EU und die Ukraine über ein Abkommen verhandelt, das der früheren Sowjetrepublik Zugang zum größten Binnenmarkt der Welt gewähren sollte. Mit dem Ziel, die eigenständige Entwicklung des Landes zu stärken – nicht allein die Wirtschaft, sondern auch Demokratie und Rechtsstaat. Umstritten war in der EU die Frage, ob der Ukraine und weiteren Ländern, die zuvor zur Sowjetunion gehört hatten – Weißrussland, Moldau, Georgien, Armenien, Aserbaidschan –, ausdrücklich zugesagt werden sollte, eines Tages EU-Mitglied werden zu können. Deutschland und andere Mitgliedstaaten hatten sich mit der Position durchgesetzt, dass es klüger sei, einen Weg der Entwicklung zu skizzieren, als eine Zusage zu machen, die einzulösen aus vielerlei Gründen schwierig werden könnte. Vielen mag dabei der Fall der Türkei vor Augen gestanden haben, der die Europäische Wirtschaftsgemeinschaft bereits 1963 einen Beitritt in Aussicht gestellt hatte.

Zuständig für die Verhandlung des Assoziierungsabkommens mit der Ukraine war die EU-Kommission – und diese ging die Gespräche mehr technisch denn politisch an. Mehr Umsicht hätte gut getan. Bei Verhandlungen zweier Partner über internationale Verträge gibt es kein Recht Dritter darauf, beteiligt zu werden, oder gar ein Recht auf ein Veto. Doch es ist ein Gebot der Klugheit, die Interessen anderer, in diesem Fall Russlands, mit in Betracht zu ziehen. Russland lehnte die ukrainischen Verhandlungen mit der EU vehement ab und reagierte zunächst 2010 mit dem Gegenangebot einer »Eurasischen Zollunion«, der in einem ersten Schritt neben Russland auch Kasachstan und Weißrussland (Belarus) angehören sollten. Aber die ukrainische Führung, so sehr sie zugleich lavierte, hielt an ihrem Kurs Richtung Freihandelsabkommen mit der EU fest – eine Politik, die übrigens auch ihrem Wahlversprechen entsprach.

2012 waren die Verhandlungen abgeschlossen. Doch die EU war einstweilen nicht bereit, das Abkommen zu unterzeichnen. Zu schleppend und unvollständig kamen die Veränderungen in der Ukraine voran, die das Land auf die Assoziierung vorbereiten sollten. Hierauf bezog sich Kommissionspräsident Barroso, als er am 25. Februar 2013 bei einem Gipfeltreffen der Ukraine mit der EU in Kiew vom ukrainischen Präsidenten forderte, dass »die Ukraine ihre europäische Wahl treffen« müsse. Bevor das Abkommen unterschrieben werden könne, müsse die Ukraine, so Barroso, umfassende wirtschaftliche und politische Reformen unternehmen, nicht zuletzt im Bereich des Rechtsstaates. Kritisiert wurde von westlichen Beobachtern, Politikern und Journalisten in jenen Monaten vor allem die Inhaftierung führender Oppositionspolitiker, namentlich der ehemaligen Ministerpräsidentin Julia Timoschenko, die als politisch motiviert gesehen wurde.

In Moskau jedoch wurde Barrosos Äußerung offensichtlich in nur einem Sinne gelesen: Die Ukraine müsse sich nunmehr endgültig entscheiden zwischen einer Annäherung an die EU und dem Beitritt zu jenem von Russland dominierten Integrationsraum der Eurasischen Zollunion. Barroso mag im Sinn gehabt haben, den Reformprozess in der Ukraine voranzutreiben – hilfreich war seine Äußerung nicht.

Als die EU der Ukraine im Sommer 2013 schließlich doch in Aussicht stellte, das Abkommen zu unterzeichnen, wurde in Moskau endgültig der Schalter umgelegt. Russland drohte der »Brudernation« offen und in beispielloser Weise mit Handelssanktionen und Importsperren, sollte die Ukraine die Assoziierung mit der EU eingehen. Über Nacht erklärte der russische Zoll sämtliche Importgüter aus dem Nachbarland zur »Risikoware«, Lieferungen bestimmter ukrainischer Waren nach Russland und durch Russland wurden untersagt und die Maßnahmen schließlich so weit ausgeweitet, dass es zu kilometerlangen LKW-Staus an der russisch-ukrainischen Grenze kam. Gleichzeitig erhob das russische Staatsunternehmen Gazprom Forderungen in Höhe von 1,3 Milliarden Dollar für Gas, das in der Vergangenheit geliefert worden war. Parallel dazu nahm die russische Propaganda, die sich gegen eine Annäherung der Ukraine an die EU, gegen die EU und gegen die ukrainische Führung richtete, neue Ausmaße an. Der Wirtschaftsberater des russischen Präsidenten, Sergej Glasjew, skizzierte schließlich ein Horrorszenario aus Währungskollaps und Überschuldung, ungeheizten Wohnungen im Winter und Staatsbankrott, sollte die Ukraine ihre »kranken« Träume einer EU-Orientierung nicht aufgeben. »Warum will die ukrainische Führung ihr Land in den wirtschaftlichen Selbstmord treiben?«

Natürlich hatte man in Moskau Zielsetzung und Inhalte der bereits 2012 zwischen der EU und der Ukraine abgeschlossenen Verhandlungen gekannt. »Die russische Regierung war fünf Jahre lang im Detail über unsere Gespräche über ein Assoziierungsabkommen zwischen der EU und der Ukraine informiert«, sagte Kommissionspräsident Barroso im Rückblick im Dezember 2014. Wenn Präsident Putin nunmehr behaupte, er sei überrascht worden, sei das nicht wahr. Doch offensichtlich fühlte Russland sich durch die endgültige Hinwendung der Ukraine zur Europäischen Union fundamental herausgefordert. Auf fatale Weise trafen zwei unterschiedliche Sichtweisen aufeinander: Auf Seiten der EU-Kommission mögen die Unterhändler überzeugt gewesen sein, begrenzte Ziele zu verfolgen: durch europäische Unterstützung die wirtschaftliche Entwicklung in der Ukraine und den Freihandel voranzubringen sowie Demokratie und Rechtsstaat zu befördern. Der östliche Nachbarstaat der EU sollte die gleiche Chance bekommen, auf eigenen Füßen zu stehen, wie Lettland oder Rumänien.

In Russland hingegen sah man die Verhandlungen als Teil eines strategischen Manövers »des Westens«, nun auch eines der Kernlande »der alten Rus« zu sich herüberzuziehen. Mehr noch: Das Assoziierungsabkommen, so war man überzeugt, werde nur ein erster Schritt sein – eigentliches Ziel sei eine Mitgliedschaft der Ukraine in der NATO. Welch ein Albtraum: militärische Infrastruktur des westlichen Bündnisses, insbesondere der USA, an Russlands Westgrenze und vor den Toren Sewastopols auf der Krim, dem Heimathafen der russischen Schwarzmeerflotte.

Ein wenig wahrscheinliches Szenario. Nach der Orangenen Revolution von 2004 hatte die Ukraine den Wunsch geäußert, NATO-Mitglied zu werden. Auf dem Bukarester NATO-Gipfel 2008 kam es zu einem heftigen Ringen. Am Ende war allen klar, dass für die Ukraine wie für Georgien keine realistische Perspektive auf eine NATO-Mitgliedschaft bestand. Es mag im Westen, vor allem in Washington, manche gegeben haben, die von solcher Expansion geträumt haben und die damit russische Irritationen weckten. Doch wenn es schon in der EU keinen Konsens über eine ukrainische Mitgliedschaft gab, so erst recht nicht in der NATO. Zu deren Aufnahmekriterien gehört schließlich auch die Frage: Erhöht die Mitgliedschaft eines neuen Staates die Sicherheit des Bündnisses? Versuche, der Ukraine eine Mitgliedschaft in der EU oder der NATO verbindlich in Aussicht zu stellen, waren jedenfalls gescheitert. Auch in Moskau wusste man dies genau.

Deutschlands Haltung

Will Moskau sich ein Urteil darüber bilden, wohin die EU geht, blickt es nicht so sehr nach Brüssel, sondern in die Hauptstädte, vor allem nach Berlin. Denn Deutschland ist nicht nur groß und in der Regel durchsetzungsstark, sondern unter den Großen aus russischer Sicht auch besonders berechenbar, verlässlich und für russische Anliegen am ehesten aufgeschlossen.

Wie nun beurteilte die Bundesregierung die sich zuspitzende Entwicklung? Am 18. November 2013, zehn Tage vor dem Gipfeltreffen, auf dem das Assoziierungsabkommen mit der Ukraine paraphiert werden sollte, gab die Bundeskanzlerin im Bundestag eine Regierungserklärung ab. Angela Merkel hatte russische Bedenken genau im Kopf, als sie über die Beziehungen zu jenen Staaten sprach, die zum Programm der »östlichen Partnerschaft« gehörten, das eine Assoziierung mit der EU ermöglichen sollte: Weißrussland und die Ukraine, Moldau, Georgien, Armenien und Aserbaidschan. »Um Missverständnissen vorzubeugen: die östliche Partnerschaft ist kein Instrument der EU-Erweiterungspolitik«, sagte Angela Merkel. Es gehe nicht um EU-Beitrittsperspektiven. Jedes Assoziierungsabkommen sei überdies, so die Bundeskanzlerin, an die Erfüllung bestimmter Voraussetzungen gebunden. »Heute muss ich Ihnen sagen, es ist noch nicht abzusehen, ob die Ukraine willens ist, die nötigen Voraussetzungen für eine Unterzeichnung zu schaffen.«

Kein Abkommen um jeden Preis also, nichts sollte erzwungen werden, und es gab auch keinen Automatismus. Zugleich sandte Angela Merkel jedoch ein deutliches Signal in Richtung Moskau: »Die Länder entscheiden allein über ihre zukünftige Ausrichtung. Ein Veto-Recht Dritter kann es nicht geben.« Russlands Sorgen hatte die Bundeskanzlerin ebenfalls im Blick: »Ich habe diese Frage auch in meinen Gesprächen mit dem russischen Präsidenten Wladimir Putin immer wieder thematisiert. Ich habe wiederholt deutlich gemacht, dass sich weder die östliche Partnerschaft noch die bilateralen vertraglichen Beziehungen, die die EU mit ihren Partnern abschließen will, gegen Russland richten. Im Gegenteil: Von der Stärkung und Modernisierung der Volkswirtschaften unserer osteuropäischen Partner würde, so ist unser Verständnis, auch Russland profitieren.« Die EU habe daher Russland immer wieder Gespräche angeboten, so die Bundeskanzlerin, um die beiderseitigen Vorteile einer Kooperation herauszuarbeiten. »Wir müssen weiter daran arbeiten, dies ist meine tiefe Überzeugung, dass es kein ›Entweder-oder‹ zwischen einer Annäherung der Länder der östlichen Partnerschaft an die EU und dem russischen Bemühen um eine engere Partnerschaft mit diesen Ländern geben sollte. Die EU hat Russland dafür Vorschläge unterbreitet, über die wir schnell sprechen müssen.«

Am Beispiel Armeniens belegte Angela Merkel dann, dass die EU ihren Partnern die freie Wahl ließ, sich ihr zu nähern. Armenien war unter enormen russischen Druck geraten, seit die Unterzeichnung eines Freihandelsabkommens mit der Europäischen Union näher rückte. Das kleine Land im Südkaukasus war noch einmal ganz anders von Russland abhängig als die Ukraine und befand sich im Dauerkonflikt mit seinem Nachbarn Aserbaidschan, den Russland nun zu unterstützen drohte. Am Ende hatte man in Eriwan entschieden, sich dem russischen Integrationsmodell der eurasischen Zollunion zuzuwenden. »Selbstverständlich akzeptieren wir diese Entscheidung«, unterstrich Angela Merkel in ihrer Regierungserklärung. »Gleichzeitig werden wir Wege für eine künftige Zusammenarbeit der EU mit Armenien finden.« Und in der Tat: Armenien sollte in der Folge zum Beispiel dafür werden, dass eine verträgliche Partnerschaft mit beiden Seiten möglich ist.

Rechnung ohne das Volk

Drei Tage, nachdem die Bundeskanzlerin ihre Regierungserklärung abgegeben hatte, ließ die ukrainische Regierung am 21. November 2013 verlautbaren, das Abkommen mit der EU nicht unterzeichnen zu wollen, sondern einstweilen »einzufrieren«. Die Entscheidung kam für die meisten Beobachter überraschend. Die Regierung in Kiew begründete sie mit nationalen Sicherheitsinteressen, wobei der Hinweis nicht unterblieb, dass auch die wirtschaftlichen Beziehungen zu Russland eine Rolle spielten – sprich: Das wirtschaftlich schwer angeschlagene Land beugte sich dem russischen Druck. Präsident Janukowitsch erklärte zugleich, die Ukraine ändere ihren Kurs Richtung EU nicht: »Niemand wird unseren Traum von einer Ukraine gleicher Möglichkeiten, von einer europäischen Ukraine ruinieren.«

Wie im Falle Armeniens akzeptierte die Bundesregierung auch diese Entscheidung. Am Rande des Gipfels von Vilnius traf sich Angela Merkel am 29. November 2013 mit Präsident Janukowitsch, der immerhin angereist war. »Der Präsident hat mir noch einmal gesagt, 50 Prozent der Exporte gehen nach Russland oder in die Republiken der Zollunion, 45 Prozent in die Europäische Union, also Bindung nach beiden Seiten«, teilte sie anschließend vor der Presse mit und wiederholte, dass noch stärker mit Russland an einer Lösung gearbeitet werden müsse.

Doch die Chance, eine Lösung zu vermitteln, mit der alle Seiten leben konnten, erhielten die europäischen Partner nicht mehr. Hatte Russland mit seinen Drohungen und Propaganda-Attacken bereits erreicht, dass die Ukraine das Abkommen mit der EU nicht unterzeichnete, so machte Moskau nun Nägel mit Köpfen: Der erfolgreichen Drohung folgte die Belohnung. Janukowitsch wurde am 14. Dezember 2013 nach

Moskau eingeladen und kehrte reich beschenkt heim: Russland gewährte eine Reihe von attraktiven Handelsvorteilen und senkte kurz entschlossen den seit Jahren ergebnislos verhandelten Gaspreis für die Ukraine um ein Drittel. Obendrauf gab es für das klamme Land noch »einen Sack voll Geld« – einen Kredit von umgerechnet 15 Milliarden Dollar, der »an keine Bedingungen geknüpft« sei, wie Präsident Putin anschließend auf einer Pressekonferenz unterstrich. »Keine Erhöhung und Senkung von Löhnen, keine Kürzungen von Renten oder sozialen Leistungen.« So konnte die ukrainische Führung es vermeiden, dringend notwendige Reformen in Angriff zu nehmen, die der Weltwährungsfonds als Bedingung für ein Beistandsabkommen verlangt hatte. Janukowitsch, der sein Land im großen Stil bestahl, wie stets vermutet und später offenbar wurde, müssen die Augen geleuchtet haben. Die erhebliche Zinslast, die er seinem Land damit aufbürdete, sorgte ihn sicher weniger. Neben dem Zuckerbrot gab es auch die Peitsche: Russland drohte der Ukraine mit nicht näher definierten Konsequenzen, würde sie auf dem Weg der Annäherung an die Europäische Union weiter voranschreiten.

Russland, so schien es, hatte gewonnen – so zumindest wird man es in Moskau in dortiger Nullsummen-Logik gesehen haben. Überlegungen, eine für alle Seiten gleichermaßen vorteilhafte Lösung zu erreichen, wie sie die Bundeskanzlerin anstrebte, sind einem solchen Denken fremd.

Doch die russische Führung hatte die Rechnung ohne den Wirt gemacht – das ukrainische Volk. Den eitlen und überforderten Präsidenten Janukowitsch unter Druck zu setzen und zu bestechen, war das eine – die Herzen der Menschen zu gewinnen das andere. Bereits einmal, in der Orangenen Revolution von 2004, hatten die Menschen in der Ukraine erfolgreich ihre demokratischen Rechte geltend gemacht und eine Wiederholung von Präsidentschaftswahlen erzwungen, als diese durch Wahlbetrug entschieden werden sollten.

Im November 2013 hatte eine empörte Bevölkerung genug vom betrügerischen Lavieren ihrer politischen Führung. Seit

Jahren hatte Janukowitsch seinem Volk versprochen, das Land Richtung Europa zu führen – und nun diese Volte. Noch am 21. November 2013, als die ukrainische Regierung überraschend erklärte, sie werde das Assoziierungsabkommen nicht unterzeichnen, begannen auf Kiews zentralem Unabhängigkeitsplatz, kurz »Maidan«, »der Platz« genannt, spontane, friedliche Proteste, die sich ab dem 29. November, nach Abschluss des Vilnius-Gipfels verstärkten. Als tags darauf Spezialeinheiten der Polizei einen gewaltlosen Studentenprotest niederknüppelten, weiteten die Demonstrationen sich massenhaft aus, bald auch weit über Kiew hinaus. Für den russischen Präsidenten stand bald fest, dass in der Ukraine eine sorgfältig vorbereitete Aktion ablaufe, die für die ukrainischen Präsidentschaftswahlen 2015 geplant gewesen und nun aber vorgezogen worden war. So stellte Wladimir Putin es jedenfalls in empörter Stimmlage bei einem Besuch in Eriwan am 2. Dezember 2013 dar. Es gehe gar nicht um das Verhältnis zur EU, sondern um die Destabilisierung der legitimen politischen Führung der Ukraine. In der armenischen Hauptstadt war Putin von Protesten empfangen worden, die sich gegen den Beitritt der Kaukasusrepublik zur russisch dominierten Zollunion richteten. Dies mag sein Urteil bestärkt haben.

Farbrevolutionen

Eine klassische Fehleinschätzung also? Ja, das auch. Russland verfügt über einen sehr guten, qualifizierten diplomatischen Dienst mit exzellenten operativen Fähigkeiten. Unbeschadet aller inhaltlichen Kontroversen habe ich die professionelle Kompetenz meiner russischen Kollegen stets sehr geschätzt. Doch immer wieder konnte man den Eindruck gewinnen, dass die russische Seite sich schwertat, die inneren Gesetzmäßigkeiten und die Meinungsfindung der westlichen Bündnisstrukturen zu verstehen, zu akzeptieren, dass Entscheidungen im Westen nicht einfach auf Knopfdruck oder Befehl des einen oder anderen Mitgliedstaates fallen. Immer wieder bin ich aufgefordert worden, Deutschland solle doch bitte dafür sorgen, dass »die russophoben Balten/Polen« aufhören, dies oder jenes zu tun. Zu Fehlurteilen trägt entscheidend bei, dass die Vorstellungswelt wichtiger Vertreter der russischen Führung von geheimdienstlichem Denken sowjetischer Zeit geprägt ist. Wie oft ist mir in Gesprächen mit russischen Offiziellen vorgehalten worden, der Westen verfolge perfide Verschwörungen und ausgeklügelte, weitreichende Strategien zu Russlands Nachteil. Wie oft ging mir dann durch den Kopf: Ich wünschte, wir wären so raffiniert und handelten so kohärent, wie Ihr Euch das vorstellt.

Dass der Westen unablässig bestrebt ist, überall auf der Welt »Farbrevolutionen« anzuzetteln, gehört zum festen Propaganda- und wohl auch Überzeugungskanon der russischen politischen Führung, seit sich 2003/04 in Georgien eine Rosen-Revolution, in Kirgisistan eine Tulpen- und in der Ukraine eine Orangene Revolution zugetragen hatte. Dass Menschen aus tatsächlicher Empörung gegen eine unfähige, korrupte oder repressive Führung auf die Straße gehen – wie erneut im Sommer 2020 in Weißrussland –, dass sich aus kleinen Anlässen Flächenbrände entwickeln können, passt nicht in ein solches Erklärungsschema. Stets stecken angeblich die USA und ihre westlichen Helfershelfer dahinter. Vor allem ausländischen Nichtregierungsorganisationen wird unterstellt, Handlanger fremder Regierungen und vor allem derer Geheimdienste zu sein. Mehrfach mussten wir dafür kämpfen, dass die deutschen politischen Stiftungen ihre – zwischen den Regierungen vereinbarte und verabredete – Arbeit in Russland auch tatsächlich fortsetzen konnten. Dabei hatten wir das Außenministerium zumeist auf unserer Seite – es seien die russischen Geheimdienste, so signalisierte man uns zumindest vorsichtig, die versuchten den Stiftungen Stöcke zwischen die Speichen zu stecken.

Stets richten sich jene von außen gesteuerten Umsturzversuche, so die russische Lesart, gegen bestehende Verhältnisse, die zwar vielleicht ein wenig autoritär oder diktatorisch sein mögen, aber insgesamt eben doch sehr verlässlich und berechenbar sind – sei es in Nordafrika oder im südlichen Kaukasus, in Syrien oder in der Ukraine. Oft genug trifft es Regime, die Russland verbunden sind oder nahestehen. Nun ist es unbestreitbar so, dass verschiedentlich erst westliches militärisches Eingreifen eine Diktatur zu Fall brachte – mit teils sehr zweifelhaftem Erfolg, wie im Irak oder in Libyen. Aber es hieße schon auf einem Auge blind zu sein, führte man jede Auflehnung gegen Diktatur, Unterdrückung oder Ausbeutung allein auf ausländisches Eingreifen zurück. Geflissentlich verschwiegen wird auch, dass der Arabische Frühling in manchen Ländern stabile Verhältnisse oder gar treue Verbündete Russlands wie den ägyptischen Präsidenten Al-Sisi hervorgebracht hat. Richtig ist aber: Das amerikanische Vorgehen im Irak, wie später auch in Libyen, hat Russland guten Grund geliefert zu sagen: Wenn Ihr Euch nicht an das Völkerrecht haltet, müssen wir das auch nicht. Nun gibt es keinen Anspruch auf »Gleichheit im Unrecht« – aber die amerikanische Politik machte und macht es nicht immer leicht, auf der Einhaltung des Völkerrechtes zu beharren.

Scharf verurteilte der russische Präsident in einer Rede im Juni 2015 in Sankt Petersburg die »ausländische Unterstützung« für den »anti-staatlichen, anti-konstitutionellen Umsturz, der schließlich zu einem scharfen Widerstand auf dem Gebiet der Ukraine führte, ja, zu einem Bürgerkrieg.« Als wäre es nicht Russland gewesen, das mit dem Druck auf Janukowitsch, der Annexion der Krim und der Unterstützung der Separatisten im Südosten des Landes von außen eingegriffen hatte. Doch was hat es mit Wladimir Putins Behauptung auf sich, in der Ukraine hätten westliche – namentlich: amerikanische – Organisationen den Protest orchestriert? Zum einen ist dies natürlich ein Stück »Polit-Technologie«: Wird eine beliebige Behauptung nur oft genug beharrlich wiederholt, wird sich, auch ohne jeden Beweis, schon eine Debatte nach dem Motto entfachen: »Wer weiß, vielleicht ist ja wirklich etwas dran?« Zum anderen ist es schwer vorstellbar, Proteste jener Dimension, wie sie sich in kürzester Zeit massenhaft und landesweit in der Ukraine ausbreiteten, ließen sich im Detail planen und vor allem: erfolgreich dirigieren und umsetzen. Das Problem aller überkomplexen, am grünen Tisch entwickelten Pläne ist ja, dass sie am Ende nicht funktionieren.

Doch so stellte es die Kremlpropaganda dar, und viele werden es tatsächlich geglaubt haben: Der Westen bekommt in der Ukraine nicht, was er will – also organisiert er eine »Farbrevolution« und bringt die Verhältnisse zum Tanzen. Dies war aus Sicht der russischen Führung besonders gefährlich, weil es eben um »Fleisch vom eigenen Fleische« ging. Schlimmer noch: weil jeder Russe im ukrainischen Fernsehen genau verfolgen konnte, was dort geschah – und weil somit die Gefahr bestand, dass der Funke überspringt. Denn eigentlich, da besteht kein Zweifel, geht es dem Westen natürlich um Russland. Immer wieder hat Wladimir Putin darauf verwiesen. Mit allen verfügbaren Mitteln, so der Präsident, werde man sich dagegen wehren.

Wie groß die Irritation der politischen Führung beim Thema »Farbrevolutionen« ist, zeigte sich 2017/18 – daran, wie Moskau des 100. Jahrestages der russischen Revolution gedachte, die wie kein anderes Ereignis die Geschichte des Landes verändert hat. »Die Große Sozialistische Oktoberrevolution« war zu sowjetischen Zeiten jährlich mit großem Pomp gefeiert worden. Meine Vermutung war, dass man sich diesmal mit dem Jahrestag sehr schwertun würde, denn bei Licht betrachtet war der Umsturz von 1917/18 bis ins Detail eine erste »Farbrevolution« gewesen: Ein vom Ausland – dem Kriegsgegner Deutschland – finanzierter Aktivist (Lenin) wird ins Land geschleust. Und ihm gelingt es, mit hoher politischer und organisatorischer Begabung, rücksichtsloser Radikalität und Brutalität, gemeinsam mit wenigen Getreuen, das große, gute alte Russische Reich in den Orkus der Geschichte zu stoßen. »Lenin legte die Atombombe unter das Gebäude, das Russland heißt«, hat Präsident Putin in einem Gespräch mit Abgeordneten im Januar 2016 einmal sehr plastisch gesagt und hinzugefügt: »Wir brauchten keine Weltrevolution.«

Und tatsächlich: Das Gedenken an den 100. Jahrestag der Oktoberrevolution fiel praktisch aus. Als ich den zuständigen

Kulturminister ein Jahr zuvor fragte, wie man sich auf den Jahrestag vorbereite, antwortete er: »Wir bilden eine Kommission.« Viel scheint dieser nicht eingefallen zu sein: Ein paar Ausstellungen, Aufsätze und Kolloquien – das war's im Spätherbst 2017. Und wie die perfekte Groteske wirkte dann auch ein großes Plakat, das kurz vor dem ›Jahrestag‹ an der Straße vor dem Botschaftsgelände und anderen Orts in Moskau prangte: Auf ihm legte ein Veteran väterlich seinen Arm um einen Jungen Pionier, über beiden die Überschrift: »7. November – 76. Jahrestag der Militärparade von 1941 auf dem Roten Platz.« Zu Sowjetzeiten wäre eine solche Missachtung des 100. Jahrestages der »Großen Sozialistischen Oktoberrevolution« wohl schwer geahndet worden.

»Ohne Russland geht es nicht«

In Deutschland wuchs Ende 2013 die Sorge, wie es weitergehen würde in und mit der Ukraine. Als Frank-Walter Steinmeier am 17. Dezember im Auswärtigen Amt erneut die Aufgabe als Außenminister übernahm, fragte er in seiner ersten Rede sorgenvoll, »ob wir die Entschlossenheit Russlands unterschätzt haben, das mit der Ukraine wirtschaftlich, aber auch historisch emotional eng verbunden ist.«

Tags darauf kam der neue Außenminister zu einem Antrittsbesuch nach Polen – er sollte einer der letzten offiziellen Besucher aus Deutschland sein, die ich als Botschafter in Warschau zu Gast hatte. Sowohl Staatspräsident Komorowski als auch Außenminister Sikorski empfingen den deutschen Gast, und abends traf er sich in unserer Residenz mit dem ehemaligen Staatspräsidenten Kwaśniewski. Die Zukunft der Ukraine war das dominierende Thema der Begegnungen. Die polnischen Gesprächspartner waren sich in zwei Einschätzungen einig: Zum einen sei es ausschließlich an der Ukraine, zu entscheiden, welchen Weg sie gehen wolle – langfristig werde sie sich jedoch unweigerlich in die europäische Richtung bewegen, die alte Trennung zwischen dem Westen und dem Osten der

Ukraine gelte immer weniger. Zum anderen: Die Proteste auf dem Kiewer Maidan würden sich mit dem orthodoxen Weihnachtsfest Anfang Januar verlaufen. Janukowitsch spiele auf Zeit, und den Demonstranten werde kalt werden.

Doch anders als von den meisten Beobachtern vermutet, beruhigte der innenpolitische Konflikt sich mit Beginn des Jahres 2014 nicht. Der Unmut der Ukrainerinnen und Ukrainer richtete sich nicht allein gegen die Kehrtwende ihrer Führung in Sachen EU, diese war eher der Auslöser. Im ganzen Land war über die Jahre die Unzufriedenheit über die herrschenden Verhältnisse gewachsen, hatten Groll und Unmut über den allzu offensichtlichen Gegensatz zugenommen zwischen der schwierigen wirtschaftlichen Lage der meisten Menschen und der Korruption und Bereicherung der Präsidenten-Clique. Der Konflikt nahm noch einmal an Schärfe zu. Dazu trug die unnachgiebige Härte bei, mit der die Machthaber gegen die Protestierenden vorgingen, sie förderte auch die Bereitschaft von Teilen der Protestierenden, ihrerseits Gewalt anzuwenden.

Während seines Besuches in Warschau fragte mich Außenminister Steinmeier, ob ich bereit und interessiert sei, als Botschafter von Warschau nach Moskau zu wechseln. Gerne sagte ich zu. So begleitete ich Steinmeier dann auch – »inoffiziell«, die für meine Entsendung erforderliche Zustimmung der russischen Regierung stand noch aus –, als er am 13. und 14. Februar Moskau besuchte. Auch hier machte er einen Antrittsbesuch, auch hier bei ihm bereits bekannten Partnern. Außenminister Lawrow war schon einmal sein Gegenüber gewesen, während Steinmeiers erster Amtszeit 2005–2009.

Seine Haltung zu Russland hatte der neue deutsche Außenminister kurz zuvor in einem Artikel dargelegt: »Niemand, der es mit dem Russland dieser Tage zu tun hat, wird die Augen verschließen können vor den politischen Defiziten, den grundlegend divergierenden Vorstellungen von Rechtsstaatlichkeit, Demokratie und Bürgerrechten.« Zugleich bliebe der Westen auf die Kooperation mit Russland weiterhin angewiesen. »Diese Zusammenarbeit dient unserer eigenen Sicherheit –

und sie liegt deshalb im ureigenen Interesse Deutschlands, der EU und auch der USA. Eine auf lange Sicht konzipierte europäische Sicherheitsarchitektur ist ohne Russland nicht denkbar ... Ohne Russland geht es nicht.« Steinmeier ließ keinen Zweifel daran, wie schwer eine solche Zusammenarbeit werden würde: »Es bleibt ein schmaler Grat zwischen Anklage und Dialogverweigerung auf der einen Seite und prinzipienvergessener reiner Interessenpolitik auf der anderen Seite.«

Bei Steinmeiers Gesprächen am 13. und 14. Februar 2014 in Moskau hatte es zwar deutliche Kritik der russischen Seite an der Ukraine und der europäischen »Einmischung« dort gegeben. Außenminister Lawrow hatte aber auch die Frage gestellt: Wie kommen wir da gemeinsam wieder raus? Von Präsident Putin, den Steinmeier ebenfalls traf, gab es keinerlei Andeutung, wie es weitergehen könnte.

Hatten die Vorbereitungen zur Annexion der Krim zu diesem Zeitpunkt bereits begonnen? So präzise, wie die Operation ab dem 26. Februar mithilfe vorher in Marsch gesetzter Spezialtruppen ablief, muss dies der Fall gewesen sein. Ein Jahr später, im Februar 2015, veröffentlichte die Zeitung »Nowaja Gaseta« ein Strategiepapier, das in den ersten Februartagen 2014 im Kreml vorgelegt worden sei und das die wichtigsten Parameter des russischen Eingreifens in der Ukraine präzise benannte.

Die Chancen von Präsident Janukowitsch, inzwischen so etwas wie Moskaus Mann in Kiew, an der Macht zu bleiben, hatten sich von Tag zu Tag verschlechtert. Seit dem 18. Februar kam es zu einer tragischen Eskalation, mehr als 100 Menschen fanden in jenen Tagen in Kiew den Tod, darunter zwanzig Angehörige der Sicherheitskräfte. Als verantwortlich für die meisten Toten wurden Scharfschützen der Polizei-Sondereinheit Berkut identifiziert, die gezielt in die Menge der Protestierenden schossen. Frank-Walter Steinmeier, sein polnischer Amtskollege Sikorski und der französische Außenminister Fabius eilten nach Kiew, um zu versuchen, gemeinsam in der sich immer weiter aufheizenden Situation zu vermitteln. Ein Sonderbeauftragter von Präsident Putin, der frühere russische Botschafter in Washington Wladimir Lukin, stieß hinzu. Am 21. Februar gelang es den Unterhändlern, eine Vereinbarung zur Beilegung der Krise in der Ukraine zu vermitteln, die sowohl Janukowitsch als auch führende Vertreter der Opposition unterzeichneten. Doch die Dynamik der Situation machte den Kompromissversuch zunichte. Die Demonstranten auf dem Maidan waren nicht bereit, einem Kompromiss zuzustimmen, sie forderten den sofortigen Rücktritt des Präsidenten. Während Oppositionsführer Klitschko versuchte, die Protestierenden für das Abkommen zu gewinnen, ergriff Janukowitsch noch am 21. Februar abends die Flucht. Mit russischer Hilfe verließ er die Ukraine, am 23. Februar erklärte das Parlament in Kiew ihn für abgesetzt. Russland gewährte ihm Zuflucht, und ab und zu durfte er im Fernsehen auftreten. So willfährig er auch war, daraus, dass man ihn in Moskau letztlich verachtete, machten russische Gesprächspartner später nie einen Hehl.

»Die Faschisten in Kiew«

Russische Politiker haben den drei westlichen Außenministern später gerne vorgeworfen, in der Ukraine einen Putsch zugelassen, wenn nicht mit vorbereitet zu haben. Der behauptete »Putsch« war Teil der Begründung, warum Russland im Nachbarland eingreifen »musste«. Abgesehen davon, dass an den Vermittlungsverhandlungen auch ein Beauftragter des russischen Präsidenten beteiligt war, stellt ein solcher Vorwurf die Absicht der Außenminister auf den Kopf: weiteres Blutvergießen zu verhindern. Zum Vorwurf, er habe nichts gegen den »Putsch« getan, hat Frank-Walter Steinmeier bei späterer Gelegenheit einmal lakonisch gesagt: »Und was hätte ich tun sollen? Ich hatte nicht einmal ein Taschenmesser dabei.«

Nun weiß auch die russische Diplomatie, dass man nicht so einfach im Nachbarland einmarschieren kann, wenn einem die dortige politische Entwicklung nicht gefällt. Also musste zusätzlich die Behauptung herhalten, Faschisten seien kurz davor gewesen, die Macht zu übernehmen. Russen in der Ukraine beziehungsweise russischsprachige Ukrainer seien unmittelbar in Gefahr gewesen. Als Beleg wird gerne auf eine Abstimmung im ukrainischen Parlament am 23. Februar 2014 verwiesen, die zum Ziel hatte, das existierende Sprachengesetz aufzuheben, was auch die Rechte der größten Minderheitssprache, des Russischen, massiv beschnitten hätte. Weggelassen wird allerdings gerne die Tatsache, dass der ukrainische Übergangspräsident, der auf Janukowitsch folgte, durch sein Veto verhinderte, dass das Gesetz in Kraft trat.

Verbreitet war und ist auch die Behauptung, in der Ukraine sei es in jenen Tagen zu antisemitischen Ausschreitungen gekommen. Nun trifft zu, dass rechtsextreme, neofaschistische Kräfte in der Ukraine einen lautstarken und gewaltbereiten Teil der Proteste ausmachten. Doch die russische Propaganda übertrieb deren Bedeutung dermaßen, dass am 5. März führende Vertreter der ukrainischen jüdischen Gemeinschaft in einem offenen Brief an Präsident Putin widersprachen. Die ukrainischen Juden, so führten sie aus, seien überwiegend russischsprachig; man beurteile die gegenwärtige politische Entwicklung durchaus verschieden, doch weder die russischsprachigen Ukrainer noch die ukrainischen Juden würden »gedemütigt oder diskriminiert«, ihre Bürgerrechte seien nicht geschmälert. Die Behauptung, es gebe in der Ukraine einen wachsenden Antisemitismus, entspreche nicht den Tatsachen.

»Die Faschisten in Kiew« war eine Redewendung, die ich in führenden politischen Kreisen in Moskau ständig gehört habe, wenn es um die ukrainischen Machthaber ging. Das war nicht nur dahingesagt, denn hier ging es auch um den wichtigsten Punkt russischer Selbstidentifikation, den Sieg über das nationalsozialistische Deutschland: Da Russland (das sich hier wieder mit der Sowjetunion gleichsetzt) die »Faschisten« besiegt hat, kann es selbst nicht »faschistisch« sein, ist aber stets von »Faschisten« bedroht. Historische Leistung wird zum Ausweis für heutige Güte: ein sehr wirksames Propagandanarrativ. Dass Wolodymyr Hrojsman, ukrainischer Ministerpräsident von 2016 bis 2019, jüdischer Abstammung ist, hinderte die russische Propaganda nicht daran, seine Regierung als »faschistische Junta« zu verunglimpfen. Erst als die Ukrainer 2019 mit Wolodymyr Selenski einen Präsidenten wählten, der sich zu seinen jüdischen Wurzeln bekennt und überdies russischsprachig aufgewachsen ist, verstummte die russische Propaganda einstweilen.

»Die höflichen Leute – Russlands moderne Spezialkräfte«

Fünf Tage nach Janukowitschs Flucht kam es am 26. Februar vor dem Regionalparlament der Krim, die innerhalb der Ukraine den Status einer Autonomen Republik genoss, zu Zusammenstößen zwischen Vertretern der neuen ukrainischen Führung und prorussischen Demonstranten. Tags darauf besetzten gut organisierte, bewaffnete Sicherheitskräfte in Uniformen ohne Hoheitsabzeichen das Parlament in Simferopol und erzwangen eine Abstimmung über die Durchführung eines Referendums. Mit diesem sollte über eine Abtrennung der Krim von der Ukraine und den Anschluss an Russland entschieden werden. Die Sitzung war nicht öffentlich und fand in Gegenwart jener bewaffneten Sicherheitskräfte statt. Teilnehmen durfte nur, wer von einem Abgeordneten eingeladen worden war, der sich in der Sitzung selbst zum Ministerpräsidenten der Krim wählen ließ: Sergej Axjonow, seit der Annexion Präsident der Krim.

Das Weitere ist Geschichte: Das sogenannte Referendum wurde erfolgreich durchgezogen, überwältigende Zustimmung festgestellt und die Krim in der erwähnten feierlichen Zeremonie im Kreml am 18. März 2014 Russland einverleibt. Noch kurz zuvor hatte der russische Präsident jede Absicht bestritten, die Krim annektieren zu wollen: Die Frage einer Wiedervereinigung der Krim mit Russland stelle sich nicht, sagte er am 4. März 2014 im Gespräch mit Journalisten. Und wenn überhaupt eine Entscheidung über den Einsatz von Truppen getroffen werde, dann ausschließlich zum Schutze ukrainischer Bürger.

Ein Jahr später, in einer Fernsehdokumentation zum Jahrestag der Krim-Annexion, stellte der russische Staatschef den Gang der Dinge dann anders dar und marginalisierte zugleich die Bedeutung der »Volksabstimmung«: In der Nacht vom 22. zum 23. Februar 2014 habe er sich mit seinen wichtigsten Sicherheitsberatern getroffen und am Morgen die Sitzung mit den Worten beendet: »Die Situation in der Ukraine hat sich so entwickelt, dass wir gezwungen sind, die Arbeit an der Rückkehr der Krim nach Russland zu beginnen.« Am Abend des gleichen Tages, dem 23. Februar 2014, beendete Präsident Putin in Sotschi gemeinsam mit dem IOC-Präsidenten Thomas Bach die Olympischen Winterspiele. Die Annexion der Krim war zwar beschlossen, die russischen Kräfte waren jedoch noch nicht in Gang gesetzt. Der Olympische Friede blieb gewahrt.

Die Soldaten ohne Hoheitsabzeichen erhielten in Russland alsbald den ironischen Spitznamen »die höflichen Leute«, was sich nicht zuletzt darauf bezog, dass sie die Annexion der Krim ohne Blutvergießen vollzogen hatten. Wer heute einen der offiziellen »Armija«-Läden der russischen Streitkräfte besucht, in denen es Militaria aller Art zu kaufen gibt, kann dort auch Spielzeugfiguren erwerben, die diesen Namen tragen. In Souvenirläden gibt es sie als Bronzefiguren unter der Bezeichnung: »Die höflichen Leute – Russlands moderne Spezialkräfte«. Auch der Präsident räumte bald ein, dass es sich bei den professionell agierenden Soldaten ohne Hoheitsabzeichen um Angehörige der russischen Streitkräfte gehandelt hatte. In der Fernsehsendung »Direkter Draht« stellte Präsident Putin am 14. April 2014 klar, dass »hinter den Selbstverteidigungskräften selbstverständlich russische Soldaten gestanden« hätten, die »die freie Willensäußerung der Menschen auf der Krim abgesichert« hätten.

Eine Annexion ist eine Annexion

Es habe im Nachbarland einen Putsch gegeben, der Westen habe der Ukraine seinen Willen aufzwingen wollen, russischsprachige und jüdische Bürger seien gefährdet gewesen, es habe eine demokratische Abstimmung auf der Krim gegeben – die offizielle russische Propaganda ließ nichts unversucht, um zu rechtfertigen, dass die Halbinsel im Schwarzen Meer Russland angeschlossen worden war. Nichts davon ist stichhaltig, vor allem aber rechtfertigt nichts davon ein gewaltsames Eingreifen im Nachbarland.

Aber einmal unterstellt, es gäbe unter den Menschen auf der Krim tatsächlich eine Mehrheit für den Anschluss an Russland. Wäre das Referendum dann rechtens gewesen? Es gibt schließlich ein »Selbstbestimmungsrecht der Völker«. Das ist richtig. Nur darf eine fremde Macht nicht einfach beschließen, zugunsten einer ihr verbundenen Minderheit in einem anderen Land eine Volksabstimmung durchzuführen. Das Recht, hierüber zu entscheiden, obliegt allein jenem anderen Staat. Wie dies funktionieren kann, hat Großbritannien demonstriert, als in Schottland der Wunsch nach Unabhängigkeit immer stärker wurde.

Zum anderen existiert das Selbstbestimmungsrecht nicht losgelöst. Seine Begrenzung findet es beispielsweise im Verbot der Anwendung von Gewalt. Die Staaten, die das Völkerrecht ja konzipierten, taten dies nicht, um sich selbst der Auflösung preiszugeben. In erster Linie sollen die Unabhängigkeit und territoriale Unversehrtheit der Staaten geschützt und nicht durch dauernde Separationsbewegungen geschwächt werden. Russland selbst hat daher auch mit äußerster Härte reagiert, als es in Tschetschenien Bestrebungen gab, sich von der russischen Föderation loszulösen. Eine Grenze dieser strengen Regeln ist dann erreicht, wenn ein Volk, das innerhalb eines Staates lebt, vom Zentralstaat existenziell bedroht ist – die »ethnischen Säuberungen« im ehemaligen Jugoslawien sind ein Beispiel dafür. Auf der Krim konnte davon keine Rede sein.

Ein besonders skurriles Argument, das die »Rücknahme« der Krim rechtfertigen soll, lautete schließlich: Chruschtschow habe die Krim 1954 in betrunkenem Zustand der Ukraine geschenkt. Ich habe manchmal versucht, mir das bildlich vorzustellen – ganz davon abgesehen, dass selbst ein Generalsekretär der KPdSU durch das Politbüro stärker kontrolliert wurde, als dies ein russischer Präsident heute wird. Richtig ist, dass die Krim erst seit 1954 zum Unionsstaat »Ukrainische Sozialistische Sowjetrepublik« gehört hat. Unbeschadet der Frage, wie es dazu gekommen sein mag, offenbart die Auffassung, daraus resultiere ein Recht, sie sich mit Gewalt zurückzunehmen, ein eigentümliches Rechtsverständnis. Es lässt im Übrigen außer Acht, dass es tatsächlich einmal eine freie Abstimmung über die Zugehörigkeit der Krim gegeben hat, jene von 1991 – und es übersieht geflissentlich, dass Russland der Ukraine in jenem Budapester Memorandum ausdrücklich zugesichert hatte, die Unverletzlichkeit ihres Staatsgebietes zu respektieren. Dass die Krim hiervon ausgenommen sein sollte, davon war dort nicht die Rede.

Das Völkerrecht kann ein sehr schwaches Instrument sein, wenn es unter Einsatz von Gewalt missachtet wird – und ein sehr starkes, wenn sich eine übergroße Mehrheit der Staaten daran hält. Die Annexion der baltischen Staaten durch die Sowjetunion wurde von einem Großteil der Staatengemeinschaft nicht anerkannt. Ihrer Wiedergeburt hat dies sehr geholfen. Will man also eines Tages die Zugehörigkeit der Krim – in welcher Form auch immer – im Einklang mit dem Recht und somit im Interesse friedlicher Streitbeilegung lösen, so wird viel davon abhängen, dass die Annexion nicht im Laufe der Zeit einfach hingenommen wird mit dem ahistorischen Argument: »Daran lässt sich doch sowieso nichts mehr ändern.«

Zur Festigkeit und Klarheit der eigenen Haltung gehört es auch, die Dinge beim Namen zu nennen. Ein deutscher Fernsehkorrespondent berichtete mir, dass er, kurz, bevor er live nach Deutschland in eine Nachrichten-Sendung geschaltet wurde, aus seiner Heimatredaktion die Aufforderung erhielt: »Wir wären Ihnen dankbar, wenn Sie den Begriff ›Annexion‹ nicht verwenden.« Hintergrund: Nicht nur dieser Sender wurde bald nach Beginn der »Vorgänge in der Ukraine« (ein beliebter Euphemismus) überflutet von Bezichtigungen, Klagen und Beschimpfungen, sobald allein schon eine Begrifflichkeit den Befürwortern russischer Politik nicht passte. Aber eine Annexion ist eine Annexion ist eine Annexion. Und keine Sezession oder Rückkehr oder Angliederung oder sonst noch etwas. Man sollte ein Zebra nicht ein gestreiftes Pferd nennen, in der bloßen Hoffnung, damit jemandes Wohlwollen zu gewinnen oder sich nicht streiten zu müssen.

Die Annexion der Krim löste nicht nur im Ausland Entsetzen und Empörung aus, sondern auch in Russland. Zu jenen, die ihrem Gewissen folgten und ihre Stimme erhoben, gehörte der Historiker und Politologe Andrej Subow, damals noch Professor an der renommierten MGIMO-Universität, der Kaderschmiede der russischen Diplomatie. Am 1. März 2014 veröffentlichte er in der Tageszeitung »Wedomosti« einen Artikel unter der Überschrift: »Das hat es schon einmal gegeben«. Zu einem solchen Schritt gehörte Mut. »Ich habe ausführlich mit meiner Familie und Freunden darüber diskutiert, ob ich es machen sollte, aber alle haben mich bestärkt, es zu tun«, sagte er mir bei einer späteren Begegnung. »Mein Gewissen hat mich getrieben, zu meiner Meinung auch öffentlich zu stehen«. Die Annexion der Krim, so führte er in jenem Artikel aus, sei ein gefährliches Abenteuer und historisch betrachtet genau das Gleiche wie der Anschluss Österreichs, des Sudetenlandes und des Memelgebietes an das Deutsche Reich 1938/39. In all diesen Gebieten hätten überwiegend Deutsche oder Deutschsprachige gelebt, die mit dem Mutterland vereint werden wollten, überall »fand der Zusammenschluss unter den Fanfaren und den Freudenschreien der Menge statt, in chauvinistischer Raserei …« Andrej Subow kostete der Vergleich den Job. Kurz nach seiner Entlassung, im April 2014, nahm er an einer deutsch-russischen Konferenz teil, nach zähen Verhandlungen hatte die russische Seite dies konzediert. Doch just in dem Moment, als er begann, eloquent den Unterschied von regelbasierter und regelzerstörender Politik darzulegen, erhoben sich der anwesende russische Vizeaußenminister und der russische Botschafter bei der OSZE und verließen den Saal.

Der Wert der Regeln

Vizeaußenminister Titow schaute bei meinem Antrittsbesuch am 24. März 2014 indigniert, als ich sagte, was wir von der Annexion – »man sollte es besser Integration nennen«, unterbrach er mich – der Krim hielten. Und er reagierte nach klassischem russischem Muster, ging in die Vorwärtsverteidigung über, mit Gegenvorwürfen und Schuldlastumkehr: »Vertrauensbruch?!!?« Bekanntlich hätten wir doch vereinbart, dass auf dem Gebiet der ehemaligen DDR keine NATO-Truppen stationiert werden dürften! Und heute? Und überhaupt sei verabredet worden, dass es keine Ost-Ausdehnung der NATO geben dürfe. Der russische Vizeaußenminister dürfte gewusst haben, dass er falsch lag, aber er probierte es eben – mit zwei beliebten Argumenten, die mir über die Jahre immer wieder begegnet sind. Die Frage, ob auf dem Gebiet der ehemaligen DDR NATO-Truppen stationiert werden dürfen, ist 1990 in der bereits erwähnten »2+4-Vereinbarung zur Herstellung der Deutschen Einheit« geregelt worden. Ausdrücklich wurde festgelegt, dass auf dem Gebiet der ehemaligen DDR deutsche Truppen stationiert werden dürften, die der NATO angehören können. Genau daran hielten wir uns, sagte ich dem Vizeaußenminister.

Umgekehrt sei nirgendwo verabredet worden, dass die NATO keine neuen Mitglieder aufnehmen dürfe. In der »Charta von Paris«, die bekanntlich das Gegenteil festschrieb, sei überdies auch das »feierliche Versprechen« aller Teilnehmerstaaten festgehalten worden, sich »jeder gegen die territoriale Integrität oder politische Unabhängigkeit eines Staates gerichteten Androhung oder Anwendung von Gewalt … zu enthalten.«

Doch Titow ließ nicht locker. »Irak, Libyen, Syrien«, bekam ich als Stichworte serviert, um vermeintliches westliches Fehlverhalten zu belegen – »und am schlimmsten: Kosovo!«, fügte er fast triumphierend hinzu.

Nun weiß ein erfahrener russischer Diplomat, dass die Region des Nahen und Mittleren Ostens sich nicht besonders gut anbietet, Deutschland an den Pranger zu stellen. Sowohl im Falle Iraks als auch Libyens hatte die Bundesregierung sich seinerzeit gegen ein militärisches Vorgehen und somit anders entschieden als wichtige Partner in der NATO. Die Kontroverse schlug hohe Wellen – und illustriert auch, dass wir nicht automatisch amerikanischen Politikvorgaben folgen »müssen«, wie es in Moskau gerne suggeriert wird.

Was schließlich den Zerfall des ehemaligen Jugoslawiens angeht und das Schicksal der von Serbien verfolgten und unterdrückten Kosovaren, so ist dieses Beispiel besonders gut geeignet, zu illustrieren, dass die Dinge im Falle der Krim entschieden anders lagen: Jahrelang bemühte sich der Westen, angesichts schlimmster serbischer Menschenrechtsverletzungen im Kosovo »nach dem Handbuch des Völkerrechts« vorzugehen: Man redete mit Belgrad und brachte die Angelegenheit in der OSZE auf, in der UNO und im Partnerkreise. Am Ende war es die russische Veto-Stimme, die ein Handeln der Vereinten Nationen unmöglich machte. Als Berichte über Massaker sich in jenen Monaten mehrten, war gerade die deutsche Politik vor die Alternative gestellt, einem Fortsetzen des Mordens zuzuschauen – oder die Situation durch ein Eingreifen zu lösen. Bekanntlich kann man sich auch durch Wegschauen oder bloßes Zusehen schuldig machen. Auch Russland muss es zu denken gegeben haben, dass sich damals in Deutschland selbst dezidierte Parteigänger der Friedensbewegung der 80er Jahre wie etwa Joschka Fischer oder Erhard Eppler unter Verweis auf Deutschlands besondere historische Verantwortung für ein Eingreifen aussprachen. Ja, es gab kein Mandat der Vereinten Nationen hierfür, und das macht die NATO-Operation gegen Serbien zugunsten der Kosovaren auch problematisch. Aber Russland verhinderte genau dieses Mandat.

Auf der Schwarzmeerhalbinsel kam es zudem nicht annähernd zu solchen Menschenrechtsverletzungen wie seinerzeit im Kosovo. Russland hat nie versucht, über die Zugehörigkeit der Krim auch nur einmal mit Kiew zu reden oder die Angelegenheit in der OSZE oder in den Vereinten Nationen aufzubringen. Und es ist ein gewaltiger Unterschied, ob man einer massiv bedrängten Volksgruppe – den Kosovaren – zu staatlicher Selbstbestimmung verhilft oder ob man sich das Territorium eines Nachbarstaates einfach einverleibt. Wenig glücklich über den russischen Vergleich der Annexion der Krim mit der Eigenständigkeit des Kosovo zeigte sich in Moskau im Übrigen ausgerechnet mein serbischer Kollege: Wenn Russland mit dem Hinweis auf das Kosovo die Rechtmäßigkeit der Krim-Einverleibung behaupte, rechtfertige es natürlich auch die Loslösung des Kosovo von Serbien.

Richtig bleibt: Der Zerfall des ehemaligen Jugoslawien mit all seinen schrecklichen und gewaltsamen Folgen führte Russland und den Westen weiter auseinander, rechtliche Argumente hin oder her. »Wie für uns im Westen das Bombardement Grosnys (der tschetschenischen Hauptstadt) durch die russische Luftwaffe zu einem Faktor der Entfremdung von Russland wurde, so wirkte in umgekehrter Richtung das Bombardement Belgrads durch die NATO in der russischen Bevölkerung«, hat Wolfgang Eichwede angemerkt, einer der besten Russlandkenner Deutschlands, für den Russland zu Europa gehört: »Europa verlor Zug um Zug seine gemeinsame Sprache.«

Kontroverse Gespräche wie jenes mit Vizeaußenminister Titow zu Beginn meiner Moskauer Zeit habe ich in den Jahren danach in Russland häufig geführt, in Politik und Wirtschaft, mit Wissenschaftlern und Journalisten. Gerne wurde behauptet, eigentlich seien wir an der ganzen Misere schuld. Die Argumentation der Gesprächspartner war zumeist identisch, die Vorwürfe an unsere Adresse waren routinemäßig die gleichen. Worauf es mir und den Kolleginnen und Kollegen der Botschaft, die vergleichbare Gespräche führten, in solchen Begegnungen ankam, war zweierlei: zum einen den Bruch von Recht und Vertrauen zu benennen und deutlich zu machen, dass bestimmte Prinzipien des Miteinanders für uns unverbrüchlich sind, um in Europa im Frieden miteinander leben zu können. Zum anderen aber beharrlich unsere Bereitschaft zu betonen, den Konflikt im Dialog zu lösen. Wieder und wieder haben wir jede Gelegenheit genutzt, diese doppelte Haltung zu verdeutlichen.

Viele gute, klar argumentierende Politiker aus Deutschland habe ich in Moskau begleitet, die nach Lösungen suchten, ohne deshalb Grundsätze preiszugeben. Es gab aber auch Politiker – aus allen Parteien –, wie jenen Abgeordneten aus dem Regierungslager, der mir sagte: »Wissen Sie, früher bin ich mit im Strom geschwommen. Dann habe ich mich ans Ufer gesetzt und schaue jetzt zu. Irgendwie haben doch immer beide schuld, oder?« Nein. Russlands Konflikt mit der Ukraine ist keine Balgerei von kleinen Jungs. Irgendwann muss und kann Verantwortung klar benannt werden. Der langjährige Russland-Beobachter Jens Siegert hat für eine solche Haltung den treffenden Begriff geprägt: »opportunistische Äquidistanz«.

Die Welt schaute noch gebannt auf die Annexion der Krim, die Geschwindigkeit und Unverfrorenheit, mit der die Halbinsel besetzt und Russland einverleibt wurde, als es Anfang April 2014 neue beunruhigende Nachrichten gab. Im Donbas, dem wichtigen Kohle- und Industriegebiet im Südosten der Ukraine, entfaltete sich ein weiterer, schrecklicher Konflikt, der über Jahre andauern sollte.

DER KONFLIKT IM DONBAS

»Freizeit-Invasoren«

»Was würde Deutschland denn tun, wenn seine Landsleute beim Nachbarn schlecht behandelt würden?« Für Anatoli Antonow schien dies eine rhetorische Frage zu sein. Russlands stellvertretender Verteidigungsminister, den ich bald nach meinem Dienstantritt zu einem Gespräch aufsuchte, war der politische Kopf des Ministeriums, ein erfahrener, kluger Diplomat, konfrontativ, aber auch bereit, die Argumente des anderen abzuwägen. Er hatte vorübergehend die Uniform eines Armeegenerals angezogen und sollte später russischer Botschafter in Washington werden.

Entlang der bekannten Linie hatte mir Antonow wortreich erklärt, wie seine Landsleute in der Ukraine von Faschisten und Nationalisten massiv bedroht worden seien, und dann jene Frage angeschlossen, wie sich wohl die Deutschen in einem solchen Fall verhalten würden. Das eigenmächtige Eingreifen im Nachbarland schien ihm selbstverständlich, weil die russische Führung das Recht beansprucht, solche Dinge selbst zu regeln und dabei auch Gewalt einzusetzen. Das zugrunde liegende Denken gemahnt an sowjetische Zeiten, als die »Breschnew-Doktrin« vom November 1968 postulierte, die sozialistischen Staaten verfügten lediglich über eine beschränkte Souveränität. Dies gebe der Sowjetunion das Recht einzugreifen, sollte in einem »befreundeten Land« der Sozialismus bedroht sein. Hiermit wurde nachträglich der Einmarsch in der Tschechoslowakei gerechtfertigt, der kurz zuvor erfolgt war.

Aus russischer Sicht fiel die Annexion der Krim allerdings nicht einmal in diese Kategorie. Es war ja, so die offizielle russische Erzählung, die empörte Bevölkerung der Halbinsel selbst gewesen, die sich ohne fremdes Zutun von der Ukraine losgesagt hatte. Und es ging ja auch nur um die Krim: In seiner Rede anlässlich der »Rückkehr der Krim nach Russland« am 18. März 2014 beschwichtigte Präsident Putin ausdrücklich Befürchtungen, man sei darauf aus, in der Ukraine weiter einzugreifen. »Ich will, dass ihr mich hört, liebe Freunde«, appellierte er an das ukrainische Volk. »Glaubt nicht jenen, die Euch Angst vor Russland einjagen, die laut schreien, dass andere Regionen der Krim folgen werden. Wir wollen die Ukraine nicht spalten, das brauchen wir nicht.«

Das war eindeutig – doch die Wirklichkeit sah kurz darauf sehr anders aus. Sie entsprach der wenig verhüllten Drohung, die der russische Staatschef in derselben Rede ebenfalls geäußert hatte: »Millionen Russen und russischsprachige Bürger leben in der Ukraine und werden dies auch weiterhin tun. Russland wird ihre Interessen immer mit politischen, diplomatischen und rechtlichen Mitteln verteidigen. Aber vor allem die Ukraine selbst sollte daran interessiert sein, dass die Rechte und Interessen dieser Menschen garantiert sind. Dies ist die beste Gewähr für die Stabilität der ukrainischen Staatlichkeit und die territoriale Integrität des Landes.«

Die neue Führung in Kiew, an die sich diese Warnung richtete, war im Protest gegen die russische Erpressung an die Macht gekommen. Im Osten des Landes, in dem der russischsprachige Bevölkerungsanteil besonders hoch ist, weckte dies bald die Sorge, in Kiew könnte sich ein antirussischer Kurs durchsetzen. In Kundgebungen verlangten russischsprachige Bürger des Donbas die Wahrung ihrer Rechte und die Absicherung eines besonderen Status ihrer Region in der ukrainischen Verfassung. Forderungen nach einer Loslösung von der Ukraine spielten keine nennenswerte Rolle. Angesichts des russischen Vorgehens auf der Krim waren die Sorgen im Westen gleichwohl groß.

Am 18. März 2014, demselben Tag, an dem Präsident Putin im Kreml die Annexion der Krim vollzog, richtete der ukrainische Ministerpräsident Jazenjuk einen Appell an die Menschen im Osten seines Landes: Man werde eine neue Verfassung erarbeiten, die das Land dezentralisieren und den Regionen mehr Kompetenzen geben solle, gerade auch in den Bereichen Kultur, Bildung, Geschichte. Doch die Dinge nahmen einen anderen Lauf, den vom russischen Präsidenten aufgezählten »politischen, diplomatischen und rechtlichen Mitteln« gesellten sich bald militärische hinzu. Im Südosten der Ukraine entbrannte ein Konflikt, der bis heute anhält und mehr als 13 000 Menschen das Leben gekostet hat, von Verletzungen an Leib und Seele, Verwüstungen von Hab und Gut ganz zu schweigen.

Die Verantwortung für den gewaltsamen Ausbruch dieses Konfliktes ist in Russland zu suchen. Dies wird auch von kaum jemandem bestritten: dass der Konflikt *aus* Russland heraus unterstützt wird. Über die Frage, inwiefern er *von* Russland unterstützt wird, gehen die Meinungen auseinander. Doch abgesehen davon, dass es zahlreiche Indizien gibt, die die russische Führung teils erheblich belasten, ist es grundsätzlich schwer vorstellbar, dass ein bewaffneter Konflikt in einem Nachbarland über Jahre fortdauert, mit immer neuen, modernen Waffen, ohne dass die Führung eines autoritär regierten Landes – die die Grenze auf beiden Seiten kontrolliert! – diesen billigt, ja befördert. Es hätte längst in Russlands Hand gelegen, den beständigen Zustrom von Menschen und Material, Waffen und Geld über diese Grenze hinweg zu unterbinden.

Die gewaltsame Eskalation bis hin zum offenen Konflikt ging nicht von den Menschen des Donbas aus – den Brandsatz hat ein Oberst des russischen Geheimdienstes gelegt. Eine steile These? Nein, freimütiges Bekenntnis genau jenes Offiziers selbst, Igor Girkin, einer Schlüsselfigur der Frühzeit des russisch-ukrainischen Konfliktes. Die Ukraine war »mein fünfter Krieg«, sagte er lässig in einem Interview mit der russischen Zeitung »Sawtra« im November 2014. An beiden Tschetschenienkriegen habe er teilgenommen, an den Operationen in der Republik Moldau und in Bosnien. Und nun die Ukraine. Auf der Krim habe er die russischen Spezialtruppen befehligt, die nicht allein sicherstellten, dass die Annexion ohne militärische Auseinandersetzung verlief, sondern zunächst auch dafür Sorge trugen, dass jene »zuverlässigen« Abgeordneten im Parlament versammelt wurden, die dann die »politisch richtigen« Beschlüsse über das weitere Schicksal der Halbinsel fassten. Nach Beendigung dieser Mission wandte Girkin sich dem Donbas zu – und musste erleben, dass die Bewohner, bei aller Unzufriedenheit, nicht bereit waren, gegen Kiew die Waffen zu ergreifen. »Ich habe den Auslöser des Krieges gedrückt!«, berichtete er stolz in jenem Interview. »Hätte unsere Abteilung nicht die Grenze überschritten, wäre im Ergebnis alles ausgegangen wie in Charkow oder Odessa. (…) Es hätte mehrere Dutzend Tote, Verbrannte und Verhaftete geben. Und damit wäre es vorbei gewesen.«

Der zynische Kriegsheld spielte darauf an, dass im ostukrainischen Charkow öffentliche Gebäude von prorussischen Besetzern rasch wieder geräumt wurden. Und auf einen schrecklichen Vorfall in Odessa, bei dem am 2. Mai 2014 nach Auseinandersetzungen das Gewerkschaftshaus brannte und 42 Menschen den Tod fanden, ganz überwiegend wohl prorussische Aktivisten. Die Aufklärung dieses furchtbaren Geschehens kam über Jahre in der Ukraine nicht voran, was zu Recht nicht nur von Russland, sondern auch vom Europa-Rat und von westlichen Partnern kritisiert wurde.

»Das Rad des Krieges, das sich bis jetzt dreht, hat praktisch unsere Abteilung in Schwung gebracht«, prahlte Girkin. Und als sei dies nicht klar genug, fügte der von der russischen Rechten heldenhaft verehrte »Strelkow« – der Schütze, so Girkins Kampfname – hinzu: »Ich persönlich bin für das verantwortlich, was dort passiert. Für die Tatsache, dass Donezk immer noch beschossen wird, bin ich verantwortlich.« Die Verantwortung, die er so lässig auf sich nahm, bezifferte sich bereits zu jenem Zeitpunkt auf mehrere Tausend Tote und eine geplagte, geschundene Zivilbevölkerung, die auf ihren ersten Kriegswinter zuging.

Girkin genoss ganz offensichtlich das Vertrauen entscheidender Stellen in Moskau. Nach seinen raschen »Anfangserfolgen« avancierte er zum »Verteidigungsminister« der von

Separatisten ausgerufenen »Volksrepublik Lugansk«. Da der 44-Jährige aus seinem beruflichen Hintergrund kein Geheimnis machte, führten Moskauer Gesprächspartner als letztes Argument dafür, dass man mit dem Geschehen im Nachbarland nichts zu tun habe, stets die Tatsache an, dass Girkin nicht länger in staatlichen Diensten stehe, sich vielmehr im Ruhestand befinde. Doch wie hat der russische Präsident einmal so treffend gesagt? »Einmal KGB – immer KGB.« Und von seiner russischen Offizierspension wird Girkin schwerlich all die Panzer, Artilleriegeschütze und schweren Waffen gekauft haben können, mit deren Hilfe er Tod und Verderben über den Südosten der Ukraine brachte.

Girkin, der später auch für den Abschuss einer zivilen Passagiermaschine über der Ostukraine mitverantwortlich gemacht wurde, war bei Weitem nicht der einzige russische Offizier oder Soldat, der nachweislich im Donbas im Einsatz war. Als sich dies im Sommer 2014 nicht länger bestreiten ließ – z. T. allein deshalb, weil beteiligte Soldaten sich in den sozialen Medien darüber austauschten –, war rasch eine neue Erklärung zur Hand: Jene kämpften dort »in ihrer Freizeit«, sie könnten das Leid ihrer russischen Landsleute in der Ukraine nicht mitansehen. Dass es russischen Soldaten ausdrücklich untersagt ist, für andere Streitkräfte oder als Freischärler zu kämpfen, fiel geflissentlich unter den Tisch. Es ist auch kein Fall bekannt geworden, in dem dies strafrechtlich verfolgt worden wäre. Dafür ist es Angehörigen der Streitkräfte inzwischen gesetzlich verboten, im Internet Spuren zu hinterlassen, die auf ihren Standort hinweisen könnten.

»Russische Soldaten? Totaler Quatsch!«

Ende März 2014 fanden in Moskau auf Initiative der Bundeskanzlerin Gespräche hochrangiger deutscher und russischer Beamter statt. Die jeweilige Sicht auf Tatsachen und Vorgänge zu vergleichen, mögliche Auswege zu skizzieren, darum sollte es gehen. Was denn bitte die Massierung russischer Truppen an der ukrainischen Grenze zu bedeuten habe, erkundigte die deutsche Seite sich. Irgendwie schien die russische Seite die Frage gar nicht recht zu verstehen. Schließlich:

Oh, die übten dort.

Ob man das vermittels Inspektionen überprüfen könne, wie sie innerhalb der OSZE vereinbart seien?

Tja, das entsprechende Kontingent für das laufende Jahr sei leider schon ausgeschöpft.

Aber für außergewöhnliche Situationen gebe es doch Sonderregelungen!

Also gut, man nehme das mal auf.

Dabei sollte es dann allerdings auch bleiben. Als das Gespräch zu Ende ging, meinte der Leiter der russischen zum Leiter der deutschen Delegation beim Hinausgehen: »Invasion in der Ukraine! Was für ein Quatsch wird da behauptet!«

Wenige Tage später waren führende Vertreter der deutschen Zivilgesellschaft zu Gast in der Stadt. Zu ihren Gesprächspartnern gehörte der Vorsitzende des Auswärtigen Ausschusses des russischen Parlaments, der eloquente Journalist Alexej Puschkow, dafür bekannt, die Linie des Kremls geschickt und genau zu vertreten. Er signalisierte, es bewege sich wohl etwas. Nicht länger, so deutete er an, werde man ein undurchsichtiges Bedrohungsszenario mit Truppenmassierungen an der ostukrainischen Grenze und eventuell Richtung Baltikum aufrechterhalten. Allgemeine Erleichterung bei den deutschen Teilnehmern, als sie mir von ihrem Gespräch berichteten. Puschkows Botschaft hörte sich allerdings allzu vertraut an: Seid froh, dass es nicht noch schlimmer kommt.

Doch in den ersten Apriltagen sollte es schlimmer kommen: Prorussische Aktivisten besetzten im Südosten der Ukraine Regierungs-, Polizei- und andere öffentliche Gebäude und riefen eine »Donezker Volksrepublik« aus. Bald mehrten sich die Hinweise, dass diese Aktivitäten aus Russland gesteuert wurden und Kräfte von jenseits der Grenze zum Einsatz kamen. In Charkiw stürmten »empörte Bürger«, die doch eigentlich hätten ortskundig sein müssen, versehentlich die Oper statt der Stadtverwaltung.

Am 17. April antwortete Präsident Putin in einer Fernsehsendung auf die Frage, ob im Donbas russisches Militär im Einsatz sei: »Nein, das ist totaler Quatsch. Es gibt keine russischen Einheiten im Osten der Ukraine, es gibt keine Spezialeinheiten und keine Instrukteure, das sind alles die ortsansässigen Bürger.« Gut anderthalb Jahre später hörte sich das anders an: »Wir haben nie gesagt, dass es dort nicht Leute gäbe, die sich mit der Lösung bestimmter Probleme befassen, auch im militärischen Bereich«, äußerte Wladimir Putin auf einer Pressekonferenz im Dezember 2015 zum selben Thema. Das bedeute allerdings nicht, dass dort reguläre russische Truppen anwesend seien. Ob das für die Menschen, die im Donbas unter dem Krieg zu leiden hatten, einen Unterschied gemacht haben mag?

Umfassend wurde die Operation flankiert: Im russischen Fernsehen lief die anti-ukrainische wie die anti-westliche Propaganda zu großer Form auf, Russland erhöhte den – ja erst im Dezember gesenkten – Gaspreis für die Ukraine auf 485 Dollar pro 1000 Kubikmeter – 190 Dollar mehr als Deutschland zu zahlen hatte –, bestand auf Nachzahlungen in Höhe von 10,5 Milliarden Dollar und verlangte überdies rückwirkend Pacht für Vorteile, die die Ukraine bislang in Sewastopol genossen hatte, dem Marinestützpunkt auf der Krim, den beide Länder gemeinsam genutzt hatten und der nun von Russland annektiert worden war.

Als die ukrainische Regierung Sicherheitskräfte einsetzte, um die weiter eskalierende Situation in ihrem Land unter Kontrolle zu bekommen, drohte die russische Führung: Die Anwendung von Gewalt gefährde die internationalen Bemühungen, die Ukraine-Krise beizulegen – für den 17. April waren in Genf Außenministergespräche geplant. Die Forderung, sich zurückzuhalten, richtete sich allerdings nur an die gewählte Regierung in Kiew, nicht an die Aufständischen – mit denen Russland ja angeblich nichts zu tun hatte.

In dieser Situation suchte ich am 11. April Alexej Meschkow auf, einen weiteren der Vizeaußenminister. Russland stand in diesem Moment massiv in der internationalen Kritik, die Generalversammlung der Vereinten Nationen hatte die Annexion der Krim wenige Tage zuvor mit überwältigender Mehrheit verurteilt. Was macht die russische Diplomatie in einer solchen Situation? Wieder einmal: Gegenangriff. Ich bekam eine Breitseite an Bezichtigungen, Unterstellungen und Vorwürfen an unsere Adresse zu hören. Auf jeden Versuch, das Gespräch in neutralere Bahnen zu lenken –, wir kannten uns schließlich noch gar nicht – reagierte Meschkow mit neuerlichen Vorhaltungen. Was »der Westen« in den vergangenen 25 Jahren alles falsch gemacht habe, warum wir schuld seien an der nun eingetretenen Eskalation. Am Ende hatte ich fast das Gefühl, *wir* seien auf der Krim einmarschiert. Als ich auf Russlands Rolle und Verantwortung verwies, wurde Meschkow laut: »Herr Botschafter, Sie sind hier nicht in Warschau!«

Unsicher und zögerlich reagierte die ukrainische Regierung auf die Mitte April erheblich verstärkten Angriffe der Separatisten. Würde Russland möglicherweise offen in den Konflikt eingreifen? Überhaupt, worauf war Russland aus? Auf eine Landverbindung zur Krim? Die Halbinsel besitzt keine Verbindung zum russischen Festland, und so lag es nahe zu vermuten, dass die nun aufflammenden Kämpfe genau dieses Ziel hatten: aus Südrussland heraus, entlang der Nordküste des Asowschen Meeres über ukrainisches Territorium hinweg zur Krim und möglicherweise darüber hinaus vorzustoßen.

Nahrung gab solchen Befürchtungen der russische Präsident, als er am 17. April 2014 in der bereits erwähnten Fernsehsendung einen klar besetzten Begriff aus den Zeiten russischer Expansionspolitik im 18. Jahrhundert wiederbelebte: »Neurussland«. Und Wladimir Putin ließ keinen Zweifel daran, was er damit meinte – nämlich genau jene südliche Ukraine längs des Schwarzen Meeres: »Das ist Neurussland: All diese Städte wie Charkow, Lugansk, Donezk, Cherson, Nikolajew, Odessa. Sie waren kein Bestandteil der Ukraine in zaristischen Zeiten. All diese Territorien wurden der Ukraine in den zwanziger Jahren von der sowjetischen Regierung zugeschlagen. Warum sie es damals gemacht hat? Weiß der Herrgott!« Bis in den Herbst benutzte Putin den Begriff »Neurussland« immer wieder einmal – und ließ somit alle darüber im Unklaren, welche Ziele die russische Politik möglicherweise verfolgte.

»Was lässt man uns durchgehen?«

Hatte die russische Führung 2014 die Absicht, sich des Donbas oder gar ganz »Neurusslands« »anzunehmen«, die dort lebenden Menschen »zu schützen«? Die Antwortet lautet: Man dürfte es nicht ausgeschlossen haben – je nach Gang der Dinge. Immer wieder zeigt sich, dass russische Außenpolitik nicht zwingend einer langfristigen Strategie folgt, sondern nur bestimmten Parametern, Fixpunkten gewissermaßen, die sich in die Fragen gießen lassen: Was darf nicht sein – was muss sein – was könnte sein? Gerade die letzte Frage spielt eine wichtige Rolle, will man russische Politik verstehen: Was ließe sich eventuell realisieren? Zu den Charakteristika einer solchen Politik gehört es, dass sie wesentlich stärker von Interessen als von Werten oder Regeln geleitet ist.

Nun lässt sich nicht so einfach sagen, im Westen verhalte es sich genau umgekehrt – die Politik des amerikanischen Präsidenten Trump oder mancher europäischer Partner in den letzten Jahren zeigt, dass dem nicht so ist. Auch Deutschland wird ab und an vorgeworfen, seine sehr eigene Vorstellung von europäischer Solidarität zu haben. Grundsätzlich lässt sich jedoch sagen: Wir Deutsche neigen dazu, in unserer Außenpolitik, so es irgend geht, einer Gesinnungsethik Vorzug zu geben vor einer Verantwortungsethik, um die Kategorien des Soziologen Max Weber zu verwenden: Ist es moralisch gerechtfertigt, im Irak einzugreifen – westliche Machtinteressen hin oder her? Ist es angesichts unserer Geschichte zu verantworten, einem drohenden Völkermord im Kosovo zuzuschauen?

Solche Abwägungen sind sehr stark von historisch geprägtem Denken geleitet, wir nehmen in Kauf, dass unser Handeln bei anderen gelegentlich zu Stirnrunzeln, ja zu Unverständnis führt. Umgekehrt tun wir uns daher manchmal schwer, eine

Politik zu verstehen, die anscheinend inkonsistent und sprunghaft ist, prinzipienlos erscheint. Dabei verfolgt die russische Politik durchaus eine klare Linie: die Durchsetzung eigener Interessen. Und sie soll Respekt verschaffen, Stolz und nationale Ehre wahren – Ansprüche, die uns in Deutschland fremd geworden sind.

Ein anschauliches Beispiel für einen solchen Mix an Motiven und Ursachen liefern die russisch-türkischen Beziehungen der zurückliegenden Jahre: ein stetes Auf und Ab von Drohungen und massiver Sanktionspolitik, verbunden mit wechselseitigen Bezichtigungen schlimmster Art, und kurz darauf von enger Zusammenarbeit und Bekundungen tiefster Freundschaft. Als Ende November 2015 die Türkei ein russisches Kampfflugzeug abschoss, das kurz den türkischen Luftraum nördlich von Syrien verletzt hatte, ging es auch um nationale Ehre, um verletzten Stolz, um Respekt. Als ich Wladimir Putins Sprecher und Berater Dmitri Peskow Anfang Dezember zu einem Gespräch aufsuchte, fragte ich ihn, wie weit Russland seine immer massiveren Sanktionen gegen die Türkei treiben wolle, nachdem der türkische Präsident Erdoğan bereits sein Bedauern über den Vorfall ausgedrückt hatte. So schnell werde das nicht gehen, antwortete er. »Wir brauchen eine Phase des emotionalen Protestes.« Und Erdoğan hatte eben nur sein Bedauern ausgedrückt, nicht um Entschuldigung gebeten. Diese wurde erst im Sommer des darauffolgenden Jahres nachgereicht, als die Türkei die schweren wirtschaftlichen Folgen der russischen Maßnahmen nicht länger tragen konnte. Auf den Knien hatte Russland den türkischen Präsidenten gewollt, Schädigung eigener Wirtschaftsinteressen hin oder her.

Russland, fügte Erdoğan bei Gelegenheit seiner Entschuldigung hinzu, sei ein Freund und strategischer Partner, mit dem es sich der türkische Staat nicht verderben wolle. Das galt solange, bis man 2019/20 im Syrienkonflikt erneut militärisch aneinanderzugeraten drohte. »So ist das eben«, würden die beiden Staatschefs vermutlich sagen und sich mit vermeintlichen Widersprüchen nicht groß aufhalten. Beide Seiten können damit umgehen, verfolgen die Präsidenten Putin und

Erdoğan doch einen durchaus ähnlichen Politikansatz. »Putin schaute in den Spiegel und sah Erdoğan«, sagte ein russischer Beobachter mir einmal.

Wir tun uns schwer, die Wechselbäder einer solch interessegeleiteten, anscheinend widersprüchlichen Politik nachzuvollziehen. Es will uns nicht in den Kopf, dass Russland einerseits reges Interesse zeigt an guten Handelsbeziehungen und verträglicher Partnerschaft mit der Europäischen Union – andererseits jedoch auf vielen Wegen danach trachtet, einzelne Länder und den Zusammenhalt der EU zu schwächen: durch Diversion, Desinformation, Unterstützung extremistischer Parteien, selektive Gewährung von Vorzügen u. a. m. Doch beides dient gleichermaßen Russlands Interessen: eine schwache, weil uneinige Europäische Union *und* möglichst florierende Wirtschaftsbeziehungen. Beides wird daher auch mit gleicher Überzeugung betrieben – gelegentliche Tricks und Täuschungen nicht ausgeschlossen.

Kollateralschäden nimmt man in Moskau in Kauf. Die könnten sich ergeben, weil man in unseren Ländern Kräfte an den politischen Rändern unterstützt. Kämen sie je an die Macht, würden sie nicht unbedingt einen prorussischen Kurs verfolgen. Doch im Moment entfalten sie nützliches Störpotenzial. Das sei eben Taktik, keine Strategie, meinte ein Berater des Kremls mir gegenüber einmal dazu. Hier zähle der kurzfristige Nutzen. Mit Widersprüchen sollten wir uns nicht aufhalten. Natürlich kann man sich fragen, warum aus Russland heraus eine westeuropäische Friedensordnung destabilisiert wird, die doch elementar in Russlands Interesse ist. Den scheinbaren Widerspruch brachte der Direktor des machtnahen »Rates für internationale Angelegenheiten«, Andrej Kortunow, auf den Punkt: »Russland braucht eben ein stärkeres Europa und ein schwächeres.«

Zu den russischen Denkern, auf die Wladimir Putin sich ab und an bezieht, gehört der konservative Philosoph Nikolai Berdjajew, der in der ersten Hälfte des 20. Jahrhunderts auch in Westeuropa einige Wirkung entfaltete, als er dort im Exil lebte. Er hat den inneren Widerspruch geradezu zu einem Wesensmerkmal seines Volkes erhoben: »Dem Rätsel, das sich in der Seele Russlands verbirgt, kommt man auf die Spur, wenn man die inneren Gegensätzlichkeiten Russlands, seine bedrückende Widersprüchlichkeit sofort akzeptiert.«

Wir können die Gleichzeitigkeit des Widersprüchlichen irritiert oder empört missbilligen – oder sie ignorieren bzw. schönreden. Nichts davon ist sonderlich hilfreich. Wir müssen sie als Konstante russischen politischen Handelns akzeptieren. Dann kann es uns gelingen, erfolgreiche Beziehungen zu gestalten. Das verlangt auch von uns zweierlei: Rechtsbruch, Unfreundlichkeiten und inakzeptablem Verhalten müssen wir deutlich entgegentreten, sie klar beim Namen nennen – und zugleich den Ausbau eines positiven Verhältnisses betreiben. Wiederholt habe ich deutsche Politiker in Moskau erlebt, die es vorzogen, entweder nur das eine oder nur das andere »Pferd zu reiten«. Die einen wurden als Kalte Krieger nicht akzeptiert, die anderen als »Konzilianz-Deutsche« nicht ernst genommen oder instrumentalisiert.

Folgt Politik weniger einer großen Strategie als einer variablen Taktik, so existieren in der Regel auch eine Vielzahl denkbarer Optionen, die man je nach Gang der Dinge in die Tat umsetzt. Konkrete – auch militärische – Operationen werden exakt vorbereitet, den Rest hält man sich offen. »On s'engage et puis on voit«, hat Lenin Napoleon zitiert: »Man zieht in den Kampf, und dann sieht man weiter.«

Eine Variante der Frage: Was lässt sich eventuell realisieren? lautet, salopp formuliert: Was lässt man uns durchgehen? Auch deshalb ist eine entschlossene und geschlossene Reaktion auf Regelverstöße der russischen Politik so wichtig. Hätte der Westen 2014 auf die russischen Übergriffe gegen die Ukraine gar nicht oder wesentlich schwächer geantwortet, so ist nicht auszuschließen, dass der russische Macht- und Landhunger seinen Appetit auch andernorts gestillt hätte.

Ein Duma-Abgeordneter mit sehr guten Kontakten in den Kreml schilderte mir im Sommer 2014 plastisch anhand der Krim-Operation, wie der Präsident in außenpolitischen Fragen agiere. Er lasse sich beraten und Operationen exakt vorbereiten, entscheide dann jedoch weitgehend allein – und »fahre auf Sicht«. Eine umfassende Strategie gebe es nicht, Entscheidungen würden ständig fortentwickelt. Im Fall der Krim sei es ursprünglich primär darum gegangen, eine Pseudo-Unabhängigkeit der Halbinsel herzustellen, à la Abchasien oder Südossetien (jene beiden Gebiete, die man 2008 Georgien abgenommen hat). Putin habe diese Idee dann relativ kurz vor dem Referendum zugunsten der vollständigen Eingliederung aufgegeben. (In der Tat wurden Datum und Frage des Referendums mehrfach geändert.) Sein Kalkül sei gewesen: Ich habe in Kiew (mit dem Maidan und dem Sturz Janukowitschs) verloren – ich will mir nicht ein zweites Mal »einen halben Sieg« zu Hause und eine komplette Niederlage gegen die restliche Welt einhandeln. Also gehe ich den ganzen Weg. Das wird sich auch durchsetzen lassen, da die Ukraine schwach ist und der Westen nicht militärisch eingreifen wird.

Auch für die Ost-Ukraine habe es ursprünglich alternative Pläne gegeben, wurde mir berichtet: die Eingliederung eben jenes »Neu-Russlands« in das Mutterland oder auch die Schaffung eines Pseudostaates »Nowa Rossija«, in Russlands Abhängigkeit, mit Janukowitsch als Präsidenten. Doch habe sich dann gezeigt, dass man in der Bevölkerung der Ostukraine auf wesentlich weniger Euphorie über die »Befreiung« gestoßen sei als angenommen. Ein weiterer Gesprächspartner, der Putin ab und zu im kleinsten Kreis traf, bestätigte mir, die Nachrichtendienste hätten vor Beginn des Konfliktes ein falsches, völlig übertriebenes Bild der Unterstützung gezeichnet, die es in der Ostukraine für die russische Sache gegeben habe.

Zurück an den Tisch von Jalta

Was treibt den Präsidenten an, was leitet sein politisches Handeln? Viele Beobachter meinen, es gehe allein um Macht, deren Erhalt und wo möglich Ausbau von Macht und damit auch die Sicherung der Interessen (und Reichtümer) einer kleinen Gruppe an der Spitze. Die offizielle Biographie Wladimir

Putins verweist auf die Kindheitserfahrung des Präsidenten, nicht machtlos sein zu dürfen. Die Erfahrung, Macht oder auch nur Einfluss zu besitzen und auszuüben, kann für Politiker zu einer Droge werden. Nicht nur in Russland.

Aber es griffe zu kurz, Macht und Sicherung der Macht als alleiniges Handlungsmotiv des russischen Präsidenten zu sehen. Über die Jahre hat er begonnen, mehr und mehr in historischen Kategorien zu denken und zu handeln. »Das eigentliche Problem dabei besteht allerdings darin«, merkte ein russischer Gesprächspartner einmal an, »dass Putin einem unerreichbaren Ziel nachjagt: Er will am Tisch von Jalta sitzen« – und die Welt oder zumindest doch Europa auf Augenhöhe mit den Großen neu ordnen, so wie dies Stalin, Churchill und Roosevelt 1945 im alten Zarenpalast von Liwadija auf der Krim taten. Zum 75. Jahrestag des Endes des Zweiten Weltkrieges schlug Putin 2020 vor, »die großen Fünf« an einen Tisch zu bringen: Russland und die USA, China, Frankreich und Großbritannien, die Veto-Mächte des Sicherheitsrates der Vereinten Nationen – die Welt von 1945. Doch die Zeiten von Jalta sind vorbei. »Wo bleibt hier die Europäische Union, wo insbesondere Deutschland?«, fragte der Schriftsteller Viktor Jerofejew in einer Erwiderung auf einen langen Artikel Putins vom Juni 2020, in dem der russische Präsident diese Idee noch einmal ausbreitete. »Und wenn Europa mit seinen Werten dem Kreml nicht gefällt, wenn die USA täglich im Fernsehen beschimpft werden, was soll das dann für ein Treffen werden?«

»Wir bräuchten eine Diskussion, wie die Staatsmänner des 19. Jahrhunderts sie miteinander geführt haben«, äußerte Außenminister Lawrow gegenüber einem deutschen Gesprächspartner, als der Ukraine-Konflikt noch nicht sehr lange andauerte und man noch vertraut miteinander sprach. Um die »legitimen Interessen und die Art und Weise, solche zu respektieren«, sollte es dabei gehen. Im 19. Jahrhundert saßen allerdings weder die Polen noch die Esten, Tschechen oder Bulgaren mit am Tisch. Der Berliner Kongress von 1878, eine jener für ganz Europa folgenreichen Konferenzen, versammelte die

Vertreter von gerade einmal sieben Staaten, auf der Berliner Konferenz von 1884/85 trafen die europäischen Mächte folgenreiche Entscheidungen über die Zukunft Afrikas – ohne dass auch nur ein afrikanischer Vertreter beteiligt worden wäre. Damals war es unvorstellbar, solches zu tun – heute, es zu unterlassen.

Wladimir Putin geht es erkennbar um den Platz im Geschichtsbuch. Dies hat im Übrigen die japanische Außenpolitik klug erkannt: Beharrlich macht sie dem russischen Präsidenten großzügige Angebote, den Fernen Osten zu entwickeln, um miteinander ins politische Geschäft zu kommen. Auch wenn Wladimir Putin mit solchen Mitteln nicht zu »kaufen« ist – auszuschließen ist nicht, dass er sich überraschend mit Japan verständigt: Seit 1945 haben die Nachbarländer keinen Friedensvertrag. Zugrunde liegt ein Streit über die Zugehörigkeit von vier Inseln nördlich der japanischen Insel Hokkaido, der sogenannte Kurilen-Konflikt. Würde Präsident Putin hier eine Einigung akzeptieren, wäre er es, der den Zweiten Weltkrieg endgültig beendet hätte – der Platz im Geschichtsbuch wäre gesichert.

Wer in solch fundamentalen historischen Dimensionen denkt, in den Kategorien von Geltung und Großmacht, der leidet umso mehr, wenn er nicht beachtet oder gar despektierlich behandelt wird. Und genau so, sagen viele Menschen in Russland, ist der Westen mit Russland nach dem Ende der Sowjetunion umgesprungen. »Ihr habt unsere Interessen, aber eben auch unsere Verschiedenheit nicht respektiert, Ihr habt erwartet, Russland müsse und werde sich nach dem Ende der Sowjetunion sehr rasch in Eurem Sinne ändern« – so der Vorwurf vieler Gesprächspartner in Moskau. Solches Missverstehen räumte auch der frühere polnische Außenminister Adam Daniel Rotfeld ein, der sich als Wissenschaftler sein Leben lang mit Russland beschäftigt hat. In Warschau hatten wir uns oft getroffen, im Sommer 2014 kam er noch einmal nach Moskau. »Unser größter Fehler war es«, meinte er im Rückblick, »zu glauben, Putin denke wie wir, und Russland nähere sich uns langsam an.«

Ist Russland, ist russische Politik so, weil dieser Präsident so ist? Oder hat Russland einen solchen Präsidenten, weil Russland so ist? Will man es sich einfach machen, schreibt man die ganze Wirklichkeit »den Umständen« zu und erklärt Wladimir Putin zum Produkt der Geschichte und Besonderheiten seines Landes. Doch er ist keine Marionette der Umstände. So wie er sich selbst die Erfolge der frühen Jahre zuschreibt, die Stabilisierung des Landes, seine innere Ordnung, wirtschaftliche Erholung und Russlands außenpolitisches Gewicht, so muss er sich auch die zunehmende Stagnation zurechnen lassen, das Ausbleiben selbst verkündeter Reformen, die Endlichkeit des Wirtschaftsmodells, die Duldung von Korruption und Kleptokratie, die immer weiter eingeschränkte Pressefreiheit und das wachsende Ausmaß der Repression.

Gleichzeitig gilt aber: »Das eigentliche Problem ist die Geisteshaltung der übergroßen Mehrheit der Menschen dieses Landes«, wie mir ein russischer Beobachter einmal sagte. Der gegenwärtige Präsident sei Ausdruck der imperialen Einstellung jener Mehrheit, die zudem an einem »Weimar-Syndrom« kranke – einem Trauma, vergleichbar dem des im Versailler Friedensvertrag gedemütigten Deutschen Reiches.

In drastischen Worten hat der renommierte russische Journalist Michail Gusman die Verärgerung über manch westliche Besserwisserei einmal auf den Punkt gebracht: »Wir sind nicht dumm, wir denken nur anders!« Und wie? Als ich den alterfahrenen, prominenten Fernseh- und Nachrichtenmann fragte, was er als unsere – westlichen – Fehler und Irrtümer erachte, musste er nicht lange nachdenken: »Euer größter Fehler ist es zu glauben, wir hätten Gesetze. Wir kennen nur Gerechtigkeit.« Genau in diesem Sinne hat sich Wladimir Putin in einem Interview mit der »Bild-Zeitung« vom Januar 2016 geäußert: »Napoleon hat einmal gesagt, die Gerechtigkeit sei die Inkarnation Gottes auf Erden. Ich sage Ihnen: die Wiedervereinigung der Krim mit Russland ist gerecht.« Legitimität ist wichtiger als Legalität. »Für mich sind nicht Grenzen und Staatsterritorien wichtig, sondern das Schicksal der Menschen,« hat der Präsident im gleichen Interview gesagt.

Das fügt sich in ein Denkschema, das mir in einem langen Gespräch ein früherer enger Mitarbeiter des Präsidenten zeichnete, einst Chef der Kreml-Verwaltung – Kanzleramts-Minister, würde man in Deutschland sagen: »Sie müssen verstehen: Wenn er sich ungerecht behandelt fühlt, hält er jedes Mittel für gerechtfertigt, sich zur Wehr zu setzen – einschließlich Lüge und Betrug.« Etwas eleganter formulierte es Wjatscheslaw Trubnikow, ehemals Vizeaußenminister, Botschafter und Chef des Auslandsgeheimdienstes: »In Russland stehen aus historischen Gründen Moral und Gewissen über legalen Aspekten bei politischen Entscheidungen.«

»Aber man muss die Russen doch verstehen«

Auch im Westen ist oft die Meinung zu hören, Russland sei nicht genügend respektiert worden. Zum Beleg wird stets eine Äußerung von Präsident Obama aus dem März 2014 zitiert, Russland sei eine Regionalmacht. Unbeschadet der Frage, ob dies eine geschickte Äußerung war (und was es an Mengen vergleichbarer Äußerungen von russischer Seite gegeben hat), ist es schon erstaunlich, wie – vornehmlich in der westlichen Debatte – unterstellt wird, Russland werde ausgerechnet durch den Hinweis gedemütigt, es sei gar nicht so gefährlich.

Die russische Politikwissenschaftlerin und Autorin Lilija Schewzowa wirft dem Kreml vor, die behauptete Erniedrigung zu instrumentalisieren: »Dieses ›Demütigungs-Werkzeug‹ hat zwei Ziele: Es hilft dem Kreml, sich im Inland zu legitimieren, und es hat auch seinen Zweck in der Außenpolitik – nämlich als Mittel zur Erpressung des Westens: ›Wenn Sie Russland weiterhin demütigen, könnten wir Wege finden, zurückzuschlagen!‹« Den russischen Befürwortern der »Demütigungstheorie« stellt Lilija Schewzowa die Frage, warum sie sich nicht eher durch die Korruption in Russland, den Zustand des Gesundheitssystems oder den sinkenden Bildungs- und Lebensstandard des Landes gedemütigt fühlten. Karl Schlögel, Kenner und Freund Russlands seit Jahrzehnten, stellte auf einer Diskussion in Moskau den russischen Teilnehmern die berechtigte Frage: »Wie kann man ein so großes Land überhaupt demütigen?«

Irina Prochorowa, Literaturwissenschaftlerin, Verlegerin und eine der bedeutendsten Intellektuellen Russlands, hat einen entschiedenen Blick auf ihr Land: »Der Westen sollte sich nicht von der Nebelkerze ›Russland ist anders‹ beeindrucken lassen«, erklärte sie mir in einem Gespräch zu Beginn meiner Moskauer Zeit. »Russland ist so viel oder wenig verschieden wie andere Länder auch. Was wir sehen, ist vielmehr die klassische Natur einer ›geschlossenen Gesellschaft‹.« Sie habe sich Gesellschaften der Zwischenkriegszeit angeschaut: Portugal, Spanien, Japan. Die offizielle Erzählung dort sei stets die gleiche gewesen: »Niemand mag uns, die anderen respektieren uns nicht, Portugal/Spanien/Japan ist anders, wir sind in Wirklichkeit ein großes, bedeutendes Land, wir werden uns schon Gehör verschaffen, etc.« Auch das Italien der zwanziger oder das Deutschland der frühen dreißiger Jahre seien in ihrer autoritären Entwicklung nicht sehr anders gewesen. Und so sei es im Russland von heute. Es räche sich, dass die Geschichte nicht wirklich aufgearbeitet worden sei.

Gerade in Deutschland wird oft eine besondere Rücksichtnahme auf Russland und seine Befindlichkeit eingefordert. Der Appell »Man muss die Russen doch verstehen!« ist richtig, wenn er Verstehen als Voraussetzung für erfolgreiches eigenes Handeln meint. Doch zumeist verbirgt sich dahinter ein Heischen um Billigung, Verständnis geht dann leicht einher mit einer unausgesprochenen, pauschalen Rechtfertigung jeglicher, selbst gewaltsamer Politik. Das führt dann zu einer Art Generalabsolution. Mit einem floskelhaften: »Ja, das mit der Krim war schon nicht in Ordnung« ist man rasch wieder bei Russlands Befindlichkeit.

Dem politischen wird oft noch das moralische Argument hinzugefügt, wir Deutsche seien aus historischen Gründen verpflichtet, besonders auf Russlands Anliegen und Befindlichkeiten einzugehen. Richtig ist, dass ein klares Bekenntnis und eine dauerhafte Erinnerung an den schrecklichen Angriffskrieg und seine Folgen Grundlage unserer Beziehungen zu Russland sein müssen. Deutsche und Russen haben, jeder für sich und gemeinsam, eine besondere Verantwortung für ein gutes Miteinander und den Frieden in Europa. Die Geschichte von Krieg, Leid und Vernichtung kann jedoch – ohne dass die Zeiten und ihre Ereignisse vergleichbar wären – unmöglich als Rechtfertigung dafür dienen, nunmehr unsererseits schwere Verstöße gegen das Völkerrecht hinzunehmen. Im Gegenteil: Der eigene Rechtsbruch muss den Einsatz für das Recht zur Folge haben.

Ähnliches gilt für die Forderung, Deutschland schulde Russland besonderen Dank für die Wiedervereinigung und müsse daher entsprechend nachsichtig mit seiner heutigen Politik sein. Natürlich hätte Michail Gorbatschow 1990 auch sehr anders entscheiden können, trotz der Zwangslage, in der er sich damals mit seinem vom Untergang bedrohten Riesenschiff Sowjetunion befand. Kein Jahrestag des Mauerfalls oder der deutschen Einheit vergeht daher auch, zu Recht, ohne dass daran erinnert wird; und bis heute setzt Deutschland sich, vor allem im Kreis der Partner, in besonderem Maße für Russland und seine Interessen ein. Aber selbst Michail Gorbatschows Verdienste, die der Sowjetunion, können unmöglich als Grund dafür genommen werden, bei Verletzungen des Völkerrechts Rabatt zu geben. Und im Übrigen: Die Einheit in Freiheit ist das Selbstverständliche, nicht die Teilung einschließlich einer Diktatur (»des Proletariats«).

Oft paart sich die skizzierte Haltung mit einem eigentümlichen Russo-Zentrismus. Stets dreht sich alles um Moskau und seine Sorgen und Empfindlichkeiten. »Warum wir Frieden und Freundschaft mit Russland brauchen«, hieß ein 2018 erschienener »Aufruf an alle«, den fast dreißig prominente Deutsche verfasst haben. Wer wollte solch einer Überschrift widersprechen? Doch die Frage, ob Estland gedemütigt oder Polen nicht respektiert wurde und wie wir mit dem Rechtsbruch gegenüber der Ukraine umgehen sollten, verschwindet hinter einem apodiktischen »Warum …«. Die Forderung, aus historischen Gründen auf Russland und seine Interessen besonders Rücksicht zu nehmen, setzt, ganz im Sinne des Putinschen Narrativs »sowjetisch« mit »russisch« gleich – Ukrainer, Weißrussen und andere haben im Zweiten Weltkrieg genauso gelitten.

In Debatten, in denen für Russland besonderes Verständnis eingefordert wird, scheinen oft Ideen und Denkweisen aus dem 19. Jahrhundert wieder auf, wie die eines »Cordon sanitaire«, einer Art Pufferzone, die man errichtete damit die Großen nicht aneinandergerieten in Zeiten, in denen es Staaten minderen Rechts gab. Doch zu den Lehren aus zwei schrecklichen Kriegen gehört es, die souveräne Gleichheit aller Staaten zu respektieren, weil die labilen Verabredungen der »Großen« zulasten der »Kleinen« eben dramatisch gescheitert sind.

Richtig ist: Deutschland war oft recht allein im Kreis der Partner mit seinem Werben für ein besseres Verhältnis zu Russland unter Berücksichtigung auch russischer Interessen und Anliegen. Doch für die Ablehnung und Abwendung, die in Russland – und eben auch von manchen im Westen – beklagt wird, gibt es gute historische Gründe. Ihre Ideologie brachte es mit sich, dass die Sowjetunion nie ein »benevolenter Hegemon« war, eine Vormacht, die nicht nur auf das Wohl der Satelliten bedacht ist, sondern ihnen auch die freie Wahl lässt, ihren Weg zu gehen. Wich jemand ab, griff die Sowjetunion ein und stellte wieder »geordnete Verhältnisse« her. Es sind jene Eingriffe und Übergriffe und die ständige Politik der Bevormundung der »Bruderstaaten«, die die Erinnerung nicht nur der Völker Ostmitteleuropas bis heute prägen und die zu einer politischen Haltung nach dem Motto führen: »Besser, wir halten uns jene vom Leibe, die sich als Nachfolger der Sowjetunion sehen«. Wenn russische Politiker so viel Wert darauf legen, dass man die Psychologie ihres Landes versteht und beachtet, sollten sie auch bereit sein, die Psychologie der anderen zu verstehen und zu beachten, ganz gleich, wie groß oder klein diese sind.

Seit Mitte der neunziger Jahre wurde die Weltgemeinschaft Zeuge, dass es im Russland von heute ungute Kontinuitäten aus sowjetischer Zeit gibt. In Tschetschenien führten die russischen Streitkräfte zwei blutige Kriege. Nicht, dass die aufständischen Tschetschenen ihnen nachgestanden hätten. Aber das staatliche Vorgehen war gewiss keine Werbung dafür, mit einem neuen Russland neue Pfade europäischer Sicherheitspartnerschaft beschreiten zu wollen. »Warum will mein Land immer, dass man Angst vor ihm hat?!?«, fragte mich ein junger Universitätsrektor einmal reichlich verzweifelt. »Unsere Truppen stehen in der Republik Moldau, wir haben Georgien Gebiete abgenommen und in ihnen Marionettenstaaten errichtet, und nun auch noch die Krim und der Donbas!«

Nein, russische Außenpolitik hat nichts Werbendes. Sie macht in der Regel auch keine Vorschläge, über die man sich dann austauschen und zu Gemeinsamkeiten kommen könnte, sie schafft Fakten und stellt andere vor die Alternative, dafür oder dagegen zu sein. Man geht auf niemanden zu, man erwartet, dass der andere kommt. »Machen Sie Witze?!?«, antwortete mir Juri Uschakow, der außenpolitische Berater des Präsidenten, als ich ihn auf dem Höhepunkt des Ukraine-Konfliktes fragte, warum eigentlich immerzu die Bundeskanzlerin in Moskau anrufen solle, um sich um Lösungsfortschritte zu bemühen, und ob nicht auch einmal der russische Präsident zum Hörer greifen könne.

Nein, man ist zu stolz, in einer Konfliktsituation auf den anderen zuzugehen – und man ist rasch empört. »Wir lieben es, beleidigt zu sein – schließlich sind wir ein imperiales Volk!«, kommentierte ein ehemaliger russischer Minister mir gegenüber einmal spöttisch diese Einstellung. Und ein deutscher Politiker spitzte die Herausforderung seufzend mit den Worten zu: »Es ist schon anstrengend, wenn das größte Land der Erde sich ständig das Recht herausnimmt, gekränkt zu sein!« Mangelnder Respekt, immer wieder stößt man auf diesen Vorwurf. 2017 wird Wladimir Putin in einer Diskussion gefragt, ob die Differenzen zur Zeit des Kalten Krieges nicht größer gewesen seien als heute. Ja, meint der Präsident – und fügt hinzu: »Aber wissen Sie, was es ebenfalls in größerer Menge gab? Respekt!«

Die ganze Ukraine-Krise ist ein »Bis hierhin und nicht weiter!«, Syrien eben auch ein »Wir bomben uns an den Tisch der

Weltpolitik zurück«, die fortgesetzten Beleidigungen Polens bei der Behandlung historischer Fragen sind auch ein »Niemand behauptet ungestraft, die Sowjetunion trage Mitverantwortung für den Ausbruch des Zweiten Weltkrieges!« und ein »Niemand darf sich erlauben, den russischen Präsidenten nicht zu einer Gedenkfeier zur Befreiung von Ausschwitz einzuladen!«

»Russki mir« – die russische Welt

Das Russland von heute verfolgt in seinem außenpolitischen Handeln keine der sowjetischen Zeit vergleichbare Ideologie – aber es gibt erstaunliche Kontinuitäten zu früheren Zeiten. Mit dem Verschwinden der Sowjetunion taucht ein alter Schutz- und Vormachtanspruch Russlands wieder auf. Die Sowjetunion war Leuchtturm, Wegweiser und unbestrittene Führungsmacht der sozialistischen Welt – und diese war prononciert »internationalistisch«. Alles Russisch-Nationale, der mit dem Panslawismus verbundene Anspruch Russlands, Schutzherr und Führungsmacht aller Slawen zu sein, schien überwunden.

Scheinbar: Früh in der Putin-Zeit tauchte das Konzept der »Russki Mir« auf, der »Russischen Welt«. Was zunächst wie ein Programm für internationale Kulturarbeit erscheinen mochte – das 2007 gegründete russische Kulturinstitut trägt eben diesen Namen –, erwies sich mehr und mehr als Anspruch, sich der Belange der »Landsleute« überall im postsowjetischen Raum annehmen zu dürfen. Inhaltlich blieb der Begriff unbestimmt, jedenfalls geht es um mehr als nur die Gemeinsamkeit von Sprache und Kultur, hinzu kommen russische Orthodoxie und ostslawische Identität. Beschworen werden immer wieder geistig-moralische Werte, die sich von jenen des Westens unterschieden, diesen überlegen seien. Doch letztlich bleiben sie vage. Klar ist lediglich, dass sich damit ein Handlungsanspruch verbindet. Dieser gilt insbesondere gegenüber dem »Nahen Ausland«, den Nachfolgestaaten der Sowjetunion. Im Georgienkrieg 2008 ließ Präsident Medwedew keinen Zweifel daran, dass es Russland auch um den Schutz der in Südossetien lebenden »Landsleute« gehe.

»Russische Welt«, »Landsleute« – diese Begriffe können Vieles und Viele umfassen. Beim Empfang aus Anlass des Tages der nationalen Einheit sprach Präsident Putin im November 2013 von der »großen russischen Welt ..., die weit über die Grenzen unseres Landes hinausreicht. Die russische Welt wurde nie auf dem Prinzip der nationalen, ethnischen Exklusivität aufgebaut, sie war immer offen für diejenigen, die sich als Teil Russlands fühlen und Russland als ihre Heimat betrachten.« Kein Wunder, dass dieser Gedanke vier Monate später in jener Rede auftauchte, mit der der Präsident die Annexion der Krim begründete.

Europa weiß genau, warum es Schluss gemacht hat mit der Idee, jeder dürfe beim Nachbarn nach Belieben ethnisch oder historisch oder geographisch motivierte »Rechte« einseitig durchsetzen und »Landsleute« schützen. Russland sieht das anders. Das machte Präsident Putin auch auf einer Pressekonferenz im Juni 2014 in Wien noch einmal unmissverständlich deutlich: »Natürlich werden wir ethnische Russen in der Ukraine immer schützen, wie auch jenen Teil der ukrainischen Bevölkerung, des ukrainischen Volkes, das sich Russland nicht nur ethnisch, sondern auch kulturell und sprachlich untrennbar verbunden fühlt, das sich als Teil der weiteren russischen Welt sieht«, betonte er. Man werde die Entwicklung in der Ukraine nicht nur sorgfältig im Auge behalten, sondern gegebenenfalls auch entsprechend reagieren. »Ich hoffe, dass die Streitkräfte dafür nicht benötigt werden.«

Eine estnische Journalistin, die der russischen Volksgruppe des Landes zugehört und sich im modernen Estland und damit in der EU offensichtlich gut aufgehoben fühlt, beantwortete solche Ambitionen 2014 mit einem Artikel unter der schönen Überschrift: »Herr Präsident Putin, bitte befreien Sie uns nicht!«

Eine russische Außenpolitik, die sich auch dem Wohlergehen aller slawischen Nationen besonders verpflichtet fühlt, trägt gewisse heilsbringende Züge. Dazu werden in der Geschichte Anleihen genommen, wird die Besonderheit und Größe »des ewigen Russlands« beschworen. Und auf das Vorbild bedeutender Herrscher zurückgegriffen.

Zar Alexander III., der von 1881 bis 1894 regierte, dürfte neben Peter dem Großen jener russische Herrscher sein, den Wladimir Putin am meisten als Vorbild sieht. Ihm beziehungsweise seinem Kriegsminister wird der Satz zugeschrieben, Russland habe nur zwei Verbündete: die Armee und die Flotte. Putin dürfte das ähnlich sehen. An der Spitze ist es einsam. Als der Präsident 2017 auf der Krim ein Denkmal für jenen Zaren enthüllte, sprach er über ihn, als spreche er von sich selbst. Alexander III., so Putin, sei ein herausragender Staatsmann und Patriot gewesen, ein Mann mit starkem Charakter, Mut und unbeugsamem Willen. »Er fühlte immer eine enorme persönliche Verantwortung für das Schicksal seines Landes ... Er tat alles, um die Nation voranzubringen und zu stärken und sie vor Turbulenzen, inneren und äußeren Bedrohungen zu schützen.« Ein Friedensstifter sei er gewesen – »aber nicht indem er Zugeständnisse machte, sondern durch eine faire und unerschütterliche Entschlossenheit. Alexander III. trat direkt und offen für die Interessen des Landes ein, und diese Politik stellte sicher, dass Einfluss und Autorität Russlands in der Welt wuchsen.«

Alexander III. glaubte, so fügte der Präsident hinzu, dass ein starker, souveräner und unabhängiger Staat seine Traditionen und seine Identität bewahren müsse, seine Geschichte, Kultur und spirituellen Werte. »Die Regierungszeit von Alexander III. wurde das Zeitalter der nationalen Wiedergeburt genannt, ... die Zeit der Rückkehr zu unseren Wurzeln und zu unserem historischen Erbe. Alexander III. liebte Russland und glaubte an sein Land.«

Was sich liest wie das politische Programm des jetzigen russischen Präsidenten, ist über einen Herrscher gesagt, dessen Schattenseiten bei Gelegenheit dieser Denkmalseinweihung ausgeblendet wurden. In ständiger Sorge vor der Gefährdung seiner Macht schuf er die Geheimpolizei Ochrana, politische

Gegner landeten in sibirischen Arbeitslagern. Alexander III. stand für eine radikale Politik der Russifizierung, die Russland sprachlich, kulturell und religiös so homogen wie möglich machen sollte. In Polen, Finnland, in den deutsch geprägten Ostseeprovinzen und anderen Gebieten des Reiches wurde sie mit großer Härte durchgesetzt. In einem Staat, der bislang die kulturellen Unterschiede seiner Völkerschaften duldete, wurde das Russische zur dominierenden Sprache und Kultur gemacht. In der neuen russischen Verfassung von 2020 ist ein solches Primat wieder festgeschrieben worden.

Wladimir Wladimirowitsch

Wer ist dieser Präsident? Erlebt habe ich ihn zumeist, wenn ich deutsche Politiker zu ihm begleitete. Intensiv nutzte Wladimir Putin solche Gespräche, um seine Sicht der Dinge so tief wie möglich in die Gedankengänge seines Gegenübers einzupflanzen. War jener kundig und diskussionsfreudig, riss es den Präsidenten auch einmal fort, holte er weit aus zu Ausflügen in die Geschichte, sprach von Verantwortung und der Schuld der anderen Seite. Dann nahm er sich sehr viel mehr Zeit, als veranschlagt worden war. Sich dies leisten zu können ist eine Frage des Status. So kam es auch immer wieder dazu, dass man auf Begegnungen mit dem Präsidenten warten musste, manchmal Stunden. In der Residenz des Botschafters oder in einem nahe gelegenen Hotel. Bis das russische Protokoll signalisierte, man solle sich nun auf den Weg in den Kreml begeben oder nach Nowo-Ogarjowo, in die Residenz des Präsidenten am Stadtrand von Moskau. Fahrzeuge der russischen Polizei stellten sicher, dass man zügig und ungehindert sein Ziel erreichte.

Die Räume, in denen die Gespräche stattfanden, wirkten unbehaust, selbst die historischen Kreml-Gemächer, die für Begegnungen genutzt wurden, strahlten eine unharmonische Kälte aus. »Hier hat nie eine Frau Hand angelegt!«, stellte eine deutsche Landesministerin fest, die ihren Regierungschef begleitete. Die Farben waren nicht abgestimmt, Bronzefiguren historischer Persönlichkeiten wirkten einfach nur so hingestellt, der Raum war zu groß und schmucklos. Anders als sonst in Russland üblich, wurde bei Gesprächen im Kreml oder in Nowo-Ogarjowo kein Wasser, kein Kaffee, kein Tee angeboten. Vielleicht Häppchen im Warteraum. Anders beim Gespräch mit Marine Le Pen: Die Vorsitzende des rechtskonservativen »Front national« bekam Tee in einem seidentapeten-blauen Raum serviert.

Die offizielle Residenz des Präsidenten in Nowo-Ogarjowo ist ein klassizistisch anmutender Palast, der durch Umbauten klobig wirkt, das Innere im Wesentlichen eine schmucklose Mischung aus grau und beige, zweckbestimmt, eine Kühle, die nicht einmal futuristisch wirkt. Keine Bilder, keine Blumen. Die Residenz des Präsidenten in Sotschi ist wunderbar gelegen, unter Palmen über dem Schwarzen Meer. Doch das Ambiente wurde nicht genutzt, als wir dort waren. Unsere Gespräche wurden in einem Innenraum geführt, die Begegnung mit der Presse fand in einem anderen Innenraum statt, dann Mittagessen. Dieser Raum hatte große Fenster zum Meer hin – dicht verschlossen mit schweren Vorhängen. Dem Gast reichte es, er ging hin, riss einen Vorhang zur Seite. »Ich wollte bloß mal sehen, ob das Meer noch da ist.« Mit so etwas konnte Putin umgehen, er lachte.

Der Präsident empfängt Besucher aufgrund ihres politischen Ranges oder der Bedeutung eines Unternehmens oder der Wirtschaftsbeziehungen, die beispielsweise ein Bundesland zu Russland unterhält. Machte der Gast auf Wladimir Putin keinen besonderen Eindruck, hielt er das Gespräch kurz. Und er mochte zu spotten beginnen: Er habe ein positives Verhältnis zu Russland, bekannte der deutsche Besucher, man müsse mehr gemeinsam tun. Er spüre deutlich den Willen der russischen Führung zur Modernisierung. Und er bewundere ihn, den Präsidenten, wie schlagfertig er sich unlängst in einer öffentlichen Debatte gezeigt habe. Putin stutzte. Das war dem langjährigen Staatsoberhaupt des flächengrößten Landes der Erde dann doch zu viel des Lobes. Leicht abfällig erwiderte er: »Mit den vielen Jahren, die ich es jetzt mache, hätte man das auch einem Bären beibringen können.«

Dann holte Wladimir Putin aus und erklärte noch einmal den Ukraine-Konflikt und die ausschließliche Verantwortung und Schuld des Westens an der bedauerlichen Entwicklung. Als der Gesprächspartner schließlich die Gelegenheit erhielt zu antworten, ging er mit keinem Wort auf verletzte Prinzipien und internationale Regeln ein. Er versuchte nicht, die Politik Deutschlands und seiner Partner zu erklären, rammte keinen argumentativen Pflock ein, ließ alles auf sich sitzen. Vielmehr warf er sich dem Präsidenten noch einmal rhetorisch an den Hals. In Deutschland gebe es nicht nur Kritiker Russlands, setzte er zu einer Erklärung an. »Wissen Sie, Herr Präsident, Deutschland ist geteilt …« Doch bevor er weitersprechen konnte, fiel Wladimir Putin ihm grinsend ins Wort: »Damit haben wir diesmal nichts zu tun!« Natürlich sah das Gespräch in den anschließenden Äußerungen des deutschen Besuchers gegenüber den Medien sehr anders aus. Er habe den Präsidenten auf die Lage in der Ukraine angesprochen und Russlands Verantwortung, usw. usf.

Spricht Wladimir Putin Deutsch, wartet er manchmal mit überraschenden Redewendungen auf: »Dann machen die das einfach so – ratzfatz!«, und er zeigt, dass er auch den kräftigen Wortschatz beherrscht. Ist er in Begleitung von Beratern, die nicht Deutsch sprechen, nutzt er die Dienste seiner vorzüglichen Dolmetscher, die sich jedoch schon einmal korrigieren lassen müssen. Und gerät Wladimir Putin in Fahrt, wartet er nicht, bis die Ausführungen seines Gesprächspartners ins Russische übersetzt worden sind, sondern antwortet gleich auf Russisch oder auf Deutsch. Dann sind sie alle gefordert: der Dolmetscher, Putins außenpolitischer Berater, aber auch der Außenminister, der leicht die Augenbrauen zusammenzieht und sich anhand der Ausführungen seines Präsidenten einen Reim darauf zu machen versucht, was der deutsche Besucher denn gerade gesagt haben mag.

Wladimir Putin spricht zumeist leise und intensiv, manchmal angespannt, ganz auf den Gesprächspartner fokussiert und mit angenehmer Stimme. Er ist erfahren darin, sein Gegenüber für sich einzunehmen, wenn er dies möchte. Er würde vermutlich sagen: So bin ich ausgebildet worden. Aus seiner KGB-Vergangenheit macht er bekanntlich kein Geheimnis. Doch plötzlich kann der Ton umschlagen: Er beugt sich vor, fixiert sein Gegenüber, seine Ausführungen können schneidend werden, anklagend, scharf, bis hin zu grobem Zynismus, rüde fallen die Bezichtigungen aus. Unter der Oberfläche brodelt es. Er geißelt die angebliche Ignoranz der anderen, ihre Inkompetenz und Verlogenheit, prangert an, wie Russland bedrängt und außer Acht gelassen worden sei, wie man versucht habe, es zur Seite zu schieben. Aber damit sei nun Schluss.

In den öffentlichen Auftritten des Präsidenten wird deutlich, dass ihn manche Themen mehr interessieren als andere. In sparsamer Gestik und ohne erkennbare innere Anteilnahme werden Zahlen, Daten, Fakten zu Erfolgen, Versäumnissen und Herausforderungen der Wirtschafts- und Sozialpolitik, des Gesundheitswesens oder der Landwirtschaft vorgetragen. Und dann geht es ab in die Außenpolitik – lebhaft wird der Vortrag, entschlossen, beschwörend, der ganze Körper geht mit. »Ja, er versteht durchaus was von der wirtschaftlichen Entwicklung – aber er interessiert sich nicht wirklich dafür«, klagte ein ihm verbundener Wirtschaftsführer mir gegenüber einmal. »Seit dem Beginn der Ukraine-Krise ging es nur noch um diese. Und jetzt um Syrien.«

Im Gespräch nutzt Wladimir Putin nie den von seinen Mitarbeitern vorbereiteten Stapel Karten mit Tatsachen, Themen und Tabellen. Auf die hat er vorher einen – vermutlich: kurzen – Blick geworfen. Jedenfalls erstaunt er seine Gesprächspartner gerne mit überraschenden Fakten und Zahlen. Während des Gesprächs macht Wladimir Putin sich kaum Notizen, malt höchstens ein wenig – ein Rechteck nach dem anderen, das er dann durchkreuzt. Ein wenig wie »Schiffe versenken«. Sergej Lawrow wird unterdessen seinem Ruf gerecht, ein Ästhet zu sein. Während der Stunden, die er neben seinem Präsidenten sitzt und zumeist nicht zu Wort kommt, kalligraphiert er. »Ф – Р – Г« entsteht dann zum Beispiel in kunstvollgeschwungener Schrift auf dem Blatt vor ihm, russisch für »B – R – D«.

Putins Auftreten wird im Westen gerne belächelt oder kritisiert. In der Tat wirkt die Art und Weise, wie er sich inszenieren lässt, zuweilen unbeholfen – sei es, dass der tauchende Präsident im Meer eine Amphore »findet«, die dort für ihn versenkt worden ist, oder dass ein Tiger sediert wird, damit der Präsident ihn streicheln kann. Putin mit nacktem Oberkörper hoch zu Ross oder beim Angeln, der Präsident beim Judo oder beim Eishockey – westliche Betrachter amüsiert oder befremdet das. Der Adressat ist jedoch das heimische Publikum – und dieses urteilt nach anderen Kriterien als das unsere. Ein ganzer Kerl, werden sie sagen, kein Schwächling, der ist körperlich fit, und – so werden vor allem die Frauen hinzufügen – er trinkt nicht. Auf restloses Unverständnis stießen westliche Medien, die über ihren Präsidenten herzogen, weil er der deutschen Bundeskanzlerin zur Begrüßung einen Blumenstrauß überreichte. Er sei doch nur traditionell höflich gewesen. Wie konnte man dies bloß als Herabsetzung interpretieren! Mögen Blumen in Russland auch noch so teuer sein, selbst im Winter bringt jeder Besucher einen solchen Gruß mit. Nach Abendveranstaltungen quoll unsere Residenz oft davon über. So gehört sich das eben.

Mit Gepflogenheiten nicht zu erklären war eine Szene aus dem Jahr 2007, als Wladimir Putin die Bundeskanzlerin bei einer ihrer ersten Begegnungen mit seinem Labrador konfrontierte. Um das Verhältnis der deutschen Regierungschefin zu Hunden hätte er wissen müssen. Wladimir Putin hat dies in einem späteren Interview bestritten. Waren die Nachrichtendienste plötzlich so schlecht geworden? Es war jedenfalls nicht klug, jemanden, mit dem man möglicherweise auf lange Zeit zu tun haben würde, ja, auf den man angewiesen sein könnte, öffentlich in eine unangenehme Situation zu bringen.

Putin hat die Bundeskanzlerin über die Jahre zweifellos zu schätzen gelernt – und dies auch gesagt. Die »eiserne Kanzlerin« nannte er sie in unserem Abschiedsgespräch. Sich durch alle Fährnisse der Demokratie so lange an der Macht zu halten – und dabei manche Kontrahenten rechts und links niedersinken zu sehen –, das macht auf jemanden wie den russischen Präsidenten Eindruck. Den Umgang mit der Bundeskanzlerin erleichterte natürlich die Tatsache, dass er im Verhältnis zu ihr, anders als zu Erdoğan oder Trump, nicht beweisen musste, »wer den dickeren Oberarm hat«. Geschätzt haben dürfte er sie vor allem aber wegen ihrer Verlässlichkeit, Berechenbarkeit und Konsequenz, auch wenn ihre Politik ihm nicht gefallen haben mag. Als es 2014 im Ukraine-Konflikt zur Konfrontation kam, dürfte es im Westen keine politische Führungspersönlichkeit gegeben haben, die der russische Präsident wirklich respektierte – außer Angela Merkel. Dass sie Russland kennt und seine Sprache spricht, spielte dabei ebenso eine Rolle wie die grundsätzliche Verbundenheit Wladimir Putins mit Deutschland.

Der Kult, der um Putin in Russland gemacht wurde und wird, hielt und hält sich übrigens in Grenzen. Ja, 2014 gab es T-Shirts, iPhone-Hüllen und Hologrammpostkarten mit dem Konterfei des Präsidenten, und in jedem Kiosk an der Ecke standen neben den kleinen Gips- oder Bronzebüsten von Peter dem Großen, Nikolaus II. und Josef Stalin nun auch solche von Wladimir Putin. Doch das meiste davon verschwand wieder. Mit einem Putin-T-Shirt läuft man einfach nicht mehr herum. Als 2020 bei Moskau eine neue, riesige Kathedrale der Streitkräfte fertiggestellt wurde, planten Kirche und Armee dort auch ein Mosaik anzubringen, das »die ruhmreiche Heimkehr der Krim« glorifizieren sollte (was hatte eigentlich die Armee damit zu tun …?!?) – einschließlich eines Porträts des Präsidenten. Doch der ließ über seinen Sprecher knapp ausrichten, man solle solche Würdigungen bitte den Nachkommen überlassen. Wird offiziell über den Präsidenten gesprochen, so gibt es kein bombastisches »Der Generalsekretär des ZK der SED und Vorsitzende des Staatsrates der DDR, Genosse Erich Honecker«. Nein, es heißt »Präsident Putin« und in der Anrede »Herr Präsident« – oder, weit häufiger und wie in Russland üblich, mit Vor- und Vatersnamen: »Wladimir Wladimirowitsch«.

Wladimir Putin ist in einem Interview einmal gefragt worden, ob er sein Verhalten geändert habe, seit er Präsident ist. »Es mag merkwürdig klingen – aber, nein«, hat er geantwortet und auf seine Prägung als KGB-Agent verwiesen: »Ja, ich stehe jetzt im Rampenlicht. Aber schon in meinem früheren Leben habe ich stets versucht, mich so zu verhalten, als würde ich ständig beobachtet.« Das Auftreten von politischen Führern wie Wladimir Putin ist von einer betont kraftvollen, bestimmenden Körpersprache geprägt, einem leicht ausgreifenden, wiegenden Gang und einer gewissen breitbeinigen Art zu sitzen, die im Westen als unangemessen gilt. Das wird nicht überall so kritisch gesehen. Doch es prägt sehr stark das Urteil bei uns, und sei es unbewusst. Dieser Macho. Umgekehrt wird in Ländern wie Russland westliche Korrektheit oft als Schwäche ausgelegt. Man muss den anderen eben auch in seinem Verhalten richtig einordnen können. Jemand, der dies wirklich beherrschte, war Hans-Dietrich Genscher.

18. März 2014, Berlin, Hotel Adlon, Zimmer 312. Zu den vielen Gesprächen, die ich vor meiner Abreise nach Moskau führte, gehörte auch eines mit Hans-Dietrich Genscher. Im Traditionshotel am Pariser Platz bewohnte er bei seinen Besuchen in der Hauptstadt eine Ecksuite mit Blick aufs Brandenburger Tor. Als ich hereinkam, saß er vor dem Fernseher. »Kommen Sie, das müssen Sie sich auch ansehen.« In einem der prächtigen Säle des Großen Kremlpalastes in Moskau waren Russlands Würdenträger versammelt. Gardesoldaten in historischen Uniformen öffneten mit genau abgezirkelten Bewegungen, den Kopf schräg nach oben, die hohen Flügeltüren. Wladimir Putin betrat den Saal und vollzog die »Eingliederung« der Krim in die Russische Föderation.

Als die Zeremonie vorbei war, rechnete ich mit einer Analyse Genschers – der Rede Putins, der turbulenten Geschehnisse dieser Tage. Doch der frühere Außenminister begann ganz anders: »Haben Sie gesehen, wie der Mann da eben in den Saal gekommen ist? Das gehört doch auch dazu! Er will Anerkennung, will Respekt. Ihm müssen Sie zur Begrüßung eben eine doppelt so große Ehrenformation hinstellen. Anerkennung, Respekt – wie alle Leute mit einer solchen Herkunft es einfordern.«

»Und dann haben wir das getan, was Sie wissen.«

Zurück zur Frage, wie weit Russland 2014 möglicherweise gegangen wäre. Hinter Präsident Putins Anspielungen auf »Neurussland« wird ein Bündel an Überlegungen gestanden haben: dass es nie falsch ist, wenn jene Territorien wieder Teil Russlands würden, die ja »bekanntlich nie zur Ukraine gehört haben«, sollte sich die Gelegenheit als günstig erweisen; dass es strategisch möglicherweise notwendig sein könnte, die gesamte ukrainische Schwarzmeerküste zu besetzen, sollte der Westen Russland im Schwarzen Meer zu sehr bedrängen und die NATO die Krim bedrohen; und, ganz allgemein, dass es taktisch nie falsch ist, die Gegenseite im Unklaren über die eigenen Ziele und Absichten zu lassen. Es ist eben hilfreich, Befürchtungen zu erzeugen, die zu Zurückhaltung und zu Irritationen führen und zu Erleichterung, wenn sie sich nicht bewahrheiten. Die westliche Politik musste 2014 davon ausgehen, dass weitere Aggressionen nicht auszuschließen waren: Separatistische (russische?) Kräfte stießen in der Tat aus den »Republiken« Donezk und Lugansk heraus nach Süden vor, auf die Schwarzmeerstadt Mariupol zu.

Neben möglichen offensiven Zielen verfolgte die russische Politik solche, die sie selbst als defensiv betrachtet haben wird. Ursprünglich hatte man gehofft, die Ukraine ganz ins eigene Lager ziehen zu können, später ging es darum, zu verhindern, dass die Ukraine ganz ins andere Lager abwanderte. In die NATO? Zumindest redete Russland sich selbst und einer willigen Zuhörerschaft dies ein. Um dem einen Riegel vorzuschieben, annektierte man die strategisch vor Russlands Haustür gelegene Krim. Und ein dauerhaft ungelöster Konflikt, den man im Donbas angezettelt hatte, sollte verhindern, dass die Ukraine Mitglied der Europäischen Union werden würde.

Russland musste sich schützen – dies war auch die Botschaft, die mich am Abend des 28. April 2014 erreichte. Aus besonderem Anlass war ich nach Sankt Petersburg eingeladen: An der Newa wurde der 70. Geburtstag Gerhard Schröders gefeiert. Die Gästeliste war illuster und als »Überraschungsgast« tauchte zu später Stunde der russische Präsident im Jussupow-Palais auf. Warmherzig und sehr persönlich gratulierte er dem ehemaligen deutschen Bundeskanzler und griff, als dieser erwidert hatte, spontan noch einmal zum Mikrophon. Er wolle diesen Kreis von Freunden nutzen, seine Politik bzw. die gegenwärtige Lage zu erklären. Wladimir Putin schilderte die Historie der Krim-Annexion aus seiner Sicht, wozu gehörte, dass Präsident Janukowitsch entschieden habe – aus freien Stücken –, das Assoziierungsabkommen mit der EU nicht zu unterzeichnen. Daraufhin habe der Westen den Maidan organisiert – »und dann haben wir das getan, was Sie wissen.« Was er an der Politik des Westens nicht verstehe: »Warum haben Sie nicht bis zu den ukrainischen Präsidentschaftswahlen im Herbst gewartet? Janukowitsch hätte sie unmöglich gewinnen können! Und dann hätten Sie eine Regierung gehabt, die ihnen wohlgesinnt gewesen wäre, und wir hätten mit 15 Milliarden Dollar Kredit an die Ukraine und einem zu niedrigen Gas-Preis dagesessen!« Zustimmendes Nicken bei deutschen wie russischen Gästen.

Alles also eine große Geheimdienstoperation des Westens, ein abgekartetes Spiel! Und auch noch schlecht gespielt. Alles ferngesteuert, von langer Hand vorbereitet. Welche Rückschlüsse lässt das zu auf das eigene Politik- und Menschen-Verständnis?

Hier, in Sankt Petersburg, dem früheren Leningrad, wo die deutsch-russische Geschichte besonders gegenwärtig ist, erinnerte der russische Präsident daran, wie wichtig es sei, diese im Gedächtnis zu bewahren. Aber das heutige Deutschland dürfe sich davon politisch nicht fesseln lassen. »Sie dürfen sich nicht immer in die zweite Reihe drängen lassen! Deutschland muss eine viel aktivere Rolle spielen – die europäische Einigung ist gut, wir begrüßen sie. Aber Deutschland muss dort führen!«

Als ich am nächsten Morgen im Zug zurück nach Moskau saß, rollte in Deutschland eine Empörungslawine durchs Internet – einem Foto-Journalisten war es gelungen, aus der Distanz eine Aufnahme von Gerhard Schröder und Waldimir

Putin zu schießen, wie sie sich vor dem Jussupow-Palais zur Begrüßung umarmten. Rasch waren einige prominente deutsche Gäste ausfindig gemacht, wurden befragt – und behalfen sich mit der Entlastung: »Ja, aber der deutsche Botschafter war auch da!« Doch meine Teilnahme war mit der Bundesregierung abgestimmt gewesen, und ich hatte zu diesem Zeitpunkt Berlin bereits über ein Gespräch unterrichtet, das ich auf der Geburtstagsfeier mit dem russischen Präsidenten hatte führen können. Ich hatte ihm unsere Bestrebungen dargestellt, den Konflikt zu lösen, und den Beitrag geschildert, den unseres Erachtens Russland hierzu zu leisten habe. Auch um eine Geiselnahme war es gegangen, die Separatisten hatten fünf neutrale Beobachter der OSZE gefangen gesetzt, darunter vier Deutsche.

Ende Mai 2014 fanden in der Ukraine Präsidentschaftswahlen statt, aus denen Petro Poroschenko als Sieger hervorging. Unter den Bedingungen des laufenden Konfliktes liefen sie demokratisch und frei ab – und straften eine Schimäre der russischen Propaganda Lügen: Die angeblich allmächtigen, einflussreichen und allgegenwärtigen »Faschisten in der Ukraine« erzielten ein klägliches Ergebnis, die extreme Rechte erhielt bei den Wahlen weniger als 3 Prozent.

Auf einem Empfang wenige Tage später ergab sich die Gelegenheit zum Gespräch mit Außenminister Lawrow über die Wahl, den Ukraine-Konflikt und unser Interesse an einer Einigung der Nachbarländer über Gaslieferungen in die und durch die Ukraine. Russlands Chefdiplomat war von gewohnter Angriffslust, wenn auch im Ton moderat. Alle Verantwortung für die Entwicklung des Konfliktes und beim Streit um Gaspreise und -lieferungen liege bei der Ukraine. Meinen Hinweis auf Russlands Verantwortung ließ er nicht gelten – es sei die Ukraine, die sich bewegen müsse. Ob nicht jene, so meinte er, die mit Kiew deutlicher reden könnten, als dies Russland möglich sei, auf die ukrainische Führung einwirken könnten.

Als der Botschafter eines skandinavischen Staates Lawrow fragte, ob Russland denn nun mit dem gerade neu gewählten ukrainischen Präsidenten Poroschenko das Gespräch suchen werde, ging der russische Außenminister den Kollegen frontal an: »Was sollen wir mit ihm denn besprechen? Sollen wir ihm nachlaufen? Ist das der Rat, den Sie der russischen Außenpolitik geben? Als Botschafter in Moskau sollten Sie wissen, dass Russland ein stolzes Land ist!« – »Sie lassen uns wieder spüren, dass wir ein peripheres Land sind«, seufzte der im Russlandgeschäft erfahrene Kollege anschließend resigniert.

Am 6. Juni wurde in der Normandie der 70. Jahrestag der Landung der alliierten Streitkräfte gefeiert, die die endgültige Wende im Zweiten Weltkrieg herbeiführte. Die angereisten Staats- und Regierungschefs nutzten die Gelegenheit, auch über den Ukraine-Konflikt zu sprechen. Eine neue Gruppierung wurde geboren, in der fortan immer wieder Anläufe unternommen wurden, den Konflikt zu lösen oder doch zumindest einzuhegen: Das »Normandie-Format«, bestehend aus Russland, der Ukraine sowie Frankreich und Deutschland als am Konflikt unbeteiligten Vermittlern. Ein erster Waffenstillstand wurde verabredet, lange sollte er nicht halten. Immer mehr litten die Menschen des Donbas unter der Situation, nicht allein durch Kampfhandlungen und Beschuss ihrer Ortschaften, sondern auch durch eine zusammenbrechende Versorgung. Immer wieder unternahm das deutsch-französische Tandem Vermittlungsversuche, immer wieder gelang es auch, die Waffen zumindest für eine Zeit schweigen zu lassen.

»Mayotte!« Über Stöckchen springen …

Am 10. Juni 2014 war ich wieder in Sankt Petersburg, zum letzten Mal traf sich ein anderes Format, das in den Jahren zuvor vor allem von deutscher Seite mit dem Ziel befördert worden war, Vertrauen zu bilden: regelmäßige Begegnungen der Außenminister Polens, Russlands und Deutschlands – diesmal von Radek Sikorski, Frank-Walter Steinmeier und Sergej Lawrow.

Radek Sikorski war kein Außenminister, dem man mangelndes Selbstbewusstsein nachsagen kann. Gerne machte er stets deutlich, dass Polen von manchen Dingen seines Erachtens nun wirklich mehr verstehe als andere. Als der Ukraine-Konflikt sich abzuzeichnen begann, hatten in Warschau deutsch-polnische Gespräche stattgefunden. Ein Mitglied der deutschen Delegation versuchte, die deutsche Einschätzung der Entwicklung in der Ukraine darzulegen, als der polnische Außenminister ihn knapp mit den Worten unterbrach: »Sie müssen uns das nicht erklären. Wir haben den Laden da 400 Jahre lang geschmissen.«

Bei Außenminister Lawrow stieß Radek Sikorski mit einer solchen Haltung auf wenig Gegenliebe. Als der Pole bei der Petersburger Begegnung meinte: »Sergej, Ihr habt Euch in Schwierigkeiten gebracht. Wir sind bereit, Euch da rauszuhelfen«, blaffte Lawrow zurück: »Eure Hilfe brauchen wir nicht. Ihr steckt im Schlamassel, nicht wir.«

Die russische Seite war im Übrigen maximal bemüht, dem Dreiertreffen den Anstrich der Normalität zu geben – das Außenministerium hatte Gespräche über alle möglichen trilateralen Projekte angekündigt und eher beiläufig erwähnt, dass man »auch über den ukrainischen Konflikt« sprechen werde. Auf der abschließenden Pressekonferenz las Sergej Lawrow eine Liste angeblich besprochener Themen vor, von denen den ganzen Tag über nicht die Rede gewesen war. Natürlich war es praktisch nur um das eine Thema gegangen, um den tiefen Graben, der Russland und den Westen inzwischen trennte, und um die Frage, wie man ihn überwinden könne. Ausführlich hielt Lawrow seinen beiden Amtskollegen vor, was der Westen alles falsch gemacht und zu verantworten habe. Steinmeier und Sikorski rieten ihm, doch eher über Beweggründe und Sichtweisen im Ukraine-Konflikt zu reden; ein besseres wechselseitiges Verständnis würde helfen, sich auf Lösungen zuzubewegen. Schließlich sehe man sich auch nicht allzu häufig und sollte die Zeit daher produktiv nutzen.

Doch ein konstruktiver Austausch erwies sich als schwierig bis unmöglich. Rasch entstand der Eindruck, der russische

Außenminister habe schlicht kein Verhandlungsmandat: Das Thema Ukraine war exklusive Zuständigkeit des Kreml. Also wurde filibustert, und schon war man beim Georgien-Konflikt und der Schuld, die der Westen 2008 dort angeblich auf sich geladen habe. Und schließlich, überhaupt: Mayotte. Wie wir im Westen uns angesichts dieser Historie über das russische Vorgehen der zurückliegenden Monate beschweren könnten. Wie üblich messe der Westen mal wieder mit zweierlei Maß.

Sikorski und Steinmeier schauten sich konsterniert an. Mayotte?

Irgendwelche Nachwuchsdiplomaten waren vermutlich in die Archive geschickt worden mit dem Auftrag: Findet irgendetwas heraus, was wir dem Westen vorhalten können, das sich mit der Krim vergleichen lässt, und sei es auch nur so ungefähr. So war man auf Mayotte gestoßen, eine Insel, die Teil der Komoren-Gruppe im Indischen Ozean ist. Mit ihr war Frankreich im Zuge der Entkolonialisierung angeblich ein wenig so verfahren, dass man glaubte, einen Vergleich mit der Krim-Annexion ziehen zu können. Als wir einige Zeit später den Sachverhalt aufgeklärt hatten, wurde uns schon der nächste Stichworthappen hingeworfen, an dem wir uns abarbeiten sollten. So ging es immer weiter. An jenem 10. Juni 2014 waren der deutsche und der polnische Außenminister allerdings viel zu erfahren, um über jedes Stöckchen zu springen, das ihnen hingehalten wurde.

Mayotte ist ein schönes Beispiel für russische Schuldzuweisungs- und Gleichsetzungsrhetorik. Das ging eines Tages so weit, dass mir ein führender russischer Parlamentarier nicht ohne triumphierenden Unterton einen Text vorlas – der von mir selbst stammte. 1974 hatte ich einem Cousin und zwei seiner Freunde zur Flucht aus der DDR über Bulgarien verholfen. In dem Buch, das hiervon berichtet, hatte ich von der Abwägung gesprochen zwischen dem Vergehen, für diesen Zweck Pässe zu fälschen, und der Schuld, andernfalls nicht geholfen zu haben. »Sehen Sie, Herr Botschafter, genau so haben wir in der Ukraine gehandelt – oder hätten wir unsere Landsleute im Stich lassen sollen, als sie von den Faschisten verfolgt wurden?«

Beliebt ist auch die Methode, irgendwelche auch noch so abwegigen Behauptungen in die Welt zu setzen und sie beharrlich so lange zu wiederholen, bis eine zu intellektueller Redlichkeit erzogene westliche Öffentlichkeit sich sagt: »Also möglicherweise ist da ja was dran!« – »Der Westen hat den Putsch im Februar 2014 in Kiew organisiert!«, lautet so eine Unterstellung, oder: »In der Ukraine drohte ein Genozid an der russischsprachigen Bevölkerung!« Man könnte der anderen Seite genauso gut hinwerfen: »Die Erde ist eine Scheibe!« Zuverlässig wird man darauf vertrauen können, dass es im Westen schon jemanden geben wird, der darüber eine Debatte anzettelt.

Mayotte verschwand dann für längere Zeit in der Argumentationskiste, um gegen Ende meiner Dienstzeit in Moskau wieder aufzutauchen, gegenüber neuen Gesprächspartnern, die mit dem Stichwort so wenig anfangen konnten wie 2014 Steinmeier und Sikorski.

Spiel auf Zeit

Einen guten Monat nach jenem Treffen der drei Außenminister erfuhr der Ukraine-Konflikt eine dramatische, tragische Zuspitzung. Über dem Donbas stürzte am 17. Juli 2014 eine Linienmaschine der Malaysia Airlines ab, Flug MH 17. Alle 298 Insassen kamen bei der Katastrophe ums Leben, die zu den größten der Geschichte der zivilen Luftfahrt gehört. Sehr rasch entstand der Verdacht, dass es sich bei dem Absturz um einen – möglicherweise irrtümlichen – Abschuss gehandelt hatte, den die Separatisten oder sie unterstützende Einheiten der russischen Streitkräfte zu verantworten hatten. Die Ukraine hatte früh die Kontrolle über weite Strecken ihrer Grenze zu Russland verloren. Ungehindert konnte der Konflikt so aus Russland heraus unterstützt werden – eben auch mit »Buk«-Flugabwehrraketen, wie sie für den Abschuss der malaysischen Passagiermaschine verantwortlich waren.

Lautstark stritt Russland jegliche Verantwortung ab. Hektische Versuche, entsprechende Schuldzuweisungen zu widerlegen, fielen alsbald in sich zusammen – von Russland präsentierte Satellitenbilder erwiesen sich als gefälscht. Mit seiner Vetomacht verhinderte Moskau, dass die Vereinten Nationen ermächtigt wurden, eine Untersuchung und ein Gerichtsverfahren durchzuführen. Die betroffenen Staaten überantworteten die justizielle Aufarbeitung daraufhin den Niederlanden. In jahrelanger, minutiöser Rekonstruktion gelang es, eine praktisch lückenlose Indizienkette zu etablieren und Verantwortliche zu benennen: drei russische und ein ukrainischer Staatsangehöriger. Seit März 2020 wurde ihnen in Den Haag der Prozess gemacht – natürlich in Abwesenheit. Der BBC gelang es, einen der Angeklagten zu interviewen: Als Soldat lehne er es ab, vor einem Zivilgericht in einem anderen Land zu erscheinen, bloß weil dessen Bürger in einem Bürgerkrieg ums Leben gekommen seien, an dem er teilgenommen habe. Wer war dieser Angeklagte, der so freimütig seine zynische Logik ausbreitete? Igor Girkin, der schon auf der Krim und als Brandbeschleuniger des Donbas-Konfliktes eine unrühmliche Rolle gespielt hatte.

Die weltweite Empörung nach dem Abschuss der MH 17 war groß, gegen Russland wurden weitere Sanktionen verhängt. Auch nach Jahren und gegen jegliche Plausibilität und erdrückende Beweislast stritt die russische Regierung ab, für die schreckliche Katastrophe auch nur eine Mitverantwortung zu haben. In welchem Kontrast steht dies zum Handeln beispielsweise der iranischen Regierung, die im Januar 2020 den irrtümlichen Abschuss einer ukrainischen Verkehrsmaschine bei Teheran zunächst vehement bestritt, dann jedoch eigenes Versagen einräumte.

Im Frühsommer ging die zunächst überforderte neue ukrainische Führung schließlich gegen die Aufständischen vor. Mit gewissem Erfolg: Den separatistischen Kräften gelang es nie, den Südosten ganz zu kontrollieren, ja, sie mussten empfindliche Rückschläge erleiden. Mitte August 2014 drohte ihnen eine militärische Niederlage. Als die Separatisten in ärgere Bedrängnis gerieten, nahte Hilfe von jenseits der Grenze: Panzer und schweres Gerät wurden in den Donbas geliefert, Freischärler strömten in die Ukraine, und ein Kommandeur der Separatisten prahlte öffentlich mit der Unterstützung aus Russland. So gewannen die prorussischen Kräfte an Kampfkraft und machten im Verlauf des Augusts Boden gut. Der Einsatz blieb nicht ohne Opfer: In Russland kam es nachts zu heimlichen Beisetzungen russischer Soldaten, die in der Ukraine gefallen waren. Ein mutiger Oppositionspolitiker aus Pskow, der Journalist Lew Schlosberg, machte dies publik. Kurz darauf wurde er nachts überfallen und fast zu Tode geprügelt.

Am 20. August, als die Auseinandersetzung voll entflammt war, suchte ich Präsident Putins außenpolitischen Berater auf, Botschafter Juri Uschakow. Es war ein höfliches, aber sehr kontroverses Gespräch – auch wenn Uschakow wie üblich auswich: Es sei schrecklich, was da in der Ukraine geschehe – aber wie ein Ausweg aussehen könne, wisse er auch nicht. Das Problem sei die ukrainische Führung – Präsident Poroschenko wolle keinen Waffenstillstand. Eindringlich appellierte ich an ihn, Russland solle sich um eine Beilegung des Konfliktes bemühen, auf die Separatisten einwirken und die eigene Grenze abriegeln, damit nicht noch mehr Material und Menschen in den Konflikt strömten. Russland verheimliche seine Unterstützung ja nicht einmal mehr. »Wie groß oder klein sie tatsächlich ist, kann ich auch nicht sagen …«, wich Putins Berater neuerlich aus und räumte damit zugleich ein, dass Russland in den Donbas-Konflikt involviert war. An der Grenzsicherung, so Uschakow, arbeite man, aber das sei schwierig. Deutschland danke man für seine konstruktive Rolle und das Bemühen, einen Dialog zwischen den Konfliktparteien in Gang zu setzen.

Russland spielt auf Zeit, gab ich aus meinem Gespräch mit Uschakow nach Berlin zurück. Der abtrünnige Donbas solle zum Hebel werden, auf die Geschicke des ganzen Landes Einfluss zu nehmen. Daher bestehe auch kein Anlass, weitere Teile der Ukraine zu besetzen. Zudem werde man versuchen, es zu vermeiden, mit regulären Truppen offen in den Konflikt einzugreifen, um nicht am Ende doch in eine militärische Auseinandersetzung mit dem Westen zu geraten.

Ein – offen geführter – Krieg gegen die Ukraine wäre in Russland kaum vermittelbar gewesen. Die »Rückkehr der Krim«, die »Unterstützung der bedrängten Landsleute« im Donbas: Ja, das fand Zustimmung, auch mithilfe massiver Propagandakampagnen. Aber Krieg gegen die »Brudernation«?

Unsere Einschätzung der russischen Absichten und Überlegungen wurde in westlichen Kreisen in Moskau durchaus nicht geteilt: Manche Partner versuchten beharrlich zu belegen, dass ein russischer Einmarsch in die Ukraine unmittelbar bevorstünde. Viel schärfere Sanktionen müssten verhängt, möglicherweise weitere Maßnahmen ergriffen werden. Die militärische Lage war auch nicht einfach zu bewerten: Im Juni waren Tausende russischer Soldaten an die ukrainische Grenze verlegt worden (eine »Sicherheitsmaßnahme«, so Verteidigungsminister Schoigu), Anfang Juli waren die regulären Grenztruppen durch Luftlande-Eliteeinheiten ersetzt worden. Einige russische Soldaten, die von ukrainischen Kräften innerhalb der Ukraine festgenommen wurden, hatten die Grenze »aus Versehen« überschritten: 100 Kilometer innerhalb des Nachbarlandes.

Der Austausch mit den Kollegen aus den Botschaften befreundeter Länder war stets eng und sehr wichtig: Glaubwürdige russische Informationen über die Entwicklung des Konfliktes waren Mangelware, und so waren wir darauf angewiesen, uns aus den Informationen und Einschätzungen zahlreicher Gesprächspartner und Quellen ein eigenes Bild zu machen. Täglich setzte in der deutschen Botschaft ein großer Stab ein Mosaik aus Informationen zusammen: politische Analysten aus dem Auswärtigen Amt, Offiziere des Militärattaché-Stabes, Wirtschaftsexperten aus dem Wirtschafts-, Finanz-, Verkehrs- und Landwirtschaftsministerium, Vertreter der Bundespolizei, des BKA, der Bundesbank und andere mehr. Mit vielen vorzüglichen und engagierten Kolleginnen und Kollegen habe ich dort über die Jahre zusammenarbeiten dürfen. So stand laufend eine umfassende, substanzielle und aktuelle Expertise zur Verfügung, auch zu Einzelfragen. Sie wurde in erster Linie für die Bundesregierung erstellt, für den Bundestag oder Landespolitiker und deutsche Geschäftsleute auf Russlandbesuch. Doch bei den regelmäßigen Treffen der EU-Botschaften teilten wir unsere Einschätzungen auch bereitwillig mit den Kollegen.

Zumindest eine gute Aussicht gab es in jenen Tagen: Die Präsidenten Putin und Poroschenko hatten verabredet, sich demnächst in Weißrusslands Hauptstadt Minsk zu treffen. Russland machte eine diplomatische Lösung allerdings kompliziert, weil es darauf bestand, an den Gesprächen müssten auch die Separatisten teilnehmen. So sollte die ukrainische Seite gezwungen werden, Realitäten anzuerkennen. Zugleich wollte Russland sich in diesem »innerukrainischen Streit« als Unbeteiligter stilisieren. Kein Wunder, dass Kiew dies nicht akzeptieren wollte.

4. September 2014. Vizeaußenminister Meschkow ist wie ausgewechselt – freundlich, verbindlich, kollegial, völlig anders als vor fünf Monaten bei meinem Antrittsbesuch. Vor einer Stunde waren der französische Geschäftsträger – sein Botschafter war außer Landes – und ich sehr kurzfristig gebeten worden, ins Außenministerium zu kommen. Eine Stunde Vorlauf hin oder her, hierfür haben Botschafter zur Verfügung zu stehen. Rasch wurde deutlich: Russland wollte etwas von uns. Den politischen wie realen Geländegewinn, den man im Donbas in den zurückliegenden Wochen erzielt hatte, wollte man nun diplomatisch festigen – und hoffte dazu auf die Unterstützung Frankreichs und Deutschlands. Russlands Spiel auf Zeit hatte militärischen Erfolg gehabt. Trotz aller fieberhaften Bemühungen insbesondere der Bundesregierung, den Konflikt auf diplomatischem Wege einzudämmen. Wir sollten nun, so Meschkow, auf die ukrainische Führung einwirken, einem Waffenstillstandsplan zuzustimmen, den Präsident Putin wenige Tage zuvor im Gespräch mit Journalisten beiläufig aus dem Ärmel geschüttelt hatte.

Natürlich bestritt auch Meschkow bei dieser Gelegenheit, Russland unterstütze über die Grenze hinweg die Aufständischen. »Das sind bloß westliche Behauptungen! Haben Sie irgendwelche Beweise?!?« Diesmal »leider ja« – sehr gute sogar:

Der Leiter des Militärattaché-Stabes unserer Botschaft, Brigadegeneral Schwalb, ein vorzüglicher, kenntnisreicher und politisch denkender Offizier, hatte sich die Situation vor Ort angeschaut. 300 Kilometer waren er und seine Mitarbeiter die russisch-ukrainische Grenze von Norden nach Süden bis zum Asowschen Meer abgefahren – eine Unternehmung im Rahmen der Rechte und Aufgaben eines Militärattachés. Ich legte Meschkow ein Foto hin, DIN A4 in Farbe: »Dieser Konvoi russischer Panzer ohne Hoheitsabzeichen ist vor wenigen Tagen aus dem ukrainischen Territorium, das die Separatisten kontrollieren, heraus und nach Russland hineingefahren, um dort versorgt zu werden. Abgesichert und geleitet wurde er unterwegs von russischer Verkehrs- und Militärpolizei.« Meschkow wechselte das Thema.

General Schwalb und seine Mitarbeiter hatten während ihrer Erkundung natürlich »Schatten«, Mitarbeiter des Geheimdienstes FSB. In der Folgewoche wurde Schwalb im russischen Verteidigungsministerium vorgehalten, russische Militärfahrzeuge ohne Genehmigung fotografiert zu haben. Nun, erwiderte Schwalb, jene Panzer seien ja aus der Ukraine gekommen, wo es laut Präsident Putin keine russische militärische Unterstützung gebe. Da es sich somit nicht um russische Panzer gehandelt haben könne, habe er sie also auch fotografieren dürfen.

Selbst China zieht nicht mit

Wie hat die internationale Staatengemeinschaft, wie haben die EU und Deutschland auf die russische Aggression gegenüber der Ukraine reagiert? Niemand konnte, niemand wollte diese massive Verletzung vereinbarter Regeln einfach hinnehmen, dem Recht des Stärkeren den Vorzug vor der Stärke des Rechts geben. Die internationale Ordnung existiert nicht automatisch und dauerhaft, sie muss beharrlich geschützt und immer aufs Neue verteidigt werden. Hüter dieser Ordnung sind die Vereinten Nationen, doch der Sicherheitsrat war, wie zu erwarten, gelähmt – schließlich war eine der

Mächte, die dort über ein Veto verfügen, selbst der Regelbrecher. So wurde die Generalversammlung der Vereinten Nationen eingeschaltet. Das Gremium, in dem jeder Staat gleichberechtigt mit einer Stimme vertreten ist und in dem niemand ein Veto hat, kann keine Zwangs- oder Strafmaßnahmen verfügen, seine Entschließungen haben jedoch eine hohe moralische Autorität, werden sie von einer sehr großen Mehrheit getragen. Und dies war am 27. März 2014 der Fall: Mehr als 100 Staaten verurteilten die Verletzung der Souveränität und territorialen Integrität der Ukraine und erklärten das auf der Krim durchgeführte Referendum für ungültig. Lediglich zehn Staaten stimmten mit Russland, Länder wie Nordkorea, Kuba, Syrien, Nicaragua. Keines der Länder, die mit Russland der Gruppe der großen Schwellenländer angehören, den sogenannten BRICS (Brasilien, Russland, Indien, China, Südafrika), unterstützte das russische Vorgehen. Selbst China enthielt sich der Stimme.

Daran, wie die Weltgemeinschaft den russischen Regelbruch einordnete, gab es keinen Zweifel. Doch dies bedeutete noch keine praktische Politik. Was also ließ sich tun? Ein Blick in die Geschichte zeigt, wie in der Vergangenheit auf die Anwendung von Gewalt reagiert worden ist: mit Gewalt. Die Geschichte Europas ist voll solcher Beispiele, die selten begrenzt blieben und stets blutig endeten. Gewalt ist nicht gleichzusetzen mit eigenem militärischen Eingreifen; auch indem man Waffen liefert, Streitkräfte ausbildet, militärische Berater entsendet u. a. m. sorgt man für ein Andauern oder ein Zuspitzen eines Konflikts.

Wer jedoch davon absieht, auf die Anwendung von Gewalt mit Gewalt zu antworten, begibt sich in eine Position relativer Schwäche. Der Sommer 2014 zeigte, dass die russische Seite bereit und in der Lage war, den Ukraine-Konflikt militärisch zu eskalieren – auch weil sie wusste, dass der Westen in selbst gewählter Zurückhaltung nicht in gleicher Weise reagieren würde. Genau dies warf der ehemalige britische Außen- und Verteidigungsminister Malcolm Rifkind einige Monate später daher Angela Merkel auf der Münchner Sicherheitskonferenz am 7. Februar 2015 vor und zitierte Friedrich den Großen: Diplomatie ohne Waffen sei wie Musik ohne Instrumente. Die Bundeskanzlerin war tags zuvor in Moskau gewesen, Stunden hatten sie und Präsident Hollande mit Präsident Putin verhandelt. Erst spät in der Nacht hatten wir nach München fliegen können. In ihrer nüchternen Art plädierte Angela Merkel in ihrer Antwort dafür, den Realitäten ins Auge zu sehen – wer kannte diese in jenem Moment besser als sie –, und hielt Rifkind entgegen, dass »ich mir keine Situation vorstellen kann, in der eine verbesserte Ausrüstung der ukrainischen Armee dazu führt, dass Präsident Putin so beeindruckt ist, dass er glaubt, militärisch zu verlieren.« Ein militärisches Engagement, davon zeigte sie sich überzeugt, würde eher zu noch mehr Opfern führen, aber nicht dazu, dass das russische Militär besiegt werde.

Zu entschlossener und glaubwürdiger Politik gehört die Bereitschaft, im äußersten Fall auch militärische Mittel einzusetzen. Zugleich war und bleibt es richtig, bei der Regelung von Konflikten auf die Anwendung von Gewalt zu verzichten, soweit es irgendwie zuträglich und vertretbar ist. Falsch wäre es jedoch, gar nicht zu reagieren. So kam es 2014 zur Verhängung wirtschaftlicher Sanktionen, die drei Ziele verfolgten – und verfolgen: Weiterungen des Konflikts zu verhindern, den Konflikt zu beenden und die Entschlossenheit wie Geschlossenheit der westlichen Staatengemeinschaft unter Beweis zu stellen.

Mit Letzterem hatte die russische Politik offensichtlich nicht gerechnet. Hierzu mochten Moskaus Erfahrungen mit der inkonsequenten westlichen Reaktion nach dem Georgienkrieg 2008 beigetragen haben. Dass die USA 2014 hart reagieren würden, davon wird der Kreml ausgegangen sein. Aber die EU? Wie oft habe ich 2014, aber auch später gehört, wir westlichen Krämerseelen würden schon wieder auseinanderlaufen. Spätestens nach einem halben Jahr würden wir wieder Handel treiben wollen, und Einzelne von uns würden sich nicht länger an die verhängten Sanktionen halten. Nicht vorstellen hatte man sich können, dass der Westen bereit sein werde, in erster Linie Überzeugungen und Grundsätzen zu folgen – sogar um den Preis der Schädigung eigener wirtschaftlicher Interessen. Das Sanktionsregime scheint jedoch zu halten, solange der ungelöste Konflikt dies erfordert. Die Voraussetzungen dafür, dass es aufgehoben werden könnte, sind schließlich bisher nicht erfüllt.

Erfolgreich ist die Sanktionspolitik vor allem darin, Weiterungen des Konfliktes zu verhindern, zeitweise allein durch die Ankündigung, die westlichen Maßnahmen gegebenenfalls weiter zu verschärfen. Zweifler sollten sich im Rückblick die Frage stellen, wo wir heute wären, hätten wir gar nicht reagiert. Wäre Kiew noch eine ukrainische Stadt? Auch wenn unsere Analyse über die russischen Abwägungen im Rückblick zutraf – völlig sicher sein konnte man sich in den Monaten des heißen Konfliktes 2014/15 nicht, wie weit Moskau zu gehen bereit sein würde.

Am schwersten ist es bekanntlich, mit Hilfe von Sanktionen einen Konflikt auch tatsächlich zu beenden. Oft genug ist daher das Argument zu hören, die Sanktionen brächten doch nichts. Wer so argumentiert – und wem zugleich tatsächlich an einer Lösung des Konfliktes gelegen ist! –, der plädiert im Grunde für sehr viel härtere Maßnahmen. Russland selbst hat ja, wie bereits geschildert, 2015/16 gegenüber der Türkei unter Beweis gestellt, wie das funktionieren kann. Sanktionen können also durchaus etwas bewirken, zumal dann, wenn ein autokratisches Regime diese nach Belieben verfügen kann. Die Sanktionen, die die Europäische Union verhängt, müssen hingegen im Kreis der Mitgliedstaaten ausgehandelt werden und überdies gerichtlich überprüfbar sein. (Russen, die von den Sanktionsmaßnahmen betroffen sind, haben vor europäischen Gerichten gegen diese geklagt.) Die westlichen Sanktionen haben Wirkung erzielt, sie haben den Konflikt eingehegt, auch wenn sie ihn insgesamt noch nicht gelöst haben.

»Dann hebt sie doch auf!«, heißt es daher immer wieder einmal. Unbeantwortet bleibt dabei eine Reihe von Gegenfragen: So einfach, ohne Fortschritte bei der Lösung des Konfliktes?

Was veranlasst uns zu glauben, eine großzügige Geste würde Bewegung auf der anderen Seite auslösen? Würden wir als Verhandlungspartner ernst genommen in unserer Entschlossenheit, den Konflikt zu lösen? Und überhaupt: Wie sollte der Konflikt alternativ gelöst werden? Oder steckt hinter der Forderung, »mit den blöden Sanktionen endlich Schluss zu machen«, die Aufforderung, Russland zu lassen, was es sich nun mal sowieso schon genommen hat?

Die Sanktionen wurden in mehreren Stufen verhängt, aus unterschiedlichem Anlass. Auf die Annexion der Krim reagierte die westliche Staatengemeinschaft nach und nach mit Maßnahmen gegen zunächst 18 und im Laufe der Zeit etwas mehr als 170 Personen, denen Reisen in den Westen untersagt wurden sowie der Zugriff auf ihre teils sehr beträchtlichen im Westen befindlichen Vermögen. Jede einzelne dieser Personen war in der einen oder anderen Form mit dafür verantwortlich, dass Russland sich die Krim widerrechtlich angeeignet hatte. Im Verlauf des Jahres wurde überdies europäischen Firmen der Handel mit und Investitionen auf der Krim untersagt und das Anbieten von Dienstleistungen, was insbesondere das Anlegen europäischer Kreuzfahrtschiffe betraf. Zugleich kündigte die Europäische Union an, zu weiteren Maßnahmen greifen zu wollen, sollte Russland die Situation nicht deeskalieren.

Das Gegenteil war bekanntlich der Fall, auf die Annexion der Krim folgte der aus Russland unterstützte Konflikt im Südosten der Ukraine. Daraufhin verhängte die Europäische Union im Juli 2014 weitere restriktive wirtschaftspolitische Maßnahmen, die sie nach dem Abschuss der malaysischen Passagiermaschine im September 2014 nochmals verschärfte. Im Ergebnis ist es für Russland und russische Unternehmen schwer geworden, sich im Westen zu finanzieren, der Export bestimmter Güter wie Waffen und der Import etwa von Ausrüstung für Ölförderanlagen nach Russland ist untersagt. Da man im Verhältnis zu Russland 2014 schlecht weitermachen konnte, als sei nichts geschehen, wurden überdies die Vorbereitungen für ein geplantes G8-Treffen in Sotschi sowie Verhandlungen mit der EU über Visa-Erleichterungen und ein neues grundlegendes Abkommen ausgesetzt.

»Hört auf, Euch mit den Russen zu streiten!«

Im April 2019 erreichte mich die Einladung eines im Russlandgeschäft bedeutenden deutschen Beratungsunternehmens: »Seit mittlerweile fünf Jahren muss Russland mit den Sanktionen leben. Welchen Zielen folgen diese Strafmaßnahmen eigentlich noch? … Beim ersten OstContact Lunch am 18. April in Moskau diskutieren Vertreter von Wirtschaft und Gesellschaft in angenehmer Atmosphäre und bei einem Mittagessen über die Folgen von fünf Jahren Russland-Sanktionen.«

Auf geradezu irritierende Weise wird hier der tatsächliche Charakter der westlichen Reaktionen auf die russische Aggression ignoriert. Die westlichen Sanktionen sind politische Instrumente, keine Strafmaßnahmen. Sie haben eine »Verfallsklausel« und sind dazu bestimmt, zu verschwinden, und sei es schrittweise, sobald die Gründe entfallen, die sie ausgelöst haben. Ein völliges Missverständnis des Ziels der Sanktionen offenbarte bei seinem Moskau-Besuch der Vorsitzende eines großen Unternehmerverbandes: »Jetzt gibt es schon über ein Jahr Sanktionen, und der Putin ist immer noch an der Macht! Was soll das Ganze denn noch?« Nun, sicher nicht die inneren Verhältnisse in Russland ändern.

Immer wieder begegnete mir im Gespräch mit Vertretern der Wirtschaft – zum Glück nicht der Mehrheit, beileibe nicht – das Argument: »Jetzt hört auf, Euch mit den Russen zu streiten. Wir verstehen uns prima, Eure Sanktionen stören unsere Geschäfte.« Ein eigentümliches Verständnis von Wirtschaft und Politik offenbart sich hier – als ob man in zwei getrennten Welten lebte. In vielen Gesprächen mit deutschen Besuchern in Moskau und in Diskussionen in Deutschland habe ich die Sanktionen daher immer wieder in den Zusammenhang der politischen Gesamtsituation gestellt. Dann ließ sich Verständnis wecken. Erfolgreicher Handel ist auf verträgliche, verlässliche und vorhersehbare politische Rahmenbedingungen angewiesen – so, wie vertrauensvolle, für beide Seiten attraktive Wirtschaftsbeziehungen Kern guter politischer Beziehungen sind.

Auch in einem anderen Punkt war Einigkeit herzustellen: Wenn wir Deutschen es ernst meinen mit dem Vorsatz, aus der Geschichte zu lernen, dann können wir nicht einfach tatenlos Verletzungen des internationalen Rechts hinnehmen. Die führenden Vertreter der deutschen Wirtschaft und Industrieverbände waren sich daher auch einig: »Es gilt der Vorrang – das Primat – der Politik.« Auf den Punkt brachte es Ende 2014 der Präsident des Bundesverbandes der deutschen Industrie Ulrich Grillo, der für mehr als 100 000 Firmen mit gut acht Millionen Beschäftigten sprach: »Langfristige Rechtssicherheit in Europa ist wichtiger als kurzfristiger Geschäftserfolg.«

»Danke, Anke!«

Auf die westlichen Maßnahmen reagierte die russische Regierung mit Gegensanktionen. Sie erstellte eine – zunächst geheim gehaltene – Liste von Personen, die nicht nach Russland einreisen durften, und untersagte die Einfuhr zahlreicher Lebensmittel, so von Obst, Gemüse, Milchprodukten und Fleisch aus Europa.

Damit traf sie die eigene Bevölkerung von einem Tag auf den anderen hart. Fast 50 Prozent des roten Fleisches waren bis dahin importiert worden, war den Medien zu entnehmen, Ähnliches galt für Milch und Milchprodukte. Auch im Bereich von Obst und Gemüse deckte die eigene Produktion bei Weitem nicht den Bedarf. Natürlich wäre Russland grundsätzlich sehr gut in der Lage, angesichts der Weite und Fruchtbarkeit seiner landwirtschaftlichen Fläche, ausreichend Lebensmittel für den Eigenbedarf zu produzieren. Doch mit dem Zusammenbruch der Sowjetunion war auch die Kolchosewirtschaft kollabiert, die schon zuvor nur sehr unzulänglich in der Lage gewesen war, die Bevölkerung zu versorgen. Und die Qualität der seither erzeugten Produkte hielt überdies dem Wettbewerb mit westlichen Importen vielfach nicht stand. Somit hatte die russische Antwort auf die westlichen Sanktionsmaßnahmen auch einen stark protektionistischen Charakter: Sie sollte die eigene Landwirtschaft schützen und diese dadurch antreiben, die eigene Versorgung zu verbessern.

In vielen Bereichen gelang dies über die Jahre. Alles andere wäre auch verwunderlich gewesen: In Russland leben weniger als zwei Prozent der Weltbevölkerung, und das Land verfügt über fast neun Prozent der weltweiten Ackerfläche. Doch die Gegensanktionen belasten bis heute insbesondere jene Menschen in Russland stark, die über keine hohen Einkommen verfügen – sprich, die allermeisten. Die Lohnentwicklung war seit 2014 sowieso nicht in der Lage, mit der Inflation Schritt zu halten, und die Teuerung bei den Lebensmitteln war überdurchschnittlich hoch.

Im Februar 2015 wurde ein Regierungskomitee eingesetzt, das die Wiedereinführung von Lebensmittelkarten für Rentner und Großfamilien diskutieren sollte sowie die Festlegung von Höchstpreisen für bestimmte Nahrungsmittel. Hintergrund: bei einer Gesamtinflation von ca. 15 Prozent stiegen die Preise von Nahrungsmitteln um fast 30 Prozent, zum Teil noch mehr, bei Gemüse z. B. um 40 Prozent. Mehr und mehr kam es zu illegalen Importen. Daraufhin ließ die Regierung im August 2015 an den Grenzen mobile Verbrennungsanlagen aufziehen, in denen ostentativ illegal importierte Lebensmittel vernichtet wurden. Fernsehbilder zeigten, wie Äpfel auf Müllhalden landeten, und man sah eine Straßenwalze, die Tonnen von Käse plattwalzte. Die Reaktion war ein Aufschrei in den sozialen Medien, in kürzester Zeit hatte eine Protestresolution online fast 300 000 Unterschriften gesammelt. Der Vorsitzende der – fest ins System eingebundenen – kommunistischen Partei erkannte seine Chance, einmal etwas Kritisches zu sagen: »Gebt die Lebensmittel doch lieber der Kirche zur Verteilung an die Armen!« Wie sich die Zeiten ändern.

In gewissem Umfang konnten Lebensmittel aus anderen Weltregionen importiert werden, um den Fehlbedarf auszugleichen, bis die russische Landwirtschaft aufgeholt haben würde. Doch nicht überall gelang dies. Frische Milch und Milchprodukte sind auf dem Weltmarkt nun einmal nicht ohne Weiteres von heute auf morgen verfügbar, schon gar nicht in großer Menge. Aber gerade im Bereich der Milchprodukte geschah Erstaunliches: Das Angebot schien sich nicht zu verknappen, auch wenn die Preise stiegen. Die Erklärung war rasch gefunden: Weit überproportional gestiegen war der Import von Palmöl – und mit diesem wurden Milch und Milchprodukte gestreckt. Nun wird auch bei uns Palmöl bei der Produktion bestimmter Lebensmittel verwendet, beispielsweise bei Nuss-Nougat-Cremes, doch nicht in solchem Umfang, nicht in solch mangelhafter Qualität und nicht ohne dass es jeweils auf den Verpackungen ausdrücklich angegeben würde.

Die Streckung von Lebensmitteln führte schließlich so weit, dass das russische Gesundheitsministerium vor bestimmten Milchprodukten warnte, die nicht allein mit Palmöl, sondern mit gesundheitsschädlichen Stoffen wie Gips und Seife gestreckt wurden. Dies führte zu teils bizarren Reaktionen in den Marketingabteilungen der Unternehmen. So tauchte eines Tages auf dem Markt eine Butter auf, die in lateinischer (also nicht russisch-kyrillischer) Schrift den schönen Namenszug trug »Danke, Anke« und auf deren Verpackung überdies ein Adler prangte, umrandet mit den Worten »Deutsche Markenbutter«. Zumindest Letzteres konnte nach einiger Zeit untersagt werden.

Seit 2014 musste die Palmöleinfuhr rasch und substanziell gesteigert werden. Das gelang – und Hauptimporteur war, wie uns sehr zuverlässig und im Vertrauen zugetragen wurde, »ein enger Weggefährte von Nummer eins«, wie es hieß. Auch an Krisen lässt sich verdienen. Der Name jenes Krisengewinnlers wird oft genannt, wenn das Gespräch auf die Frage kommt, wer einmal dem Präsidenten nachfolgen könnte.

Gefordert waren die russischen Behörden in jener Zeit auch

durch kreative Geschäftsleute, die Mangelwaren auf eigenwilligen Wegen ins Land brachten. Jedenfalls war bis dahin nicht bekannt gewesen, dass Weißrussland Seefisch exportierte oder Kasachstan Zitronen. Auf den Märkten gab es nach einiger Zeit auch wieder Käsesorten aus dem Westen, jedoch nicht jeden Tag. »Heute kontrollieren sie wieder«, erklärten die Händler dann mit verschwörerischem Blick.

Viele Russen werden Verständnis dafür gehabt haben, dass »Russland sich wehren« musste. Aber klappt die Versorgung mit Lebensmitteln nicht, so ist sehr schnell Schluss mit der Einsicht. Also tauchten, wie zu besten Sowjet-Zeiten, wieder Erfolgsmeldungen von der Erntefront auf. Freudig-stolz wurde vermeldet, die Getreideversorgung sei wieder gewährleistet, ja man beginne sogar zu exportieren. Was weniger prominent berichtet wurde, war die Tatsache, dass die ausreichende Versorgung mit Brotgetreide dadurch sichergestellt wurde, dass man die Qualitätsstandards absenkte, sprich: Futtergetreide für die Brotherstellung verwendet wurde. Wer sich auskannte, merkte es: Das Brot hielt beim Schneiden nicht zusammen, sondern zerbröselte.

Natürlich trafen westliche wie russische Sanktionen auch westliche Geschäftsinteressen. So kam es beim Export landwirtschaftlicher Güter zu Einbußen, nicht nur in Deutschland – allerdings waren die deutschen Agrarexporte nach Russland aufgrund russischer Importsperren bereits 2013 um 14 Prozent zurückgegangen. Einzelne produzierende Unternehmen, die sehr spezifisch auf den russischen Markt ausgerichtet waren, waren besonders getroffen, trotz der Unterstützung, die sie erhalten konnten. Doch in Summe waren die Auswirkungen für Russland, auch längerfristig, sehr viel erheblicher. Zudem ist die europäische oder amerikanische Wirtschaft in der Regel flexibel genug, sich neue Absatzmärkte zu suchen. Die weltweiten deutschen Agrarexporte in den Jahren nach 2014 stiegen. Und da die russischen Gegensanktionen eben vor allem protektionistischen Charakter hatten, irrten auch jene deutschen Politiker ganz unterschiedlicher Couleur, die bei ihren Moskau-Besuchen meinten:

»Wenn ihr endlich die blöden Sanktionen aufgebt, können unsere Bauern wieder nach Russland exportieren.«

Gerne wurde die These aufgestellt, der massive Einbruch im deutsch-russischen Handel 2014/15 sei auf die Sanktionen zurückzuführen gewesen. Nun, dies war eine etwas isolierte Betrachtung: Der russische Handel mit China ging in jenem Zeitraum fast exakt im gleichen Umfang zurück. Aus einiger zeitlicher Distanz akzeptierten alle, dass der Einbruch nicht nur der russischen Importe, sondern der Wirtschaft insgesamt auf strukturelle Defizite der Volkswirtschaft zurückzuführen war, die sich bereits 2012/13 abzeichneten. Für BDI-Chef Grillo stand jedenfalls bereits Ende 2014 fest: »Die Hauptursache für die aktuelle Krise Russlands sind nicht die Sanktionen, sondern ist die einseitige Fixierung auf Öl und Rohstoffe. Das Land hat es über Jahrzehnte versäumt, seine Wirtschaft breiter aufzustellen.«

Gerne hielten offizielle russische Gesprächspartner mir damals entgegen: »Ja, aber das Handelsvolumen mit den USA ist 2014 gewachsen!« Ein Blick in die Statistik löste das Rätsel: Bei einem insgesamt nicht sonderlich großen Handelsvolumen bedeutete die Auslieferung von fünf vor längerer Zeit bestellten Boeing-Flugzeugen – die keinerlei Sanktionen unterlagen – einen erheblichen Sprung nach oben in der Statistik. Immer wieder erreichten mich auch Klagen, nicht alle, die die Sanktionen im Westen beschlossen hätten, hielten sich gleichermaßen daran. Wenn wir dann baten, Ross und Reiter zu nennen, ließ sich kein einziger der behaupteten Fälle dokumentieren.

Brücken bauen und erhalten

Die deutsche Politik stand und steht dafür, den Konflikt über Sanktionen hinaus im Dialog zu lösen – allein, vor allem aber gemeinsam mit Frankreich und stets in immer neuer Rückbindung an die europäischen und anderen westlichen Partner. Wohl an die 50 Mal konnte man 2014 auf den Internet-Seiten des Kreml und des russischen Außenministeriums lesen:

»Auf Initiative der deutschen Seite fand ein Telefongespräch statt ... zwischen dem russischen Präsidenten und der deutschen Bundeskanzlerin/zwischen Außenminister Lawrow und Außenminister Steinmeier ...«. Ja, gerne, gerne auch immer wieder auf unsere Initiative hin und immer wieder von Neuem und auch häufiger, wenn es darum geht, den Frieden und das Miteinander in Europa wiederherzustellen.

In Moskau war die deutsch-französische Abstimmung besonders eng. Nicht nur zwischen den Botschaftern, sondern auf allen Ebenen und in allen Bereichen. Die Interessen unserer Länder liegen beileibe nicht immer beieinander, nicht jeder französische Kollege empfindet eine besondere Nähe zu Deutschland oder kennt uns sehr gut – Gleiches gilt umgekehrt. Aber beeindruckt hat mich immer wieder, wie sehr es zum Selbstverständnis französischer Kolleginnen und Kollegen gehört, sich um Abstimmung und Gleichschritt mit uns zu bemühen, wenn es um solch elementare Fragen wie die Sicherung des Friedens in Europa geht. Die deutsch-französische Freundschaft ist mehr als eine bloße Beschwörung und weniger als ein ständiger Gleichklang, sie ist ein Verhältnis »vorsätzlicher Nähe«, in dem beide Seiten wissen, dass unsere Nachbarschaft wie Europa insgesamt alles mit und nichts ohne sie ist.

Der Dialog fand seine Ergänzung im ständigen Bestreben, alle zwischen Deutschland und Russland vorhandenen Brücken und Verbindungen zu beleben, zu nutzen und auszubauen. Dies bestimmte auch sehr stark die Arbeit der Botschaft: Welche deutschen Städte könnten eine Partnerschaft mit einer russischen eingehen? Lassen sich gemeinsame Ausstellungsprojekte realisieren? Gibt es neue Ideen für Gastspiele von Künstlern, und wie könnten diese gefördert werden? Wie können Schulklassen aus beiden Ländern an gemeinsamen Geschichtsprojekten arbeiten, und wie ließe sich die Visa-Erteilung für Schüler vereinfachen? Welche Universitäten könnten neue Kooperationen vereinbaren? Wo lassen sich Forschungsinteressen verbinden, können deutsche Unternehmen gewonnen werden, an russischen Messen teilzunehmen? Wen sprechen wir in einer Region an, um lokale Investitionshindernisse zu überwinden? Können wir einen Erfahrungsaustausch zum Thema »energieeffizientes Bauen« organisieren? Und, und, und.

Deutschland müht sich um gute Beziehungen zu Russland: mit dem weltweit größten Förderprogramm des Deutschen Akademischen Austauschdienstes, den Stipendien der Humboldt-Stiftung und des Deutschen Bundestages, mit der breiten Palette an Instrumenten der Deutschen Forschungsgemeinschaft, mit dem »Petersburger Dialog« der Zivilgesellschaften, dem Deutsch-Russischen Jugendaustausch, dem Deutsch-Russischen Forum oder dem Ostausschuss-Osteuropaverein der Deutschen Wirtschaft. In Moskau befindet sich das größte Goethe-Institut der Welt, mit Ablegern in anderen Städten, alle politischen Stiftungen sind in Russland vertreten, es gibt eine Deutsch-Russische Auslandshandels-Kammer, deutsche Schulen in Moskau und Sankt Petersburg, Kirchengemeinden, in Moskau ein Deutsches Historisches Institut und, außer der Botschaft, weitere diplomatische Vertretungen in Kaliningrad, Sankt Petersburg, Jekaterinburg und Nowosibirsk.

Eine große Rolle spielte in Moskau die Residenz, die »Dienstwohnung« des Botschafters. Die geräumige alte Villa im Zentrum der Stadt war zentraler Ort der Begegnung: von Offiziellen und Wissenschaftlern, Jugendlichen und Musikern, Schriftstellern, Journalisten und Bürgerrechtsaktivisten. Mehrere tausend Gäste hatten meine Frau, die sich um den Betrieb der Residenz kümmerte, und ich jedes Jahr zu Besuch – zum Essen oder zum Tee, zur Veranstaltungsreihe »Gespräche am Kamin«, zu Empfängen oder Konzerten, im Haus und im Garten, zu Diskussionen, die sich immer wieder um die Frage drehten: Was verbindet, was trennt uns, was könnte uns in der Zukunft verbinden.

Die gemeinsamen Bemühungen so vieler Beteiligter sind nicht ohne Erfolg geblieben: Der deutsch-russische Austausch in den meisten Bereichen hat die politischen Stürme der zurückliegenden Jahre nicht allein ausgehalten, sondern ist noch dichter geworden. Der Jugendaustausch hat wieder zugenommen, wir haben neue Städte- und Regionalpartnerschaften, der Handel ist erheblich gewachsen. Die wissenschaftliche Zusammenarbeit erfasst heute mehr Hochschulen und Forschungseinrichtungen als je zuvor. In kein Land sind bislang mehr der renommierten Humboldt-Stipendien vergeben worden als nach Russland, 14 000 junge Russinnen und Russen studierten 2019 in Deutschland. Zum Teil seit Jahren laufen Programme, die wenig bekannt und doch sehr effektiv sind: Die »Deutsch-russische Managerfortbildung« zum Beispiel hat in über zwanzig Jahren mehr als 6000 Absolventen gehabt. Auch ein scheinbar besonders kontroverses gemeinsames Projekt ist während der politischen Krise erfolgreich umgesetzt worden: Das »Deutsch-russische Geschichtsbuch«. Führende Historiker beider Länder haben Themen des 18. bis 20. Jahrhunderts identifiziert, die unsere Länder besonders verbinden – im Guten wie im Schlechten. Historiker beider Seiten haben dann den Versuch unternommen, zu jedem Thema eine gemeinsame Darstellung zu schreiben. Wo dies nicht gelang, wurden die unterschiedlichen Sichtweisen nebeneinander abgedruckt. Zwischen 2014 und 2020 ist das Werk in drei Bänden erschienen.

Mit anderen Worten: Wir haben alles »rechts und links des Konflikts« genutzt, unterstützt und gefördert, um Russland und Deutschland, Russland und den Westen beieinanderzuhalten.

Als einfach erwies sich dies nicht immer, denn Voraussetzung für ein konstruktives Miteinander unter schwierigen Umständen ist, dass beide Seiten zumindest akzeptieren, dass man sich in bestimmten Fragen nicht einig ist. Doch eben dazu konnte die russische Politik sich in der Vergangenheit nicht bereitfinden. Im Gegenteil, immer wieder wurden Versuche unternommen, uns mehr oder weniger listenreich dazu zu bringen, die Zugehörigkeit der Krim zu Russland durch praktisches Tun de facto anzuerkennen. Immer wieder musste in irgendeine Wissenschaftlerdelegation nach Deutschland ein Professor irgendeiner Krim-Hochschule aufgenommen werden; ständig wurde beklagt, Bewohner der Krim erhielten von uns in Moskau keine Visa für Deutschland; immer wieder mussten an irgendeiner Jugendkonferenz Vertreter der Krim teilnehmen – mit der »großzügigen« Konzession, sie könnten ja schweigend in der zweiten Reihe sitzen.

Auch in dieser Frage zeigte sich, dass Entschlossenheit sich auszahlt. Jedes Jahr findet in Russland eine »Deutsch-Olympiade« statt, um die besten Deutschstudenten auszuzeichnen. Das Goethe-Institut finanziert sie und richtet sie gemeinsam mit einer Reihe russischer Universitäten aus. Eines Tages erklärte der Vertreter der staatlichen Diplomatenhochschule MGIMO plötzlich, ab sofort hätten an diesem Wettbewerb auch Studenten einer Krim-Hochschule teilzunehmen, andernfalls werde er nicht stattfinden. Dann werde er wohl in der Tat nicht stattfinden, entgegneten die Vertreter des Goethe-Instituts, es sei sehr zu bedauern, dass der Wettbewerb so politisiert werde. Und siehe da, einige Zeit später drehte die russische Seite ohne viel Aufhebens bei, es ging auch ohne Studenten von der Krim. Wie wir erfuhren, hatten die anderen beteiligten Universitäten intern heftig gegen die offizielle Linie opponiert, die ihnen allen nur Nachteile einbrachte.

Eine besonders unerfreuliche Variante russischer Erzwingungspolitik bestand darin, Druck auf die Wirtschaft auszuüben. Ganz normale Investitionsvorteile sollten nur gegen die Zusage gewährt werden, dass auch die Krim beliefert oder mit Dienstleistungen versorgt wird. Besonders gerne wurde auch die humanitäre Karte gespielt: Wir im Westen hätten zu verantworten, dass Menschen auf der Krim nun diesen oder jenen Nachteil hätten. Als sei die EU eines Morgens aufgewacht und habe aus heiterem Himmel grundlos beschlossen, Sanktionen gegen Russland zu verhängen. Es ist die russische Führung gewesen, die die Menschen auf der Halbinsel zur Geisel ihrer Politik gemacht hat, und es ist an ihr, dies zu revidieren.

Es ist ebenfalls an Russland, sicherzustellen, dass der Wissenschaftsaustausch auch mit Hochschullehrern von der Krim funktioniert, dass Jugendliche von der Krim nach Deutschland fahren und Bewohner der Krim auch jetzt nach Deutschland kommen können – als ukrainische Bürger benötigten Sie hierfür nicht einmal ein Visum. Und auch in anderen Fragen ist die deutsche Botschaft in Kiew jederzeit gerne bereit zu helfen.

Ein unlösbarer Konflikt?

Angesichts der massiven Eskalation des Konfliktes im Donbas vermittelten Frankreich und Deutschland am 5. September 2014 ein erstes Abkommen zwischen der Ukraine, Russland und der OSZE, das sogenannte Minsker Protokoll, später »Minsk I« genannt. Vertreter der Separatisten wurden als Beobachter eingebunden. Es sah einen sofortigen Waffenstillstand vor sowie eine Reihe politischer Schritte, insbesondere eine Dezentralisierung der Ukraine.

Doch die Waffen schwiegen noch lange nicht, Anfang 2015 kam es erneut zu schweren Kampfhandlungen unter massiver Mitwirkung russischer Kräfte. Wieder schalteten Frankreich und Deutschland sich als Vermittler ein. Nach einer 16-stündigen Marathonverhandlung wurde am 12. Februar 2015 von Bundeskanzlerin Merkel, Präsident Hollande, Präsident Poroschenko und Präsident Putin ein weiteres Minsker Protokoll unterschrieben, häufig als »Minsk II« bezeichnet, das die Vereinbarungen vom September ausbaute und einen Katalog von dreizehn nun genauer definierten Maßnahmen vorsah, die zur Beendigung des militärischen Konfliktes und seiner politischen Lösung führen sollen. Dies dient seither als Fahrplan zur Lösung des Konfliktes, so mühsam diese auch vorankommt. Keiner der Beteiligten geht jedoch davon aus, dass eine Neuverhandlung Verbesserungen bringen würde: Auf einen Waffenstillstand und den Abzug schwerer Waffen sollen Regionalwahlen folgen, eine Verfassungsreform soll die Ukraine stärker dezentralisieren einschließlich eines besonderen Status der »abtrünnigen« Gebiete. Schließlich soll Kiew die Kontrolle der ukrainischen Staatsgrenze zu Russland zurückerhalten.

Was macht es so schwierig, eine Verabredung mit Leben zu füllen, mit der doch eigentlich alle einverstanden sind? Bereits der erste Punkt ist enorm schwer umzusetzen: dauerhaft die

Waffen schweigen zu lassen. In den auf »Minsk II« folgenden Monaten, aus denen Jahre wurden, flammten die Kämpfe immer wieder auf, und es gab neue Waffenstillstandsabkommen, die jedoch nie sehr lange hielten. Immer wieder verloren auf beiden Seiten Soldaten und Kämpfer das Leben, das Leiden der Zivilbevölkerung dauerte an. Die OSZE setzte Beobachter ein, die – mit einem begrenzten Mandat – helfen sollen, den Waffenstillstand zu befestigen. Doch sie werden ständig an ihrer Arbeit gehindert – zumeist, so ihre Feststellung, von den Separatisten.

Unablässig gingen die Bemühungen weiter, den Konflikt auf diplomatischem Wege zu lösen. Selbst Staats- und Regierungschefs befassten sich mit zum Teil kleinsten geographischen Details, bis hin zur Breite von Brücken, die instand gesetzt werden sollten, um menschliche Begegnungen zu ermöglichen (»Würde da auch ein Panzer drüberpassen oder nicht?«). Fortschritte gab es am ehesten bei der Regelung sehr praktischer Fragen wie der örtlichen Wasserversorgung. Doch eine Gesamtlösung wurde vor allem dadurch erschwert, dass Russland sich konsequent jeglicher Verantwortung für das Geschehen zu entziehen versuchte. Bei jeder der vielen Begegnungen, in der auch ich in Moskau den Konflikt besprach, zeigte man mit einer Suada von Bezichtigungen mit dem Finger auf Kiew. Dabei wäre es für Russland ein Einfaches gewesen, die Separatisten nicht länger zu unterstützen.

Präsident Poroschenko hatte »Minsk II« unter dem Eindruck zunehmender Geländeverluste und massiven russischen und separatistischen militärischen Drucks unterzeichnet; die Gefahr weiteren Vordringens der feindlichen Kräfte in die Ukraine hinein war groß und real gewesen. Von Anbeginn an war das Abkommen in der Ukraine genau deshalb in hohem Maße unpopulär, man fühlte sich erpresst. Die Umsetzung der Bedingungen des Minsker Abkommens wurde und wird von vielen als einseitige Erfüllung russischer Forderungen, ja als Verrat gesehen. Sollte es zu einer weitgehenden Dezentralisierung der Ukraine kommen, so die Befürchtung, würde dies Russland über die Donbas-Region weitgehende Mitsprache-Rechte am künftigen Weg der Ukraine geben, eben jenen »Fuß in der Tür«.

Da die Ukraine sich – ja nicht zu Unrecht – in einem Konflikt mit Moskau und nicht mit den Marionettenmachthabern in den abtrünnigen Regionen sah, unternahm Kiew überdies wenig, die Menschen in jenen Gebieten für sich zu gewinnen. Fraglos ein Fehler. Dies verkomplizierte die Situation zusätzlich. Politische Lösungen lassen sich in Kiew nicht von oben anordnen – es muss überzeugt und es müssen Mehrheiten gebildet werden.

Politik funktioniert in der Ukraine sicherlich anders als bei uns – aber auch die Präsidentschaftswahl 2019 hat zuletzt wieder gezeigt, dass demokratische Grundprinzipien wie die Chance auf einen Machtwechsel gewährleistet sind. In Moskau hatte man dies stets bestritten: Bis zu jenem Wochenende im April 2019, an dem der amtierende Präsident abgewählt wurde, sagte mir jeder Vertreter der russischen Führung im Brustton der Überzeugung: »Sie werden schon sehen, Poroschenko wird das Ergebnis am Ende zu seinen Gunsten drehen. Er kontrolliert doch die gesamte Verwaltung! Die Amerikaner werden ihm dabei helfen.« Das Gegenteil erwies sich als richtig. Den demokratischen Wandel in der Ukraine dürfte die Moskauer Führung mit mulmigen Gefühlen verfolgt haben. Er demonstrierte auch den Menschen in Russland, dass demokratische Verhältnisse nicht allein möglich sind, sondern Fortschritt und Wohlstand besser befördern als ein autoritäres System.

Die Wahl Wolodymyr Selenskis im April 2019 bot die Chance auf einen Neuanfang im russisch-ukrainischen Verhältnis. Dies war auch das erklärte Ziel des neuen Präsidenten: Im Wahlkampf hatte er verkündet, sich nachdrücklicher, ehrlicher und substanzieller als sein Vorgänger um eine Lösung des Konfliktes bemühen zu wollen. Der viel gescholtene Poroschenko war abgewählt, und so hofften alle, Moskau werde auf den neuen Präsidenten zugehen. Doch weit gefehlt. *Er* hatte zu kommen – bzw. sich erst einmal auf Augenhöhe hochzuarbeiten. Noch bevor Wolodymyr Selenski im Amt war, unterzeichnete Präsident Putin einen Erlass, der es Bürgern des Donbas erleichtert, die russische Staatsangehörigkeit zu erwerben. Pässe wurden umgehend ausgestellt. Ein Affront sondergleichen. Während der frisch gewählte Präsident noch dabei war, sich aus unerfahrenen Mitstreitern eine Mannschaft zusammenzustellen und politisch neue Schritte zu gehen, wurde er schon gezwungen, in klassische Reaktionsmuster zu verfallen.

Die Führung unter Petro Poroschenko hatte immer wieder Argumente gefunden, warum ein erreichter Waffenstillstand nun doch kein solcher sei und man daher nicht beginnen könne, die politischen Schritte des Abkommens umzusetzen. Doch auch die Ukraine muss »Minsk II« erfüllen, auch sie trägt Verantwortung für die Lösung des Konfliktes, so sehr sie dessen Opfer ist. Geholfen hätte es, der Chor der westlichen Partner hätte die Ukraine geschlossener ermutigt, ihren Teil beizutragen, den Konflikt zu lösen. Zu Zeiten von Präsident Trump begannen die USA sich zudem mehr und mehr von einer gemeinsamen westlichen Sanktionspolitik zu verabschieden. Sie überzogen Russland aus einer Vielzahl von Gründen mit immer neuen Maßnahmen, die nun tatsächlich Strafen und nicht länger Instrumente der Politik waren. Schon zuvor hatte es in Washington politische Debatten gegeben, ob man die Ukraine nicht ganz anders militärisch unterstützen solle. Dies hatte in Kiew Illusionen genährt, der Konflikt könnte am Ende doch militärisch zu lösen sein und man müsse sich daher nicht auf den steinigen Weg begeben, »Minsk« umzusetzen. Die Ereignisse von 2014 und 2015 haben jedoch gezeigt, dass auf russischer Seite die Bereitschaft besteht, jede Eskalation beliebig mitzugehen oder den Konflikt auch noch auszuweiten.

Zum Tangotanzen braucht es zwei, wie es im Englischen heißt. Viele Verantwortliche in der Ukraine dürften daher heute zutiefst resigniert sein: Wird nicht jeder Versuch, Russland politisch entgegenzukommen, die Freiheit der Ukraine weiter beschneiden, ihren Weg in die Zukunft selbst zu bestimmen? Schließlich betrachtet Russland das Geschehen im Donbas nicht als einen isolierten Regionalkonflikt. Für Moskau ist er Teil einer globalen Auseinandersetzung mit westlicher – in aller erster Linie: amerikanischer – Politik, die darauf aus ist, Russland zu bedrängen und kleinzuhalten.

Diese Einordnung erklärt auch ein scheinbares Paradoxon. Aus westlicher Sicht kann man rasch zu dem Schluss kommen, Russland habe sich mit der Annexion der Krim und der ständigen Befeuerung des Konfliktes im Donbas nichts als Nachteile eingehandelt: Das »ukrainische Brudervolk« ist zutiefst entfremdet, ja in hasserfüllte Konfrontation getrieben, bei den ostmitteleuropäischen Nachbarstaaten Russlands sind sämtliche historischen Urängste vor russischer Aggression und Dominanz wieder belebt worden, das Verhältnis zum Westen insgesamt ist zerrüttet, in Schweden und Finnland wurden Debatten belebt, ob es nicht doch sinnvoll wäre, der NATO beizutreten, der Konflikt verschlang Unsummen an Geld und beförderte Russlands wirtschaftliche Schwierigkeiten, die russische Volkswirtschaft nahm insgesamt schweren Schaden, der Versuch, sich auf Augenhöhe zu China zu begeben, endete in einer Junior-Partnerschaft. Doch all dies sind keine Kriterien, wenn es darum geht, aus russischer Sicht Erfolg zu messen. Man hat vermeintlicher westlicher Expansion und Aggression Einhalt geboten und Russlands verletztem Stolz Linderung verschafft. Darum geht es. So erhöhten sich auch Ansehen und Legitimität Präsident Putins im Lande – ein willkommener zusätzlicher Effekt, der jedoch mit der Zeit wieder verblasste.

Fatal ist überdies, dass eine Fortdauer des Konfliktes im Interesse zu vieler Beteiligter liegt: Russland spielt dies in die Hände, weil sich somit die Situation der Ukraine nicht normalisiert, diese sich nicht noch weiter dem Westen zuwenden kann. Ukrainischen Machthabern, auch sie oft in »oligarchische« Strukturen verstrickt, erlaubt es, sich nicht auf politische Veränderung einlassen zu müssen, die man überwiegend als nachteilig empfindet. Und die Machthaber in Donezk und Lugansk schließlich können weiter ihren kriminellen und mafiösen Interessen nachgehen. Hiervon dürften auch wirtschaftliche Akteure in Russland profitieren, die gar nicht immer im Zentrum der Macht zu suchen sein müssen.

Und dann gibt es noch jene gewichtigen Stimmen in Moskau, die der Auffassung sind, man dürfe den Donbas sowieso nicht dem Nachbarland überlassen. »Wird der Donbas in die Ukraine zurückkehren?«, wurde Wladyslaw Surkow, mehr als fünf Jahre Russlands Chef-Unterhändler im Ukraine-Konflikt, im Februar 2020 in einem Interview gefragt. »Meine Vorstellungskraft ist dafür nicht stark genug«, antwortete er. »Der Donbas verdient eine solche Demütigung nicht. Die Ukraine verdient eine solche Ehre nicht.«

All dies erklärt, warum Deutschland und Frankreich, die als Vermittler den Konflikt 2014/15 entscheidend eindämmten, ihn bislang zu keiner abschließenden Lösung führen konnten. Wann immer wir das Gefühl hatten, es zeige sich Licht am Ende des Tunnels, baute jemand ein neues Stück Tunnel an.

In Deutschland hatte die Bundesregierung es oft nicht leicht, für ihre Politik Unterstützung, ja überhaupt Gehör zu finden. »Wieder Krieg in Europa? Nicht in unserem Namen!« war im Dezember 2014 ein Aufruf, von 60 prominenten deutschen Persönlichkeiten überschrieben. »Niemand will Krieg«, heißt es darin. »Aber Nordamerika, die Europäische Union und Russland treiben unausweichlich auf ihn zu, wenn sie der unheilvollen Spirale aus Drohung und Gegendrohung nicht endlich Einhalt gebieten.« Das übersah geflissentlich, dass der Krieg bereits seit Monaten im Gange war, im Osten der Ukraine. Aber um diesen schien es auch nicht zu gehen: Scheinbar unausweichlich trieben wir auf einen großen Krieg zu, wobei das schlafwandelnde Schlittern in den Ersten Weltkrieg als Folie hergenommen wurde.

Eine gewisse Neigung, Entwicklungen als quasi unausweichlich zu sehen, wird von anderen offensichtlich als »typisch deutsch« betrachtet. »Oh, there was a lot of German angst in the room« – »Im Saal war viel deutsche Angst zu spüren«, meinte Carl Bildt, ehemaliger Ministerpräsident und Außenminister Schwedens, als ich ihn auf der Münchner Sicherheitskonferenz einmal nach seinen Eindrücken von der Diskussion des Tages fragte. Probleme und Herausforderungen der internationalen Politik werden in Deutschland traditionell auf einem hohen Niveau diskutiert – im Vordergrund stehen dabei zumeist Gefährdungen und Gefahren. Diese zu erkennen ist richtig und wichtig, aber es würde vieles sehr viel leichter machen, hätten wir grundsätzlich größeres Vertrauen in unsere Fähigkeit, Probleme auch zu lösen.

Jemand, der die Dinge mit Nüchternheit, Realismus und jahrzehntelanger Erfahrung sah, war Hans-Dietrich Genscher. Die Entwicklung bereitete ihm große Sorge, es sei falsch gewesen, vor allem seitens der USA, Russland zu sehr links liegen gelassen zu haben, sagte er mir, als ich ihn im März 2014 aufsuchte. Die Überwindung der deutschen Teilung hätte zur Überwindung der Spannungen führen müssen. Hätte man von Anfang an stärker die Idee einer Freihandelszone oder einer anderen Wirtschaftspartnerschaft mit Russland verfolgt, hätte dies die Erweiterung der EU – in die Russland nun einmal nicht hineinpasse – stärker abgefedert. Denn dann wäre deutlich geworden, dass die Erweiterung nicht gegen Russland gerichtet gewesen sei. Aber was Russland nun tue, sei völlig inakzeptabel.

Die Politik der Bundesregierung unterstützte Genscher vorbehaltlos. »Wenn das jemand lösen kann – die Amerikaner haben derzeit zu viele sonstige Probleme mit den Russen – dann die Dame.« Seine Hand wies aus dem Fenster des Hotelzimmers hinaus über das Brandenburger Tor hinweg Richtung Kanzleramt.

Der Kontakt zu Hans-Dietrich Genscher blieb eng. Immer wieder rief er an. »Herr Botschafter, wie ist die Lage?« – »Herr Minister, Sie wissen, wir sprechen über offene Leitung!« – »Ja, ja, ja!« Am 26. Februar 2016 rief er mich wieder einmal an. Michail Gorbatschow hatte ihn zu seinem 85. Geburtstag am 2. März eingeladen. Es ging Genscher nicht gut, er musste absagen, wollte aber unbedingt, dass ich Gorbatschow seine Grüße und guten Wünsche ausrichtete. Das habe ich gerne getan. Wenig Tage später ist Hans-Dietrich Genscher gestorben.

RUSSLAND IN SYRIEN

Es ist der Kreml, der entscheidet

»Das müssen Sie mit dem Außenministerium besprechen!« Präsident Putins Berater Juri Uschakow, mochte das Thema Syrien bei unserem Treffen Mitte März 2015 nur kurz streifen. Anderes hatte Priorität, vor allem der Ukraine-Konflikt.

Die Arbeitsteilung war charakteristisch: Der Kreml kümmerte sich um die wirklich wichtigen Themen, das Außenministerium um die übrigen. Im MiD sitzen vorzügliche Experten, die auch die präsidialen Themen begleiten und umsetzen, was der Kreml vorgibt – in den Grenzen dessen, was man ihnen sagt. Denn das MiD ist nicht immer gut darüber unterrichtet, was der Kreml vorhat. So erklärte sich auch manche Hartleibigkeit, die wir bei Gesprächen zum Ukraine-Konflikt erlebten: Selbst Vizeaußenminister waren lieber übervorsichtig und gruben sich argumentativ ein, als etwas Falsches zu sagen. Doch manche Themen wurden dem MiD ganz überlassen, so zunächst auch der Syrien-Konflikt. Nur ein Vierteljahr nach jener Begegnung mit Botschafter Uschakow, im Sommer 2015, sollte sich dies schlagartig ändern.

Begonnen hatte der Konflikt in Syrien im März 2011, als der Arabische Frühling viele Länder der Region erfasste. Auch in Syrien kam es zu Protesten gegen die Diktatur des Assad-Regimes und die Missstände im Lande. Als diese friedlichen Proteste sich ausweiteten, setzte das Regime gegen die eigene Bevölkerung bald die Armee ein. Hunderte von Zivilisten kamen dabei ums Leben, nicht wenige auch als Opfer der Brutalitäten des syrischen Geheimdienstes. So schlug der friedliche Protest in Gewalt um, aufseiten der Opposition entstanden militärische Formationen, zahlreiche Soldaten und

Offiziere der regulären Streitkräfte sammelten sich in der »Freien Syrischen Armee«. Rasch wurde von außen in den Konflikt eingegriffen, und in Syrien formierte sich ein Stellvertreterkrieg, zunächst regionaler Mächte: Saudi-Arabien und die Golfstaaten unterstützten die Aufständischen, der Iran das Assad-Regime. Und der Konflikt weitete sich aus: Neben der »Freien Syrischen Armee« diktierten mehr und mehr radikal-islamistische Kräfte den Kampf gegen die Zentralregierung.

Russlands enge Beziehungen zum syrischen Regime reichen bis in die Zeit nach dem Zweiten Weltkrieg zurück, als die Sowjetunion begann, weltweit Klientel-Staaten zu unterstützen. Im Gegenzug für militärische und wirtschaftliche Hilfe räumte das Assad-Regime den sowjetischen Streitkräften in Tartus einen Flottenstützpunkt ein, bis heute Russlands einziger am Mittelmeer. Den Krieg im Land des engen Verbündeten verfolgte Moskau mit zunehmender Sorge. Assads Streitkräfte gerieten mehr und mehr in Bedrängnis und setzten schließlich besonders grausame Waffen ein, unter anderem die berüchtigten Fassbomben: primitive Sprengkörper, die bei Aufschlag explodieren und Metallsplitter verschießen. Bemühungen, solch menschenverachtendes Handeln durch den Sicherheitsrat der Vereinten Nationen verurteilen zu lassen, scheiterten mehrfach am Veto Russlands und Chinas.

Im August 2013 kam es zu einer weiteren Eskalation. Eine östlich von Damaskus gelegene, von Rebellen gehaltene Region wurde mit Giftgas angegriffen, das aus Beständen der syrischen Armee stammte. Hunderte, möglicherweise weit mehr als tausend Menschen kamen ums Leben. Ein Jahr zuvor hatte das Assad-Regime einräumen müssen, dass es über chemische Waffen verfügte. Präsident Obama hatte daraufhin erklärt, die USA würden sich ein militärisches Eingreifen vorbehalten, sollten solche eingesetzt werden. Russland, das erkannte, in welch existenzielle Gefahr der alte Verbündete im Herbst 2013 nun geriet, konnte die syrische Führung überzeugen, zweierlei zu tun: der internationalen Chemiewaffenkonvention beizutreten, der Syrien wie nur wenige andere Staaten bislang nicht angehört hatte, und vor allem einzuwilligen, ihre Bestände an Chemiewaffen unter der Aufsicht Dritter vernichten zu lassen. Dies geschah in internationaler Zusammenarbeit, die bis zu ihrem Abschluss im August 2014 funktionierte, unbeschadet der Konfrontation, in die Russland und der Westen über den Ukraine-Konflikt geraten waren.

Parallel zum militärischen Konflikt gab es diplomatische Anstrengungen, unter anderem der Vereinten Nationen, die Beteiligten an einen Tisch zu bringen und den Syrien-Konflikt auf dem Wege von Verhandlungen zu lösen. Eine neue Verfassung und freie Wahlen sollten den Weg bahnen zu einem politischen Neuanfang. Doch diese Friedensbemühungen kamen nicht voran, auch wenn die internationale Gemeinschaft, einschließlich Russlands, sich einig war oder zumindest bekundete, diesen Weg gehen zu wollen. Präsident Assads Lage wurde zugleich immer prekärer: Seit Mitte 2014 griffen mit ungeheurer Brutalität die Kämpfer der Terrormiliz »Islamischer Staat« in den Konflikt ein. Als sie immer größere Teile des Landes unter ihre Kontrolle brachten, Fluchtbewegungen auslösten und eine schreckliche Herrschaft errichteten, die ganz Syrien zu erobern drohte, griff eine internationale Koalition unter Führung der USA mit Luftschlägen gegen die Terroristen ein.

Ein Partner in Damaskus

Welche Ziele bestimmten in dieser Situation das außenpolitische Handeln Russlands? Nicht wenige meiner Botschafter-Kollegen in Moskau waren der Auffassung, dem Kreml gehe es darum, um jeden Preis Assad an der Macht zu halten, als einen bewährten und berechenbaren Verbündeten. Alle russischen Beteuerungen, sich an Friedens- und Vermittlungsbemühungen beteiligen zu wollen, seien unaufrichtig.

Wo Russland stand, machte Präsident Putin in einer Rede am 19. Juni 2015 auf einem Forum in Sankt Petersburg deutlich. Ein Grundübel der internationalen Politik bestehe darin, so der Präsident, dass von außen in die innere Entwicklung einzelner Länder eingegriffen werde. Die Ereignisse in Libyen, dem Irak, der Ukraine hätten gezeigt, wozu dies führe. »Wir wollen nicht, dass Syrien den gleichen Weg nimmt. Dies ist der Hauptgrund, warum wir Präsident Assad und seine Regierung unterstützen.« Mit keinem Wort ging er darauf ein, dass sich weite Teile der Bevölkerung gegen das Regime Baschar al-Assads erhoben hatten. Unerwähnt blieb dessen brutales, menschenverachtendes Vorgehen, dem inzwischen Hunderttausende zum Opfer gefallen waren – weithin sichtbar an der dramatisch wachsenden Zahl von Flüchtlingen innerhalb des Landes, aber auch in Richtung Europa.

Nur in einer schmalen Bemerkung ließ der Präsident erkennen, dass er nicht ausschließen könne, eine Alternative zu Assad zu akzeptieren: »Wir sind bereit, mit dem syrischen Präsidenten zusammenzuarbeiten, um sicherzustellen, dass ein politischer Transformationsprozess vonstattengehen kann, so dass alle Menschen in Syrien das Gefühl haben, Zugang zur Macht zu haben, und um die bewaffneten Auseinandersetzungen zu beenden. Aber das können wir nicht von außen erreichen und nicht durch die Anwendung von Gewalt.« Indirekt räumte Wladimir Putin also ein, dass es möglicherweise substanzielle Gründe gab, mit der syrischen Diktatur unzufrieden zu sein, ohne dem islamistischen Terrorismus anzuhängen. Doch zugleich wurde die Sorge deutlich, Kritiker der Macht könnten »von außen« gesteuert sein. Da war es wieder: das Gespenst einer »Farbrevolution«.

Präsident Assad war im Frühjahr und Sommer 2015 also nicht die einzige denkbare Option für Moskau. Im Vordergrund stand vielmehr die grundsätzliche Überlegung, in Damaskus einen verlässlichen, idealerweise vertrauten, Machthaber als Ansprechpartner zu haben – ob dieser nun Assad hieß oder nicht. Doch auch in Moskau wusste man, wie groß der Widerstand unterschiedlicher Kräfte im ganzen Land gegen seine Herrschaft war. Insofern war es aus russischer Sicht klug, einen verhandelten Neubeginn nicht auszuschließen. Die Grenzen hierfür waren eng gezogen: Es sollte ein starkes, stabiles Regime entstehen, das sich auf die vorhandenen Herrschafts- und Machtstrukturen stützte und das die russischen Interessen garantierte. Die Opposition sollte zumindest so weit zufriedengestellt werden, dass sie den Kampf einstellte.

Am Ende ist russische Außenpolitik pragmatisch. Manchmal ist es unausweichlich oder sogar nützlich, sich mit neuen Machthabern zu arrangieren, selbst nach einem Umsturz, den man dann eben nicht zur »Farbrevolution« erklärt – der Sudan war ein solches Beispiel.

Russischer Pragmatismus

Im April 2019 wurde der sudanesische Diktator Baschir, ein langjähriger Verbündeter Russlands, durch einen Militärputsch abgesetzt. Reflexartig meldete sich daraufhin die zweite Reihe der offiziellen Kommentatoren in Moskau zu Wort, warnte vor Farbrevolutionen etc. Sie weiß, was von ihr erwartet wird. Doch sobald etwas mehr Klarheit darüber herrschte, was sich in Khartum zugetragen hatte, gab Kreml-Sprecher Peskow die neue Linie vor: Es handle sich um innere Angelegenheiten des Sudan, erklärt er lakonisch, man hoffe, die bilateralen Beziehungen würden sich nicht ändern, »egal, wie sich die Lage entwickelt«. Wie erklärt sich diese scheinbar doch überraschende Positionierung? Nun, der Sudan spielt für Russlands Afrika-Ambitionen – so überschaubar diese sich Anfang 2019 auch darstellen mochten – eine strategisch entscheidende Rolle. Den getreuen Verbündeten Baschir hatte man über die Jahre unterstützt, zuletzt kam ihm sogar eine russische privat-militärische Formation (Söldnertruppe) zu Hilfe. Doch auch diese hatte ihn nicht retten können. So war es gut, dass Vizeaußenminister Bogdanow sich kurz vor Baschirs Sturz mit dem späteren Anführer der Putschisten getroffen hatte. Dieser signalisierte Moskau nun, dass sich auch unter einer neuen Führung an den guten russisch-sudanesischen Beziehungen nichts ändern werde. Was sollte man sich also groß über einen Putsch aufregen und gar noch behaupten, dass er möglicherweise vom Ausland gesteuert gewesen sei?

Pragmatismus diktierte ebenso Russlands Politik gegenüber Venezuela. Auch hier hatte man über die Jahre einem treuen Verbündeten immer wieder unter die Arme gegriffen, dem in jeder Hinsicht gescheiterten Staatspräsidenten Maduro. 17 Milliarden Dollar betrugen nach Angabe russischer Medien die venezolanischen Schulden schließlich. Als Maduro unter dem Druck der Straße zu stürzen drohte, nahm die russische Botschaft in Caracas diskret Kontakte in das Lager von Maduros Opponenten Guaido auf. Als dessen Aussichten, bald an die Macht zu kommen, jedoch wieder schwanden, verging auch das russische Interesse an ihm. Also hielt man weiter an Maduro fest, mag man ihn in Russland auch nicht sonderlich schätzen. Machtpolitik. Und ein Beispiel dafür, wie mehrere Optionen gleichzeitig verfolgt werden, ohne ideologische Scheuklappen, um sicherzustellen, dass Russlands Interessen gewährleistet bleiben.

Das gilt auch für die unmittelbare Nachbarschaft, für jene Länder, für die Russland sich in besonderem Maße »zuständig« fühlt. Als es 2015 in Armenien zu Protesten gegen die Erhöhung der Strompreise kam, malte die offizielle Propaganda umgehend die Gefahr einer Farbrevolution an die Wand (»Elektro-Maidan!«). Nichts dergleichen geschah. Als hingegen 2018 eine »Samtene Revolution« in Eriwan einen Machtwechsel erzwang, tat Russland sich nicht schwer, diesen zu akzeptieren: Der neue Machthaber passte.

Den Krieg nicht ausschließen

Auch im Syrien-Konflikt erwies sich, dass russische Politik grundsätzlich mit mehreren Optionen operiert. Wladimir Putins Rede in Sankt Petersburg zeigte dies: »Legitimität« wurde zum allein maßgeblichen Prinzip erklärt, Widerstand als Einmischung von außen abgetan – aber der Hinterausgang offengehalten, sollten Russlands Interessen mit einer anderen

Lösung ebenso gut oder besser gewahrt sein. Russlands Außenpolitik ist pragmatischer als die sowjetische und daher aus westlicher Sicht ab und an auch zynisch. Doch in Russlands Interesse, sich realpolitisch zu arrangieren, liegen auch Ansatzpunkte für eine Verständigung.

Immer wieder kamen wir im Sommer 2015 in der Botschaft zu dem Schluss, die russische Politik sei hin- und hergerissen zwischen der Option, mitzuhelfen, den schrecklichen Krieg auf friedlichem Wege zu beenden, und der Loyalität zum alten Weggefährten Assad. Keinesfalls wollte man allerdings den Eindruck erwecken, seine Hand zu einer »Farbrevolution« gereicht zu haben. Angesichts seiner engen Verbindung zum syrischen Machthaber und seiner substanziellen Interessen im Lande hätte Russland sich in einen Machtwechsel jedoch aktiv einschalten müssen. Dies zu tun und wie ein Unbeteiligter zu wirken, konnte nicht gelingen.

Im Sommer 2015 stand die syrische Führung mit dem Rücken zur Wand. »Zwei bis drei Monate hat der GRU Assad damals noch gegeben«, berichtete mir einige Zeit später ein Gesprächspartner mit guten Verbindungen in die politische Führung. Und der GRU, die »Hauptverwaltung für Aufklärung«, musste es wissen – der ominöse Militärgeheimdienst war immer dann besonders stark involviert, wenn der Präsident ein militärisches Eingreifen erwog – sei es in der Ukraine oder nun eben in Syrien. Angesichts dieser Entwicklung legte der Kreml endgültig den Hebel um: »Aktive militärische Unterstützung Assads« lautete die neue Linie.

Verschiedene Anzeichen hierfür hatte es gegeben. Kurz nacheinander traf im Sommer eine Reihe ungewöhnlicher Besucher in Moskau ein. Zum ersten Mal seit dreißig Jahren kam ein saudischer Verteidigungsminister nach Russland, bald darauf der Außenminister Saudi-Arabiens, eines Landes, mit dem Russland komplizierte Beziehungen unterhält und das zugleich der Hauptkontrahent Irans in der nah-mittelöstlichen Region und im innersyrischen Geschehen ist. Mit diesem fast zeitgleich traf Qassem Soleimani ein, einer der mächtigsten Männer des Iran und Chef der »Quds«-Spezialeinheiten der iranischen Revolutionsgarden, die Sondermissionen außerhalb des Landes durchführen. Niemand war in Syrien so engagiert wie der Iran. Kurz darauf kam auch der iranische Außenminister zu Besuch nach Moskau.

In jenen Tagen, Mitte August 2015, traf ich mich mit dem für die Region Nah-Mittelost zuständigen, legendär gut vernetzten und auch im Kreml geschätzten Vizeaußenminister Bogdanow. Er betonte, wie sehr Russland an einer innersyrischen Einigung gelegen sei. Gerne werde man dazu noch einmal eine internationale Konferenz veranstalten, auch mit Vertretern der syrischen Opposition. Doch parallel dazu müsse man beginnen, den »Islamischen Staat« zu bekämpfen. Es sei ein Fehler des Westens und von Ländern wie Saudi-Arabien zu fordern, Assad müsse vor Beginn eines innersyrischen Einigungsprozesses abtreten. Ich erläuterte ihm, dass dies auch nicht die Haltung der Bundesregierung sei – wenngleich wir uns schwer vorstellen konnten, wie der syrische Präsident angesichts der an seinem Volk begangenen Verbrechen am Ende eines politischen Prozesses weiter an der Macht bleiben konnte. Bogdanow nahm unsere Haltung mit Interesse zur Kenntnis, da lägen wir beieinander.

Anfang September 2015 suchte ich erneut Putins außenpolitischen Berater Uschakow auf, der mich zu Syrien noch ein halbes Jahr zuvor ans Außenministerium verwiesen hatte. Auch ihm wollte ich die Überlegungen der Bundesregierung zu einem politischen Lösungsprozess erläutern und zugleich die russische Haltung erfahren. Wie ich vermutete, hatte seine Aufmerksamkeit für das Thema zugenommen.

Unweit des Roten Platzes, am Alten Platz, liegt im Herzen Moskaus der verwinkelte Gebäudekomplex der Präsidialadministration, Präsident Putins »Arbeitsmuskel«. Hier hat auch Juri Uschakow sein Büro. Einst waren dies die Räume des Zentralkomitees der KPdSU gewesen, der Staatspartei der Sowjetunion. Wie auch in manchen Ministerien sieht man an der ein oder anderen Tür noch die »Siegeldosen«: Jeweils auf dem Türblatt und auf dem Rahmen ist eine offene, zwei-Euro Stück-große Metallbuchse angebracht, die mit Wachs gefüllt ist. An der einen Buchse hängt ein Bindfaden. Verließ man zu früherer Zeit abends sein Büro, so legte man den Faden über die andere Schatulle und drückte ihn mit seinem persönlichen Dienstsiegel fest, das man ständig bei sich trug. Umfassendes, gegenseitiges Misstrauen: eines der Verwaltungs- und Herrschaftsprinzipien der sowjetischen Zeit.

Juri Uschakow ist ein enorm beschäftigter Mann, einen Termin mit ihm zu verabreden war nicht einfach. Er begleitete den Präsidenten auf allen Auslandsreisen und war überdies bei jedem Gespräch mit einem ausländischen Gast zugegen. Natürlich waren Termine mit ihm auch Gradmesser der Beziehungen, manche Kollegen wurden gar nicht erst vorgelassen. Russlands früherer Botschafter in Washington ist ein freundlicher, gutmütig auftretender Kollege, der allerdings auch sehr scharf werden kann. Die eigentliche Herausforderung in Treffen mit ihm war, dass er oft gesprächig war wie eine Auster. Zu seinen bevorzugten Antworten gehörten Sätze wie: »Möglicherweise.« – »Wir werden sehen.« – »Das ist schwer zu sagen.« Die Gespräche wurden dadurch nicht einfacher, dass während des Treffens vorzugsweise der Fernseher mit Nachrichtensendungen lief und Putins Berater ständig Telefonanrufe erhielt. Aber er war stets freundlich – wie es mir ginge, ob die Arbeit in Moskau schwierig sei? – und immer schrecklich übermüdet.

Auch heute ging es mal wieder um den Ukraine-Konflikt. Überdies hatte ich die Bitte eines deutschen Großkonzerns dabei, der in Russland umfassend investiert hatte: Sein Vorstandsvorsitzender wollte den Präsidenten treffen. Solche Anliegen hatten – da stets begründet – auch Erfolg. Hauptthema mit Juri Uschakow war aber Syrien. Russland unternehme alles, damit es dort zu einer politischen Lösung komme, bekräftigte auch er. Diese müsse jedoch vom syrischen Volk allein erreicht werden. Man bemühe sich, auf Präsident Assad einzuwirken, bald Wahlen durchzuführen. Er selbst müsse entscheiden, ob er dann auch antrete. Ja, man spreche auch mit der syrischen Opposition und bemühe sich, diese zur Mitwirkung zu bewegen.

Anfang September 2015 traf der russische Präsident sich in Wladiwostok mit Journalisten. Er räumte ein, dass in Syrien politische Veränderungen notwendig seien. Allerdings flüchteten die Menschen in Syrien nicht vor dem Assad-Regime, sondern vor dem Islamischen Staat, so Putin. Bekanntlich war beides der Fall und erst Assads Politik hatte es dem IS erlaubt, sich in Syrien derart breitzumachen. Der Präsident machte keinen Hehl daraus, dass man Assad umfassend militärisch unterstütze. Ein Journalist hakte nach: Ob Russland zu einem eigenen militärischen Eingreifen in Syrien bereit sei? Putin versuchte, sich zu entziehen: »Es ist zu früh, zu sagen, ob wir hierzu bereit sind.« Drei Wochen später, am 30. September 2015, lief eine umfassende, sorgfältig vorbereitete russische Militäroperation an.

Aktuelle Wahrheiten

Am 22. September trafen sich die EU-Botschafter mit Außenminister Lawrow. Alle sechs Monate fand eine solche Begegnung statt – eigentlich Routine, die jedoch in Zeiten der Krise jedes halbe Jahr neu erkämpft werden musste. Lawrow war wieder einmal in »pleine forme«. Ein paar Nettigkeiten – im Wesentlichen aber eine Attacke nach der anderen auf »den Westen«. Russland verteidige, mit einer Politik der Vernunft, die internationale Ordnung. Wir richteten mit unserer Umsturzpolitik nichts als Chaos an. Dann ging er einzelne Staaten durch: Die nicht anwesenden USA bekamen die volle Breitseite der Kritik. Aber auch Belgien, Estland und Finnland waren diesmal dran, weil es aktuell spezifische bilaterale Probleme gab. Frankreich und Deutschland wurden besser behandelt, Lob und ein paar Freundlichkeiten für unser Engagement im Ukraine-Konflikt, aber auch ein wenig Mitleid: Präsident Poroschenko demütige Bundeskanzlerin Merkel und Präsident Hollande, indem er die Vereinbarungen von Minsk nicht umsetze.

Gerne versuchte der russische Chefdiplomat in seinen einleitenden Bemerkungen auch Themen abzuräumen, die ihm lästig waren. »Ich weiß, Sie werden mich jetzt gleich wegen der Situation der Menschenrechte in Russland belehren müssen – schreiben Sie nach Hause, Sie seien besonders streng mit mir umgegangen!«

Das anschließende Gespräch verlief zumeist in ähnlichen Bahnen: Frankreich meldete sich zum Thema Syrien zu Wort, Deutschland zur Ukraine, einer der skandinavischen Kollegen zum Thema Menschen- und Bürgerrechte. Die meisten Botschafter schwiegen beharrlich – sich bloß nicht exponieren, schließlich hat man nicht unbedingt ein so breites Kreuz wie die Großen. Und nicht alle mögen Prinzipien so konsequent verteidigen wie die Skandinavier. So war gelegentlich auch eher Liebedienerisches zu hören von jenen, die die Gelegenheit nutzen wollten, um der russischen Seite zu vermitteln, dass sie mit der EU-Politik eigentlich nicht so recht einverstanden seien und gerne wieder gute Geschäfte machen würden. Für solche Auftritte hatte der alte Fahrensmann russischer Diplomatie allerdings eher Verachtung übrig, fein dosiert, zwischen den Zeilen.

Als ich bei Gelegenheit eines anderen deutsch-russischen Treffens in Moskau, an dem auch Abgeordnete des Bundestages, ehemalige Politiker und Vertreter der deutschen Zivilgesellschaft teilnahmen, Lawrows massive Bezichtigungen an die deutsche Adresse zurückwies und darlegte, wo wir uns mit konkreten Initiativen um Annäherung bemüht hätten und enttäuscht worden seien, gab es anschließend auf deutscher Seite Kritik. Wie ich dem russischen Außenminister so widersprechen könne. Doch wer alles nur schweigend hinnimmt, wird nicht ernst genommen. Will man Konflikte wirklich lösen und ist nicht bloß auf Harmonie aus, so gehören Fakten zurechtgerückt.

Sergej Lawrow ist ein Meister des diplomatischen Berufsstandes, gebildet, kenntnisreich, durch unendliche Kontroversen gestählt, stets gut vorbereitet und detailversessen. Und bereit, im Dienste seines Landes jede »aktuelle Wahrheit« zu verteidigen. So auch diesmal zum Thema Syrien. Wieder einmal sei der Westen dabei, so erklärte er den EU-Botschaftern, relativ stabile Verhältnisse – das Regime Assad – zu destabilisieren. Russland hingegen unterstütze es als die stärkste Kraft, die in der Lage sei, den Islamischen Staat zu bekämpfen. Und dann, mit Nachdruck: »Es gibt keine Entscheidung, mehr zu tun.« Das war fein gesponnene Diplomatensprache, die eindeutig klang, aber im Grunde alles offenließ. In der syrischen Hafenstadt Latakia wurde zu diesem Zeitpunkt längst ein Stützpunkt ausgebaut, von dem aus die russische Luftwaffe bald darauf in Syrien eingreifen sollte.

Am 28. September lud ich, im Vorfeld des 3. Oktober, zu einer Pressekonferenz ein. 25 Jahre Deutsche Einheit, Stand der deutsch-russischen Beziehungen, um diese Themen ging es in erster Linie. Aber auch zu Syrien wurde gefragt, und so gab es Gelegenheit, die Position der Bundesregierung noch einmal öffentlich zu erläutern.

Am selben Tag war ich nachmittags bei Vitali Naumkin, »Leiter des Instituts für östliche Studien der Russischen Akademie der Wissenschaften«, so seine Funktionsbezeichnung. Tatsächlich aber ist der international renommierte Orientalist wichtiger Ratgeber wie Erklärer der russischen Syrien-Politik. Auch in seinem Fall war es nicht leicht, einen Termin auszumachen, denn der Kreml betraute ihn dieser Tage mit zahlreichen Erkundungs- und Vermittlungsmissionen. In schwierigen Zeiten und bei komplexen internationalen Problemen spielen solche Persönlichkeiten eine besondere Rolle. Sie agieren zumeist im Hintergrund und haben mit ihren exzellenten Verbindungen großen Einfluss, wenn sie das Vertrauen der politischen Führung genießen. All dies traf auf Vitali Naumkin zu. Zugleich war er »nur ein unabhängiger Wissenschaftler« und konnte daher die Ratio der russischen Syrien-Politik in großer Offenheit darlegen.

Ein kluger, souveräner und sehr politisch denkender Gesprächspartner saß mir im kleinen Büro seines verwinkelten Instituts gegenüber. Rasch wurde deutlich: Moskau hatte die Hoffnung aufgegeben, den Konflikt politisch lösen zu können, und setzte ganz auf die militärische Variante. An eine Parallelität der Prozesse denke man nicht mehr wirklich, sagte Naumkin. Zunächst gelte es, die Terroristen zu besiegen, dann werde man weitersehen. Die Lösungsbemühungen der Vereinten Nationen wolle man damit in keiner Weise untergraben. Unausgesprochen wurde deutlich: Gegebenenfalls werde man sie ins Leere laufen lassen. Genau so sollte es kommen.

Naumkin sprach ganz offen: Es gelinge Moskau nicht, die syrische Opposition für die russischen Lösungsbemühungen zu gewinnen. Assad sei das kleinste Übel. Zudem gehe man davon aus, dass etwa 6000 islamistische Kämpfer aus der ehemaligen Sowjetunion – 2000 aus Russland und mehr als 4000 aus Zentralasien – in Syrien und dem Irak kämpften. Hieraus erwachse eine enorme Bedrohung für Russland, insbesondere im Nordkaukasus. Die russische Unterstützung für Assad sei beachtlich, so Naumkin, allerdings plane man nicht, sich mit Bodentruppen zu engagieren – das Trauma des sowjetischen Afghanistan-Einsatzes sei noch zu lebendig. Entscheidend werde jedoch die Unterstützung durch russische Kampfflugzeuge werden.

Weit wichtiger als die Rolle Russlands, unterstrich der Nahostexperte, werde für Assad die des Iran bleiben. Für Teheran biete sich die Gelegenheit, seine Machtposition in der Region auszubauen, bis hin zu einem Zugang zum Mittelmeer in einem »befreundeten« Syrien. Daher seien auch russische Bemühungen, den Iran und Saudi-Arabien zu einer Verständigung über Syrien zu bringen, fruchtlos geblieben. Für wenig aussichtsreich hielt Naumkin es auch, die Operationen der USA, den »Islamischen Staat« zu bekämpfen, mit jenen Russlands zusammenführen zu wollen. »Stellen Sie sich doch bitte einmal vor: russische Kampfflugzeuge, befehligt von amerikanischen Offizieren!«

Pragmatismus pur. Erst später rückte die russische Außenpolitik das rechtliche Argument in den Vordergrund, man selbst handle eben auf Einladung Assads, der Westen hingegen ohne rechtliche Grundlage. Russland hätte es in den Vereinten Nationen in der Hand gehabt, eine solche zu schaffen.

Russland greift ein

30. September 2015. Zwei Tage nach meinem Gespräch mit Vitali Naumkin: Innerhalb eines Vormittags bittet Assad um militärischen Beistand, wird der russische Präsident vom Föderationsrat ermächtigt, im Ausland russische Streitkräfte einzusetzen, fliegen die ersten Kampfflugzeuge in Syrien ihre Einsätze.

In den folgenden Tagen wurde deutlich: Russland bekämpfte den IS, aber eben auch, mit gezielten Schlägen, die syrische Opposition. Seine Ziele habe man nicht selbst bestimmt und aufgeklärt, erläuterte mir quasi entschuldigend ein Vertrauter der russischen Führung einige Tage später, sie stammten ausschließlich von der syrischen Seite. Doch niemand in Moskau ging davon aus, dass die russische Luftwaffe sich bei ihren Einsätzen auf die syrische verließ – oder dass diese säuberlich zwischen Kräften der bewaffneten Opposition und jenen des islamischen Staates unterschieden hätte.

Wie es sich tatsächlich verhielt, legte Präsident Putin in einem Gespräch Ende März 2016 in bemerkenswerter Offenheit dar, wenige Tage, nachdem Russland begonnen hatte, seine Syrien-Operation wieder herunterzufahren. Man höre, so sagte ein deutscher Gast, Teheran sei gar nicht glücklich über das russische Eingreifen. »Ich kann Ihnen auch sagen, warum«, erwiderte Wladimir Putin mit spürbarem Stolz. »Wir waren nicht nur mit unserer Luftwaffe dort. Wir haben die gesamte syrische Armee gelenkt mit unseren Instrukteuren und die gesamte Operation gesteuert.«

Der russisch unterstützte Luftkrieg in Syrien wurde unterschiedslos geführt. Nicht nur in Aleppo, das über Wochen die Berichterstattung in unseren Medien bestimmen sollte, fielen ihm ungezählte Zivilisten und zivile Einrichtungen wie Krankenhäuser zum Opfer, wurden jahrhundertealte Kulturdenkmäler zerstört. Moskaus Entscheidung war getroffen, und alle Kräfte wurden darauf verwendet, den syrischen Präsidenten an der Macht zu halten. Als ich den russischen Außenminister auf dem Höhepunkt der Bombardierung von Aleppo 2016 auf diese ansprach, meinte er achselzuckend: »Ich verstehe, dass unsere Außenpolitik Ihrer Öffentlichkeit manchmal schwer zu vermitteln ist.«

Nebenher zeigte man – vor allem den USA –, wozu man so in der Lage war: Am 7. Oktober, zufällig dem Geburtstag des Präsidenten, feuerte die russische Marine aus dem Kaspischen Meer heraus elf Mittelstreckenraketen auf Ziele in Syrien ab, gut 1500 km entfernt. Solche Raketen unterliegen prinzipiell einem strengen Kontrollregime, dem russisch-amerikanischen INF-Vertrag von 1987. Er bestimmte, dass alle bodengestützten Raketen kürzerer und mittlerer Reichweite zu vernichten seien. Der Vertrag stand seit 2015 unter erheblichem Druck, beide Parteien warfen sich Verletzungen vor, 2019 wurde er außer Kraft gesetzt. Russlands Schüsse aus dem Kaspischen Meer waren zwar kein Verstoß gegen den Vertrag, jene Raketen waren see-, nicht bodengestützt, aber eine erhebliche Machtdemonstration.

Am 21. Oktober 2015 meldeten die russischen Medien, Präsident Assad sei am Tag zuvor zu einem Blitzbesuch in Moskau gewesen Ein offizielles Bild wurde veröffentlicht: der Syrer zusammen mit Präsident Putin, Außenminister Lawrow und Verteidigungsminister Schoigu. »Ganz ungewöhnlich«, merkte ein arabischer Kollege an. »Assad ist auf dem Foto allein. Ohne Minister oder Berater. Das kann nur einen Grund haben: Es ist auch um seine persönliche Zukunft gegangen.«

Das geplagte Land und seine geschundenen Menschen wurden zum Schauplatz von Machtambitionen, wirtschaftlichen Interessen, ideologischen Gegensätzen und widerstreitenden Sicherheitsvorstellungen auswärtiger Spieler. Saudi-Arabien und Iran trugen ihre alte, auch religiös fundierte Rivalität aus, Israel wollte angesichts des iranischen Vordringens in Richtung israelischer Grenze seine nationale Sicherheit gewährleistet wissen, die Türkei – dem syrischen Herrscher schon immer in aufrichtiger Feindschaft verbunden – nutzte Assads Schwäche, um ihren Einfluss im Norden des Landes auszubauen und dort militante kurdische Kräfte zu bekämpfen, Frankreich, als ehemalige Kolonialmacht, sah es als seine Aufgabe, das Ende der syrischen Diktatur zu befördern und überzeugte dann seine Partner, angesichts der furchtbaren islamistischen Anschläge im eigenen Lande, gemeinsam massiv gegen den »Islamischen Staat« vorzugehen, Deutschland sah sich in sehr kurzer Frist mit einer großen Zahl von Flüchtlingen konfrontiert und hatte daher jedes Interesse, den Konflikt einzuhegen und friedlich zu beenden, die USA hielten nicht nur die Sicherheit Israels für bedroht, sondern auch die Position ihres regionalen Verbündeten Saudi-Arabien. Keine geringe Rolle spielten amerikanische wirtschaftliche Interessen. Und ganz grundsätzlich sahen die USA sich befugt, als die führende Macht der Erde weltweit nach ihren Vorstellungen ordnend einzugreifen.

Russland hatte nicht nur die Last seines Einsatzes zu schultern. Am 31. Oktober 2015 kam es auch zum Absturz einer russischen Passagiermaschine über der Sinai-Halbinsel. Beim schwersten Unglück der russischen Luftfahrt kamen 224 Menschen ums Leben. Der Islamische Staat bekannte sich zu dem Anschlag, Russland und Ägypten ordneten die Tragödie ebenfalls als Terrorakt ein.

Ein Angebot an den Westen

Den russischen Entscheidungsprozess bestimmte im Sommer und Herbst 2015 ein Bündel von Überlegungen. Da war zum einen die begründete Sorge vor einer Ausbreitung des islamistischen Extremismus nicht nur im Nahen Osten, sondern eben auch in Russland. Zwei blutige Kriege hatte die russische Regierung zwischen 1994 und 2009 im Nordkaukasus geführt, aus tschetschenischen Unabhängigkeitsbestrebungen erwuchs terroristischer Extremismus. Beiden Seiten wurden Kriegsverbrechen und schwere Verletzungen der Menschenrechte vorgeworfen; Geiselnahmen und schwere Anschläge in Russland selbst waren eine Folge dieser Kriege. Verbliebene Kämpfer hatten sich aus dem Kaukasus in den Nahen Osten zurückgezogen und sich Al-Qaida und dem »Islamischen

Staat« angeschlossen. »Anstatt darauf zu warten, dass sie zurückkehren, sollten wir Präsident Assad helfen, sie in Syrien zu bekämpfen«, legte Wladimir Putin in einem Interview mit dem amerikanischen Nachrichtensender CBS die russische Haltung kurz vor seinem Eingreifen in Syrien dar. Noch schnörkelloser und nicht ohne Stolz formulierte es mir gegenüber bei späterer Gelegenheit ein führender russischer Offizier: »Sie haben uns bedroht, und wir haben das Problem vor Ort in Syrien erledigt. Und zwar vollständig.«

Doch auch andere Überlegungen spielten in Moskaus Abwägungen eine Rolle. Die russische Führung wollte demonstrieren, dass sie keine weitere »Farbrevolution« zuließ, wie sie sie auch für das eigene Land befürchtete. Sie wollte einen alten Verbündeten – so kritisch man ihn in Moskau sah – nicht im Stich lassen. Man wollte eigene Operationsbasen nicht verlieren. Man wollte den amerikanischen Einfluss im Nahen Osten zurückdrängen, aber auch die Macht Irans nicht weiter wachsen lassen. Man wollte durch entschlossenes außenpolitisches Handeln die Aufmerksamkeit der eigenen Bürger ablenken von den großen inneren Problemen des Landes. Man wollte zurückkehren auf die internationale Bühne, heraus aus der Ecke des sanktionierten Paria im festgefahrenen Ukraine-Konflikt – und damit möglicherweise irgendwie mit dem Westen wieder zusammenkommen.

So befremdlich dies für uns klingen mag: Das russische Eingreifen im Syrien-Konflikt war auch ein – verkapptes – Angebot an den Westen. Das offizielle Russland würde dies stets bestreiten. Doch selbst Moskauer Analysten, die im Prinzip auf Kreml-Linie waren, bestätigten, dass es in gewissem Sinne genau so war: ein Angebot »à la russe« – eine Offerte »auf russische Art«, nicht leicht als solche zu erkennen und noch schwerer, sie anzunehmen.

Ein gutes Jahr nach dem Beginn des Ukraine-Konfliktes war man in Moskau zu dem Schluss gekommen, dass dieser sich nicht so rasch nach eigenen Vorstellungen würde beenden lassen. Unterschätzt hatte man eben nicht zuletzt die Geschlossenheit und Entschlossenheit der westlichen Reaktion.

Der Konflikt war teuer, und Russlands wirtschaftliche Lage entwickelte sich – wenn auch ganz überwiegend aus anderen Gründen – dramatisch schlecht. 2015 rutschte die russische Wirtschaft in eine schwere Rezession, das russische Brutto-Inlandsprodukt schrumpfte im Vergleich zum Vorjahr um 3,7 Prozent, russisches wie internationales Investitionskapital verließ in großem Umfang das Land, die Aussichten waren düster.

Das Letzte, was die russische Außenpolitik in einer solchen Situation tun würde, wäre es, auf die andere Seite zuzugehen, um gemeinsam einen Ausweg zu suchen. Dies käme einer Kapitulation gleich, hätte Nachgiebigkeit bedeutet, ein Eingeständnis von Schwäche. Also suchte man sich ein Feld gemeinsamen Interesses, schaffte Fakten, um die künftige Entwicklung zu bestimmen, und appellierte an die andere Seite mitzuziehen. Der internationale Terrorismus war und ist ein hierfür geeignetes Thema.

Warum fiel es dem Westen in dieser Situation dann so schwer, ja war es ihm eigentlich unmöglich, sich an Russlands Seite zu stellen? Ein wesentlicher Grund lag in Moskaus unausgesprochener Vorbedingung: einen verbrecherischen Diktator als »kleineres Übel« zu akzeptieren. Zum anderen trennt uns ein sehr unterschiedliches Verständnis davon, was ein Terrorist ist. Eben nicht jeder Gegner eines bestehenden Regimes. Im bereits zitierten Interview Putins mit CBS von September 2015 wurde deutlich, dass ziemlich genau dies jedoch Moskaus Auffassung war.

Hier stoßen zwei internationale Ordnungsmodelle aufeinander, die schwer miteinander zu vereinbaren sind. Anfang 2019 führte ich im russischen Außenministerium einmal wieder Gespräche über den Syrien-Konflikt. Idlib, die Großstadt an der türkischen Grenze, in die die oppositionellen syrischen Kräfte sich zurückgezogen hatten, war in den Fokus der syrisch-russischen Militäroperationen geraten. Idlib dürfe nicht zu einem zweiten Aleppo werden, beschwor ich meinen Gesprächspartner. Lakonisch fragte er zurück: »Und wie wollen Sie das Problem der Terroristen dort anders lösen als durch

Luftangriffe?« Alles Terroristen eben. Und wenn Zivilisten dabei umkommen – nun ja. Assad, Terrorismus oder »Putsch« – dies seien die einzigen Optionen, die es gebe, den Konflikt zu zu einem Ende zu bringen; verhandelte Lösungen kamen dabei nicht – bzw. nicht länger – vor.

Militärisch und politisch hat Russland in Syrien bemerkenswerte Erfolge erzielt – so sehr wir den Zynismus der Bombardierungen und die Hinnahme getöteter Zivilisten und großer Flüchtlingsströme verurteilen. Moskau kam allerdings ein Umstand entscheidend zugute: der Machtwechsel in Washington im Herbst 2016 und die Politik des neuen Präsidenten, der sich nach Möglichkeit aus allen laufenden Konflikten zurückziehen wollte. Allein schon Präsident Trumps entsprechende Ankündigung schuf ein Machtvakuum, das Russland füllen konnte. Die Ambitionen der russischen Syrien-Operation dürften zu Beginn des Jahres 2015 jedenfalls wesentlich begrenzter gewesen sein als die Rolle, die Russland schließlich in den Schoß fiel.

Moskaus wiedergewonnene Stärke auf der weltpolitischen Bühne ist in nicht geringem Umfang Ergebnis amerikanischen Rückzugs. 2020 wurde der Fortgang des Syrien-Konfliktes im Wesentlichen zwischen Moskau, Ankara und Teheran verhandelt. Doch mit der gewachsenen Rolle geht auch eine enorme Verantwortung einher. Dem politischen Geschick, manchem Druck und der erfahrenen Diplomatie Moskaus gelang es während des Konfliktes mit bemerkenswertem Erfolg, sehr konträre Interessen auszugleichen und alte Gegner beieinander zu halten. Russland wird beweisen müssen, dass ihm dies auch auf Dauer gelingt.

Einen positiven Effekt hatte der Syrien-Konflikt für Russland auf jeden Fall: Er war eine wertvolle Gelegenheit, die Streitkräfte einzusetzen. Immer wieder hat Präsident Putin hierauf hingewiesen, so in einem Interview mit der »Financial Times« vom Juni 2019: Er wolle ganz offen über die Ertüchtigung der russischen Streitkräfte durch den Syrien-Einsatz sprechen, sagte er. Sie hätten in Syrien »praktische Erfahrungen gemacht, wie ihnen dies bei Manövern in Friedenszeiten nie möglich gewesen wäre«. 86 000 Soldaten und 460 Generäle hätten in Syrien Gefechtserfahrung gesammelt, teilte das Verteidigungsministerium Anfang 2019 mit. Die Zahl dürfte sich seither weiter erhöht haben – auch gibt es praktisch keinen russischen Kampfpiloten, der nicht in Syrien im Einsatz gewesen ist.

Doch moderne Konflikte werden nicht allein mit militärischen Mitteln geführt, ja oft genug ohne diese – dafür »hybrid«. Kaum ein Land versteht sich darauf so gut wie Russland.

EURE UND UNSERE WAHRHEIT

»Unser Mädchen Lisa«

»Zwingen Sie uns nicht zu irgendwelchen Reziprozitätsmaßnahmen ... Sollte die deutsche Staatsanwaltschaft zu repressiven Maßnahmen gegen unseren Journalisten greifen, müssen Sie auch mit repressiven Maßnahmen gegen deutsche Journalisten hier rechnen. Unsere Kollegen sind bereit!«

Das war starker Tobak. Wie du mir, so ich dir. Ob ich ihn richtig verstanden hätte, fragte ich den Abteilungsleiter im Außenministerium und wiederholte seine Aussage. Ich wollte meiner Regierung schließlich genau berichten, dass und womit uns gedroht werde. Doch, doch, bestätigte er mir, genau so sei es gemeint. Er handle auf ausdrückliche Weisung von Außenminister Lawrow.

Was war vorgefallen im Februar 2016?

Es ging um den »Fall Lisa«. Am 11. Januar war in Berlin die dreizehnjährige Lisa F. verschwunden. Als sie nach 30 Stunden wieder auftauchte, gingen ihre Eltern mit ihr zur Polizei, wo Lisa berichtete, sie sei von einer Gruppe »Südländer« verschleppt und vergewaltigt worden. Kurze Zeit später erwies sich diese Geschichte als frei erfunden: Lisa hatte ein schlechtes Zwischenzeugnis bekommen und sich aus Angst vor der Reaktion ihrer Eltern zu einem erwachsenen Bekannten geflüchtet. Da sie auch dies nicht zugeben wollte, erfand sie besagte Geschichte, die rasch in sich zusammenfiel.

Was den Fall besonders machte: Lisa hatte zwei Staatsangehörigkeiten – die deutsche und die russische. Wenige Tage zuvor, in der Silvesternacht, war es in Köln zu schlimmen Übergriffen gekommen, die Migranten zugerechnet wurden. Die in der Folge der Flüchtlingskrise seit Sommer 2015 in Deutschland bereits aufgeheizte politische Debatte spitzte sich weiter zu. Auch in Russland war hierüber breit berichtet worden, schließlich war es das zentrale Thema im Westen Europas. Doch rasch hatten die staatlichen russischen Medien die Entwicklung überdies als gute Gelegenheit erkannt, in düsteren Farben den drohenden Untergang des Abendlandes auszumalen und die Überlegenheit des auf traditionellen Werten beruhenden russischen Staats- und Gesellschaftsmodells zu propagieren.

Der »Fall Lisa« passte in dieses Klischee einfach zu gut rein: Ein 13-jähriges »russisches Mädchen« wird in Berlin von Migranten vergewaltigt. Rasch fand sich eine Kronzeugin: Am 17. Januar – Lisa war bereits wieder aufgetaucht – berichtete Lisas Tante unter Tränen im russischen Fernsehen, was angeblich vorgefallen war. In kürzester Zeit wurden unsere Botschaft und die Generalkonsulate im Lande mit Mails empörter russischer Bürger überflutet, russische Fernsehsender entsandten Sonderkorrespondenten, die Boulevardmedien berichteten täglich, zur besten Sendezeit wurde das russische Fernsehpublikum mit dramatisierenden Reportagen versorgt.

Diese Berichterstattung erreichte gleichermaßen Zuwanderer aus Russland in Deutschland. Manches am Leben in der neuen Heimat war ihnen fremd und irritierte sie, Deutsch beherrschten sie nach ihrer Ankunft häufig nicht sehr gut oder gar nicht. So informierten sie sich über Deutschland, Russland und das Weltgeschehen ergänzend oder ausschließlich über russischsprachige Medien. Das Ergebnis im Januar 2016: In kürzester Zeit wurde im deutschen Netz dazu aufgerufen, gegen »Merkels Flüchtlingspolitik« und für Lisa zu demonstrieren. Bundesweit, auch in kleinen Städten, kam es zu Kundgebungen, vor dem Berliner Bundeskanzleramt versammelten sich mehrere hundert Protestierende. Auffällig war der identische Charakter der Demonstrationen: die gleichen Plakate im gleichen Schriftzug mit den gleichen Parolen. Hinter der plötzlichen Mobilisierung stand eine professionelle Koordination. Lisas Familie beklagte sich später, instrumentalisiert worden zu sein.

Die zuständigen Berliner Behörden erkannten die Dimension des Falles nicht rasch genug und unterrichteten die Öffentlichkeit nur sehr zurückhaltend. Rasch wurde der Vorwurf erhoben, die Sicherheitsbehörden versuchten den schlimmen Vorfall zu vertuschen. Der Berliner Polizei waren allerdings weitgehend die Hände gebunden: In ihrer Abwägung hatten die Schutzrechte einer Dreizehnjährigen Vorrang vor dem Informationsinteresse der Öffentlichkeit. Angesichts der Welle der Empörung, die sich unter Zuwanderern aus Russland und in den russischen Staatsmedien breitmachte, veröffentlichten sie am 17. Januar, sechs Tage nach Lisas Verschwinden, dann doch eine Klarstellung: Das Mädchen sei weder entführt noch vergewaltigt worden.

Man hätte denken können, damit hätte es sein Bewenden gehabt. Weit gefehlt. Der »Fall Lisa« geriet zum Testfall russischer Propaganda: Wie lässt sich in einem anderen Land eine Empörungsmaschinerie rasch und wirkungsvoll hochfahren und weiter füttern, wie auf die Öffentlichkeit Einfluss nehmen? Hierzu trug ausgerechnet der russische Außenminister bei. Zehn Tage nach der Richtigstellung durch die Berliner Polizei beklagte er in einer Pressekonferenz das Schicksal »unseres Mädchens Lisa«. Lange sei die Nachricht über ihr Verschwinden aus irgendwelchen Gründen verheimlicht worden. »Jetzt arbeiten wir mit seinem Anwalt, der mit seiner Familie und unserer Botschaft arbeitet. Es ist klar, dass das Mädchen nicht freiwillig für 30 Stunden verschwand. Hier sollte Wahrheit und Gerechtigkeit siegen.« Interessanterweise werden Lawrows Äußerungen auf der Internetseite des russischen Außenministeriums bis heute in der russischen Fassung wortgetreu mit »unser Mädchen Lisa« wiedergegeben, in den fremdsprachigen Fassungen ist hingegen von dem – zwar ebenfalls unzutreffenden, aber doch weniger emotionalen – »russischen Mädchen Lisa« die Rede.

Diese empörende Instrumentalisierung des Schicksals eines dreizehnjährigen Mädchens ließ selbst einen so besonnenen Mann wie Frank-Walter Steinmeier mit deutlichen Worten reagieren. Es gebe keinen Grund und keine Rechtfertigung, sagte er tags darauf gegenüber der Presse, den Fall für politische Propaganda zu nutzen, um hier die Migrationsdebatte anzuheizen.

Der Anwalt, mit dem das russische Außenministerium und die russische Botschaft in Berlin in der Angelegenheit zusammenarbeitete, hatte in jenen Tagen alle Hände voll zu tun: Der russlandstämmige Jurist war an ebenjenem 27. Januar, an dem der russische Außenminister seine Pressekonferenz gab, im Leipziger Stadtrat aus der Fraktion der »Linken« ausgeschlossen worden. Auf Facebook hatte er über die Bundeskanzlerin gepostet: »Ach, das ist eine schöne Vorstellung, wie diese Frau, die so unglaublich viel Böses getan und so viele schwerwiegende Verbrechen zu verantworten hat, halbnackt durch halb Deutschland sprinten muss, um sich vor wütenden Massen zu retten.«

Zurück zu meinem Gespräch Ende Februar 2016 im russischen Außenministerium.

Der Termin erwies sich als Klassiker russischen diplomatischen Handelns: Längst war offensichtlich geworden, wie man mit der Wahrheit umgegangen war und in welche Ecke man sich im »Fall Lisa« manövriert hatte. Was tut man also? Man dreht die Schuldfrage um, versucht der anderen Seite Verantwortung aufzubürden und ein schlechtes Gewissen zu machen. Ein deutscher Privatmann hatte einen der Hauptagitatoren, einen Korrespondenten des staatlichen russischen Fernsehens, wegen »Volksverhetzung« angezeigt – »Anstachelung Deutscher russischer Herkunft zum Hass gegen Asylbewerber« lautete der Vorwurf. Der perfekte Ansatzpunkt für einen russischen Konter: Es gebe wohl keine echte Presse- und Meinungsfreiheit im Westen.

Die Menschen in Russland, aber auch die russischen Landsleute in Deutschland machten sich große Sorgen »wegen dieser Vergewaltigungsgeschichte«, meinte der russische Kollege. Wenn dem so sei, erwiderte ich, dann hätten dies die russischen Staatsmedien durch ihre vorsätzlich unwahre Berichterstattung zu verantworten: Die Stimmung im »Fall Lisa« habe das Staatsfernsehen mithilfe eines mehrere Jahre alten YouTube-Videos angeheizt, auf dem irgendwie »südländisch« aussehende Männer sich einer Vergewaltigung rühmten. Eine Bedrohung russlanddeutscher Frauen in Deutschland habe man mit einem nachweislich gefälschten Interview zu belegen versucht. Die Vorfälle in der Kölner Silvesternacht seien im staatlichen russischen Fernsehen durch Videosequenzen illustriert worden, die 2011 auf dem Tahrir-Platz in Kairo entstanden seien.

Unser Gespräch endete professionell freundlich, wie stets. Er begleitete mich zum Aufzug, Austausch über Urlaubspläne.

Hybride Kriegsführung

Der »Fall Lisa« warf ein Schlaglicht auf eine Politik, die sich zahlreicher, aus unserer Sicht nicht selten unlauterer Mittel bedient, um die Auseinandersetzung mit »dem Westen« zu führen. Gerne werden mehrere dieser Mittel auch im Verbund eingesetzt. »Hybride Kriegsführung« heißt das oder »nichtlineare Auseinandersetzung«.

Worum es geht, hatte der Generalstabschef der russischen Streitkräfte, Valeri Gerassimow, in einer Rede Ende Januar 2013 vor der russischen Militärakademie dargelegt, ein Jahr also, bevor der Ukraine-Konflikt eskalierte. »Im 21. Jahrhundert besteht die Tendenz«, führte er dort aus, »die Unterschiede zwischen Kriegszustand und Frieden zu verwischen. … Die ›Kriegsregeln‹ selbst haben sich erheblich geändert. Die Bedeutung nichtmilitärischer Methoden bei der Erreichung politischer und strategischer Ziele, die in einigen Fällen die Stärke von Waffen in ihrer Wirksamkeit deutlich übertreffen, hat zugenommen.«

»Unter Nutzung des Protestpotenzials der Bevölkerung«, so Gerassimow, würden politische, wirtschaftliche, informative, humanitäre und andere nichtmilitärische Maßnahmen umfassend eingesetzt. »All dies wird durch verdeckte militärische Maßnahmen ergänzt, einschließlich der Durchführung von Informationskriegen und der Aktionen von Spezialeinheiten.« Die Informationskonfrontation eröffne breite, asymmetrische

Möglichkeiten, um das Kampfpotenzial des Feindes zu verringern. »Der offene Einsatz von Gewalt wird oft nur zu einem bestimmten Zeitpunkt als Friedenssicherung und Krisenbewältigung getarnt, hauptsächlich, um den endgültigen Erfolg im Konflikt zu erzielen.«

Stellt man Gerassimows Ausführungen in den Zusammenhang seiner Rede, so scheint er über das zu berichten, was Russland glaubt, andernorts beobachtet zu haben, beispielsweise im Arabischen Frühling. Nun tritt der russische Generalstabschef im Januar 2013 allerdings nicht als Politikreferent auf dem Seminar einer evangelischen Akademie auf. So wundert es dann auch nicht, wenn er in seinem Vortrag zu dem Schluss kommt: »Es ist notwendig, den Inhalt der strategischen Maßnahmen der Streitkräfte der Russischen Föderation zu überdenken.«

Ein Jahr später war alles Wirklichkeit geworden: »Kleine grüne Männchen« in Uniformen ohne Hoheitsabzeichen »schützten« im benachbarten Ausland – auf der Krim – Landsleute, welche angeblich Gefahr liefen, Opfer eines »faschistischen Putsches« zu werden, unsere Medien wurden mit Trollkommentaren und -schmähungen überzogen, es gab Hacker-Angriffe auf staatliche Einrichtungen im Westen, etc.

Demokratien tun sich zumeist schwer, mit hybrider Kriegsführung umzugehen. Zu Recht wollen sie nicht mit gleicher Münze heimzahlen. Der »Fall Lisa« zeigt dieses Dilemma exemplarisch. Bundeskanzlerin Angela Merkel hatte ein Jahr zuvor auf der Münchner Sicherheitskonferenz 2015 auf dieses Problem hingewiesen: »Hybride Kriegsführung ist ein Thema, mit dem wir uns intensivst … beschäftigen müssen: Die Frage, was Demokratien können und wozu sie in der Lage sind, und die Frage, was sehr viel gelenktere Herrschaftsformen in der Lage sind zu bündeln: Presse, Desinformation, Infiltrierung, Verunsicherung.« Unsere Gesellschaften ließen sich in einer solchen Auseinandersetzung schnell verunsichern, fügte sie hinzu. Uns fehle der lange Atem. Und rasch komme es dann zu einem Äquidistanzdenken: »Irgendwie haben doch alle Schuld!«

Was der russische Generalstabschef Gerassimow in seiner Rede 2013 beschrieb, war beileibe nichts Neues. Was uns im Ukraine-Konflikt und seither begegnet, sind die alten Methoden des KGB: Diskreditierung, Desinformation, Destabilisierung, unter Einsatz der Mittel des digitalen Zeitalters. Hierzu gehören Angriffe im Cyberraum.

Estland erlebte dies bereits 2007, als man ein Denkmal, das für viele Esten die sowjetische Besetzung des Landes symbolisierte, aus dem Zentrum der Hauptstadt Tallinn an einen anderen Ort schaffte. Über mehrere Wochen kam es zu Hackerangriffen gegen estnische staatliche Einrichtungen, Banken und Medien. 2009 bekannte ein Funktionär der regierungstreuen russischen Jugendorganisation Naschi, Drahtzieher der Angriffe gewesen zu sein.

2015 kam es zu folgenschweren Hackerangriffen auf den Deutschen Bundestag, IT-Experten der Regierung konnten ihn dem Kollektiv »APT 28« zuordnen, das im Auftrag des russischen Militärgeheimdienstes GRU arbeitet. Im Mai 2020 erwirkte der Generalbundesanwalt einen internationalen Haftbefehl gegen einen namentlich bekannten russischen Hacker, der bereits für Angriffe im Auftrag des GRU auf die Demokratische Partei im Vorfeld der amerikanischen Präsidentschaftswahlen 2016 und auf die Welt-Anti-Doping-Agentur WADA verantwortlich gemacht worden war. Für ihre Verhältnisse ungewöhnlich deutlich kritisierte die Bundeskanzlerin im Mai 2020 im Bundestag das »ungeheuerliche« Vorgehen Russlands und die Doppelzüngigkeit russischer Politik in diesem Zusammenhang: »Mich schmerzt das: Auf der einen Seite bemühe ich mich tagtäglich auch um ein besseres Verhältnis zu Russland«, und zugleich gebe es harte Beweise für eine Strategie hybrider Kriegsführung Russlands, die man eben nicht einfach verdrängen dürfe.

Das Auswärtige Amt erlebte 2018 solche Angriffe – auf Rechner seiner Russlandexperten. Als ein hochrangiger deutscher Besucher bald darauf einem russischen Vizeaußenminister Ross und Reiter nannte, konnte dieser nicht anders, als pauschal alles abzustreiten. Was blieb ihm auch übrig: Er wird weder gewusst noch je erfahren haben, was die Geheimdienste seines Landes tun. Sie sind eben nicht bloß Nachrichtendienste, sondern auch umfassend operativ tätig. Und es ist klug, sich ihnen nicht in den Weg zu stellen. Auch wenn dem Außenministerium nicht alles passen mag, was die Dienste tun. Oft wird ihm gar nicht klar sein, in welchem »Verbund der Mittel« es selbst gerade operiert.

Eine Illustration dessen bot ein Vorgang im Spätherbst 2014. Einer der russischen Geheimdienste fand eines Tages Wege, die Botschaft wissen zu lassen, eine unserer Mitarbeiterinnen habe Russland innerhalb kurzer Frist zu verlassen. Ein im diplomatischen Verkehr grotesker Vorgang: Sogenannte Ausweisungen, ein drastisches Mittel des Umgangs miteinander, werden ausschließlich von Außenministerien verfügt.

Doch die Kollegen im MiD, umgehend kontaktiert, wussten von nichts. Bald mussten sie allerdings einräumen, dass man »andernorts« wohl so entschieden habe ... Es folgte ein Tauziehen hinter den Kulissen, mit Protesten und Gesprächen bis hoch auf Ministerebene. Kurze Fristverlängerungen konnten herausgehandelt werden, doch am Ende musste der russische Außenminister gegenüber seinem deutschen Amtskollegen einräumen: »Da können wir nichts machen.« Die Kollegin und ihre Familie mussten Russland verlassen.

Zuvor hatten wir durchaus den Eindruck gehabt, dass man im MiD bemüht war zu helfen. Was geschah und wie es geschah, stellte die russische Diplomatie ja auch ziemlich bloß. Was war der Grund der Ausweisung? Es ging mal wieder nur um »tit for tat« – »Wie Du mir, so ich Dir«: Die Bundesregierung hatte Moskau zuvor aufgefordert, einen Agenten des russischen Militärgeheimdienstes GRU abzuziehen, der als Mitarbeiter des Generalkonsulats in Bonn versucht hatte, Bundeswehroffiziere zur Spionage zu überreden.

Vielfältig sind die Mittel, mit denen die Auseinandersetzung mit uns auch auf verdeckten, nichtkonventionellen Wegen geführt wird – eben »hybrid«. Teil dieses Vorgehens ist es, maximal zu bestreiten, dass staatliche Stellen hierfür verantwortlich sind, auch das Offensichtlichste wird empört zurückgewiesen. Als Erstes wird stets vorgebracht: »Das können Sie nicht beweisen!« Beweist man es doch, wird die Relevanz der Information oder der Quelle in Abrede gestellt – und sei es eine eigene.

Cyberangriffe sind besonders wirkungsvoll, und ihre Urheberschaft ist besonders leicht zu verschleiern. Der russische Staat tue so etwas nicht, hat Präsident Putin auf entsprechende Fragen daher auch wiederholt erklärt. Bei Gelegenheit hat er aber laut darüber nachgedacht, dass es »hackende Patrioten« geben könne, die Russland verteidigen wollen: »Hacker – das sind freie Menschen, wie Künstler,« antwortete er im Juni 2017 auf die Frage eines Journalisten. »Künstler stehen morgens auf, und wenn sie in Stimmung sind, setzen sie sich hin und malen ein Bild. Genau wie Hacker. Die wachen auf, lesen, was da los ist in den internationalen Beziehungen. Und wenn sie patriotisch gesinnt sind, dann leisten sie ihren, wie sie meinen, rechten Beitrag im Kampf gegen die, die schlecht über Russland reden.«

Putins Koch und Trumps Sieg

Im Juni 2018 interviewte der bekannte österreichische Journalist Armin Wolf den Präsidenten und sprach ihn auf die »Trollfabrik« an, die Jewgeni Prigoschin in Sankt Petersburg betreibt und die über Fake-Identitäten mit massenhaften Postings versucht, die öffentliche Debatte im Westen zu beeinflussen. Systematisch werden bestimmte Nachrichten mit mehr oder minder identischen Botschaften kommentiert, werden Ereignisse und Entwicklungen im Westen herabgesetzt und abfällig beurteilt, oder es werden Stärke, Vorzüge und Durchsetzungskraft Russlands gepriesen. Auch Verleumdungs- und Diskreditierungskampagnen gehören zum Handwerkszeug solcher »Firmen«. Russische Investigativjournalisten wie auch ehemalige Mitarbeiter – Studenten, die sich in Trollfabriken ein Zubrot verdienten und sich mit ihrem Arbeitgeber überwarfen – haben in Interviews anschaulich berichtet, wie dort gearbeitet wird.

Das Geld, das besagter Jewgeni Prigoschin für solche Aktivitäten benötigt, verdient er augenscheinlich mithilfe großer Staatsaufträge, die er in verschiedenen Bereichen erhält, so bei der Versorgung der russischen Streitkräfte. Bekannt wurde er auch durch die Bewirtung von Staatsgästen. Dies – und eine wohl sehr alte Bekanntschaft – hat ihm den Spitznamen »Putins Koch« eingetragen. Ein entsprechender Hinweis des österreichischen Journalisten »begeisterte« Putin förmlich: »Denken Sie im Ernst, dass ein Restaurantbetreiber, auch wenn er Möglichkeiten zum Hacken hat und eine Firma in diesem Bereich besitzt – ich weiß ja gar nicht, was er dort genau tut –, also dass dieser Mann wirklich Wahlen in den USA oder in irgendeinem europäischen Staat beeinflussen kann? Wie tief wären dann die Medien und die Politik im Westen gesunken, wenn ein Restaurantbesitzer aus Russland Wahlen in Europa oder den USA beeinflussen kann. Ist das nicht lächerlich?«

Putin versuchte damit quasi im Nebensatz gleich den gravierendsten Fall abzuräumen: die weitestreichenden Auswirkungen russischer Troll- und Hackerangriffe während des amerikanischen Wahlkampfes 2016. Donald Trump, Sieger jener Wahl, wies stets weit von sich, er oder sein Team hätten mit russischen Stellen kooperiert, um die Niederlage seiner Gegnerin Hillary Clinton zu befördern. Was die russische Einflussnahme an sich anging, räumte auch Präsident Trump nach einiger Zeit allerdings ein, dass es eine solche gegeben habe. Die Erkenntnisse der amerikanischen Sicherheitsbehörden seien eindeutig.

Die russische Einmischung in die Präsidentschaftswahlen in den USA 2016 hatte massive Auswirkungen auf die Beziehungen beider Länder, die sich wechselseitig im großen Stil mit Sanktionen und der Ausweisung von Diplomaten überzogen. Die amerikanische Botschaft in Moskau geriet an den Rand ihrer Arbeitsfähigkeit. Zweifellos war es das Ziel der russischen Operation während des US-Wahlkampfes gewesen, einen Sieg von Hillary Clinton zu verhindern. Möglicherweise ging es überdies darum, gezielt Donald Trump zu helfen, die Wahl zu gewinnen. Insbesondere in der zweiten Reihe der russischen Politik und in den russischen staatlichen Medien war im Herbst 2016 die Begeisterung über seinen Sieg jedenfalls deutlich zu spüren – so lange, bis mehr und mehr sichtbar wurde, dass es ein Pyrrhussieg war, der das russisch-amerikanische Verhältnis schwer beschädigen sollte. Zwar hatte man mit Donald Trump nun jemanden als Gegenüber, der für eine rein interessengeleitete »transaktionale« Politik stand, für Deals, die sich von überkommenen Grundsätzen nicht groß irritieren ließen. Doch genau deshalb unternahm die Opposition in den USA alles, um zu verhindern, dass der neue Herr im Weißen Haus eine Chance erhielt, in kürzester Zeit elementare Traditionen und Prinzipien der amerikanischen Beziehungen zu Russland preiszugeben. Noch vor Trumps Amtsantritt verhängte die Administration von Präsident Obama erste Strafmaßnamen gegen Russland, weitere folgten im Zusammenhang von Cyberattacken, monatelang beschäftigten die Sonderermittlungen im Zusammenhang der russischen Wahlkampfbeeinflussung die amerikanische Politik und Öffentlichkeit. Wo irgend möglich, konterte Russland amerikanische Sanktionsmaßnahmen mit eigenen.

Als der russische Präsident im Juni 2017 von einer amerikanischen Journalistin auf die Einmischung in den US-Wahlkampf angesprochen wurde, holte er die große Keule raus: »Es ist viel einfacher zu sagen, das waren die Russen, die haben sich eingemischt. Das ist wie Antisemitismus – die Juden sind schuld!«

Propagandajournalismus

Der Journalist Wladimir Jakowlew schilderte 2015 in einem Artikel seine Ausbildung zu sowjetischer Zeit. Der frühere Inhaber und Chefredakteur der renommierten Wirtschaftszeitung »Kommersant« stammt aus altem »Sowjetadel«, der Vater war ein berühmter sowjetischer Journalist, der Großvater ein führender Tschekist, ein Geheimdienstoffizier.

In seinem Aufsatz schilderte Jakowlew, wie er als Journalistikstudent an der Moskauer Lomonossow-Universität auch in militärischer Spezialpropaganda unterwiesen wurde, »der Kunst, mithilfe von Desinformation und Bewusstseinsmanipulation in den Reihen des Feindes Zwietracht zu säen«. Wie eine möglichst grobe, skandalöse Beschuldigung gegen jemanden erhoben wird, so dass sein Name ständig damit verbunden bleibt, weil alle Welt abwägt, ob es denn nun stimmt oder nicht. Wie etwas angeblich »absolut Offensichtliches« so lange behauptet und z. B. durch vermeintliche soziologische Studien unterfüttert wird, bis es ohne Beweis von einer Mehrheit geglaubt wird. Oder wie Medien gegründet werden, die nach der Methode »60 zu 40« arbeiten – 60 Prozent der Informationen sind real, interessant und scheinen gar die Sache des Gegners zu unterstützen. Auf der Grundlage so geschaffenen Vertrauens lassen sich 40 Prozent wirkungsvolle Desinformation platzieren. »RT Deutsch« ist ein solcher Sender, früher hieß er »Russia today«; die Nachrichtenagentur »Sputnik« gehört in die gleiche Kategorie.

Ein geradezu ideales Thema für solche Propagandazwecke war die Corona-Pandemie. »Sputnik« schaffte es im März 2020, in einem einzigen Artikel folgende Thesen gleichzeitig zu verbreiten: Corona richte sich gegen die französischen Gelbwesten und deren Demonstrationsfreiheit, gegen ältere Menschen in Italien, mit dem Ziel, die dortigen Pensionskassen zu entlasten, überdies solle das Virus Greta Thunberg unterstützen und in Unternehmensvorständen mehr Geschlechtergerechtigkeit herstellen. Wer während der Corona-Krise selbst mit Verschwörungstheorien konfrontiert worden ist, weiß, wie viel Unsinn in schwierigen Zeiten von wie vielen eigentlich vernünftigen Menschen gerne geglaubt wird und welch gefährliche Auswirkungen dies haben kann. In Russland selbst wurde es unter Strafe gestellt, Unwahrheiten über die Pandemie zu verbreiten, wobei kritische russische Journalisten und Beobachter sich überzeugt zeigten, es sei die Regierung, die über die Ausmaße der Corona-Pandemie in Russland nicht die Wahrheit sagte.

Mit »RT« habe ich meine eigenen Erfahrungen gemacht. Im Herbst 2018 war ich gebeten worden, für ein Informationsgespräch mit Fraktionsvorsitzenden der Partei »Die Linke« aus verschiedenen Parlamenten zur Verfügung zu stehen. Der Bitte kam ich gerne nach, jeder frei gewählte Abgeordnete hat ein Anrecht auf Unterrichtung durch den deutschen Botschafter. Manche Vertreter der »Linken« habe ich auch bei Veranstaltungen in der Residenz zu Gast gehabt, so wiederholt Gregor Gysi, der in der Ukraine-Krise gegenüber russischen Gesprächspartnern klar Position bezog (»das mit der Krim ist eine Annexion!«).

Für das Hintergrundgespräch mit den Fraktionsvorsitzenden war wie üblich Vertraulichkeit vereinbart worden. Unter den Teilnehmern befand sich, ohne weitere Vorankündigung, auch ein Künstler, der sich ob seiner Empörung über meine Haltung an diese Vertraulichkeit offensichtlich nicht gebunden sah und in den sozialen Medien sein Verständnis des Treffens verbreitete. Dies kam einem Berliner Korrespondenten von »RT« gelegen, um auf dieser Grundlage den Regierungssprecher und die Sprecherin des Auswärtigen Amtes in der Bundespressekonferenz zu fragen, was man denn da in Moskau eigentlich für einen Botschafter habe. Die professionellen Antworten von Staatssekretär Seibert und der Kollegin aus dem AA wird der »RT«-Korrespondent als für seine Zwecke unbefriedigend empfunden haben. Jedenfalls legte er mit einem Internetbeitrag nach, in dem er mich zieh, ein »Kalter Krieger« zu sein. Mit solchen Bezichtigungen hatte ich zu leben gelernt. Was dann jedoch in jenem Artikel folgte, erreichte eine neue Qualität. »Der familiäre Hintergrund des deutschen Botschafters in Moskau sollte diesen eigentlich zurückhaltender im Umgang mit Russland agieren lassen«, mahnte der Artikel und zitierte systemkonforme Äußerungen von Generaloberst Werner von Fritsch, dem Oberbefehlshaber des Heeres in den dreißiger Jahren. Dann kam der schöne Schluss: »Es wäre natürlich absurd, Herrn Rüdiger Freiherr von Fritsch in Sippenhaft für die Aussagen seines Großonkels zu nehmen. Aber ein besonderes Verantwortungsbewusstsein …«

Teil der von Russland geführten hybriden Auseinandersetzung ist es, Allianzen mit solchen Kräften im Westen zu schmieden, die in fundamentaler Opposition zu den jeweils bestehenden Verhältnissen stehen – zu Parteien, Bewegungen oder auch zu bestimmten Strömungen innerhalb von Parteien und Bewegungen. Natürlich ist es legitim, Verbindungen nicht nur zu Regierungen, sondern auch zu gesellschaftlichen Kräften in anderen Ländern zu unterhalten. Aber genau an der Frage, wes Geistes Kind ein Partner ist, entscheiden sich Natur und Absicht solcher Kontakte. Will man Pluralismus, Menschenrechte und offene Debatten unterstützen – oder geht es um Zersetzung, »Diversion«, wie dies im Handbuch der Propaganda heißt?

Schaut man sich Partner an, die die russische Führung für die Zusammenarbeit auswählt, so wird deutlich, dass es allzu oft die Zersetzung ist. Ergebnis: Ausgerechnet jenes Land, dass sich an der Speerspitze des Kampfes gegen faschistische und neonazistische Umtriebe sieht, paktiert mit rechtsextremen Kräften, wo dies zweckdienlich ist. Als im November 2014 rechtspopulistische Parteien aus ganz Europa in Paris eine Allianz formierten, war Andrej Issajew prominenter Gast und Redner, Mitglied des Vorstands der Staatspartei »Einheitliches Russland« und stellvertretender Vorsitzender des russischen Parlaments. Matteo Salvini war allein 2015 viermal in Russland, Marine Le Pen wurde 2017 von Präsident Putin während des französischen Präsidentschaftswahlkampfes empfangen – als Einzige aus dem Kandidatenkreis; führenden Vertretern genehmer Parteien wurden Reisen bezahlt, es wurden Kontakte zu entsprechenden Kräften in Ungarn und Griechenland aufgebaut, mit mehreren der rechtspopulistischen Gruppierungen Abkommen geschlossen.

Der AfD-Bundestagsabgeordnete Steffen Kotré, der im Herbst 2018 Moskau besuchte, bestritt in einem dort gegebenen Interview gar nicht, dass Russland ein Netzwerk von Kontakten zum rechten Spektrum in Europa aufbaut: »Wenn Sie damit rechte patriotische Parteien meinen, dann haben Sie recht. Aber was bleibt denn Russland weiter übrig, wenn andere nicht da sind, die vernünftig agieren? Dann ist es eben so.« Und gute Freunde halten natürlich zusammen: »Klar gibt es die Probleme in der Ukraine«, meinte Kotré im selben Interview, »aber das ist für mich kein Maßstab, in den politischen Dissens zu gehen.«

Es ist die dezidiert antiliberale Grundhaltung der russischen Politik, die bei den Kräften am politischen Rand Zustimmung findet, die Verurteilung alles »politisch Korrekten« und die Entschlossenheit und Führungsstärke des Präsidenten, der – und das ist mit am wichtigsten – den USA die Stirn bietet. »Deutsche Rechte wie Linke glauben irrigerweise, hier gebe es ein funktionierendes Gegenmodell zu Globalisierung, USA oder gar Kapitalismus«, meint Jens Siegert, lange Jahre Vertreter der Heinrich-Böll-Stiftung in Moskau und seit 1993 vor Ort aufmerksamer Beobachter und intimer Kenner der russischen Wirklichkeit. »Es geht Putin nur um Machterhalt«. Die russische Politik bietet all jenen Zuflucht, deren Neigung, die USA und ihr Handeln zu verurteilen, bei Weitem stärker ausgeprägt ist als eine aufrichtige Bereitschaft, ein autoritäres System und seine Repressionen als solches zu benennen.

Warum Russland ausgerechnet auf diese rechten populistischen Extreme setze, habe ich Vertreter der politischen Führung in Moskau immer wieder gefragt. Nun, wurde mir geantwortet, jene verträten schließlich die russische Position, nicht zuletzt in der Ukraine-Politik. Mehr noch: gerade die AfD stehe für ähnliche Werte wie die führenden politischen Kräfte in Russland: Patriotismus, ein traditionelles Familienbild, Kampf gegen liberale Zersetzungserscheinungen in Staat und Gesellschaft. Und im Übrigen tue man nichts anderes als wir: Man spreche mit der Opposition. Ich habe mir jeweils den Hinweis erlaubt, dass es schon einen Unterschied mache, ob jemand sich dafür einsetzt, die Demokratie zu stärken und zu beleben oder gegen die freiheitlich-demokratische Grundordnung arbeitet. Selbst der Vorsitzende der NPD wurde während meiner Zeit in Russland zu einer Konferenz nach Sankt Petersburg eingeladen.

Mit AfD-Abgeordneten habe ich in Moskau immer wieder gesprochen, mir war, unbeschadet aller fundamentalen Auffassungsunterschiede, daran gelegen, die Russlandpolitik der Bundesregierung in Ruhe zu erläutern und zu diskutieren. Im Gespräch begegnete mir dann ein festgefügtes Weltbild, das erkennbar nur aus sehr besonderen, ausgesuchten Informationsquellen gespeist war. Viele Tatsachen und Argumente waren schlicht unbekannt. In Deutschland, so mein Eindruck, unterhält sich niemand mit jenen Abgeordneten, lediglich sie sich untereinander. Das scheint mir problematisch.

Der Fall Skripal und der Mord im Tiergarten

Beharrlich und bis zum Äußersten alles zu leugnen – davon war der »Fall Skripal« geprägt, der zu Beginn des Jahres 2018 das Verhältnis Großbritanniens und des gesamten Westens zu Russland massiv belastete. Was zunächst völlig unvorstellbar erschien, erwies sich mehr und mehr als wahr: Mitarbeiter des Militärgeheimdienstes GRU hatten in England mithilfe eines Nervengiftes einen Anschlag auf einen ehemaligen russischen Geheimagenten verübt. 2006 hatte es einen sehr ähnlich gelagerten Fall gegeben: In London war der ehemalige KGB- und FSB-Agent Alexander Litwinenko, ebenfalls ein Überläufer, von russischen Agenten mit radioaktivem Polonium ermordet worden.

Die russische Reaktion im Fall Skripal bestand anfangs aus einer Mischung aus Empörung, Ablenkung und dem Versuch, die von Großbritannien vorgelegten Beweisketten ins Lächerliche zu ziehen, bis es schließlich gelang, die Attentäter eindeutig zu identifizieren. Wie zahlreiche andere Länder wies auch Deutschland daraufhin russische Botschaftsmitarbeiter aus – in unserem Fall nicht allein wegen des präzedenzlosen Einsatzes eines Nervenkampfstoffes durch den russischen Geheimdienst, sondern auch unter Hinweis auf die kürzlich erfolgten Hackerattacken auf den Bundestag und das Auswärtige Amt.

Seither wussten wir, dass es eine Frage der Zeit sein würde, bis auch die russische Regierung Mitarbeiter unserer Botschaft ausweisen würde. So wurde ich eines Tages ins Außenministerium einbestellt, wo mir eine »Verbalnote« überreicht wurde, ein förmliches Schreiben, in dem die Namen der vier betroffenen Kollegen aufgeführt waren. Das kurze, bei dieser Gelegenheit geführte Gespräch war weder unfreundlich noch sonderlich konfrontativ. Eine Bemerkung machte mein Gesprächspartner dann aber doch noch, schließlich wollte man die Ausweisung von Diplomaten mit mehr begründen als nur dem Argument »Wie du mir, so ich dir«. Sie alle hätten sich, so erklärte er mir, in einer Weise verhalten, die nicht mit dem diplomatischen Status vereinbar sei. Ein verklausulierter Hinweis auf geheimdienstliche Tätigkeit. Meine Erwiderung quittierte er schweigend: Wir wüssten doch beide ganz genau: An der Deutschen Botschaft in Moskau gebe es keinen einzigen Diplomaten, der in Wirklichkeit ein nicht erklärter Mitarbeiter eines deutschen Nachrichtendienstes ist. An den russischen Auslandsvertretungen in Deutschland verhalte sich das anders.

Die Aufklärung des »Falles Skripal« hielt die russischen Nachrichtendienste nicht davon ab, mit tödlichen Aktionen im Ausland fortzufahren. Seine führende Rolle aufseiten der tschetschenischen Separatisten bedeutete das Todesurteil für einen Georgier, der im August 2019 am helllichten Tage im Berliner Tiergarten hinterrücks erschossen wurde. Er war nicht das erste solche Opfer: Niemand, den Russland als Gegner in jener Auseinandersetzung identifiziert hatte, ob Überläufer oder Terrorist, sollte sich sicher fühlen, nirgends. Die Belege verdichteten sich rasch, dass die Spur nach Russland führte, doch alle Bemühungen der Bundesregierung, die russische Seite zur Zusammenarbeit zu bewegen, schlugen fehl. Auf einer gemeinsamen Pressekonferenz mit Präsident Putin im Dezember 2019 anlässlich eines Ukraine-Gipfels forderte die Bundeskanzlerin daher die russische Regierung zur Kooperation auf. Nicht mehr.

Die Antwort des russischen Präsidenten? Bezichtigung des Opfers, der »ein Bandit, ein brutaler und blutrünstiger Mann« gewesen sei. Kein Wort des Bedauerns. Stattdessen Schuldzuweisung an Deutschland: »Die russische Seite hatte mehrmals darum gebeten, diesen bewaffneten Verbrecher, diesen Mörder, auszuliefern«, empörte sich Wladimir Putin. Doch die deutsche Seite habe sich verweigert. Hätte die Bundeskanzlerin hiervon wissen können? Nein: Wenige Tage später musste der russische Präsident auf einer anderen Pressekonferenz einräumen, dass es ein solches Auslieferungsersuchen in Wirklichkeit nie gegeben hatte. Im Juni 2020 erhob der Generalbundesanwalt Anklage gegen den Todesschützen aus dem Tiergarten und äußerte den Vorwurf, der Auftrag für den Mord sei von der russischen Regierung erteilt worden.

Ruthenium-106

Samstag, 7. Oktober 2017. In der Residenz erreicht mich ein Anruf aus der Leitungsebene des Auswärtigen Amtes. In Deutschland, Frankreich, Italien, Norwegen hatten Messstationen erhöhte Werte des radioaktiven Stoffes Ruthenium-106 in der Luft gemessen. In der dort gemessenen Konzentration nicht gesundheitsgefährdend, doch irgendwo musste es einen Zwischenfall gegeben haben. Aufgrund der Ausbreitung ließen die Spuren sich zurückberechnen: der Vorfall muss sich zwischen dem 26. und dem 29. September zugetragen haben, südlich des Ural, wohl im Gebiet der kerntechnischen Anlage Majak. Ob wir der Angelegenheit nachgehen könnten.

Majak: 1957 hatte sich hier der nach Tschernobyl und Fukushima drittschwerste Nuklearunfall der Geschichte zugetragen, immer wieder ist es zu Störfällen gekommen. Und in Majak befindet sich Russlands Anlage zur Wiederaufarbeitung von Kernbrennstoffen – hierfür braucht man Ruthenium-106. Der Leiter der Wirtschaftsabteilung rief im Katastrophenschutzministerium an. Ergebnis: »Wir verfügen über keine entsprechenden Informationen.« Aber die Botschaft könne ja in der betreffenden Region anrufen, im Gebiet Tscheljabinsk. Anruf dort. Ergebnis: »Wir verfügen über keine entsprechenden Informationen.« Also schickte ich meinem Ansprechpartner im Außenministerium eine SMS. Ob wir aus dringendem Grund telefonieren könnten.

Abteilungsleiter N. rief umgehend an – und war empört: »Unglaublich! Bloß weil damals Tschernobyl … soll immer gleich Russland … Äußerst unwahrscheinlich.« Aber er werde sich erkundigen. Eine Stunde später rief er zurück: Es gebe in Russland keine entsprechenden Messungen oder Vorkommnisse. Er habe allerdings eben mal selbst im Netz recherchiert, und da Berichte über Vorfälle in der Ukraine im Raum Kiew gefunden. Leider gebe es in der letzten Zeit ja immer wieder Gerüchte und Behauptungen, die Russland schadeten und die sich dann als falsch erwiesen, aber ganz unnötig politisiert würden …

Wir reichten eine schriftliche Bitte um Aufklärung nach und hörten nichts mehr von der Angelegenheit.

Ende November entdeckte der aufmerksame Wissenschaftsreferent der Botschaft eine Meldung des russischen Wetterdienstes. Ende September habe es in Teilen des Landes eine »äußerst hohe« Konzentration von radioaktivem Ruthenium-106 gegeben, die höchste stamme aus einer Messstation 30 km entfernt von Majak: die 986-fache Menge des erlaubten Wertes. Ich habe den Artikel mit einer Visitenkarte von mir »mit freundlichen Grüßen« dem Kollegen N. im Außenministerium geschickt. Der Vorfall, der in der Region selbst schlimme Folgen gehabt haben muss, war nie wieder Thema zwischen uns.

Politik mit Paramilitärs

Noch ein Wort zum harmlosen Koch Jewgeni Prigoschin. Im November 2018 stieß die unabhängige Zeitung »Nowaja Gaseta« auf ein Video, das ein offizielles Treffen des libyschen Rebellenführers Haftar mit dem russischen Verteidigungsminister Schoigu in Moskau zeigte. Neben dem russischen Verteidigungsminister am Verhandlungstisch: Jewgeni Prigoschin.

In Libyen kämpft Haftar gegen die nationale Einheitsregierung, die durch Vermittlung der Vereinten Nationen gebildet worden ist. Ausgebildet wurde er unter anderem in der Sowjetunion. Russland unterstützt ihn – offiziell nur so weit, wie Sanktionsbeschlüsse der Vereinten Nationen dies zulassen. Hartnäckig halten sich gleichwohl Gerüchte, an seiner Seite kämpften bis zu 3000 Söldner der russischen paramilitärischen Wagner-Gruppe. Der russische Staat hat mit dieser angeblich überhaupt nichts zu tun, regelmäßig wird jedoch von ihrem Einsatz an genau solchen Orten berichtet, an denen Russland gerne Interessen durchsetzen, aber keine regulären Truppen einsetzen möchte: in der Ostukraine, in Zentralafrika, im Sudan, in Syrien – und eben in Libyen. Gesteuert wird die Wagner-Gruppe, so das Ergebnis journalistischer Recherchen, wohl vom russischen Militärgeheimdienst GRU.

Private Militärunternehmen sind in Russland verboten, ebenso die Teilnahme an deren Einsätzen. Anfang 2017 trat allerdings ein neues Gesetz in Kraft, das jeden russischen Bürger, der »internationale terroristische Aktivitäten außerhalb des Territoriums der Russischen Föderation verhindert«, einem Angehörigen des russischen Militärs gleichstellt. Außenminister Lawrow forderte ein Jahr später auf einer Pressekonferenz, dass man die Tätigkeit entsprechender Unternehmen insgesamt legalisieren sollte.

Drei russische Investigativ-Journalisten, die versuchten, in der Zentralafrikanischen Republik Berichte aufzuklären, denen zufolge Wagner-Leute dort im Einsatz waren und diesen über Erlöse aus den Rohstoffverkäufen des Landes finanzierten, wurden vor Ort von Unbekannten getötet. Ein Journalist, der über den Einsatz der Wagner-Gruppe im Syrien-Konflikt recherchierte, fiel in Jekaterinburg von einem Balkon im fünften Stock.

In Syrien wurde der Einsatz der Wagner-Söldner offensichtlich dadurch finanziert, dass 25 Prozent der Einnahmen aus Ölquellen, die sie für die Regierung in Damaskus zurückerobern, an die russische Firma Evro Polis fließen. Als Inhaber des Firmennetzwerkes, zu dem Evro Polis gehört, gilt gemeinhin Jewgeni Prigoschin. Sich selbst finanzierende Auslandseinsätze in Russlands Interesse, mit denen der russische Staat nichts zu tun hat: eine ideale Konstruktion. Nun saß der harmlose Koch also neben dem russischen Verteidigungsminister, dem libyschen Rebellenführer Haftar gegenüber, der vor allem die Eroberung der großen libyschen Ölfelder im Auge hatte. Prigoschin habe dort wohl nicht gesessen, so mutmaßte die »Nowaja Gaseta« süffisant, um gastronomische Fragen zu besprechen.

DIE GEFAHR EINES NEUEN WETTRÜSTENS

Zu den Problemen, die Russland und den Westen entzweien, gehören zunehmend wieder Fragen der militärischen Sicherheit, auch wenn das angesichts anderer großer Themen oft nicht so präsent ist. Wird heute von »Nachrüstung« gesprochen, so kann es in einer deutschen Debatte unserer Zeit dabei eigentlich nur um eines gehen: um den Versuch, mithilfe eines »Upgrades« sicherzustellen, dass die Fahrerlaubnis für den alten Diesel in der Garage nicht erlischt. 40 Jahre ist es her, dass der gleiche Begriff eine völlig andere, hoch emotionalisierte Bedeutung hatte: Mit ihrem Doppelbeschluss reagierte die NATO auf die Stationierung sowjetischer Mittelstreckenraketen vom Typ SS-20, unter anderem in der DDR. Dagegen rüstete das westliche Bündnis mit eigenen Kapazitäten nach und verlangte gleichzeitig Verhandlungen der Supermächte über die Stationierung solcher Raketen in Mitteleuropa. Massenhaft protestierten Menschen in der Bundesrepublik Deutschland gegen eine Entwicklung, die sie als Vorstufe zur endgültigen Apokalypse betrachteten, mutig auch einige wenige in der DDR.

Das schier Unvorstellbare gelang. 1987 einigten die USA und die Sowjetunion sich im INF-Vertrag darauf, sämtliche an Land stationierten atomaren Raketen mittlerer Reichweite – von 500–5000 km – und ihre Trägersysteme zu vernichten. Der INF-Vertrag war insofern etwas Besonderes, als er ein Waffensystem vollständig aus der Welt schaffte. Doch es gelang, auch andere eindrucksvolle Vereinbarungen abzuschließen, die die Zahl von Systemen oder Waffen zumindest erheblich verringerten: so in den Abkommen über die Reduzierung von Raketen noch größerer Reichweite, in einer Vereinbarung, die klassische Armeen und ihre Waffen begrenzte, und in einem Vertrag, der die Zahl von Systemen begrenzte, mit denen angreifende Raketen bekämpft werden konnten. In der OSZE wurden Verabredungen getroffen, die das Wissen um die militärischen Fähigkeiten der Partner und die Kenntnis von den Vorhaben anderer Militärmächte erhöhten, einschließlich konkreter Verabredungen zu gegenseitiger Inspektion, Transparenz und regelmäßigem Informationsaustausch.

Auf allen Seiten reduzierten sich Waffensysteme und Armeen in teils dramatischem Umfang. Sowjetische Panzer wurden mit Beton gefüllt und ins Kaspische Meer gerollt, in Deutschland schlossen die Kasernen, und nicht länger war über unseren Köpfen der erschütternde Knall der Militärjets zu hören, wenn sie bei ihren Übungsflügen die Schallmauer durchbrachen. Doch die Zeiten änderten sich, neue Waffensysteme, die niemand hatte vorausahnen können, wurden entwickelt, Verträge, die auf eine bestimmte Zeit geschlossen worden waren, liefen aus, und eine wachsende Zahl von Ländern stellte ebensolche Mittelstreckenraketen auf, wie die USA und Russland sie abgeschafft hatten.

Und die geopolitischen Gegebenheiten änderten sich. Plötzlich wuchs, seit 2014, wieder die Sorge, in Europa könnte es zu einem großen Krieg kommen. Und wieder war da die alte Konstellation, die eben nicht grundsätzlich überwunden worden war: hier Russland, dort der Westen. Im Kaliningrader Gebiet stationierte Russland nuklearbestückte Mittelstreckenraketen, was gegen den INF-Vertrag verstieß. Die russische Behauptung, sie flögen »vertragskonform« lediglich 495 km weit, bot fragwürdigen Trost: Das würde es ihnen zwar nicht erlauben, Berlin-Spandau zu erreichen – aber bis zum Reichstagsgebäude dürfte es langen, von großen Teilen Polens und dem Gebiet aller drei baltischen Staaten einmal ganz abgesehen. Russland wirft im Gegenzug den USA vor, mit einem modernen System der Raketenabwehr, das in Ostmitteleuropa stationiert ist, Russlands Fähigkeit zu unterlaufen, auf Angriffe zu reagieren. Den entsprechenden Vertrag, der solche Stationierung untersagte, hatten die USA mit dem Argument gekündigt, man müsse in der Lage sein, sich gegen irakische oder iranische Raketen zu schützen.

Da verwunderte es nicht, dass Präsident Putin im März 2018, in einer dramatisch aufgeladenen Rede an die Nation, neue eigene Waffen vorstellte, unterlegt von Bildsequenzen wie aus Videospielen. Von neuen Systemen sprach er, deren »Flugweite nahezu unbegrenzt ist«, und über unbemannte Luftfahrzeuge, die »geräuscharm, wendig und für den Feind praktisch unverwundbar« seien. Hyperschallwaffen habe man entwickelt, das System »Awangard«, das von keiner Rakete der Welt abgefangen werden könne. »Sie gehen wie ein Meteorit zum Ziel, wie ein brennender Ball, wie ein Feuerball.« Unter großer Aufmerksamkeit der russischen Medien wurde Ende 2019 das erste solche »Awangard«-System in Dienst gestellt: Nuklear bestückte Gleiter, die bis zum letzten Moment in der Lage sind, ihren Kurs zu ändern und bis zu 25-fache Schallgeschwindigkeit erreichen sollen. Das macht die Entwicklung besonders gefährlich: Es reduziert die Zeit gegen Null, die der gegnerischen Seite verbleibt, die eigene Reaktion zu bedenken. Im März 2020 testeten auch die USA einen Hyperschall-Gleiter.

Dennoch gilt der schreckliche alte Satz weiter, der das Funktionieren der Abschreckung gewährleistet: »Wer als Erster schießt, stirbt als Zweiter.« Wesentlicher Teil der russischen Aufrüstung ist daher auch die Drohgebärde, das Spiel mit den Ängsten im Westen. Präsident Putin machte in seiner Rede 2018 daraus kein Hehl: Russland habe seit Langem aus seinen »Plänen nie ein Geheimnis gemacht, sondern offen darüber gesprochen, um vor allem unsere Partner zu Verhandlungen zu ermutigen … Trotz aller Probleme, die wir in der Wirtschaft, im Finanzwesen, in der Verteidigungsindustrie und in der Armee hatten, blieb und bleibt Russland überraschenderweise die größte Atommacht. Nein, niemand wollte ernsthaft mit uns sprechen, niemand hörte uns zu. Hört jetzt zu!«

Ganz unabhängig von diesem drohenden Appell besteht dringender Bedarf, über die Gefahren eines neuen Wettrüstens zu reden, um eine Konfrontation ohne klare Regeln, vertrauensbildende Maßnahmen und regelmäßige Gespräche zu vermeiden. Ja, Russland hat nicht bloß Verteidigungssorgen, es ist, wie gezeigt, bereit zu aggressivem Handeln. Aber wir sollten nicht erst dann miteinander sprechen, wenn der andere als Spielverderber auftritt. Mit seiner Ankündigung, amerikanische Truppen von Deutschland nach Polen zu verlegen, lieferte Präsident Trump im Sommer 2020 Russland einen handfesten Grund, »den Westen« des Regelbruchs zu zeihen: Die US-Pläne verstießen gegen die Verabredungen der NATO-Russland-Grundakte, mochte Russland diese mit seinem Vorgehen gegen die Ukraine auch selbst bereits gebrochen haben.

Eine Reihe der genannten großen Verträge betrifft uns Deutsche sehr konkret – ohne dass wir Vertragspartei wären: Nuklear bestückte Mittelstreckenraketen stellen eine Bedrohung Mitteleuropas dar –, aber nur die Nuklearmächte können über ihre Existenz oder Begrenzung verhandeln. Deutschland hat daher eine Allianz mit fünfzehn anderen Nicht-Nuklearmächten gebildet, um Druck auf die Atommächte auszuüben, damit diese abrüsten bzw. Verhandlungen führen, um Verträge zu bewahren oder neu abzuschließen. In den zurückliegenden Jahren hat die Bundesregierung überdies Gespräche angestoßen, die sich Rüstungsbereichen widmen, über die bislang noch niemand verhandelt: Ultraschallwaffen, hyperschnelle Waffen, Mittel des Cyberraumes. In der OSZE läuft seit 2016 auf deutsche Initiative hin ein weiterer Prozess, der der Überlegung folgt: Lasst uns nicht nur zählen, wer wie viele Panzer und Artilleriegeschütze hat, sondern auch in den Blick nehmen, was diese Waffen – und neue Fähigkeiten – im Verbund miteinander leisten können. Sicherheit entsteht auch in vielen kleinen Schritten.

Seit den späten sechziger Jahren ist die NATO einen erfolgreichen Weg gegangen: den der entschlossenen und geschlossenen Bereitschaft zur Abwehr und zugleich der beharrlichen Bereitschaft zu Dialog und Austausch. Das eine funktioniert nicht ohne das andere. Wenn Deutschland in seinen eigenen Verteidigungsanstrengungen ausreichend Verantwortung übernimmt, können wir als starker Partner bei den anderen NATO-Staaten glaubwürdig dafür werben, mit Russland einen engen und substanziellen Dialog zu führen: darüber, was wir wechselseitig als Bedrohung empfinden, darüber, wie wir ungewollte Zwischenfälle oder gar Eskalationen vermeiden können, darüber, welche Bereiche der Zusammenarbeit wir im Guten sehen.

Russland sagt, es fühle sich von der NATO bedroht. Das ist aus unserer Sicht unzutreffend und lenkt überdies davon ab, dass es Russland war, das gegen die Ukraine Gewalt angewendet hat. Dennoch lohnt der Blick auf die Frage: Wo sieht Russland seine roten Linien? In einem Interview mit dem österreichischen Fernsehen im Juni 2018 hat Wladimir Putin deutlich gemacht, was ihn im Hinblick auf die NATO-Präsenz besorgt und wo er für Russland eine Grenze sieht: »Was die Neutralität [der Ukraine] angeht, so muss diese Frage das ukrainische Volk selbst entscheiden«, hat er dort gesagt. »Für Russland ist vor allem wichtig, dass auf ukrainischem Gebiet keine militärischen Einrichtungen entstehen, die unsere Sicherheit gefährden könnten. Zum Beispiel neue Raketenabwehrsysteme, von denen die Wirksamkeit unseres Atomwaffenarsenals eingeschränkt würde … Aber letzten Endes ist das die Entscheidung des ukrainischen Volkes und seiner legitim gewählten Staatsorgane.«

TEIL II – DIE GEGENWART DER VERGANGENHEIT

MENSCH UND MACHT

Moskau ist nicht wiederzuerkennen

Auf dem Bürgersteig war eine Platte abgebrochen, es klaffte ein Loch. Der kleine Junge, der mit seiner Mutter ging, blieb mit dem Fuß hängen und fiel hin. Lautes Heulen. Die Mutter griff ihn bei der Hand, zog ihn hoch und meinte vorwurfsvoll: »Pass doch auf!« Dann strich sie ihm liebevoll über den Kopf, und weiter ging es.

Keine Empörung darüber, dass der Staat oder der Anrainer des Gehwegs oder wer auch immer das Loch vielleicht hätte absperren sollen. Aufpassen kann man schließlich selbst. Unvorhersehbar gefährlich wird es auf russischen Bürgersteigen höchstens im Winter, wenn Schneelasten oder spitze Eiszapfen von den Dächern zu stürzen drohen. Dann wird der Gehweg abgesperrt, und auf den Dächern stehen Männer, die die Lasten und Zapfen lösen und hinunterwerfen. Folgten sie den Vorschriften, müssten sie gesichert sein. Doch dann würde alles viel zu lange dauern, scheinen viele von ihnen zu meinen. Und überhaupt ist es unmännlich, sich allzu sehr zu sichern.

Das Leben ist voller Gefährdungen, und der Einzelne hat gelernt – oder lernt eben, wie jener kleine Junge oder die Arbeiter auf dem winterlichen Dach –, dass er sich dagegen selbst schützen muss. Der Staat stellt Dienstleistungen zur Verfügung: Bildung, Transport, Sauberkeit, eine gewisse Gesundheitsfürsorge – und Sicherheit. Waren meine Frau und ich abends zu Fuß in der Stadt unterwegs, haben wir uns in Moskau sicherer gefühlt als in manch deutscher Großstadt. Der Preis dafür ist eine quasi lückenlose Überwachung des öffentlichen Raumes (und gegebenenfalls natürlich auch des privaten). Der Bürger weiß, dass die Macht ihn im Blick hat und mit ihr nicht zu spaßen ist und dass sie auch rasch bereit ist, ihn zu strafen. »In Moskau gibt es 178 000 Kameras, viele davon mit Gesichtserkennung«, meldete die staatliche Nachrichtenagentur TASS, als es im März 2020 darum ging, den Bürgern zu versichern, die Ausbreitung des Corona-Virus lasse sich kontrollieren.

Der Bürger ist für den Staat da, nicht der Staat für den Bürger. Ihn allzu sehr zu umsorgen, dafür ist der Staat nicht zuständig. Höchstens, ihn zu unterhalten, insbesondere dann, wenn die Zeiten schwierig sind und die Stimmung des Bürgers allzu missmutig werden könnte. In den fünf Jahren, die wir in Moskau gelebt haben, wurde die Stadt immer mehr herausgeputzt. Öffentliche Plätze und Wege wurden mit wunderbaren Platten ausgelegt. Da sich hartnäckig das Gerücht hielt, hieran verdiene insbesondere die engere Umgebung des Oberbürgermeisters, die Medien mit Kritik jedoch besser vorsichtig sind, titelte die Wirtschaftszeitung RBK im Juni 2016: »Moskau renoviert seine 2015 renovierten Straßen«. Die Fassaden wurden neu gestrichen und mit Beleuchtungen versehen, Radwege wurden angelegt und aufwändige Straßenfeste veranstaltet. Es gab neue Parks und im Winter auf den Plätzen und in den Grünanlagen phantastische Lichtspiele, die überdimensionale Weihnachtsdekorationen, Palastfassaden und Schneelandschaften simulierten. In Moskau wurde mehr Geld für Verschönerungen ausgegeben als in allen anderen russischen Städten zusammen, allein in den ersten zehn Monaten 2019 lag der Betrag höher als jener für alle Bildungsausgaben der Stadt in jenem Jahr. Anders als früher waren im Zentrum so gut wie nie Obdachlose oder Bettler zu sehen. Das hieß natürlich nicht, dass es solche nicht gab. Ein Hilfswerk berichtete uns, wie es sie im Winter in den Außenbezirken der Städte zu unterstützen versuchte. Es gab keine Graffitis, und selbst bei einsetzendem Regen waren die Reinigungsfahrzeuge der Stadt in eindrucksvoller, versetzter Fahrt unterwegs, vier Spuren gleichzeitig, um Schmutz und Staub von den Straßen zu spritzen.

»Ja, es ist schön geworden, Moskau ist kaum wiederzuerkennen«, räumte eine kritische Intellektuelle im Gespräch ein.

Doch mit Blick auf die flächendeckende Überwachung, auf den Umgang mit Obdachlosen und Bettlern, auf die Verdrängung von Kleinhändlern, fügte sie hinzu: »Aber es ist eine böse Sauberkeit.«

Straßen werden in Moskau im laufenden Verkehr repariert, absolut eindrucksvoll. Jeder weiß, worauf er zu achten hat. Auch ohne Absperrung ist es ja sinnvoll, nicht mit einer Baumaschine zu kollidieren, und der Straßenarbeiter wird Sorge tragen, nicht unter die Räder der Maybachs und Bentleys zu geraten, die in Moskau präsenter sind als in Zürich, London oder New York. Während man sich in Deutschland gelegentlich fragt, was es mit einer Absperrung auf sich hat und wann dort wohl mit Reparaturarbeiten begonnen werden wird, ist die russische Straße längst repariert. Vielleicht nicht in so guter Qualität und nicht so lange haltbar, aber es geht. In der fernen Provinz werden die Straßen möglicherweise nicht repariert, aber dann kennt jeder eben die Schlaglöcher und weiß, wie er sie zu umkurven hat. Das Stadt-Land-Gefälle ist eine der großen Herausforderungen Russlands, immer weiter entfernt sich die Wirklichkeit in den wenigen wohlhabenden Zentren von jener in den oft klammen und vernachlässigten Regionen. »Moskaus größtes Problem ist es«, seufzen die Hauptstädter dann gerne mal, »dass es auf allen Seiten von Russland umgeben ist!«

Apropos Verkehr: Postsowjetischer Wohlstand hatte in Moskau und anderen Städten zu immer katastrophaleren Verhältnissen auf den Straßen geführt. Nicht nur durch Verstopfungen. Der russische Bürger hatte die Regeln selbst in die Hand genommen, parkte in dritter Reihe, wich über die Gehwege aus, setzte sich Blaulichter aufs Dach, um schneller voranzukommen. Die Antwort des Staates war ebenso drastisch wie effektiv: Verknappung der Fahrspuren und des Parkraumes, ständig zirkulierende, giftgrün-sichtbare Abschleppfahrzeuge, hohe Geldbußen. Das funktioniert natürlich nur, weil ein dichtes, mit hohem Tempo weiter ausgebautes öffentliches Verkehrssystem Entlastung bietet. Niemand kommt in Moskau auf die Idee, auf den Fahrplan der Metro zu schauen: die Züge in den kunstvollen Palaststationen der Stalin-Zeit fahren alle 120 Sekunden und erreichen immer neue, weiter außerhalb gelegene Ziele.

Wer dennoch mit dem Auto in die Innenstadt fahren will, zahlt und verlängert sein Parkticket längst mit dem Handy – wie sich darüber auch zuverlässig, minutengenau und mit vorher angegebenem Preis ein Taxi ordern lässt. Die Kontrolle der parkenden Fahrzeuge erfolgt per Kamera, die in die vorbeifahrenden Autos der Stadtverwaltung eingebaut sind. Diese gleicht auf digitalem Wege ab, ob die Parkgebühr entrichtet ist. Der findige und im Kern zur Anarchie bereite Bürger wehrt sich ab und an dagegen: Dann verwirrt er die Kamera der Obrigkeit und überklebt Zahlenkombinationen seines Kennzeichens. Oder er vergisst, an seinem blitzblanken Auto den Winterdreck vom Nummernschild abzuwischen. Lässt der Staat ihm das durchgehen? Nun, es kommt darauf an – wie groß, schwer und eindrucksvoll das entsprechende Auto ist. Vor der Residenz des deutschen Botschafters besteht, vor allem aus Sicherheitsgründen, Halteverbot. Auf dem Bürgersteig steht das kleine Wachhäuschen eines freundlichen russischen Milizbeamten, der die Residenz be-wacht oder über-wacht oder was auch immer. Steht ein alter Lada im Halteverbot, gibt es richtig Ärger. Die Stimme des freundlichen Milizbeamten wird entschieden und drohend. Steht dort ein »Gelendwagen«, lässt man dessen Fahrer besser in Ruhe.

Der »Gelendwagen« ist zumeist ein Gefährt der Mercedes G-Klasse, eigentlich immer schwarz, irgendwie noch zusätzlich veredelt und auf jeden Fall mit abgedunkelten Scheiben. Da könnte es dann ja sein, dass der Fahrer Freunde hat. Oder Verbindungen zum Chef. Da hält man sich als Milizbeamter mit schmalem Gehalt und kleinen Träumen doch lieber raus.

Land der Ungleichheit

Den Menschen in Russland steckt noch in den Knochen, wie gefährlich es zu allen Zeiten gewesen ist, den Kopf zu weit herauszustrecken. Aber auch, wie vergleichbar sehr viel schlechter es ihnen zu sowjetischen Zeiten ging und wie schwierig der Umbruch, wie groß die Ungewissheiten in den neunziger Jahren waren. »Ja, es könnte natürlich besser sein, aber es ist doch auch so viel besser als damals«, ist eine häufig zu hörende Feststellung. In immer noch postsowjetischer Zeit sind die Menschen dabei, sich kleine Inseln privaten Glücks einzurichten, ist das Land noch auf dem Wege, seinen Lebensstandard zu erhöhen. Zwar verfügt inzwischen jeder Bürger statistisch über mehr als ein Mobiltelefon, doch ansonsten fühlt man sich mancherorts an das Deutschland der sechziger Jahre erinnert.

Wer will, findet Arbeit – dass der Lohn für das tägliche Leben vielfach kaum ausreicht, steht auf einem anderen Blatt. Dann kümmert man sich eben um eine zweite oder gar dritte Arbeitsstelle. Wie müde und überarbeitet sehen die Menschen oft in der U-Bahn aus. Doch was wollte man ändern – und wie? Wie gut, dass Ordnung herrscht und keine Ungewissheiten drohen. Und es gibt ja auch noch die »Babuschka«, die Großmutter, die auf der Datscha Obst und Gemüse anbaut und zum Familienunterhalt beitragen kann, weil sie nach ihrer frühen Pensionierung nun eine »unversteuerte« Beschäftigung hat. 20 Prozent des russischen Volkseinkommens, so schätzt die staatliche Finanzaufsicht, werden in der Schattenwirtschaft verdient. Doch in den zurückliegenden Jahren ist es für die meisten Menschen schwieriger geworden, mit Einkünften zurechtzukommen, die Jahr für Jahr weniger wert wurden. »Wie geht es dem Land? Gut. Aber so kann es nicht weitergehen!«, lautet ein russisches Bonmot.

Wladimir Putin ist wahrlich nicht leicht in Verlegenheit zu bringen. Sinaida Belikowa gelingt dies dennoch, als der Präsident am 19. Februar 2020 in Sankt Petersburg nach einem offiziellen Termin ein Bad in der Menge nimmt. »Was meinen Sie«, fragt die Rentnerin ihn vor laufenden Kameras, »kann man in diesem Land mit den 10 800 Rubel (also etwa 130 Euro) überleben, die ich bekomme? Sie verdienen doch bestimmt 800 000 im Monat!« Andere in Russland verdienten mehr, weicht der Präsident aus, gesteht dann aber ein, dass es mit

Belikowas Rente wohl »sehr schwer« sei. Sie liegt – so, wie lange Jahre auch der Mindestlohn – unterhalb jener Grenze, die der Staat als Existenzminimum festgelegt hat.

Dies Schicksal teilt sie mit rund 20 Millionen Menschen. 2013 waren es 15,5 Millionen – und würde der Staat nicht Millionen Rentnern zusätzliche Sozialleistungen zukommen lassen, lebten heute nicht 20, sondern 25 Millionen Menschen in Russland in Armut, einem Land mit 144 Millionen Einwohnern.

40 Prozent der Russen geben die Hälfte ihres Einkommens für Lebensmittel aus, ergab eine Umfrage Anfang 2020, weitere 21 Prozent einen noch größeren Teil. Im Zuge der Corona-Pandemie erhöhten diese Zahlen sich weiter. Die realen Einkommen sind seit Jahren rückläufig bzw. stagnieren, viele Menschen haben keine Rücklagen. Ergebnis: Die Menschen leihen sich in großem Umfang Geld. Mitte 2019 warnte die Chefin der Zentralbank, die private Verschuldung habe einen historischen Höchststand erreicht, 54 Prozent der arbeitenden Bevölkerung hätten mindestens einen Kredit aufgenommen. Der Wirtschaftsminister fügte sorgenvoll hinzu, hier bilde sich eine Finanzblase, die spätestens 2021 platzen werde, würde nichts dagegen unternommen. 15 Prozent der Schuldner, so sein Ministerium, mussten mehr als 70 Prozent ihres Einkommens für Ratenzahlungen aufbringen. Im ersten Quartal 2020, bevor die Corona-Krise sich auch in Russland umfassend entfaltete, stieg die Zahl privater Insolvenzen im Vergleich zum Vorjahr um 68 Prozent.

Besonders stark sind junge Familien und Menschen außerhalb der großen Städte von Armut betroffen. In einem Land, das sowieso schon mit Bevölkerungsrückgang zu kämpfen hat, führt dies dazu, dass Familiengründungen aufgeschoben werden und weniger Kinder zur Welt kommen. »Den Menschen geht es immer schlechter«, beschrieb der Schriftsteller Wladimir Sorokin die Lage im Lande, als wir uns kurz vor Ende meiner Moskauer Zeit noch einmal trafen. »Und es ist wie zu Sowjetzeiten: die Führung weiß es, sie will es ändern – und es gelingt ihr nicht. Russland ist unfähig zum Wandel.«

Ja, Präsident Putin weiß, wie brisant die Lage ist, welche Auswirkungen soziale Unzufriedenheit auf die innere Stabilität des Landes haben kann. Als Auftakt seiner vierten Amtszeit skizzierte er daher 2018 dreizehn »Nationale Projekte«, mit deren Hilfe das Land entwickelt und der Lebensstandard der Bevölkerung gehoben werden sollte. Als erhoffte Effekte sich Anfang 2020 nicht im gewünschten Umfang eingestellt hatten, wurde die Regierung ausgewechselt, und der Präsident und die neue Mannschaft verkündeten erneut umfassende Programme, um die soziale Lage der Menschen zu verbessern. Er halte die Pläne der Regierung, die Armut zu bekämpfen, für unrealistisch, erklärte daraufhin der Rechnungshof des Landes, der mit umfassenden Aufsichtspflichten ausgestattet ist.

Doch nicht allen geht es schlecht. Das Wirtschaftsmagazin »Forbes« führte Anfang 2020 99 russische Milliardäre in seiner Liste. Wieso eine solche Liste in Russland überhaupt veröffentlicht werden könne, fragte ich einmal einen Verantwortlichen bei »Forbes«. »Nun ja, einerseits bekommen wir zwar jedes Mal Beschwerden: ›Ich gehöre eigentlich weiter nach vorn in der Liste!‹ Andererseits ›lebt sie‹ davon, dass nicht alle drauf sind ...« Aber auch die Zahl der nicht ganz so Reichen ist nicht zu verachten: 9000 Russen verfügten 2019 über ein Vermögen von mehr als 30 Millionen Dollar, vier Prozent mehr als im Vorjahr. Die Schere zwischen Arm und Reich klafft immer weiter auseinander. Es gibt eine international akzeptierte Methode, dies zu berechnen, den so genannten »Gini-Koeffizienten«. Ihm zufolge rangiert Russland regelmäßig auf den hinteren Plätzen. Ein besonders problematischer Effekt: Die von jeher nicht sehr stark ausgebildete Mittelschicht schrumpft kontinuierlich.

Natürlich weiß das Volk um die angehäuften Reichtümer der wenigen – und wie diese häufig zustande kommen, vor allem bei jenen, die an den Fleischtöpfen der Macht sitzen. »Alles Diebe, die da oben!«, heißt es dann. Aber die machen eben, was sie wollen, und so war es immer. Und die an der Macht sorgen ja auch irgendwie dafür, dass es irgendwie vorwärts geht. Oder zumindest nicht wieder abwärts. Und dass Russland ein respektiertes Land ist. Das ist wichtig. Verhöhnt hat die Welt die zusammenbrechende Sowjetunion, wie einen Tanzbären hat sie Russland am Nasenring durch die internationale Arena geführt. Der Stolz auf das Land, der Stolz darauf, in den so schwierigen Sowjetzeiten bestanden zu haben, der Stolz darauf, im »Großen Vaterländischen Krieg« die Faschisten quasi im Alleingang besiegt zu haben, das trägt. Wie die »Rückkehr« der Krim in das russische Reich. Und das kompensiert so manche Beschwernisse des Alltags.

Der russische Bauer spannt lange an …

Aber alles lässt man sich nicht gefallen. Wenn die Kinder krank werden, weil die benachbarte Müllkippe giftige Gase absondert, dann sind die Mütter auf den Straßen, im heiligen Zorn. Und die Macht weiß sehr genau, dass es nun gefährlich wird, dass die Mütter recht haben. Also werden schnell Bürgermeister oder Müllkippenchefs entlassen, dann wird von ganz oben Abhilfe versprochen und Entschädigung gezahlt. Dass bloß kein Unmut überschwappt. Und sich größere, neue Ziele sucht. Dass das geschehen könnte, ist die beständige Angst der Führung.

Schwierig wird es auch dort, wo selbst grundlegende Dienstleistungen nicht mehr gewährleistet sind. Die Corona-Pandemie zeigte, in welch desolatem Zustand das Gesundheitssystem ist: veraltet, unterfinanziert und von Korruption geplagt. Nicht nur im Großen: Dem schlecht bezahlten Arzt eine »Gefälligkeit zu erweisen«, damit er überhaupt tätig wird, ist gängige Praxis. Die Regierung in Moskau hat einen Großteil der Finanzierung des Gesundheitswesens auf die Regionen abgewälzt – und diese sind chronisch klamm. 2017 kam es so weit, dass in Saratow die Staatsanwaltschaft gegen die Gebietsregierung vorging, weil 90 Millionen Euro zur Finanzierung der Krankenhäuer fehlten. 41,1 Prozent der russischen Krankenhäuser seien nicht an die Zentralheizung angeschlossen und

30,5 Prozent nicht an die Wasserversorgung, meldeten russische Medien im Februar 2020.

Wer es sich leisten kann, hat kein Problem: Er wendet sich an eine der exzellenten, aber sehr teuren privaten medizinischen Einrichtungen im Lande – oder er fliegt ins Ausland. In Deutschland ist über die Jahre ein ganzer Wirtschaftszweig von Unternehmen entstanden, die darauf spezialisiert sind, wohlhabenden Patienten aus Russland die Komplettversorgung zu organisieren: Visum, Flug, Facharztbesuch, Hotel, Transport.

Die Annexion der Krim und ihre Folgen waren und sind teuer. Der Krieg in Syrien und befreundete Potentaten wie Herr Maduro in Venezuela kosten eine Menge Geld. Es ist nicht so einfach – oder man ist nicht gewillt –, die dafür notwendigen Mittel zusätzlich aufzubringen. Strukturprobleme der Wirtschaft geht man nicht an. Also wird umgeschichtet. Immer wieder war, auch von Gouverneuren einzelner Regionen, deutliches Murren zu vernehmen, dass man wegen der Ausgaben für die Krim – deren Heimkehr man selbstverständlich unterstützte! – derartige Einschnitte hinnehmen musste. Es unterblieben Straßenreparaturen, selbst an großen Fernstraßen, dringend notwendige Renovierungen von Schulen oder eben, besonders einschneidend, Ausgaben im Gesundheitsbereich.

Das gilt vor allem für die Provinz, für »das weite Russland«. Ausgenommen von Kürzungen sind jene Regionen, in denen die Führung Unmut befürchtet, weil die Bürger rascher einmal auf die Straße gehen: in Moskau und Sankt Petersburg, in Nowosibirsk und Jekaterinburg. Dort funktioniert dann manches sogar besser als bei uns. An einem der hochmodernen Moskauer Flughäfen, die sehr gut organisiert sind, abzufliegen und in Berlin-Schönefeld zu landen, ist schon beschämend. Manch aus Deutschland anreisender Besucher registriert mit ungläubigem Staunen, dass er sowohl im Taxi als auch tief unter der Erde, in der U-Bahn, kostenlosen Internetzugang hat. Natürlich muss er dafür die Nummer seines Mobiltelefons rausrücken …

Der Bürger kann zornig werden – aber die Macht weiß auch, dass er es in der Regel nicht grundsätzlich meint. Er ist verärgert und will einen spezifischen Missstand behoben haben. Es gibt jährlich hunderte, manche sagen tausende Protestaktionen in Russland ganz unterschiedlicher Art und Größe, genehmigte und ungenehmigte. Was sie charakterisiert: Sie vernetzen sich kaum. Das erklärt sich zum einen dadurch, dass die Macht »elastisch« reagiert: mit Nachgeben und Nachbesserung, mit dem Herauskaufen Einzelner, aber wo nötig auch mit massiver Repression und durch gezielten Einsatz der weitgehend staatlich kontrollierten Medien.

Wie erfahren die Bürger überhaupt von Missständen, wie informieren sie sich? Wichtigste Informationsquelle der russischen Bevölkerung ist traditionell das Fernsehen, noch bis vor Kurzem informierten sich 80 bis 90 Prozent der Menschen über die ganz in Staatshand befindlichen Kanäle. Das versetzte die staatliche »Informationspolitik« in eine vergleichsweise komfortable Situation. Doch das Zeitalter des Internets verändert vieles. Und auch in den staatlich gelenkten oder mit Blick auf Repression aller Art vorsichtig gewordene Medien gibt es teils hervorragende Journalistinnen und Journalisten, und manche von ihnen loten ihre Grenzen immer wieder aus. Weit gesteckt sind diese nicht. Immer wieder legt die Macht sich neue Instrumente zurecht, um »gesetzeskonform« gegen Medien aller Art vorgehen zu können. Eine schöne Vorschrift fiel ihr 2014 ein: Sie untersagte es, öffentlich zu fluchen – die Auslegung obliegt im Falle der Presse der Behörde für Medienaufsicht, die überdies berechtigt ist, Medien zu schließen, wenn diese zweimal in einem Jahr gegen Gesetze verstoßen.

Es gibt jedoch auch noch einige – wenige – wirklich unabhängige Medien. Ihr Leuchtturm ist die »Nowaja Gaseta«, die »Neue Zeitung«. Sie erscheint noch dreimal in der Woche und wird überwiegend in Moskau und Umgebung vertrieben. Wesentlich mehr Menschen erreicht sie heute durch ihren Internetauftritt. Fünf ihrer Journalistinnen und Journalisten haben im Lauf der Jahre ihr Leben lassen müssen, auf andere gab es Anschläge. Die Welt erschütterte 2006 die

Ermordung von Anna Politkowskaja, die während des Tschetschenien-Krieges Verbrechen der russischen Armee aufdeckte. Die NG ist Drangsalierungen aller Art ausgesetzt, von penibien Kontrollen der Steuer- oder Brandschutzbehörden bis hin zu »Hinweisen« an Unternehmen, doch bei der NG keine Anzeigen mehr aufzugeben. Überleben kann sie, da sie zur Hälfte zwei bekannten Persönlichkeiten gehört, dem Milliardär Alexander Lebedew – und Michail Gorbatschow. Die NG ist das einzige wirklich unabhängige, landesweit erhältliche Printmedium. Ein einziger Fernsehsender geht noch eigene Wege, »TV Doschd« – »TV Regen« –, der nur über Kabel zu empfangen ist und den man daher immer wieder leicht in Schwierigkeiten bringen kann. Und lokal gibt es auch einige weitere unabhängige Printmedien sowie Radiosender. Eine besondere Rolle spielt dabei »Echo Moskwy«. Seinen Erfolg wie sein Überleben verdankt der viel gehörte Hauptstadtsender seinem quirligen und stets exzellent unterrichteten Chefredakteur Alexej Wenediktow, dem es geschickt gelingt, nach allen Seiten gute Verbindungen zu unterhalten, und der daher auch zu den interessantesten Gesprächspartnern der Stadt gehört.

Die Macht meint es ja nur gut

Manchmal ist der Bürger empört, weil die Obrigkeit ihm mal wieder nicht erklärt hat, was sie mit ihm vorhat, sondern einfach handelt, und weil sie ihre Planungen nicht immer abschließend durchdacht hat. Ein Klassiker in dieser Hinsicht war 2017 die Ankündigung der Moskauer Stadtverwaltung, die »Chruschtschowkas« abzureißen. Diese fünfgeschossigen, schlichten Wohnhäuser entstanden Ende der fünfziger, Anfang der sechziger Jahre als Erste in Serie errichtete Plattenbauten, zur Zeit jenes Ersten Sekretärs des ZK der KPdSU, nach dem sie im Volksmund nach wie vor heißen. Und nun sollten sie abgerissen werden, und zwar sozusagen sofort, genauer gesagt 4500 von ihnen. Weit mehr als eine Million Menschen waren betroffen. »Renovierung« hieß das Programm. Die Bewohner reagierten wie auf Knopfdruck; aus dem Nichts entfaltete sich mithilfe der sozialen Medien eine breite Bewegung, die in gewaltige Demonstrationen mündete. Ein altes russisches Sprichwort sagt: »Der russische Bauer spannt lange an, aber dann fährt er schnell.«

Der außenstehende Beobachter war versucht zu sagen: Der Volkszorn entlud sich zum Erstaunen der Obrigkeit. Denn diese hatte es doch mal wieder nur gut gemeint – es allerdings versäumt, dies den Menschen auch zu sagen. Oder mit ihnen zu sprechen, bevor man mit fertigen Plänen an die Öffentlichkeit ging. Denn den Menschen gefiel erstaunlicherweise nicht, was man mit ihnen vorhatte. Schön, die Chruschtschowkas waren zuletzt keine besonders guten Wohnungen mehr gewesen, in die Jahre gekommen eben, errichtet aus schlecht isolierten und bröckelnden Betonfertigteilen der fünfziger Jahre. Insofern war es möglicherweise keine schlechte Idee, eine bessere Wohnung zu bekommen. Aber wieso musste man dafür umgesiedelt werden in ein anderes Stadtviertel, wo man doch den eigenen Kiez liebt, wie überall auf der Welt? Die Chruschtschowkas waren eben auch Heimat. Wie, bitte, sollte man künftig damit umgehen, dass die Großmutter nicht quer über den Platz, sondern ein paar U-Bahn-Stationen entfernt wohnen würde? Und würden Arzt, Apotheke und Kindergarten weiterhin in der Nähe sein? Und was würde das die Bewohner alles kosten? Schließlich gelang es dem Staat, die Bewegung wieder einzusammeln. Wie sich zeigte, war die Idee der Moskauer Stadtverwaltung gar nicht so schlecht gewesen. Sie musste sie den Menschen nur erklären und vermitteln. Und verschreckt, wie die Obrigkeit nun war, war sie durchaus bereit, auf die Bewegung und ihre Argumente einzugehen und ihre Pläne entsprechend abzuändern.

Im Normalfall kommt die Obrigkeit mit ihrer Art zu herrschen auch durch. Widerspruch ist eigentlich nicht vorgesehen. »Wir haben 20 000 Mitarbeiter«, berichtete Moskaus Oberbürgermeister Sergej Sobjanin, ein spröder, effizienter

Technokrat, seinem deutschen Besucher beim Mittagessen Mitte 2015, auf dem Höhepunkt der Wirtschaftskrise. »Von denen entlassen wir jetzt ein Drittel. Bei Ihnen wäre das ein Problem. Bei uns nicht.« In seiner Stimme mischten sich Spott und Stolz.

Als wir 2014 nach Moskau kamen, gab es an allen Ecken der Stadt Kioske, die alles anboten, was man auf dem Wege nach Hause eben noch brauchte: Ein paar Grundnahrungsmittel und Zigaretten, Damenstrümpfe und Zeitschriften. Im Februar 2016 wurden über Nacht Hunderte von ihnen abgerissen, in weiteren Wellen der Rest. Tausende von Menschen waren arbeitslos, die Bürger mussten sich in ihrer täglichen Versorgung neu orientieren, von jetzt auf gleich. Gut, die Kioske wurden überwiegend illegal betrieben, und es hatte Verfahren und Gerichtsurteile gegeben. So ebbte die zunächst enorme Empörung bald auch wieder ab. Rasch entstanden anstelle der Kioske gepflegte Grünanlagen, und es gab ja schließlich weiterhin die »Produkty«-Läden.

»Produkty« bedeutet ganz schlicht »Lebensmittel«, und die entsprechenden Läden finden sich in allen Wohngebieten, im Erdgeschoss der Häuser. Oft sind sie 24 Stunden geöffnet, an sieben Tagen der Woche. Häufig werden sie von Händlern und deren Familien betrieben, die aus den zentralasiatischen Republiken stammen. Auf unsere Verhältnisse übertragen sind es genau jene »Tante Emma«-Läden, die bei uns über die letzten Jahrzehnte verschwunden sind. Die Versorgung klappt also auch ohne die Kioske gut und der Bürger hat es hingenommen, zumal die Stadt im Ergebnis schöner geworden ist.

Die öffentlichen Grünanlagen spielen eine große Rolle – private Gärten gibt es in den großen Städten so gut wie gar nicht, und wer eine Stadt wie Moskau verlassen will, muss lange fahren. Die Wohnungen sind klein, und wenn sie einen Balkon haben, so wird dieser in der Regel kunstvoll in ein zusätzliches Zimmer umgewandelt. Also gehen die Menschen in die Parks, spazieren dort, belustigen ihre Kinder, sitzen auf den Bänken – und lesen Bücher. Wie auch die Menschen in den U-Bahnen auf ihren langen Fahrten vielfach nicht auf ihre Smartphones starren, sondern Bücher lesen.

Die Angewohnheit der Menschen, in der Öffentlichkeit Bücher zu lesen, ist immer noch so verbreitet, dass es dem westlichen Besucher auffällt. Ja, und man sieht in den Parks auch noch die älteren Männer, die um einen Schachtisch stehen und gebannt das Spiel auf dem Brett verfolgen. All dies ist Ausdruck eines aus sowjetischer Zeit überkommenen, traditionellen Bildungsideals. Immer wieder hat mich beeindruckt, wie viele Menschen ganz unterschiedlicher Herkunft und Bildung sich gut in ihrer eigenen klassischen Musik und Literatur auskannten. Die Menschen kennen Tschechows Theaterstücke, Puschkins Dichtung und Lermontows Lyrik, und sie können sie einordnen. Es sind nicht nur die oberen Zehntausend, die ins Konzert und ins Theater gehen, in die Oper und in ihr geliebtes Ballett. In Sankt Petersburg und Moskau wird jeden Abend auf mehreren Bühnen Weltklasse geboten. Auch in Russlands Regionen ist die Fülle des kulturellen Angebots eindrucksvoll und auf einem in der Regel sehr hohen Niveau. Vieles dessen, was dort geboten wird, tut mancher aus dem Westen verächtlich als »konventionell« ab – der russische Besucher würde sagen: Was gezeigt wird, ist vertraut und schön, und ich verstehe es.

Die Obrigkeit hat ein gestrenges Sittenverständnis und wacht darüber, dass nichts aus dem Ruder läuft. Dabei kann sie sich der Unterstützung durch die Kirche gewiss sein, die es manchmal allerdings übertreibt: Als in Nowosibirsk Richard Wagners »Tannhäuser« zur Aufführung gebracht wurde, befanden konservative Kirchenmänner das Stück für derart obszön und blasphemisch, dass sie es mithilfe militanter Empörungstrupps von der Bühne protestieren ließen. Doch in Russland wird über Kultur diskutiert und um moderne Werke und Inszenierungen auch gerungen. Also meldete sich Wladimir Urin zu Wort, Direktor der berühmtesten Bühne Russlands, des Moskauer Bolschoi-Theaters, und lud den unter Beschuss geratenen, jungen Nowosibirsker Regisseur ein, in der Hauptstadt zu inszenieren.

Einer der bedeutendsten Regisseure Russlands ist Kyrill Serebrennikow, auch in Deutschland ist er bekannt und gefragt. Die radikale Modernität seiner Inszenierungen missfiel konservativen Kreisen der russischen Führung im Umfeld des irrlichternden Kulturministers Medinski, und flugs war der Regisseur der Steuerhinterziehung beschuldigt und unter strengen Hausarrest gestellt. Wieder sprang Wladimir Urin ein. Er ließ »Nurejew« auf den Spielplan des Bolschoi setzen, ein von Serebrennikow entworfenes Ballett über das Leben des großen russischen Tänzers. Am Vortag der Uraufführung wurde es abgesagt, »aus technischen Gründen«. Hinter den Kulissen tobte ein erbitterter Kampf um die Frage, wie deutlich man Homosexualität auf der Bühne zeigen oder diese auch nur andeuten dürfe. Nach Monaten setzte sich das Bolschoi mit ein paar Konzessionen durch. Es war ein grandioses Ballett, eine der schönsten Inszenierungen und Präsentationen, die ich je gesehen habe. Kyrill Serebrennikow war sowieso nicht zu stoppen. Als sein Hausarrest aufgehoben war und er sich zumindest innerhalb Moskaus bewegen durfte, kam er zum Gespräch in die Residenz und schilderte mir, wie er mühsam, aber konsequent per USB-Stick – er hatte Internetverbot gehabt – die Regie kompletter Stücke nach außen kommunizierte. Und er hatte begonnen Deutsch zu lernen. Keine andere Stadt fasziniere ihn so sehr wie Berlin. Ein Urteil, das ich in Warschau wie Moskau von Künstlern häufig gehört habe.

Auch im Bolschoi-Theater lässt man allerdings schon mal Vorsicht walten. Dann werden in Mussorgskis berühmter Oper »Boris Godunow«, die von der dunklen Zeit der »Wirren« zu Beginn des 17. Jahrhunderts handelt, die beiden letzten Bilder getauscht. So endete das Stück, als meine Frau und ich es sahen, mit der Krönung des neuen Zaren – und nicht mit einer düsteren Prophetie und den Worten: »Wehe dir, du armes Volk!« Ist ja trotzdem wunderbare Musik.

Kultur wird nicht nur vom Staat gefördert. Wieder entstanden ist ein Mäzenatentum, das es bereits im Russland vor der Revolution von 1917 gegeben hatte. Die nach den Brüdern Tretjakow, zwei leidenschaftlichen Kunstsammlern, benannte grandiose Sammlung russischer und westeuropäischer Kunst in Moskau ist ein Beispiel aus jener Zeit. Menschen, die zu Vermögen gekommen sind, machen sich auch heute wieder einen Namen durch große Sammlungen oder Museen, die sich mit ihrer Person verbinden, oder sie bilden Freundeskreise, um das Bolschoi-Theater zu fördern.

72 813 Euro – alle zehn Minuten

Mit dem Ende der Sowjetzeit bildeten sich jene teils gigantischen Privatvermögen; nicht zu Unrecht entstand der Begriff der »Oligarchen«: die Herrschaft der wenigen, von denen auch ein Präsident wie Jelzin oder Putin zu Beginn seiner Amtszeit abhängig war. Ihre politisch starke Stellung haben die Oligarchen weitgehend verloren, früh schon hat sich der Präsident gegen sie durchgesetzt. »Nicht einige entscheiden. Einer entscheidet!«, heißt es dazu in Moskau. Meistens ist dem auch so.

Was geblieben ist, sind die Vermögen der Superreichen – und ihre Seilschaften. Man kennt sich, man versteht sich, man braucht sich. Die persönliche Nähe zu Führungspersönlichkeiten im Staat zahlt sich definitiv aus. Eine besonders prominente Seilschaft ist die 1996 gegründete Datschen-Kooperative »Osero«. Längst ist die Freizeitanlage an einem kleinen See auf der Karelischen Landenge unweit von Sankt Petersburg zu einem luxuriösen, bewachten Wohnkomplex mit kontrolliertem Zugang geworden. Ihre Mitglieder nehmen sämtlich führende Positionen in Russland ein – zu ihren Gründern gehört Wladimir Putin. Die Verbindungen sind eng, der Sohn eines der Mitgründer der Kooperative heiratete die ältere Tochter des Präsidenten. Mitgliedern der Kooperative gehört u. a. mehrheitlich die »Bank Rossija«, die nach Einschätzung von Beobachtern eine maßgebliche Rolle in der Finanzierung des engeren Machtzirkels spielt. »Osero« manifestiert die »Herrschaft der Petersburger« in Russland.

Nicht immer lässt sich genau sagen, wie eng wessen Verbindungen mit welchen Schaltstellen politischer Macht sind, welche Fehden und Freundschaften gerade bestehen, wie groß wessen Einfluss ist. Noch schwerer zu erkennen sind auch die Übergänge zu den Netzwerken der organisierten Kriminalität, die in Russland eine dunkle, große Rolle spielen. Aus den Straflagern der Sowjetzeit stammen die traditionellen Strukturen der »Diebe im Gesetz«, organisierte Gruppierungen, die zumeist von verurteilten Dieben geführt wurden und ihren eigenen Kodex entwickelten, ihr »Gesetz«. Neue sind hinzugekommen, die Zahl der Mafia-Gruppierungen und ihrer Mitglieder hat sich nach Angaben des russischen Innenministeriums in den vergangenen 30 Jahren enorm ausgeweitet.

Oft genug werden staatliche Positionen genutzt, um riesige neue Privatvermögen anzuhäufen. Manche Beobachter sind der Auffassung, hohe Staatspositionen könnten eigentlich kaum noch eingenommen werden, ohne korrupt zu sein. Nichtkorrupte Beamte gefährdeten das System, denn auf allen Posten müsse man von unten sammeln und nach oben abgeben. Schon zur Zarenzeit galt das Prinzip der »Kormlenie«, zu Deutsch »Fütterung«. Staatsdiener bekamen kein ausreichendes Gehalt und ließen sich deshalb von ihren Untergebenen oder von den Bewohnern ihnen überlassener Territorien mit Lebensmitteln, Arbeitsdiensten oder Zahlungen unterstützen. Die meisten Bürger haben sich daran gewöhnt und zahlen Schmiergelder an Beamte, Schulleiter oder sogar Totengräber.

Die Korruption ist eines der Grundübel der wirtschaftlichen und sozialen Verfassung. Immer wieder wird dies beklagt, durchaus auch vom Präsidenten selbst. Aber anders als beispielsweise sein chinesischer Amtskollege Xi Jinping hat Wladimir Putin die gesellschaftliche Unzufriedenheit über Korruption nie genutzt, um durch eine umfassende Antikorruptionskampagne auch seine eigene Popularität zu steigern. »Das Einzige, was Putin wirklich gefährlich werden könnte, wäre es, die Korruption zu bekämpfen«, meinte ein Angehöriger der russischen Führungsschicht einmal zu mir – über die ein Vertreter der kritischen Bürgergesellschaft sagte: »Sie träumen davon, Russland zu einer großen Macht zu machen – und verschieben ihr ganzes Geld in die Schweiz.«

Illegale Bereicherung wird wohl auch deshalb nicht wirklich bekämpft, weil sie Funktionselement des politischen Systems ist. Dieselben Leute, die illegal an Staatsaufträgen verdienen, müssen einen Teil dieser Milliarden auf Anweisung von oben wieder investieren: Kunstschätze aus dem Ausland zurückkaufen, Personal nicht kürzen, obwohl es betriebswirtschaftlich notwendig wäre, Politiker finanzieren, also dort einspringen, wo es dem Staat nicht möglich ist oder die Macht nicht handeln will. Im Januar 2020 trug der Chef des russischen Rechnungshofes dem Präsidenten über die Arbeitsergebnisse seiner Behörde vor. Laut deren Erkenntnissen verliert der Staat jährlich 804 Milliarden Rubel durch Korruption. Dies bedeute, so rechnete eine Wirtschaftszeitung aus, dass von Beamten alle zehn Minuten fünf Millionen Rubel aus dem föderalen Haushalt gestohlen würden. Zum Kurs jenes Tages umgerechnet waren dies stolze 72 813 Euro – alle zehn Minuten.

Wahre Goldgruben sind die großen Projekte der Infrastruktur. Als die Vorbereitungen zur Fußball-WM 2018 in Russland in die entscheidende Phase eintraten, berichtete mir ein deutscher Planer 2014 Folgendes: »Ein Stadion für 44 000 Zuschauer kostet bei uns, je nach Ausführung, 90–160 Millionen Euro. In Russland – wo eigentlich wesentlich günstiger gebaut werden sollte – drängen die Unternehmen den Staat gerade, den Kostenansatz von 350 auf 500 Millionen Euro hochzusetzen. Pro Stadion! Sonst könne man es nicht schaffen.« Die Olympischen Winterspiele von Sotschi 2014 kosteten mehr als alle fünf Spiele zuvor zusammengenommen, manche sagten: mehr als alle vorherigen Winterspiele zusammen. Anfang 2019 teilte der militärische Hauptstaatsanwalt mit, der Schaden, der durch Korruption im Bereich der Streitkräfte verursacht worden sei, habe sich seit 2017 vervierfacht.

Einer der ganz Reichen – dessen eigenes Vermögen ebenfalls auf nicht gänzlich bekannten Wegen zustande gekommen ist –, beklagte mir gegenüber einmal, wie sehr die Entwicklung des Landes darunter leide, dass die Korruption nicht wirklich bekämpft werde. Es gebe keine konsequente Linie oder klare Vorgaben von oben. Vielmehr gehe es darum, eine generelle Atmosphäre der Einschüchterung zu schaffen. Und dies gelinge. Niemand sei sich sicher, was geschehen könne – ob Vorwürfe am Ende wirklich substantiiert würden, sei ganz gleich. Gegen ihn habe es drei Jahre lang ein Verfahren gegeben, dann sei es eingestellt worden – ohne Erklärung, Entschuldigung oder Entschädigung für Anwaltskosten. Was bleibe, sei ein massiver Imageschaden. Und oft gehe es bei der »Korruptions-Bekämpfung« eben auch um interne Machtkämpfe: des Geheimdienstes FSB gegen andere oder einzelner Akteure gegeneinander.

Gegen Korruption wird durchaus auch vorgegangen – aber die Art und Weise, wie dies geschieht, ist oft genug bezeichnend. Systematisch ist sie nicht. Einzelne werden herausgegriffen und mit hohem Strafmaß hinter Gitter geschickt, weil mal wieder ein Exempel statuiert werden muss. Oder aber, weil sie jemand anderem im Wege waren. Spektakulär war der Fall des russischen Wirtschaftsministers Uljukajew. Am Ende eines gemeinsamen Abends im November 2016, bei dem ein Streit beigelegt werden sollte, erhielt er vom Chef des staatlichen Ölunternehmens Rosneft, Igor Setschin, einen Koffer, in dem angeblich Würste waren – als Versöhnungsgeschenk. Als Uljukajew Setschins Büro verließ, wurde er fernsehtauglich verhaftet; und im Koffer fanden sich, welch Wunder, mehrere Millionen Dollar. Wie immer der wirkliche Sachverhalt gewesen sein mag, der Minister war dem Rosneft-Chef in die Quere gekommen und musste dafür büßen. Spektakulär wie die Verhaftung war auch das Verfahren, in dem der als Zeuge geladene Setschin sich schlicht und folgenlos weigerte, vor Gericht zu erscheinen.

Bevor Uljukajew im Dezember 2017 für acht Jahre in einem Straflager verschwand, sprach er ein bemerkenswertes Schlusswort. »Schuld oder Unschuld war lange zuvor entschieden«, sagte er. »Das gilt für jeden von euch. (...) Ich fühle mich aber schuldig, weil ich zu viele Kompromisse eingegangen bin. Ich wählte einfache Wege, bevorzugte Karriere und Wohlstand. Ich war heuchlerisch und darauf fokussiert, persönliche Beziehungen aufzubauen. Wenn du selbst in eine missliche Lage gerätst, begreifst du, wie schwer es die einfachen Menschen wirklich haben und wie viel Ungerechtigkeit ihnen angetan wird. Wenn es dir aber gut geht, wendest du dich schamlos von menschlicher Trauer ab. Verzeihen Sie mir diese Fehler!«

Dass man Setschin besser nicht in die Quere kommt, musste auch ein Oligarch erfahren, der sich vorgenommen hatte, größer ins Ölgeschäft einzusteigen. Dies gehört nun aber einmal im wesentlichen Setschin. So sah jener Oligarch sich kurz darauf verhaftet, um anschließend mit einer elektronischen Fußfessel herumlaufen zu dürfen. Der Präsident persönlich sorgte dafür, dass das demütigende Objekt verschwand – doch der Oligarch musste auf sein Ölunternehmen verzichten. Er blieb immer noch ein reicher Mann. Als wir einmal auf die Fußfessel zu sprechen kamen, meinte er schulterzuckend nur: »So etwas kommt in Russland eben vor.«

Der Sowjetmensch

Erleben die Menschen staatliches Handeln als Willkür, rechtfertigt das aus ihrer Sicht dann auch den eigenen Gesetzesverstoß und vermittelt überdies ein Gefühl der Schuldlosigkeit – denn an der Willkür des Staates kann der Bürger nichts ändern. Wo das Recht zur beliebigen Verfügungsmasse wird, kann kein Rechtsstaat entstehen. Hinzu kommt: Die Gesetze sind teilweise so widersprüchlich gestaltet, dass man gegen sie verstößt, unabhängig davon, wie man sich verhält. Das erlaubt dem Staat, sich herauszusuchen, gegen welchen Gesetzesbrecher er vorgehen möchte. Auch so wird staatlicher Willkür der Boden bereitet.

Lew Gudkow, Direktor des Meinungsforschungsinstituts Lewada-Zentrum und einer der interessantesten und klügsten Gesprächspartner, denen ich in Moskau begegnet bin, beschäftigt sich seit Jahrzehnten als Soziologe mit der Natur der sowjetischen und postsowjetischen Gesellschaft und dem Menschentypus, den sie hervorgebracht hat. Der »Sowjetmensch«, den er beschreibt, hatte sich an den totalitären Staat angepasst und gelernt, in ihm zu leben. »Er identifiziert sich mit dem Staat, denkt imperial, aber weiß auch, dass der Staat ihn trotzdem betrügt und ausnutzt, dass das ein System der Gewalt ist und man sich deshalb der Kontrolle entziehen muss. Es ist ein unaufrichtiger, zweideutiger Mensch, immer argwöhnisch, von den Brüchen der Knochenmühle geprägt, die sein Leben durchziehen. Deshalb ist er ziemlich zynisch, innerlich aggressiv, vertraut nur seinen Nächsten.« Lew Gudkow kommt zu dem Schluss, dass Eigenschaften, die häufig dem Nationalcharakter der Russen zugeschrieben werden – wie die berühmte »Duldsamkeit« –, in Wirklichkeit Gewohnheiten sind, die der Anpassung an einen Zwang geschuldet sind, den die Menschen als sinnlose Gewalt erlebten. Der Sowjetmensch sei daher, so urteilte bereits Juri Lewada, der Gründer des heute von Gudkow geleiteten Instituts, kein spezifisch russischer Menschentyp, sondern ganz allgemein das Modell aller Menschen in totalitären Staaten beziehungsweise Gesellschaften.

Der Typus des Sowjetmenschen, das Doppelleben in unterschiedlichen Wirklichkeiten und Widersprüchen, ist bis in die Führung anzutreffen. Einen ihrer Vertreter, mit dem ich mich schon oft und vertraut unterhalten hatte, fragte ich einmal, ob er über sein an Begegnungen und Erlebnissen reiches Leben Erinnerungen verfassen wolle. »Auf keinen Fall!«, antwortete er. »Schließlich kann ich ja nicht die Wahrheit sagen – weder über die Gegenwart noch über die jüngere Vergangenheit!«

Die Erfahrung totalitärer Herrschaft verleitet auch dazu, sich jeglicher Verantwortung zu entziehen. Denn ständig werden Schuldige gesucht, vorzugsweise ein Untergebener, nicht der Vorgesetzte, an ihnen kann man lehrreiche Exempel statuieren. Eine der wichtigsten Fragen der russischen Sprache, so sagt man, laute: »Kto winowat?« – »Wer ist schuld?« Schuldige sind wichtiger als Ursachen, jemanden verantwortlich zu machen ist einfacher, als Verantwortung zu übernehmen, als nach komplexen Erklärungen zu suchen.

In der langen Geschichte des Landes sind die Menschen nie ermutigt worden, Verantwortung zu übernehmen. Keine der westeuropäischen Aufklärung vergleichbare Epoche hat den Wert und die Einmaligkeit des Individuums so emporgehoben, dass der Einzelne sich verpflichtet sieht, aus freien Stücken zum Allgemeinwohl beizutragen. Das Individuum hat in der Geschichte Russlands nie die Erfahrung gemacht, dass ihm aus selbstverantwortlichem Handeln ein Vorteil erwachsen könnte. Michail Saltykow-Schtschedrin, einem Satiriker des 19. Jahrhunderts, wird ein Aphorismus über seine Landsleute zugeschrieben: »Was soll ich tun, fragt das Individuum die Macht. Ich werde es Dir nicht sagen, antwortet die Macht. Aber wenn Du etwas tust, werde ich Dich schlagen.«

Zum zentralen Herrschaftsinstrument der Angst gehört unweigerlich die Lüge, die Lüge der Macht – aber auch die Anpassung des Einzelnen an erwartete »Wahrheiten«, das Leben in doppelten Wirklichkeiten. Es ist daher kein Widerspruch, wenn Umfragen in Russland immer wieder ergeben, dass die Menschen gleichermaßen Vertrauen haben in einen starken Staat als Ordnungs- und Stabilitätsfaktor und zugleich überzeugt sind, ständig von der Obrigkeit betrogen und belogen zu werden. Daraus leitet der Einzelne dann auch das Recht ab, diese ebenfalls zu belügen und zu betrügen. Dazu passt es, die offensichtliche Lüge schulterzuckend hinzunehmen oder möglicherweise sogar als besonders gelungene Irreführung des Gegners zu betrachten: Erst hat man mit den »kleinen grünen Männchen« auf der Krim nichts zu tun, dann aber ist man es doch gewesen. Die Operation ist gelungen, und der Gegner ist überrumpelt. Wahrheit wird relativ, wird zur Frage, was in welchem Moment opportun erscheint. Dahinter verschwinden Fragen, die uns in diesem Zusammenhang bewegen: Weiß der Einzelne um die Lüge, die er ausspricht? Wie bewusst ist dem Gesprächspartner, dass das, was er sagt, nicht wahr ist? Wir haben unterschiedliche Vorstellungen von Wahrheit und deren Bedeutung. Darum zu wissen, ist entscheidend, will man Russland verstehen.

Warum gibt es diesen Menschentypus unverändert, bald 30 Jahre nach dem Ende der Sowjetunion? Seit jenem Zeitpunkt hat die russische Soziologie sich mit der Frage beschäftigt, wann und wie er abtreten werde. Regelmäßige Untersuchungen, nach demselben Schema und mit denselben Fragen, förderten eine unerwartete Erkenntnis zutage: Der »Sowjetmensch« reproduzierte sich, selbst junge Menschen, die die Sowjetunion nicht erlebt hatten, folgten den überlieferten Verhaltensmustern – nicht zuletzt auch, weil die Phase der Liberalisierung von Staat und Gesellschaft in Russland nur kurz währte, während der neunziger Jahre des 20. Jahrhunderts. Der autoritäre Staat, der seither zurückkehrte, beförderte alte Verhaltensmuster. So skizzierte es auch Irina Prochorowa im Gespräch. Die alten Angstreflexe seien im Russland von heute sehr leicht zu mobilisieren: »Das nicht noch mal!«, dächten die Menschen sich. »Also: wegducken, abwarten, kodiert sprechen.« Das Ergebnis, so die Intellektuellen, sei eine Tragödie für Russland: »Dieses Land ist so reich an großen Persönlichkeiten – und so arm an Konsens und Zusammenhalt!«

Da der Einzelne weiß, dass es besser ist, sich der »Wlast«, der Macht, unterzuordnen, kann die politische Führung genau hier ansetzen und Identifikation über die Größe des Staates herstellen. Lew Gudkow spricht von einem »mythischen Neotraditionalismus: ein Gebräu aus imperialistischem russischem Nationalismus, antiwestlicher Orthodoxie (meist in Form eines magischen Glaubens an rituelle Handlungen) und Putinschem Autoritarismus.« Die Folge, so Gudkow: »Die Menschen glauben heute nicht mehr an die Zukunft, sondern an die Vergangenheit.«

Die Sowjetunion hatte versprochen, mithilfe der kommunistischen Ideologie eine blühende Zukunft der Menschheit zu bauen. Die Obrigkeit von heute spricht nur von großer Vergangenheit: von der alten Rus als einer organischen Einheit mit 1000-jähriger Geschichte, von der belagerten Festung, die gegen äußere Feinde verteidigt werden muss, vom dritten Rom der Orthodoxie, von Russland als Vormacht der slawischen Völker, vom Sieg im Großen Vaterländischen Krieg unter dem Generalissimus Stalin, der zwar hart, aber gerecht war (was für die jetzige Führung auch ein Problem darstellt – denn als gerecht wird sie von den meisten nicht betrachtet). Zur Größe

Russlands passt der unterschwellig mitschwingende Gedanke, auserwählt zu sein, zu führen und vor allem: anders zu sein, stets einen Sonderweg gegangen zu sein und zu gehen. »Die Rus präsentierte sich als Arche«, so sieht es Wladimir Kantor, »die die christliche Welt rettet und schützend aufnimmt.«

Es gibt keine neuen Ideale, nur das Beschwören des Alten, um den Machtanspruch der jetzigen Führungsgruppe zu befestigen und für die Zukunft zu sichern. Der Machtstaat wird zum Selbstzweck. Doch die meisten Menschen werden sagen, ein großes Land, berufen, andere zu führen, braucht eben auch eine starke Führung.

Der Zar und die Bojaren

Vier Stunden dauert die jährlich live im Fernsehen übertragen Bürgersprechstunde des Präsidenten, der »Direkte Draht«, bei der nicht nur die im Studio anwesenden Zuschauer Fragen stellen können, sondern jeder Bürger aus dem ganzen Land per Zuschaltung. Millionen melden sich hierfür vorher an und werden, nach welchen Kriterien auch immer, ausgewählt, dem Präsidenten vorzutragen, dass in einem Stadtteil von Tscheljabinsk die Fernheizung nun schon seit drei Monaten ausgefallen sei. Sofort ist der Präsident mit dem Gouverneur der Region verbunden. Väterlich mahnende Worte, schwache Erklärungsversuche des örtlich Verantwortlichen. »Also, bis morgen Abend ist der Schaden behoben«, wird die frierende, nun glückliche Anruferin vom Präsidenten beschieden. Der Präsident kümmert sich, erklärt, entscheidet und regelt. Natürlich kann er sich nicht ständig um alles kümmern, dafür hat er eine Regierung und ihm verantwortliche Politiker und Beamte in den fernen Regionen des großen Reiches. Und diese sind es, die die Dinge nicht in den Griff bekommen oder bekommen wollen, die inkompetent sind, faul oder korrupt. Also werden sie ermahnt, ausgetauscht oder auch einmal abgestraft. Ab und zu muss ein Exempel statuiert werden. Dann wandert ein bestechlicher Provinzfürst für Jahre hinter Gitter. »Wollte man wirklich gegen die Korruption vorgehen, dann müsste man sie alle einsperren«, ist eine weitverbreitete Auffassung. Aber ab und zu geht es schon gerecht zu, und es ist sehr hilfreich, wenn auch die mittleren Machthaber beständig in der Furcht des Herrn leben.

»Der Zar und die Bojaren« – der gute Herrscher und seine schlechten, ja bösen Helfer. Dieses Bild aus der Geschichte ist jedem Russen bis heute geläufig, und es ist eine Klaviatur, auf der der gegenwärtige Präsident meisterhaft spielt. In einer Umfrage aus dem Juni 2015 unterstützten 89 Prozent der Befragten Putin, aber nur 30 Prozent waren der Auffassung, die Beamten kümmerten sich um die Entwicklung Russlands.

Es gibt eine Schlüsselszene aus dem Jahr 2008, die Putins Handeln und die Machtverhältnisse im Land wie im Brennglas bündelt. Das entsprechende kurze Filmdokument ist im Internet leicht zu finden. Die große Finanz- und Wirtschaftskrise hatte auch Russland erfasst. In einem Betrieb mit fast 3000 Mitarbeitern wurden die Löhne nicht mehr ausgezahlt, das Unternehmen war praktisch zum Stillstand gekommen. Wie der Deus ex Machina erscheint Putin in der Fabrik, seinerzeit Ministerpräsident, lässt sich alles erklären und versammelt die Verantwortlichen in einem kleinen Raum vor sich. Vor laufenden Kameras sitzen sie da, wie die Schulbuben. Nicht nur die örtlich Verantwortlichen und der stellvertretende Industrieminister, sondern auch einer der reichsten und umstrittensten Männer des Landes, Oleg Deripaska, Miteigentümer des Unternehmens. Wenn man Oligarch sagt, dann denkt man rasch an Oleg Deripaska. Und die Szene zeigt, dass Wladimir Putin aus der Oligarchie, der »Herrschaft der einigen«, die Herrschaft des Einen gemacht hat, dass jene, die ihm zur Macht verholfen haben, zwar ihr Geld behalten, aber nicht länger mitherrschen dürfen.

Putin kanzelt die Anwesenden für ihre Inkompetenz und Verantwortungslosigkeit ab. »Warum sind Sie herumgesprungen wie die Heuschrecken, als Sie hörten, dass ich komme, und haben nicht früher etwas getan?« Da sie sich nicht einigen könnten, gebe es nun eine Vereinbarung, mit der sich alle verpflichteten, den Betrieb wieder zu starten. »Haben das alle unterschrieben?«, fragt Putin in die Runde. »Ja.« – »Sie auch, Oleg Wladimirowitsch?« Deripaska scheint zu nicken. »Ich sehe Ihre Unterschrift hier nicht. Kommen Sie her, unterschreiben Sie.« Deripaska begibt sich nach vorne, unterschreibt das Abkommen, ohne es zu lesen, geht zu seinem Platz zurück. »Gib mir meinen Stift zurück«, ruft Putin ihm nach. Perfekt inszenierte Autokratie. Dies sind die Szenen, für die das Volk ihn liebt.

Deripaska, der in dieser Szene am schlimmsten Gedemütigte, hat sie später in einem Interview ganz gelassen kommentiert. Das sei keine Beleidigung gewesen. Man habe sich eben zuvor nicht einigen können, und Putin habe gespürt, dass er der Einzige sei, der es entscheiden könne. Man geht robust miteinander um, das kommt vor. Sein Vermögen hat Deripaska behalten können. Das Verhältnis zum russischen Präsidenten ist womöglich sogar besonders eng: Die amerikanischen Finanzbehörden werfen ihm vor, mithilfe seines Geflechtes von Unternehmungen und Investitionen die persönlichen Reichtümer Putins weißzuwaschen.

Putin als der Einzige, der es entscheiden kann – Oleg Deripaska bringt Natur und Dilemma des russischen Herrschaftsmodells genau auf den Punkt. Der machtbewusste und -begabte Präsident hat es vermocht, die ganze Herrschaft zu monopolisieren. Gewiss, es gilt Rücksicht zu nehmen und ab und an Konzessionen zu machen. Das Vermögen der Superreichen kann eben hilfreich sein, die eine oder andere Aufgabe im staatlichen Interesse zu erledigen. Also behält man ihre Interessenlage im Visier – genauso wie jene des gesamten, großen Sicherheitsapparates.

Dieser ist derzeit so gut aufgestellt und ausgerüstet, dass er dem Präsidenten loyal ergeben ist, zumal Wladimir Putin einer der Ihren ist. Geheimdienste wie Streitkräfte sind zuverlässige Stützen der Macht, der Verteidigungsminister wie die Chefs der Dienste sind loyale Gefolgsleute. Mit ihnen wird der Präsident sich am ehesten besprechen, wenn es um die großen Fragen der Gegenwart und Zukunft des Landes geht. Sie sind Mitglieder im Sicherheitsrat, dem der Präsident vorsitzt und dem auch der Ministerpräsident, der Außenminister, der Innenminister und der Dumavorsitzende angehören und dessen Sekretär einer der Treuesten ist, der frühere Geheimdienstchef Patruschew, ein ultrakonservativer Anhänger einschlägiger Verschwörungstheorien.

Diesem wurde im Januar 2020 formell Dimitri Medwedew vorgeordnet, der dafür, dass er Putins Wunsch entsprechend als Ministerpräsident zurücktrat, mit dem neu geschaffenen Posten eines »stellvertretenden Vorsitzenden des Sicherheitsrates« belohnt wurde. Die herausgehobene Position darf nicht darüber hinwegtäuschen, dass Medwedew »nur« ein gelernter Jurist ist und dass Putin und Patruschew unverbrüchlich die Herkunft aus dem KGB verbindet. Dass Medwedew so lange als Ministerpräsident im Amt geblieben war – acht Jahre –, dürfte seiner wichtigsten Qualifikation geschuldet sein: bedingungslose Loyalität und die Bereitschaft, sich für alles Mögliche verantwortlich machen zu lassen, was im Lande schiefläuft. Medwedews Popularität war jedenfalls unterirdisch, nicht nur aufgrund von Arroganz im öffentlichen Auftreten.

Der wichtigste Berater

Im Sicherheitsrat wird der Präsident wichtige politische Fragen erörtern – ihn im Wesentlichen aber nur nutzen, um Entscheidungen abzusichern, die er bereits getroffen hat. Seine Schilderung jener Sitzung, in der im Februar 2014 die Annexion der Krim beschlossen wurde, illustriert dies. Der Präsident ist sich selbst sein bester Ratgeber. Ein bekannter Journalist erzählte, er und einige weitere Chefredakteure seien zu einem Hintergrundgespräch mit dem Präsidenten eingeladen gewesen. »Und wissen Sie, wer am eifrigsten mitgeschrieben hat? Seine Berater! Die haben endlich mal erfahren, wo ihr Chef gerade steht!« Ein geschulter Geheimdienstoffizier lässt sich auch von seiner unmittelbaren Umgebung möglichst wenig in die Karten blicken, das liegt in der Natur seines Berufsstandes.

Nun bedarf alle Politik, um dauerhaft erfolgreich zu sein, des Korrektivs, durch demokratische Wahlen, durch Mechanismen inneren Widerspruchs, durch Beratung. In der Sowjetunion gab es einen Generalsekretär des ZK der KPdSU mit anscheinend uneingeschränkter Macht: Chruschtschow, Breschnew, auch Gorbatschow noch. Sie alle jedoch waren dem Zentralkomitee verantwortlich, dem verkleinerten »Parteitag zwischen den Parteitagen« und dessen noch mächtigerem Präsidium, dem Politbüro. Und dort saßen erfahrene Führungspersönlichkeiten, Weggefährten des Generalsekretärs. Auf sie, ihre Meinung und vor allem ihren Einfluss im Apparat hatte er Rücksicht zu nehmen.

Heute gibt es keine Partei mehr, kein Zentralkomitee und kein Politbüro – es gibt nur noch den Präsidenten. Die Sicherheitsorgane, die in manchen Ländern dem Herrscher gefährlich werden können, sind ihm treu ergeben – denn er entstammt ihnen und bedient ihre Interessen. Ein entscheidendes Instrument, um Opposition innerhalb des Machtzirkels kleinzuhalten, ist überdies Käuflichkeit bzw. Erpressung. Praktisch jeder, der beteiligt ist, zieht aus seiner Position erhebliche materielle Vorteile – und über praktisch jeden dürfte es daher ein Dossier mit bloßstellendem Material in der Schublade der Macht geben – »Kompromate«. »Das Führungssystem funktioniert vermittels einer Loyalität der Angst«, meint Gleb Pawlowski, langjähriger Präsidentenberater und heute Kritiker der Macht.

Welche Bedeutung Kompromate haben, wurde einmal mehr bei den Präsidentschaftswahlen 2018 deutlich. Wie seit jeher durften auch die Parteien der systemloyalen Opposition Kandidaten aufstellen. Für die Kommunisten trat jedoch überraschend nicht mehr deren – in die Jahre gekommener – Vorsitzender Sjuganow selbst an, sondern man präsentierte einen »Unabhängigen«. Und der erwies sich in kürzester Zeit als enorm populär. Pawel Grudinin, erfolgreicher Besitzer einer Erdbeerplantage am Stadtrand von Moskau, welche, unbeschadet der kapitalistischen Natur des Unternehmens den schönen Namen »Lenin-Sowchose« trägt. Ein Selfmademan, zudem charismatisch, wortgewaltig und meinungsstark, der mit seinem großen Schnauzbart irgendwie an Stalin erinnert. Als wir uns einmal trafen, erläuterte er unter anderem seine Vorstellungen zur Wirtschafts- und Sozialpolitik – die ziemlich genau dem entsprachen, was bei uns »Soziale Marktwirtschaft« genannt wird. Der Begriff war ihm nicht geläufig, die Umsetzung seiner Politik würde in Russland gleichwohl einige Dinge fundamental ändern. Das erkannten auch manche Vertreter des Bürgertums und Mittelständler, die erklärten, diesmal Grudinin wählen zu wollen.

Nicht, dass Pawel Grudinin eine Chance gehabt hätte, die Wahl zu gewinnen – am Ende sorgt die Macht mithilfe der »administrativen Ressource« schon für das richtige Ergebnis. Aber womöglich war irgendetwas jenseits der 20 Prozent möglich. Oder gar ein zweiter Wahlgang, weil Grudinin und andere Unabhängige im ersten eine absolute Mehrheit für den amtierenden Präsidenten verhinderten. Nicht auszudenken! Also kam es, wie es kommen musste – »plötzlich« tauchten in den Medien Berichte und Dokumente über Konten und Vermögen auf, über die ausgerechnet der Kandidat der Kommunisten angeblich in der Schweiz verfügte. Die Kompromate waren so solide, dass Grudinin sich den restlichen Wahlkampf in einer Abwehrschlacht befand und bei etwas mehr als 11 Prozent landete. Als die KP wenig später versuchte, ihn als Abgeordneten in die Duma zu entsenden, verhinderte die Macht auch dieses.

Seine Machtfülle und seinen Herrschaftsanspruch demonstrierte Wladimir Putin in einem Interview mit der Nachrichtenagentur TASS im Februar 2020 in wenigen Worten. Kurz zuvor hatte er überraschend vorgeschlagen, die Verfassung ändern zu wollen und damit auch die Regierung unter Ministerpräsident Medwedew »zum Rücktritt bewegt«. Wer denn vorab über seine Pläne Bescheid gewusst habe? »Ich. Reicht das nicht?« Wer ihm Medwedews Nachfolger vorgeschlagen habe?! »Niemand.« Es habe drei, vier Vorschläge gegeben, aber auf Michail Mischustin sei niemand gekommen, nur er selbst. Ob Medwedew jetzt eine Art Vizepräsident sei? »Nein, er ist mein Vertreter im Sicherheitsrat, genau in jenem Arbeitsbereich.« Warum denn alles so hastig über die Bühne habe gezogen werden müssen? »Russland ist nicht Belgien, das ein Jahr lang ohne Regierung sein kann.«

Das hierarchische russische Herrschaftsmodell wird gerne als die »Vertikale der Macht« bezeichnet. Alle Macht ist an der Spitze konzentriert – mit der Folge, dass jede einigermaßen wichtige Entscheidung im Zweifel ganz nach oben wandert. Der Präsident ist mit den abgelegensten und oft kleinteiligsten Themen befasst. Ich habe miterlebt, wie nur Wladimir Putin stecken gebliebene Investitionsprojekte deblockieren konnte, die bestenfalls die Aufmerksamkeit eines regionalen Wirtschaftsministers verdient gehabt hätten.

German Gref, ehemaliger Wirtschaftsminister und Chef der größten russischen Bank, Sberbank, kritisiert seit Langem die Ineffizienz der Regierungsarbeit, vor allem die Neigung, »per Dekret« zu regieren. Um dies zu untermauern, gab er 2016 eine Studie in Auftrag. Für den Zeitraum 2012–2014 zählte diese ca. 1000 direkte Anweisungen Putins, während Präsident Obama im gleichen Zeitraum gerade einmal 32 vergleichbare Anweisungen gab. Die Untersuchung stellte auch fest, dass die überwiegende Mehrheit jener Anweisungen des russischen Präsidenten kleinteilige Handsteuerung darstellten und dass diese auch nur äußerst unvollständig umgesetzt wurden. Sie hätten eigentlich nicht Sache des Präsidenten sein sollen, sondern der Regierung und ihrer nachgeordneten Behörden. Ergebnis: Wer etwas durchsetzen wolle, müsse sich über Lobbyarbeit Zugang zum Präsidenten verschaffen, ihn für ein Thema und für eine Anweisung gewinnen, um dann mit dieser den bürokratischen Apparat (mehr oder weniger erfolgreich) in Bewegung zu setzen.

Dabei gibt es in den Regionen teils gute Verwaltungen und exzellente, fähige Gouverneure, die sich mit ganzer Kraft dem Wohl ihrer Provinz widmen, die für ausländische Investitionen und den Ausbau der Infrastruktur kämpfen.

Immer wieder bin ich solchen begegnet. Manche von ihnen sind im Gespräch dann auch ganz offen. 2014 war ich zu Besuch in einer Region im Süden Russlands, keine Begegnung verging, ohne dass der Ukraine-Konflikt zum Thema wurde. So auch beim Mittagessen mit dem Republikoberhaupt. Irgendwann störte er sich nicht mehr daran, dass auch Regierungsvertreter aus Moskau mit am Tisch saßen, und interessiert zuhörten, was er und ich sagten. »Herr Botschafter«, räumte er das Thema ab, »wenn Ihre Regierung einen Fehler machen würde, würden Sie sie doch auch verteidigen, oder?«

»Wie gut, dass wir den Putin haben!«

Bleibt die Frage: Muss Russland so autoritär sein, wie es ist? Gibt es dazu keine Alternative, angesichts Größe, Geschichte, Entwicklungsstand? »Wir sollten froh sein, dass Putin am Ruder ist. Er ist berechenbar. Und wer weiß, ob irgendeine Alternative besser wäre. Besser Putin als das Chaos.« Wie oft habe ich von deutschen Besuchern, bis hin zu Ministerpräsidenten solches gehört, wie auch: »Wie wollen Sie ein solches Land denn anders regieren?« Oder: »Der Russe braucht halt eine feste Hand.« Man stelle sich vor, ein verantwortlicher deutscher Politiker sagte solches über einen afrikanischen Staat.

Michail Gorbatschow hatte hierzu eine eindeutige Meinung, als wir uns im August 2014 das erste Mal trafen: »Nur der Westen glaubt, Russland sei für die Demokratie nicht gemacht!« Noch entschiedener formulierte es Irina Schtscherbakowa, engagierte Verfechterin der Bürgerrechte bei »Memorial«, jener Organisation, die sich der Aufarbeitung politischer Gewaltherrschaft verpflichtet hat: »Es ist eine Beleidigung meines Volkes zu sagen, wir seien unfähig zur Demokratie!«

Jedes Land muss seinen Weg gehen, jedes Land braucht seine Zeit. Warum jedoch sollte Russland nicht etwas schaffen, was – bei allen fortdauernden Schwierigkeiten – Indien gelungen ist, einem Land mit einer Milliarde Einwohnern, enormen kulturellen und sozialen Unterschieden, mit riesigen Herausforderungen der Wirtschaft und Infrastruktur, das sich nach Jahrhunderten feudaler und kolonialer Herrschaft in kurzer Zeit zu einer Demokratie entwickelt hat. Wer behauptet, Russland brauche nun einmal eine starke Hand, befördert die Interessen jener wenigen, die aus Gefallen an der Macht oder Eigennutz das Land in Abhängigkeit halten. Man muss nicht in jedem Land eine genaue Kopie der Demokratie von Westminster errichten – aber ein funktionierender Rechtsstaat wäre ein guter Anfang.

ZIVILGESELLSCHAFT UND OPPOSITION

Es ist besser als in der Sowjetunion ... aber ist es gut?

19. April 2016: die »Moskauer Helsinki-Gruppe« feierte in Moskau den 40. Jahrestag ihrer Gründung. Wenige mutige Menschen hatten sich 1976 zusammengefunden, um »die Einhaltung der humanitären Artikel der Schlussakte von Helsinki zu fördern«, die auch ihr eigenes Land, die Sowjetunion, auf der »Konferenz für Sicherheit und Zusammenarbeit in Europa«, der KSZE, unterschrieben hatte. Doch die sowjetischen Machthaber ließen keines ihrer perfiden Mittel aus, die »Dissidenten« zu diskreditieren und die Gruppe zu zerstören. Zu den Gründern gehörte Ljudmila Alexejewa, sie verbrachte 17 Jahre im Exil. Über die russische Gegenwart fällte die inzwischen fast Neunzigjährige anlässlich des Jubiläums ein sarkastisches Urteil: »Es ist besser als damals – wir werden nicht immer gleich eingesperrt!«

Ebenfalls gekommen, das Jubiläum zu feiern, war Anatoli Schtscharasnki, ein weiteres Gründungsmitglied der Gruppe. Mehr als zehn Jahre hat er in sowjetischer Haft verbracht, davon neun in einem Straflager des berüchtigten GULag-Systems. Sein Bild hat sich mir eingebrannt: Ein kleiner Mann mit großer Pelzmütze, der am 11. Februar 1986 über die verschneite Glienicker Brücke ging, die die DDR mit dem Westen Berlins verband, ausgetauscht gegen Agenten des KGB. Zum vierzigjährigen Jubiläum war er extra aus Israel angereist, wo er – inzwischen unter dem Namen Natan Scharanski – politische Karriere gemacht hat; Minister und stellvertretender Ministerpräsident ist er gewesen. Überglücklich sitzen die beiden noch lebenden Gründungsmitglieder der legendären Gruppe nebeneinander – auf einem Sofa in der Residenz des deutschen Botschafters in Moskau. Nicht irgendwo in einem der vielen offiziellen Paläste der russischen Hauptstadt. Dabei hätte es so viel Anlass gegeben, jene Menschen zu feiern, die ihre Freiheit, Gesundheit und Existenz aufs Spiel setzten, um Rechte einzufordern, die ihre eigene Regierung sich angeblich zu schützen bereit erklärt hatte und die ihrem Land einen so großen Dienst erwiesen haben.

2016 hatte Deutschland den Vorsitz in der OSZE, und so erklärten wir uns bereit, die Feier, mit der dieser 40. Jahrestag begangen werden sollte, bei uns durchzuführen. Damit ehrte die OSZE jene, die ihre Ideale haben Wirklichkeit werden lassen. Natürlich hatten wir staatliche Vertreter eingeladen, doch gekommen war lediglich Michail Fedotow, der Vorsitzende des Menschenrechtsrates beim russischen Präsidenten, der den schwierigen – und letztlich unmöglichen – Spagat versuchte, in einem autoritären System Rechte und Anliegen der Zivilgesellschaft in einem staatlichen Beirat zu vertreten. Der Präsident empfängt die Gruppe ab und zu, ja. Ljudmila Alexejwa hatte seinen Respekt, und er hörte ihr zu, wenn sie ihm in unmissverständlichen Worten die Meinung sagte. Schließlich war die zierliche, energische und sprachgewaltige Frau Jahrgang 1927 und – was sie wie ein Ehrenzeichen trug – 1968 aus der KPdSU ausgeschlossen worden. Doch das offizielle Russland tut sich insgesamt sehr schwer mit Bürgern, die darauf beharren, dass jedem Menschen unveräußerliche Rechte zu eigen sind und staatliche Gewalt diese zu achten hat.

»Es ist besser als damals«: eine sehr relative Aussage. 19. April 2016, eine Momentaufnahme am Jubiläumstag der Gründung der »Moskauer Helsinki-Gruppe«: In den staatlich gelenkten Medien tauchen Kompromate gegen oppositionelle Politiker auf; eine Verschärfung des Gesetzes über Nichtregierungsorganisationen soll es möglich machen, künftig auch Wohltätigkeitsorganisationen zu »ausländischen Agenten« zu erklären; eine regionale Aktivistin von »Golos«, einer Organisation zur unabhängigen Wahlbeobachtung, wird mit einer Strafzahlung in Höhe von 17 Jahren ihrer Rente belegt; der Föderationsrat plant, weitere Vereinigungen zu »unerwünschten Organisationen« zu erklären; der Chef des staatlichen »Ermittlungskomitees« denkt laut darüber nach, weitere Einschränkungen der freien Meinungsäußerung vorzunehmen – er möchte das Internet nach chinesischem Vorbild ausrichten und jede Infragestellung der Annexion der Krim als Extremismus verfolgen –; im Moskauer Gebiet werden von oppositionellen Politikern im Vorfeld der Lokalwahlen »Gummi-Wohnungen« entdeckt, in denen eine übermäßig große Zahl von Personen registriert ist, die »richtig« abstimmen werden; in Nowosibirsk wird der deutsche Generalkonsul daran gehindert, mit Studenten zu diskutieren. Und Natan Scharanski wird bei der Einreise zwei Stunden am Flughafen festgehalten und befragt (»Sie sehen jemandem ähnlich, den wir suchen …«). Aus Berlin ist der Russland-Beauftragte der Bundesregierung gekommen, Gernot Erler, der überdies für den deutschen OSZE-Vorsitz zuständig ist. Er bekommt keinen einzigen der Termine für politische Gespräche mit Regierungsvertretern, die wir im Vorfeld für ihn angefragt hatten.

Aber Ljudmila Alexejewa hat ja recht: Es ist besser als in der Sowjetunion.

Auch Arseni Roginski, der legendäre Vorsitzende von »Memorial«, beharrte stets darauf, dass die Verhältnisse nicht mit jenen in der Sowjetunion zu vergleichen seien. Die Zivilgesellschaft ist lebendig, auch außerhalb der großen Zentren. Was sie erreichen oder durchsetzen kann, das muss mit der Macht beziehungsweise den jeweiligen örtlichen Vertretern immer wieder neu ausgehandelt werden. Vieles lässt sich bewegen, allzu politisch darf man allerdings nicht werden. Davon berichtete mir eine Frau aus einer Provinzstadt im Südwesten Russlands. Sie kümmerte sich um die gesundheitlichen Schäden, die bis heute infolge der Nuklearkatastrophe von Tschernobyl im Jahr 1986 regional verstärkt auftreten. Über ihrer Stadt habe die sowjetische Führung damals mithilfe von Chemikalien nuklear verseuchte Wolken abregnen lassen, als diese sich der Hauptstadt näherten. Irgendwann stellte die Frau fest, dass bestimmte Schwierigkeiten, auf die sie stieß, wenn sie betroffenen Kindern helfen wollte, systemische Ursachen hatten. Also setzte sie sich dafür ein, Regeln und Vorschriften zu ändern. Das aber ging nun zu weit – und flugs war ihre Initiative zum »ausländischen Agenten« erklärt. Nach Auffassung der zuständigen Behörden war sie politisch tätig geworden und sie erhielt »Geld aus dem Ausland«-Spenden von Bundesbürgern, die den Kindern ihrer Region helfen wollten. So war es ein Leichtes gewesen, sie in diese Schublade zu stecken.

Zum ausländischen Agenten abgestempelt

Was bedeutet es, ein »ausländischer Agent« zu sein? Überall auf der Welt schwingt dabei Negatives mit – »ein Ausländer, der uns schaden will« –, in einem Land, das die Propaganda der Sowjetzeit noch in den Knochen hat, umso mehr. Altvertraute Begriffe wie »fünfte Kolonne« – subversive Kräfte im Dienste ausländischer Mächte – oder »Vaterlandsverräter« tauchten wieder im offiziellen Wortschatz auf, als nach der Krim-Annexion die Wagenburg geschlossen werden musste. Das 2012 novellierte Gesetz über die »ausländischen Agenten« begann, seine Wirkung zu entfalten. Wer die Voraussetzungen erfüllt – politische Tätigkeit und Zuwendungen aus dem Ausland –, ist verpflichtet, sich selbst als solcher zu registrieren. Zuwiderhandlungen werden empfindlich bestraft – genauso wie das Vergehen, nicht bei jeder Gelegenheit auf dieses Etikett zu verweisen, sei es im Internet oder in Publikationen. Besonders empfindlich trifft es beispielsweise zivilgesellschaftliche Initiativen, die im sozialen Bereich engagiert sind: Staatlichen Stellen ist es ausdrücklich untersagt, mit »ausländischen Agenten« zusammenzuarbeiten.

Eine Person oder eine Organisation zum »ausländischen Agenten« zu erklären, ist nicht sehr kompliziert: Eine junge Initiative, die sich um Arbeitnehmerrechte kümmerte, wurde mit der Begründung stigmatisiert, sie habe auf ihrer Website ein gegen sie ergangenes Gerichtsurteil veröffentlicht. Das stelle den Versuch dar, die Menschen im Lande aufzuwiegeln. Nicht selten geschieht es, dass der staatliche Repressionsapparat reflexhaft reagiert, und sei es in vorauseilendem Gehorsam örtlicher Instanzen. Dann ist es erst das Handeln der Macht, das die Bürger politisiert. Denn diese haben es möglicherweise gar nicht grundsätzlich gemeint, sondern eben nur die Behebung eines konkreten Missstandes eingefordert.

Die Auswirkungen des Gesetzes können absurd sein. Im Frühjahr 2016 erreichten mich empörte Anrufe aus der Schleswig-Holsteinischen Landesregierung: Ob es stimme, dass ihr Partnerschaftsbüro in Kaliningrad, dem ehemaligen Königsberg, zum »ausländischen Agenten« erklärt werden solle und was man bitte dagegen tun könne. Erstens: Es stimmte. Zweitens: Tun ließ sich gar nichts – auch nicht von den eingeschalteten Mitarbeitern des russischen Außenministeriums, die die bürokratische Dummheit übereifriger Geheimdienstagenten in der Kaliningrader Oblast zwar nicht einräumen durften, aber natürlich genau erkannten.

Was war passiert? 1999 hatten das Land Schleswig-Holstein und das Kaliningrader Gebiet, die »Oblast«, genau das getan, was gute Beziehungen zwischen zwei Ländern befördert: Außenpolitik in konkretes Handeln umgesetzt. Sie hatten ein Partnerschaftsabkommen geschlossen, und um möglichst viele und gute Initiativen in Gang setzen zu können, wurde 2010 in der ehemaligen Hauptstadt Ostpreußens eine Verbindungsstelle eröffnet, das »Hansebüro«. Und da das Land Schleswig-Holstein finanziell etwas besser dasteht als die Oblast in Russlands Randlage, hatten die Norddeutschen sich bereit erklärt, die Finanzierung des Büros zu übernehmen. Dies entdeckte eines Tages ein fleißiger Mitarbeiter der örtlichen Außenstelle des allmächtigen Geheimdienstes FSB. Seine Recherche auf der Internetseite des Partnerschaftsbüros ergab überdies, dass es hier auch Aktivitäten gab, die man mit etwas gutem Willen als »politisch« einstufen konnte. Fertig war »der ausländische Agent«. Und was der Geheimdienst einmal ins Werk gesetzt hatte, ließ sich nicht mehr rückgängig machen – mochte es noch so absurd sein und die Beziehungen Russlands mit einem anderen Land belasten. Das Land Schleswig-Holstein bewies Langmut und Weitsicht: Das »Hansebüro« wurde geschlossen und im Jahr darauf, in neuer Rechtsform, als »Hanse-Office« wiedereröffnet.

Auch im Bereich bürgerschaftlichen Engagements ist in Russland natürlich nicht alles schwarz und weiß: hier die Zivilgesellschaft – dort die Macht. Überall im Lande gibt es Menschen, die sich – da außerhalb des Scheinwerferkegels der Moskauer Aufmerksamkeit – unter teils sehr schwierigen Bedingungen bürgerschaftlich engagieren. Und in vielen Bereichen geschieht Gutes, gelegentlich auch in Zusammenarbeit mit der Staatsmacht – oder weil diese elastisch reagiert. Dies zeigte sich bei einem Besuch, den ich einer Region in Südrussland abstattete. Mitarbeiter der Botschaft hatten mir vorgeschlagen, bei dieser Gelegenheit den Fall eines Umweltaktivisten anzusprechen, der wegen seines Engagements in Schwierigkeiten geraten war. Als sich unter vier Augen die Gelegenheit hierzu bot, sprach ich den Gouverneur darauf an. Lebhaft erwiderte er, ich hätte völlig recht. Der Mann habe wirkliche Verdienste und sei aufgrund seiner sehr sichtbaren Aktivitäten in den Fokus »der Dienste« geraten. Daran etwas zu ändern, sei auch für ihn als Politiker nun nicht so leicht. Aber er habe ihn unlängst in seinen Fachbeirat für Umweltfragen berufen – und das verleihe ihm einen gewissen Schutz.

Die Bürgergesellschaft

Doch zumeist misstraut der Staat seinen Bürgern, eine wirklich unabhängige Bürgergesellschaft entspricht nicht der Tradition staatlichen russischen Denkens. Ansätze, diese in den neunziger Jahren zu entwickeln, wurden rasch in die oppositionelle, ja verräterische Ecke gedrängt. Von diesem historischen Dilemma handelte ein bemerkenswertes, hellsichtiges Interview, das einer der führenden Denker der Sowjetunion, der georgische Philosoph Merab Mamardaschwili, 1989 einer amerikanischen Zeitschrift gab. In langen Linien zeichnete er die russische und sowjetische Geschichte und arbeitete eines ihrer größten Defizite heraus: das Fehlen einer Bürgergesellschaft, von Menschen, die bereit und in der Lage sind, eigenverantwortlich zu handeln, um das gemeinsame Wohl voranzubringen. Nicht erst die kommunistische Ideologie setzte Staat und Gesellschaft gleich, argumentiert Mamardaschwili, dies sei schon seit Jahrhunderten der Fall gewesen.

Zu Mamardaschwilis Schülern gehörte Juri Senokossow. Er und seine Frau, Jelena Nemirowskaja, setzten seine Überlegungen in die Tat um. Mit dem Ende der Sowjetunion gründeten sie eine private Schule, die fast ein Vierteljahrhundert lang mehr als 20 000 junge Russinnen und Russen mit staatsbürgerlichem Rüstzeug ausstattete, damit diese in Staat und Gesellschaft Verantwortung übernehmen konnten. »Wenn wir in Freiheit leben wollen«, sagte Jelena Nemirowskaja einmal in einem Interview, »dann müssen wir unsere Regierung erneuern. Präsident und Parlament müssen kontrollierbare Institutionen sein und keine unantastbaren Autoritäten.«

Gibt man den Namen der Schule heute im Internet in eine Suchmaschine ein, so kommt der Hinweis »dauerhaft geschlossen«. Auch sie ist zum »ausländischen Agenten« erklärt worden. Junge Menschen zu unabhängigem, kritischem Denken und Urteilen zu ermutigen und zu ertüchtigen, ist im Russland von heute keine so gute Idee. Nur noch im Ausland, unter komplizierten Bedingungen, kann die Schule ihre Arbeit fortsetzen. Die Gründer haben das Land verlassen. Doch unvergesslich sind mir ihre Gastfreundschaft und ihre mit Büchern vollgestopfte Wohnung als einer der wunderbarsten Orte der Begegnung mit einigen der interessantesten Köpfe Moskaus.

Unabhängige Intellektuelle sind der Obrigkeit ein Dorn im Auge. Immer wieder unter Druck geriet die Investigativjournalistin Jewgenija Albats. Das mag mit ihrem Spezialgebiet zu tun haben: dem Wirken der russischen Geheimdienste. Aus fragwürdigen Gründen erhielt sie 2018 eine Strafe von umgerechnet 300 000 Euro auferlegt – für russische Verhältnisse aberwitzig und für eine Journalistin schlicht unbezahlbar.

Doch die Zivilgesellschaft reagierte: Mit Mitteln des »Crowdfundings«, vielen kleinen Spenden, über das Internet eingeworben, wurde der Betrag aufgebracht – der durchschnittliche Beitrag belief sich auf 7 Euro.

Zwei Frauen wurden während meiner Zeit in Russland für ihr Engagement mit dem »Deutsch-französischen Menschenrechtspreis« ausgezeichnet, den die Außenminister beider Länder seit 2016 verleihen. Die eine war Valentina Tscherewatenko, die Anfang der neunziger Jahre die Organisation »Frauen vom Don« gründete, um Frauen bei sozialen, psychologischen, juristischen und anderen Problemen zu unterstützen. Sie bringt Vertreter von Konfliktparteien miteinander ins Gespräch: Opfer des Tschetschenienkrieges und russische Militärangehörige, Frauen aus der Ukraine und aus Russland. Weil sie die »Frauen vom Don« nicht als »ausländischer Agent« hatte registrieren lassen – »in böser Absicht«, so der Vorwurf –, wurde sie vor Gericht gestellt, Haus- und Bürodurchsuchungen inklusive. Zwei Jahre Haft drohten ihr. Es mag die internationale Aufmerksamkeit gewesen sein, die geholfen hat: Das Verfahren wurde nach Monaten eingestellt.

Die andere Preisträgerin war Jelena Milaschina, Investigativjournalistin bei der »Nowaja Gaseta«. Sie recherchiert und berichtet über Menschenrechtsverletzungen in Tschetschenien, in der Nachfolge der 2006 ermordeten Anna Politkowskaja. Fälle des Verschwindenlassens von Personen, willkürliche Verhaftungen, außergerichtliche Hinrichtungen, Folter, Verfolgung von Angehörigen vermeintlicher Aufständischer und Frauenrechte sind ihre Themen. Im April 2017 deckte sie eine Verfolgungswelle gegen Homosexuelle in Tschetschenien auf. Als sie 2020 über die Ausbreitung des Corona-Virus in Tschetschenien berichtete und über Missstände und Fahrlässigkeiten in diesem Zusammenhang, meldete Republikoberhaupt Ramsan Kadyrow sich über Instagram zu Wort: »Wenn Sie wollen, dass wir ein Verbrechen begehen und Verbrecher werden, sagen Sie es einfach! Einer [von uns] wird die Verantwortung übernehmen und seine Zeit absitzen … und dann wird er freigelassen!« Einige Tage später wurde der Sprecher des Präsidenten befragt, was er von den Drohungen des tschetschenischen Führers halte. Gut, meinte Dmitri Peskow, das sei sicherlich recht emotional gewesen – aber die Gefühlslage sei gegenwärtig nun mal aufgewühlt. Deswegen könne man in einer solchen Äußerung nichts Ungewöhnliches erkennen.

In 35 Jahren im Auswärtigen Dienst haben mich immer wieder jene Menschen besonders beeindruckt, die bereit waren, für ihre Überzeugung ihre Freiheit und ihre materielle Existenz zu riskieren – und die sich in vielem ähnelten: in ihrer Willensstärke und ihrer Aufrichtigkeit, in ihrer Entschlossenheit, ihrer Unnachgiebigkeit und ihrem Charisma. Sie waren und sind durch und durch authentische Persönlichkeiten. In meiner Zeit als junger Diplomat in Polen, 1986 bis 1989, bin ich erstmals solch mutigen Vertretern der Zivilgesellschaft begegnet. Mit der Ausrufung des Kriegsrechts 1981 waren viele von ihnen inhaftiert worden. Doch sobald sie freikamen, kämpften sie wieder für ihre Überzeugungen, bedrängt, verfolgt und von der Propaganda der Lächerlichkeit preisgegeben. Keiner wusste, dass oder ob ein »1989« kommen würde.

Die Situation im Russland von heute unterscheidet sich in sehr vielem von jener in der Sowjetunion oder in Polen Ende der achtziger Jahre. Doch auch heute kämpfen Menschen gegen gesellschaftliche Missstände und Repression, für bürgerliche Freiheiten und demokratische Vielfalt. Frauen wie Swetlana Gannuschkina, die für ihren 30-jährigen Einsatz für Flüchtlinge und Vertriebene den alternativen Nobelpreis erhielt und die ihren Lebenserinnerungen den bezeichnenden Titel »Auch wir sind Russland« gegeben hat.

Am meisten trifft diese Menschen der Vorwurf – der genau deswegen auch so gerne erhoben wird –, sie handelten in fremdem Auftrag oder verrieten die nationale Sache. Im Gegenteil, es ist die Liebe zu ihrem Land, die sie antreibt. Tatjana Parchalina, Direktorin des Zentrums zur Erforschung der Europäischen Sicherheit bei der Russischen Akademie der Wissenschaften, steht beispielhaft für diese Menschen. Die international anerkannte Expertin für Sicherheitspolitik lässt sich nicht davon abbringen, eine unabhängige, eigenständige Meinung zu vertreten. Es kam, wie es kommen musste: Unter fadenscheinigen Vorwänden wurde ihr Institut durchsucht und ihre Computer wurden abtransportiert. Als ich sie im Sommer 2019 noch einmal traf, verabschiedete sie sich mit den Worten: »Bitte bleiben Sie ihm verbunden – meinem großen, armen Land.«

Politische Opposition

In Russland gibt es auch eine echte parteipolitische Opposition. Nicht jene sogenannte »Systemopposition« – Parteien, von der Macht geduldet, ausgehalten und notfalls erfunden, um den Anschein von Demokratie zu erwecken –, sondern Parteien, die in der kurzen Zeit demokratischer Blüte nach dem Ende der Sowjetunion tatsächlich eine Rolle gespielt haben. Doch mit großem Geschick wurden sie so marginalisiert, dass sie keinen wirklichen Einfluss mehr entfalten können. Weiterexistieren aber sollen sie, so dass niemand behaupten kann, in Russland seien Parteien verboten. Die Unterstützung für sie wäre in freien Wahlen möglicherweise auch nicht groß: Schließlich stehen sie für Wandel und Veränderung, das könnte Ordnung und Stabilität gefährden, wie den Menschen eingetrichtert wird.

Einzelne herausragende Vertreter dieser Parteien können aber immer noch politische Wirkung entfalten. Das verlangt allerdings eine Menge Mut, insbesondere dann, wenn man sich auf ziemlich einsamem Posten abseits der großen Zentren engagiert. So wie Lew Schlosberg, jener Journalist, der im Herbst 2014 enthüllte, dass in Pskow nachts heimlich Soldaten beigesetzt wurden, die mit größter Wahrscheinlichkeit beim Einsatz in der Ostukraine gefallen waren. Auf seinem Weg, sich für die Wahrheit einzusetzen, ließ Lew Schlosberg sich durch den brutalen Überfall, dem er anschließend zum Opfer fiel, nicht beirren. Im Regionalparlament von Pskow vertritt er die Partei »Jabloko«.

Wie es ihm inzwischen gehe, fragte ich ihn bei einer Begegnung im Sommer 2019. Er erhalte immer wieder Drohungen, sagte er, auch gegen sein Leben, doch er werde weitermachen. Welches das größte Problem in seiner Region sei, fragte ich ihn. »Die Armut«, antwortete Lew Schlosberg entschieden. In Pskower Oblast sei die durchschnittliche Lebenserwartung für Männer wieder auf 62,5 Jahre gefallen, für Frauen auf 70 Jahre. Landesweit gewöhnten die Menschen sich an ein Leben mit schlechter Ernährung, schlechter medizinischer Versorgung und billigen Medikamenten. Bezeichnend sei die hohe Sterblichkeit an Krebserkrankungen. Die Menschen seien ganz damit beschäftigt, ihr tägliches Leben zu bewältigen. Doch zugleich wachse der Unmut, wie die spontanen Proteste an vielen Orten gegen die Probleme bei der Entsorgung von Müll zeigten. Meldete die Zivilgesellschaft sich laut genug zu Wort und gäbe es überdies Aufmerksamkeit aus dem Ausland, so lasse sich auch etwas bewegen.

Dies zeigte im Juni 2019 der Fall des Investigativ-Journalisten Iwan Golunow, der sich der Aufdeckung von Korruption verschrieben hatte und nun verhaftet wurde. Wie später offiziell eingeräumt wurde, hatten Polizisten ihm Drogen untergeschoben, um ihn festsetzen zu können. Der Fall war derart plump inszeniert, dass Golunow bald darauf wieder freigelassen werden musste. Drogendelikte sind eine sehr »populäre« Methode, unliebsame Bürger aus dem Verkehr zu ziehen. Ein Viertel aller Strafgefangenen Russlands sitze wegen Drogendelikten ein, berichtet Lew Schlosberg. Ein weiterer »Drogenfall«, der 2019 auch international viel Aufmerksamkeit erregte, war der des 63-jährigen Rechtsanwaltes Ojub Titijew, der in Tschetschenien die Arbeit des Menschenrechtszentrums von »Memorial« leitete. Auch er wurde schließlich wieder freigelassen, doch mit seiner Verhaftung wegen offensichtlich fingierter Vorwürfe des Drogenbesitzes endete jegliche Tätigkeit unabhängiger Nichtregierungsorganisationen in Tschetschenien.

Den Verantwortlichen im Machtapparat ist, so scheint es, jedes Mittel recht, die Opposition zu bedrängen und auch zu verleumden, Kollateralschäden eingeschlossen. Im Mai 2015 prangte eines Tages an einem großen Gebäude an einer der Hauptdurchfahrtsstraßen Moskaus ein gigantisches Plakat. Abgebildet waren fünf führende Vertreter der Opposition, das Ganze schwarz-rot-gold eingefärbt und daneben, in Pseudofrakturschrift auf Russisch der Satz: »Die Deutschen werden ihnen schon helfen!« Genauere Bedeutung: unklar. Der Zufall wollte es, dass ein Vertreter der Bundesregierung kurz darauf einen Termin beim Präsidenten hatte. Dem legte er ein Foto des Großplakats auf den Tisch.

Der russische Machtapparat sorgt dafür, dass wirklich oppositionelle Parteien keine landesweite Bedeutung entfalten können. Doch politisches Engagement kommt im Russland von heute, wie auch in anderen Ländern, häufig anders zustande: als Bewegung, die sich konkreten Themen widmet. Vor allem die Jugend geht neue Wege. Wie der Klimawandel in einer Vielzahl von Ländern große Zahlen junger Menschen mobilisiert hat, ist dies in Russland beispielsweise das Thema Korruption.

Der Anstoß hierzu kam häufig von Alexej Nawalny. Der charismatische Rechtsanwalt hatte es sich seit bald 15 Jahren zum Ziel gesetzt, Korruption und Unterschlagung in Russland aufzudecken. Seine Videos sind exzellent gemacht, von präziser Beweisführung und im Netz echte Renner. In einer Dokumentation auf YouTube bezichtigte er etwa den früheren Präsidenten und Ministerpräsidenten Dimitri Medwedew mit beeindruckenden Belegen und Aufnahmen, allein über ein Immobilienvermögen in Höhe von 1 Milliarde Dollar zu verfügen – Residenzen im ganzen Lande, Weinberge im Ausland, Yachten. Die Reaktion der Staatsmacht war hilflos: Der Ministerpräsident zog es vor, zu Nawalnys Vorwürfen im Wesentlichen zu schweigen, und schickte einen am Rande ebenfalls bezichtigten Oligarchen vor, Nawalny vor Gericht zu zerren. Ansonsten tat man, was man konnte, um den Aktivisten und Blogger »trockenzulegen«, was nicht ganz einfach ist, da Nawalny bewusst auf ausländische Unterstützung oder Großspender verzichtet und über eine Stiftung arbeitet, die auf Crowdfunding setzt. Gerne wurde Alexej Nawalny auch immer wieder einmal für 14 Tage eingesperrt, weil er angeblich gegen diese oder jene Vorschrift verstoßen hatte, auch ließ die Bürokratie keine Nickligkeit aus, seine Versammlungen oder Protestmärsche zu verhindern, seine Unterstützer in der Provinz wurden drangsaliert. Wie sehr die Staatsmacht ihn fürchtete, zeigten immer neue propagandistische Ausfälle gegen ihn und seine Aktivitäten.

Einige Zeit nach Veröffentlichung des spektakulären Videos hatte ich Medwedews Sprecherin zu Gast. Wieso man denn gar nicht auf die Vorwürfe reagiert habe, fragte ich sie. Als Alternative hätte man sich ja vorstellen können, entweder eine Klage wegen Verleumdung anzustrengen oder selbst politische Konsequenzen zu ziehen. Man habe Nawalny nicht aufwerten wollen, war die dürre Antwort. Die Aufwertung vollzog sich allerdings von allein: Innerhalb kürzester Zeit war das Video über die Reichtümer des Regierungschefs im Internet mehr als 25 Millionen Mal angesehen worden.

Die folgenlose Schamlosigkeit, mit der sich Einzelne bedienen, wird von den Menschen scheinbar hingenommen – aber sie trägt doch zu einem verbreiteten Zynismus und tief sitzendem Groll bei. Legendär ist eine zufällig gefilmte Szene, in der eine wütende ältere Frau den seinerzeitigen Ministerpräsidenten wegen der desperaten Lage der Rentner angeht. Medwedews knappe Antwort, bevor er sich wegdreht: »Es ist kein Geld da. Aber halten Sie durch!«

Wo Nawalny, der das gegenwärtige Machtsystem in seinen Grundfesten erschüttern will, politisch selbst steht, war nie leicht auszumachen. Zu anderen Fragen als nach der Korruption äußerte er sich kaum. Allerdings wurde er vor einer Reihe von Jahren aus der linksliberalen Partei »Jabloko« wegen nationalistischer Äußerungen ausgeschlossen. Zweifellos ist er ein ausgeprägter Machtmensch.

Am 20. August 2020 ging aus der sibirischen Stadt Omsk eine dramatische Nachricht um die Welt: Auf einem Flug nach Moskau war Alexej Nawalny kollabiert, die Maschine musste notlanden, bereits im Koma wurde der Oppositionelle ins örtliche Krankenhaus eingeliefert. In der Folge wurde die Weltöffentlichkeit Zeuge einer eigentümlichen Scharade, bei der politisch offensichtlich überforderte Ärzte nicht recht wussten, wie sie mit dem Fall des prominenten Patienten umzugehen hatten. Schließlich wurde dem Drängen seiner Familie und Unterstützer nachgegeben, und er konnte zur Behandlung nach Deutschland ausgeflogen werden. Am 2. September, Alexej Nawalny lag unverändert im künstlichen Koma, dann die erschütternde Nachricht: Der Kremlkritiker war zweifelsfrei mit einem chemischen Nervenkampfstoff aus der Nowitschok-Gruppe vergiftet worden – wie auch Sergej Skripal und seine Tochter. Die Bundeskanzlerin trat persönlich vor die Presse: »Es stellen sich jetzt sehr schwerwiegende Fragen, die nur die russische Regierung beantworten kann und beantworten muss.« Im Kreise der EU- und NATO-Partner werde man über eine angemessene gemeinsame Reaktion entscheiden.

Es erschien unvorstellbar, dass ein solch brutaler Anschlag mit dem in der Sowjetunion entwickelten, hoch wirksamen Nervengift ohne Zutun der obersten Macht in Russland hatte geschehen können. Internationale Auswirkungen stehen dabei nicht im Vordergrund – auch im Fall Skripal hatte man gravierende Folgen in Kauf genommen. Der Kreml mochte aktuell ein Interesse daran gehabt haben, dass Alexej Nawalny zumindest für eine Zeit lang handlungsunfähig war: Im September standen Regional- und Kommunalwahlen an, im benachbarten Belarus gingen die Menschen nach gefälschten Wahlen gerade zu Zehntausenden auf die Straße, Bürger-Proteste im fernöstlichen Chabarowsk dauerten ebenfalls schon wochenlang an. Da mochte es hilfreich erscheinen, jemanden außer Gefecht zu setzen, der bekannt war, Führungsqualitäten besaß und über ein landesweites Netzwerk verfügte. Doch wieder einmal schien etwas grandios schief gegangen zu sein: Den Flug nach Moskau hätte Alexej Nawalny nicht überlebt, seinen Tod hätte man innerrussisch ›abhandeln‹ können. Aber mit der Entscheidung des Flugzeugpiloten notzulanden, gerieten die Dinge außer Kontrolle der Macht. Und diese hatte nun zu verantworten, dass Russland sich einmal mehr am internationalen Pranger sah. Von Aufklärung keine Spur, nur Ausflüchte, Nebelkerzen und Bezichtigungen. Von »Megafon-Diplomatie« sprach Außenamtssprecherin Sacharowa und unterstellte, es gehe wohl darum, »gewisse vorweg beschlossene ›Gegenmaßnahmen‹ zu rechtfertigen«. Die Beziehungen Russlands zum Westen steuerten auf einen neuen Tiefpunkt zu.

Zu Beginn meiner Tätigkeit in Moskau führte ich auch ein Gespräch mit Mitarbeitern Alexej Nawalnys in dessen Stiftung, er selbst musste kurzfristig absagen. Der Termin offenbarte, wie eng die »aufklärenden Enthüllungsmedien« des Landes bei solcher Gelegenheit ganz offensichtlich mit den staatlichen Überwachungsorganen zusammenarbeiten. Mein Besuch war, wie üblich, per Telefon und E-Mail vereinbart worden und eigentlich nur der Botschaft und dem Büro Nawalnys bekannt. Erwartet wurde ich gleichwohl von einem Kamerateam des Propagandasenders NTW, das mir beim Verlassen der Stiftung den Weg versperrte. Von dem Termin konnte NTW lediglich mit Unterstützung des Geheimdienstes erfahren haben. Die dabei produzierten Aufnahmen schafften es noch in den reißerischen Trailer einer anderthalbstündigen »Dokumentation« über die russische Opposition und »ihre ausländischen Geldgeber«, die am 17. Februar 2015 zur besten Sendezeit am Sonntagabend hätte ausgestrahlt werden sollen. Zwei Tage zuvor, am 15. Februar 2015, wurde die Sendung im letzten Moment abgesetzt: Einer der prominentesten Vertreter jener Opposition, Boris Nemzow, war ermordet worden.

Der Mord an Boris Nemzow

Der Mord an Boris Nemzow erschütterte das Land tief. Zu Fuß war er auf dem Weg nach Hause gewesen und überquerte gerade eine Brücke unmittelbar am Kreml, als er von einem offensichtlich professionellen Killer niedergestreckt wurde.

»Direkt vor den Toren der Macht«, wie sofort treffend festgestellt wurde. Aus unerklärlichen Gründen hatten allerdings sämtliche Überwachungskameras auf den Kreml-Mauern in just jenem Moment versagt … Bald wurden Täter festgesetzt und abgeurteilt, doch die Hintergründe blieben im Dunkeln, es gab kein wirkliches Bemühen, sie aufzuklären.

Gleichwohl schälte sich bald eine Version als plausibelste Erklärung heraus: Der »Herrscher des Nordkaukasus«, Tschetscheniens bizarrer Führer Ramsan Kadyrow, war mit dem Geheimdienst aneinandergeraten. Als es in seinem Staat mal wieder zu toll zuging, hatte der FSB, der für Ordnung und Sicherheit auch in den Teilrepubliken zuständig ist, eingegriffen. Das wollte Kadyrow nicht auf sich sitzen lassen, und so beschloss er, dem Präsidenten – dem er treu ergeben ist – zu zeigen, dass der FSB nicht einmal in der Lage ist, das engste Umfeld der Macht sicher zu schützen. So legte er »Nummer eins« »eine tote Maus vor die Haustür«, wie es, so Landeskenner, einer Kaukasustradition entspreche. Als Opfer wählte er jemand hinlänglich Prominentes aus – einen ehemaligen stellvertretenden Ministerpräsidenten, der zeitweise als Jelzins Nachfolger gehandelt worden war und dann zu einem Führer der Opposition wurde.

Unübersehbar war die Schlange der Menschen, die dem toten Politiker die letzte Ehre erweisen wollten, Zehntausende gingen in ganz Russland auf die Straßen. Gemeinsam begaben die Botschafter aller EU-Staaten sich noch am Tage der Ermordung zum Ort der Tat, ein Meer von Blumen hatte sich bereits angehäuft. Bis heute wird an jener Stelle mit Bildern und Blumen der Ermordung Boris Nemzows gedacht, die Obrigkeit lässt das zu – eine Benennung der Brücke nach ihm wurde jedoch abgelehnt. Zu prominent und dauerhaft soll an dieses für die politische Führung Russlands unerfreuliche Ereignis dann doch nicht erinnert werden.

»Russland ist ein autoritärer Staat – mit einer diktatorischen Ecke: Tschetschenien«, ordnete ein führender Vertreter der Menschenrechtsbewegung die Verhältnisse im Reiche Ramsan Kadyrows ein. Mit teils brutaler Unterdrückung sorgt sein Regime dafür, dass es in seiner einst aufständischen Kaukasus-Republik nicht erneut zu radikal-islamistischen Entwicklungen oder überhaupt irgendeiner oppositionellen Regung kommt. Für den Kreml erfüllt er eine enorm wichtige Aufgabe. Moskau lässt ihm daher viel durchgehen, solange er vor Ort für Ruhe und Ordnung sorgt. Aber immer wieder kommt es zu Gewaltexzessen, Verfolgungen und politischen Geisterfahrten, dann muss der Kreml schließlich doch eingreifen. Kadyrow dreht in solchen Situationen üblicherweise bei und versichert den Präsidenten öffentlich und überschwänglich seiner uneingeschränkten Loyalität.

DER LANGE SCHATTEN DER GESCHICHTE

Ein Tag, der das Volk zusammenhält

Jedes Land hat seinen Gründungsmythos: 1776 gaben die USA sich ihre Verfassung, 1789 lösten Pariser Bürger die Französische Revolution aus, 1990 vereinten sich die beiden deutschen Staaten. Natürlich kannten auch die russische und die sowjetische Geschichte solche Jahrestage nationaler Identifikation: 1613 kamen die Romanows an die Macht, 1917 fand die Oktoberrevolution statt.

1991 markiert einen weiteren dramatischen Wendepunkt der russischen Geschichte: Die sowjetische Diktatur wurde überwunden, das moderne Russland entstand. Eigentlich Anlass, ein solch historisches Ereignis zu feiern, das ja auch eine Leistung seiner Menschen gewesen ist. Nichts dergleichen im Russland von heute. Der offizielle Nationalfeiertag, der 12. Juni, erinnert daran, dass an jenem Tag im Jahre 1990 – die Sowjetunion sollte noch anderthalb Jahre existieren! – von einem »Volksdeputiertenkongress« die Deklaration über die Souveränität Russlands ratifiziert wurde. Mit der Überwindung der kommunistischen Diktatur hat dies nichts zu tun. Die meisten Menschen dürften kaum erklären können, was der eigentliche Anlass des »Russlandtages« ist.

Warum also nutzt die gegenwärtige Führung nicht den Untergang der totalitären Herrschaft 1991/92 als Gründungsmythos, als Erzählung über ein Freiheitsgeschehen, das die Menschen mit Stolz und Freude erfüllen kann? Warum wird nicht hierüber nationale Identifikation hergestellt? Die vielleicht interessanteste – und wie ich meine, durchaus plausible – Erklärung hierfür lautet: »Jene, die damals die alte Macht hätten schützen müssen, die Geheimdienste, haben 1991/92 versagt.

Heute sind sie selbst an der Macht. Sie können unmöglich ein Ereignis feiern, das von ihrem eigenen Versagen handelt.«

Also griff man weiter zurück in die Geschichte, auf etwas Großes, mit dem alle sich identifizieren können und das zugleich nicht in erster Linie nur mit sowjetischer Herrschaft verbunden ist: den »Sieg über den Faschismus« am 9. Mai 1945. Er ist nationaler Ersatzfeiertag, Gründungsmythos und Heilsgeschehen in einem. Wenige Jahre nach Ende des Krieges war er allerdings nicht länger begangen worden, zu nah lag er beim »Tag der Arbeit«, dem 1. Mai. Erst unter Breschnew wurde der »Tag des Sieges« wieder zum Feiertag. Boris Jelzin ließ die Tradition der Militärparade, die mit dem Ende der Sowjetzeit abgeschafft worden war, am 9. Mai 1995 wieder aufleben, in düsteren Tagen seiner Herrschaft. Doch erst Wladimir Putin nutzte den »Tag des Sieges«, um das Volk um die Macht zu scharen und seine Herrschaft in die Kontinuität jenes großen historischen Ereignisses zu setzen.

Der Sieg im Großen Vaterländischen Krieg, so scheint es, ist das letzte Ereignis, auf das man stolz sein kann: Die UdSSR ist an sich selbst gescheitert, was man jedoch nicht so recht wahrhaben will, über Gründe und Umstände des Umbruchs wird geschwiegen, die Reformen in den ersten Jahren nach dem Kollaps haben nicht jene Ergebnisse gebracht, die die Menschen sich erhofft hatten, die »Rückholung der Krim« war zwar gerecht, aber doch nichts, worauf man so recht stolz sein könnte, die Gegenwart ist von politischer Stagnation, wirtschaftlichen Schwierigkeiten und sozialen Verwerfungen geprägt. Also wird der »Sieg über den Faschismus« nun von der Propaganda immer leuchtender gefeiert, ja verklärt. 2019 wurde ein staatlicher Fernsehkanal ins Leben gerufen – »Pobeda«, »Sieg« –, der über nichts anderes berichtet als über den »Großen Vaterländischen Krieg«. Gefeiert wird im Übrigen stets nur der errungene Sieg, der Triumph – nicht der gewonnene Frieden.

Mit dieser Entwicklung einher geht eine schleichende Militarisierung – der Selbstdarstellung, der Propaganda, des öffentlichen Erscheinungsbildes. Überall, auch auf den großen

Flughäfen, sind in den vergangenen Jahren schicke ›Armija‹-Läden entstanden, die von den Streitkräften betrieben werden und in denen, neben praktischer Freizeitausrüstung und kriegerischem Kinderspielzeug, vor allem günstige Kleidung zu erhalten ist, gerne in Tarnfleck. Militarisiert wird auch die Erziehung: Zu Ehren des 100. Geburtstags des Waffenkonstrukteurs Michail Kalaschnikow schrieb das Ministerium für Schulbildung 2019 einen Schülerwettbewerb aus: »Wer kann am schnellsten eine AK-47 oder AK-74 auseinanderbauen und wieder zusammensetzen?«

Alle Gefühle, aller Nationalstolz kulminieren an dem Tag, an dem nach sowjetischer Zeitrechnung 1945 das Deutsche Reich kapitulierte. Im ganzen Land finden Militärparaden statt, um den »Tag des Sieges« zu feiern, die größte in Moskau. Jahr für Jahr folgte auch ich als Vertreter Deutschlands dem immer gleichen Schauspiel Tausender vorbeiziehender Soldaten, von Panzern, Raketen und Flugzeugen. »Steh auf, du riesengroßes Land, steh auf zur tödlichen Schlacht, mit der dunklen faschistischen Macht, der Horde, verdammt«. Stampfend wiederholt sich der eingängige Rhythmus des »Heiligen Krieges« des bis heute populärsten Liedes aus jener Zeit. Die Menschen werden mitgenommen, berührt, begeistert und emporgehoben, die wenigen noch lebenden Veteranen in ihren längst zu weit gewordenen, mit schweren Orden behängten Uniformjacken werden umsorgt und verehrt. Auf der Tribüne, auf der die Botschafter platziert werden, sitzen auch Vertreter der Führungsschicht und ihre Familien. Junge Frauen fertigen Selfies von sich, die »Pilotka« kess schräg gestellt, das Schiffchen der Rotarmisten, das an jeden Besucher ausgegeben wird – im Hintergrund die Interkontinentalraketen, die vor der Armani-Werbung am Luxuskaufhaus GUM vorbeiziehen.

»Spassibo dedu sa pobedu« – »Danke Opa für den Sieg«, steht auf vielen Autos und: »Nach Berlin!« auf jenen stärker nationalistisch gesinnter Fahrer. Noch weniger geschmackvoll war es, dass die staatliche Billigfluggesellschaft »Pobeda«, »Sieg«, ihre neue Verbindung nach Berlin ausgerechnet mit diesem in Russland eindeutig besetzten Slogan eröffnete. An keinem Tag sind die Menschen mit sich, ihrem Land und ihrer Führung mehr im Einklang als an jenem, der ja in der Tat an eine ungeheure historische Leistung nach schrecklichem Leiden erinnert.

Zur Militärparade hat sich vor wenigen Jahren ein Umzug gesellt, der am selben Tag nachmittags stattfindet. 2012 regte ein Journalist in einem regionalen Fernsehsender an, eine vom offiziellen Gedenken unabhängige Erinnerung zu organisieren – einen »Marsch des ›Unsterblichen Regiments‹«. Jeder Teilnehmer trug ein Bild mit sich – des Vaters, der Großmutter oder des Großvaters, wer auch immer Kriegsteilnehmer gewesen war. Das Gedenken erhielt Gesicht und Namen. Der Zuspruch war enorm, rasch breitete sich die Idee aus. Der »Macht« war der Marsch suspekt – in seiner stillen, würdevollen Art, die auch an den Tod von Soldaten und das Leid von Zivilisten erinnerte. Dagegen sein wollte und konnte man allerdings auch nicht – und so beherzigte man einmal mehr Lenin: »Setz dich an die Spitze einer Bewegung, die du nicht aufhalten kannst!« Seither führt der Präsident den Zug an, in Händen ein Bild seines Vaters in Uniform. Der Marsch ist patriotischer geworden, heroischer, heller – wieder scheint es mehr um Leistung als um Leid zu gehen. Fahnen flattern, es gibt Banner mit Parolen. Teilnahme ist Pflicht, wie eine Mutter mir berichtete: »In der Schule wurde jedes Kind gefragt, ob es mitgeht. Wer kein eigenes Veteranenbild hatte, hat eines bekommen, mit Rahmen. Bezahlen mussten wir natürlich schon selbst.« Und »Russki Mir«, Russlands internationale Kultur- und Einflussorganisation, hat dafür gesorgt, dass die Umzüge auch in Wien und Minsk, in Oslo, Tel Aviv und Berlin stattfinden und die Botschaft von Russlands Größe im Zweiten Weltkrieg weltweit ausgesendet wird.

Auf die Frage, auf welches Ereignis in der russischen Geschichte man besonders stolz sei, antworteten 1996 44 Prozent: »der Krieg«, 2003 waren es bereits 87 Prozent. Kaum eine Entscheidung seiner Amtszeit dürfte Wladimir Putin so schwergefallen sein wie jene, die Feiern anlässlich des Tages des Sieges 2020 wegen der seit März auch in Russland grassierenden Corona-Pandemie abzusagen und sie am 24. Juni als Ereignis ohne Publikum stattfinden zu lassen.

Schrecken und Leiden, die mit jenem »Großen Krieg« verbunden waren, wurden in der staatszentrierten Erinnerung weitgehend verdrängt – die schrecklichen menschlichen Verluste einer Kriegsführung, die ganz auf die Überwältigung des Gegners durch die schiere Masse setzte, die schlimmen Schicksale der Invaliden und Kriegsgefangenen, die Not und Entbehrung der Nachkriegszeit. Verdrängt wird vor allem auch der schuldhafte Anteil der Sowjetunion an jenem Krieg: der Überfall auf Finnland – die Sowjetunion wurde deswegen aus dem Völkerbund ausgeschlossen –, Stalins Teufelspakt mit Hitler, die Annexion der baltischen Staaten und von Teilen Polens und Rumäniens. Nichts davon machte die Sowjetunion nach Ende des Zweiten Weltkrieges rückgängig. In einem langen Aufsatz vom Juni 2020, in dem Wladimir Putin – angeblich umfassend – seine Sicht auf Ursachen und Ausbruch des Zweiten Weltkrieges darlegte, kommt der Überfall auf Finnland, das gezwungen wurde, der Sowjetunion erhebliche Gebietsteile abzutreten, schlicht nicht vor.

Immer mehr zum Tabu wird auch Stalins Schuld an den schrecklichen Opfern, die die Sowjetunion Ende der dreißiger Jahre im Zuge der »großen Säuberungen« zu erleiden hatte; nicht zuletzt wurde auch die Rote Armee quasi enthauptet. Nichts darf die Erinnerung an jenes Ereignis trüben, das wie kein anderes die Nation zusammenhält. Damit verbietet sich auch eine rationale Aufarbeitung. Eine Umfrage ergab, dass die Zahl der Menschen, die den Hitler-Stalin-Pakt billigen, größer ist als die Zahl jener, die zu sagen vermochten, worum es sich dabei gehandelt hat.

Selbst die Erinnerung an die Vernichtung der Juden durch die Deutschen und ihre Verfolgung während der Stalin-Zeit tritt im Gedenken zurück hinter den »Sieg im Großen Vaterländischen Krieg«. Einen Eindruck davon erhielt ich, als ich im Januar 2016 zur Eröffnung einer Ausstellung über den Holocaust in der Duma eingeladen war. In allen Reden ging es eigentlich nur um die Heldentaten der sowjetischen Befreier von Auschwitz – das Leid der Opfer fand kaum Erwähnung. Wladimir Schirinowski, Chef einer der systemtreuen Oppositionsparteien und selbst jüdischer Abstammung, nutzte die Gelegenheit lediglich für eine Tirade über den bösen Westen. Alla Gerber war ebenfalls zugegen. Die ehemalige Duma-Abgeordnete, deren Vater Opfer des Antisemitismus der Stalin-Zeit wurde, schien geahnt zu haben, was sie in der Duma zu hören bekommen würde. Ostentativ trug sie das Bundesverdienstkreuz, das ihr für Verdienste um die deutsch-russische und die deutsch-jüdische Aussöhnung verliehen worden ist. Mit Bildungsprojekten und Gedenkveranstaltungen versucht die Vorsitzende der »Holocaust-Stiftung« die Erinnerung an das Schicksal der sowjetischen Juden aufrechtzuerhalten. Doch dies sei schwierig, sagt sie: Die Menschen stünden jenem Schrecken wie dem des Gulag oft beklemmend gleichgültig gegenüber.

Selektive Erinnerungspolitik

10. Mai 2015 – zum 70. Mal jährt sich in diesen Tagen das Ende des Zweiten Weltkrieges. Zur großen Siegesparade, die am Vortag mit einer Rekordzahl teilnehmender Soldaten auf dem Roten Platz ablief, waren führende Politiker aus aller Welt eingeladen gewesen. Doch niemand aus dem Westen wollte sich den Vorbeizug jener Soldaten anschauen, die vor wenig mehr als einem Jahr die Krim besetzt und seither das russische Eingreifen im Donbas unterstützt hatten. Zugleich war es jedoch auch der Jahrestag, an dem des verlustreichen Beitrages der sowjetischen Streitkräfte zur Befreiung Deutschlands gedacht wurde. So hatte Bundeskanzlerin Merkel entschieden, zwar nicht der Einladung zur Parade zu folgen, aber doch eine Geste der Wertschätzung zu zeigen. Gemeinsam mit Präsident Putin hatte sie daher an jenem 10. Mai am Grabmal des unbekannten Soldaten an der Mauer des Moskauer Kreml einen Kranz niedergelegt und die Toten des Krieges geehrt.

Dem anschließenden Gespräch im Kreml schloss sich eine Pressekonferenz an.

Die Korrespondentin einer deutschen Tageszeitung bat den russischen Präsidenten, seine jüngste Äußerung zu kommentieren, »was denn so schlimm gewesen sei am Hitler-Stalin-Pakt.« Wladimir Putin lächelte die junge Journalistin an und holte aus: Man dürfe nicht vergessen, erinnerte er, wie sehr die Sowjetunion sich vor Ausbruch des Zweiten Weltkrieges bemüht habe, in Europa eine »antifaschistische Koalition« zu schmieden, und wie dies nicht allein fehlgeschlagen sei, sondern wie die Westmächte Hitler im Münchner Abkommen die Tschechoslowakei ausgeliefert hätten. Was also sei der Sowjetunion, mit Hitlers Deutschland allein gelassen, anderes übriggeblieben, als einen Pakt zu schließen, der darauf gezielt habe, einen Krieg zu vermeiden? Und als Polen geteilt wurde, fuhr der russische Präsident lebhaft fort, sei das Land lediglich Opfer einer Politik geworden, die es ein Jahr zuvor selbst praktiziert hatte – Polen hatte im Ergebnis des Münchner Abkommens einen Gebietsteil der Tschechoslowakei annektiert, das sogenannte Olsa-Gebiet. »Das müssen wir alles berücksichtigen, wir dürfen nicht vergessen«, schloss Putin seinen historischen Exkurs.

Putins Sprecher Dmitri Peskow wollte bereits den nächsten Journalisten aufrufen, als Angela Merkel ihn unterbrach und Putin beim Wort nahm – »wir dürfen nicht vergessen«: »Aus meiner Perspektive ist dieser Molotow-Ribbentrop-Vertrag ja nur zu schwer zu verstehen, wenn man nicht auch das geheime Zusatzprotokoll im Auge hat«, ergänzte die Bundeskanzlerin die Ausführung des russischen Präsidenten und erinnerte an das Unrecht, das aus dieser Absprache hervorgegangen sei. Bald nachdem ich die Bundeskanzlerin zum Flughafen zurückbegleitet hatte, klingelte bei mir das Telefon – nicht nur einmal. Vor allem die Kollegen aus den baltischen Staaten waren es, die sich teils überschwänglich dafür bedankten, dass die Bundeskanzlerin diese einseitige Darstellung der Geschichte öffentlich und in Putins Anwesenheit korrigiert hatte.

Es würde Russlands Beziehungen zu seinen Nachbarn unendlich helfen, würde es mit den Untaten sowjetischer Herrschaft offener und ehrlicher umgehen – sei es die Vernichtung durch Hunger in der Ukraine in den 30er Jahren, die Annexion der baltischen Staaten und die Teilung Polens und auch Rumäniens zu Beginn des Zweiten Weltkrieges oder der Einmarsch 1968 in die Tschechoslowakei. In seinem oben bereits erwähnten Aufsatz zur Geschichte des Zweiten Weltkrieges kommt Wladimir Putin im Juni 2020 in vernebelnder Argumentation zu dem Schluss, die Teilung Polens sei »offensichtlich ohne Alternative« gewesen, die Verantwortung habe »vollständig bei der polnischen Führung« gelegen und die Annexion der baltischen Staaten – er spricht von »Eingliederung« – habe im Einklang mit dem Völkerrecht gestanden. Man war schon einmal weiter, Polen und Russland waren aufeinander zugegangen. Doch Schuldeingeständnisse und versöhnende Gesten werden von einer Mehrheit in Moskau inzwischen leider wieder als Zeichen von Schwäche betrachtet.

Das gilt ganz grundsätzlich: Man will nicht mehr einräumen, etwas falsch gemacht zu haben. Bei einer Diskussionsveranstaltung im Oktober 2017 fragte die deutsche Russlandexpertin Sabine Fischer Präsident Putin, ob denn, da er den Westen so heftig kritisiere, möglicherweise auch Russland Fehler begangen habe. Seine Antwort kam, ohne dass er einen Moment darüber hätte nachdenken müssen: »Unser größter Fehler war es, dass wir Ihnen zu sehr vertraut haben. Und Ihr Fehler war es, dass Sie uns dieses Vertrauen als Schwäche ausgelegt haben … Wir müssen die Beziehungen auf der Basis gegenseitigen Respekts neu aufbauen und uns als gleichwertige Partner betrachten.« Alles ist in dieser Antwort enthalten: Russland macht keine Fehler – denn Vertrauen ist ja eigentlich etwas Positives –, Schuld hat nur der Westen. Ihr müsst uns respektieren.

Andrej Kortunow, Leiter des angesehenen und eher machtnahen »Russischen Rates für internationale Angelegenheiten«, legte im November 2016 eine Analyse zum Verhältnis Russlands zum Westen vor. Russlands Übergang in die neue Zeit, so meinte er, wäre möglicherweise einfacher verlaufen, hätte der Westen das Land »mit mehr Respekt und Empathie behandelt, als es wahrscheinlich verdiente.« Fein formuliert wird hier so etwas wie eine narzisstische Kränkung aufgerufen, wird um Verständnis für ein schwach ausgebildetes Selbstwertgefühl geworben: Wir sind tief verletzt, wir können nicht schuld gewesen sein.

Das beginnt bei der Sprache: Stets ist vom »Großen Vaterländischen Krieg« die Rede, wenn wir vom Zweiten Weltkrieg sprechen. Die russische Bezeichnung knüpft an den »Vaterländischen Krieg« an, mit dem zu Beginn des 19. Jahrhunderts Napoleon aus Russland vertrieben wurde – doch sie meint nur scheinbar den Zweiten Weltkrieg, der als Begriff durchaus auch existiert. Der »Große Vaterländische Krieg« umfasst die Zeit vom 22. Juni 1941 bis zum 9. Mai 1945, vom deutschen Angriff bis zur deutschen Kapitulation. Die Jahre zuvor, als die Sowjetunion mit dem nationalsozialistischen Deutschland gemeinsame Sache machte und die baltischen Staaten, Polen, Finnland und Rumänien überfiel und aufteilte, verschwinden im Nebel – wie auf jener Pressekonferenz am 10. Mai 2015. In einer Art Aschenputtel-Logik wird Geschichte nach Taten sortiert, die für das Selbstbild gut oder schlecht sind, und ihrer selektiv gedacht.

In einem interessanten Zusammenhang jedoch taucht der Zweite Weltkrieg und damit der gesamte Zeitabschnitt 1939 bis 1945 auf: in einem 2014 neu eingeführten Artikel des russischen Strafgesetzbuches, der es unter Strafe stellt, »bekannte Lügen« über sowjetische Aktivitäten während des Zweiten Weltkrieges zu verbreiten. Im September 2016 bestätigte das oberste Gericht Russlands ein Urteil erster Instanz, mit dem ein Schlosser aus Perm unter Verweis auf jenen Artikel zu umgerechnet 2700 Euro Strafe verurteilt worden war. In einem Text, den er über die sozialen Medien geteilt hatte, war die Rede davon, dass Deutschland und »die Kommunisten« im September 1939 gemeinsam Polen überfallen und so den Zweiten Weltkrieg ausgelöst hätten sowie von ihrer »engen Zusammenarbeit«. Wird es auch strafbar sein, an die Massaker von Katyn zu erinnern oder an die Deportationen von Letten, Esten und Litauern?

Wo sind die Täter?

In den vergangenen Jahren hatte es eine Geschichtsschreibung in Russland zunehmend schwer, die versucht zu sagen, was gewesen ist – und nicht, was nützlicherweise hätte sein sollen. Zu den Erfahrungen der Pressekonferenz von 2015 gesellten sich weitere, teils noch irritierendere Äußerungen – vor allem durch Kulturminister Medinski, der als Vorsitzender der Militärhistorischen Gesellschaft Russlands neben dem Präsidenten quasi die Deutungshoheit in historischen Dingen hat. Mythen traten an die Stelle historischer Tatsachen. 2016 hatte das Kulturministerium einen Film finanziert, der eine längst widerlegte sowjetische Propagandalegende aus dem Zweiten Weltkrieg wiederbelebte. In einem Interview darauf angesprochen, räumte Medinski unumwunden ein: »Es mag sein, dass es eine Legende ist. Aber es ist eine heilige Legende. Und wer sie in den Schmutz zieht, soll in der Hölle braten.« Von Friedrich Nietzsche stammt der Aphorismus: »Das habe ich getan, sagt mein Gedächtnis. Das kann ich nicht getan haben – sagt mein Stolz und bleibt unerbittlich. Endlich – gibt das Gedächtnis nach.«

Medinski, lange umstritten und wegen einer offensichtlich abgeschriebenen Doktorarbeit unter Beschuss, wurde im Januar 2020 im Zuge der Regierungsumbildung als Minister für Kultur abgelöst – doch er blieb Vorsitzender der einflussreichen Militärhistorischen Gesellschaft und avancierte überdies zum Berater des Präsidenten. Kurz darauf stimmte das Parlament dem Vorschlag des Präsidenten zu, dem »Schutz der historischen Wahrheit« Verfassungsrang zu geben. Da der Präsident diese Wahrheit inzwischen quasi ex cathedra verkündet hat, dürfte jede abweichende Sichtweise künftig einen – strafbaren – Verfassungsverstoß darstellen.

»80 Jahre Münchner Abkommen« – so hieß die Ausstellung, zu deren Eröffnung ich im September 2018 gebeten wurde. Sprechen sollte aus diesem Anlass, so war der Einladung zu entnehmen, Außenminister Lawrow. Selbstverständlich würde ich zu einer Veranstaltung gehen, die der Aufteilung der Tschechoslowakei durch das Deutsche Reich, Italien, Frankreich und Großbritannien am 29. September 1938 galt. Der tschechoslowakischen Staatsführung war damals schlicht mitgeteilt worden, dass sie das überwiegend deutsch besiedelte Sudetengebiet an das Deutsche Reich abzutreten habe und dass auch Polen und Ungarn tschechoslowakisches Territorium erhalten sollten. Wie der betroffene Staat selbst, so war auch die Sowjetunion nicht zur Münchner Konferenz eingeladen worden. Hierauf nun stützt sich seit jeher die Argumentation, die den Hitler-Stalin-Pakt des folgenden Jahres, 1939, als Selbstschutz der UdSSR rechtfertigt und die es erlaubt, sich in einer Opferrolle zu sehen.

So würde Lawrow auch dieses Mal wieder argumentieren. Da erschien es mir sinnvoll, dieser Darstellung eine andere Sicht entgegenzusetzen. So teilte die Botschaft dem Außenministerium mit, ich würde gerne die Gelegenheit nutzen, ebenfalls ein paar Worte zu sagen. Das anschließende mehrtägige Schweigen des MiD bestätigte unsere Vermutung, dass dies nicht vorgesehen gewesen war. Bis ganz nach oben, so erfuhren wir später, wurde darüber beraten, wie mit diesem Ansinnen umzugehen sei. Doch schließlich kam man zu dem Schluss, den deutschen Botschafter lieber reden zu lassen, als seine Überlegungen anschließend im Internet zu finden, verbunden mit dem Hinweis, man habe ihm das Wort verwehrt.

Lawrow sprach wie erwartet, nicht ohne Seitenhieb auf Polen, das von jenem Pakt eben auch profitiert hatte. Lang waren meine anschließenden Ausführungen nicht. Doch als der neben mir stehende Lawrow nach bereits zwei Minuten begann, auf die Uhr zu schauen, wusste ich, dass es an ihm nagte. Ja, das Abkommen sei schrecklich gewesen und das Deutsche Reich Urheber wie größter Nutznießer. Es sei jedoch nur der Auftakt zu einer Reihe weiterer aggressiver Akte zulasten Dritter gewesen – so dem Hitler-Stalin-Pakt mit seinem geheimen Zusatzprotokoll. Als ich endete, wandte der russische Außenminister sich mir zu und meinte mit bemüht ironischer Stimme: »Danke für die Vorlesung!« Nun, zu ihm hatte ich auch nicht gesprochen, sondern zu den teilnehmenden Vertretern der russischen und internationalen Medien. Und, unverabredet, auch im Namen der anwesenden Botschafter Polens und der baltischen Staaten. Die französische Tageszeitung »Le Figaro« merkte in ihrem Bericht an, die Abendnachrichten des staatlichen russischen Fernsehens hätten es vorgezogen, die Ausführungen des deutschen Botschafters zu verschweigen. Die »Nowaja Gaseta« druckte den Text mit dem Hinweis ab, sie wolle, dass der russische Leser eine Rede lese, »die einen verantwortungsvollen Umgang mit den schwierigsten und schmerzhaftesten Seiten in der Geschichte des eigenen Landes demonstriert«.

Dazu, wie die Deutschen mit ihrer Geschichte umgehen, hat sich der russische Präsident auch einmal geäußert. Im Juni 2016 folgte er einer Einladung der Deutschen Schule Moskau, mit deutschen und russischen Schülern über den Zweiten Weltkrieg zu diskutieren. Eine bemerkenswerte Geste und wohl auch Ausdruck einer besonderen Verbundenheit – mit Deutschland, aber auch mit jener Schule, an der beide Töchter Putins ihr Abitur abgelegt haben. Eine russische Schülerin fragte ihn, wie es seines Erachtens um das Gedenken in Deutschland bestellt sei. Er habe ja in Deutschland gelebt, antwortete der Präsident und kenne das ganze Land. Von daher wolle er sagen, dass er das aufrichtige Bemühen der Deutschen in Ost und West sehr schätze, die Erinnerung auch an die schrecklichen Kapitel der eigenen Geschichte wachzuhalten.

»Wir können über alles miteinander reden«, hat der bedeutende polnische Intellektuelle Jan Józef Lipski einmal gesagt, »solange jeder von seiner Schuld spricht.« Ein großes Wort, das so vielleicht nur ein Pole aussprechen kann, Angehöriger eines Volkes, das nun wahrlich besonders viel erlitten hat. Indem wir über das Schreckliche reden, machen wir es nicht ungeschehen, aber wir nehmen ihm einen Teil seiner Macht über uns. Wir heben es im doppelten Sinne des Wortes auf: so, wie man etwas im Museum aufhebt, und so, wie man ein Urteil aufhebt.

Für die Unfähigkeit, eigenes Versagen, eigene Fehler einzugestehen, gibt es mancherlei Erklärungen. Es verlangt jedem Einzelnen viel ab und es kann schmerzhaft und unerfreulich sein, von eigener Schuld oder jener der Vorfahren zu sprechen. Auch wir Deutsche sind hierbei einen langen Weg gegangen. Und die Geschichte jedes Landes ist eben anders. In wie vielen russischen Familien gibt es Täter wie Opfer. Es wäre wichtig, mit diesen Verstrickungen umzugehen, um mit sich ins Reine zu kommen und um wirkliche Aussöhnung mit anderen zu erreichen. Die Stimme einer klugen, kritischen russischen Intelligenz, die einfordert, solches zu tun, ist schwach.

»Poligon Butowo«: eine Erinnerungsstätte am Stadtrand von Moskau. Mehr als eine Stunde waren wir mit Erzpriester Kirill Kaleda über die Anlage gegangen, hatten die ganz dem Gedenken gewidmete, noch neue Kirche besucht, waren entlang der Reihen von Massengräbern gegangen, in dem Versuch, zu erfassen, was sich hier 1937/38 zugetragen hat. »Bis zu 500 Menschen wurden allein hier pro Tag erschossen und verscharrt, anonym. Mehr als 20 000 Menschen insgesamt«, erläuterte der Priester, ohne dessen persönliche Initiative es die Anlage nicht gäbe. »Sie wurden mit Lastwagen aus der Stadt hergeschafft, auf denen ›Brot‹ stand. Das sollte wohl kaschieren, was hier geschah.« – »Was hat Sie selbst zu dieser Aufgabe gebracht?«, fragte ich den Priester. »Mein Großvater liegt hier.«

Die wohl schrecklichste Phase in Russlands Geschichte war der stalinistische Terror, der in den Jahren 1937/38 seinen Höhepunkt erreichte, als eine dreiviertel Million Menschen ermordet wurden. Bis heute sind diese Schreckensgeschichte und das Leid, das fast jede Familie erfasste, in Russland präsent – ohne dass viel darüber gesprochen wird. Zeitweise gab es einen breiteren gesellschaftlichen Diskurs auch über Taten und Täter, doch der verstummte zunehmend wieder, war nicht mehr gewünscht. Für den Außenstehenden ist es irritierend, wie der Terror und die Verbrechen des Stalin-Regimes heute vielfach verdrängt, relativiert, ja teils bestritten werden. Wenn Stalin, so, wie heute wieder, als der große starke Führer benötigt wird, der nicht nur Russland, sondern die ganze Welt gerettet hat, dann müssen seine Verbrechen eben zurücktreten.

Da nun die Opfer aber unbestreitbar und jedem bekannt sind, hilft es, Gedanken und Erinnerungen ganz allein auf diese zu fokussieren und über die Täter und ihre Verbrechen zu schweigen. »Für die meisten Russen war der stalinistische Terror wie ein Tsunami«, erklärte ein Historiker mir einmal. »Er raste von außen in das Land hinein, durchquerte es auf einer Bahn schrecklichster Vernichtung und fuhr wieder hinaus. Alle sind Opfer – und niemand ist es gewesen.« So konnte denn auch die politische Führung 2017 eine Initiative unterstützen, ein – eindrucksvolles – Mahnmal für die Opfer zu errichten, eine »Mauer der Trauer«. Der Präsident selbst weihte sie ein. Aktivisten der Zivilgesellschaft, die für eine umfassende Aufarbeitung der Geschichte kämpfen, würdigen das Engagement der politischen Führung durchaus, merken jedoch kritisch an, dass zum Beklagen der Opfer auch das Benennen der Täter gehört; das stalinistische Regime müsse endlich als verbrecherisch gebrandmarkt werden. Doch aus Gründen der Machtraison unterbleibt dies.

»Memorial«

Die wichtigste Organisation, die sich einer umfassenden Auseinandersetzung mit der Geschichte verschrieben hat, ist »Memorial«. Gegründet wurde sie in den Zeiten von Gorbatschows Glasnost und Perestroika, als ein ehrlicher und offener Umgang mit der Vergangenheit einsetzte. Seit mehr als dreißig Jahren widmet »Memorial« sich der Aufarbeitung der Geschichte der Gewaltherrschaft und des sowjetischen Lagersystems Gulag. Man kümmerte sich um dessen Überlebende und kämpfte für die Einhaltung der Menschenrechte. Doch seit mehreren Jahren steht auch »Memorial« auf der Liste der ausländischen Agenten – man ist versucht zu sagen: natürlich.

Zu denen, die dabei waren, als die Organisation 1988 gegründet wurde, gehörte der 2017 verstorbene Arseni Roginski. Der Historiker und langjährige Vorsitzende war eine bemerkenswerte Persönlichkeit, allein schon durch seine Biographie. Im Lager geboren, Dissident zu sowjetischen Zeiten und 1981 zu vier Jahren Lagerhaft verurteilt. Arseni Roginski war ein Mensch mit einem großen Herzen und einem wunderbaren Humor, seine Lebenserfahrung hatte ihn nicht nur klug, sondern auch weise werden lassen. Besucher aus Deutschland schätzten sein Urteil, und so war er häufig zu Gast bei uns in der Residenz, um in seiner unaufgeregten Art einen abwägenden Blick auf Russland zu werfen. Eines Abends brachte er ein bemerkenswertes, schweres Buch mit, das gerade erschienen war: die bislang ausführlichste Auflistung aller Opfer von Katyn in russischer Sprache. Nicht der russische Staat, der sich sonst immer als Erbe der Sowjetunion sieht, »Memorial« hatte das Erinnerungswerk über den Mord an der polnischen Intelligenz herausgebracht. Finanziert worden war es ausschließlich durch Spenden russischer Bürger.

»Memorial« ist es wichtig, nicht »Opposition« zu sein. Sie seien nicht Partei und nicht gegen die Staatsmacht – sie widmeten sich allein der Einhaltung der Menschenrechte und bürgerlichen Freiheiten, sie kümmerten sich um die Aufarbeitung der Geschichte und das Andenken an die Opfer der stalinistischen Repression, sagen ihre Vertreter. Doch genau das führt zu einem Dauerkonflikt mit dem System: Der Staat leugne ja gar nicht, dass es seinerzeit Terror gegeben habe und zeige sogar Mitleid mit dessen Opfern, schilderte Arseni Roginski den Konflikt. Er werde den Terror in der Sowjetunion jedoch nie »staatlichen Terror« nennen. Das erlaube es dann, zwar nicht Stalin persönlich, aber doch den Stalinismus zu rehabilitieren. »Memorial«, so Roginski, »beschmutze« in den Augen der Macht das Bild der sowjetischen Geschichte und vor allem der Staatsmacht. Und das in einer Zeit, in der der Jugend mit viel Pathos wieder ein »falscher Patriotismus« beigebracht werde. Diesem gehe es nicht um Liebe zur Heimat, sondern zu einem Staat, der keine Fehler mache und in dem der Einzelne nichts gelte, kritisierte Arseni Roginski. Anders als in den dreißiger Jahren mit der Vision des Kommunismus fehle heute allerdings eben ein Zukunftsprojekt.

Wo Geschichte zum Instrument staatlicher Propagandapolitik wird, wird es zum Problem, bei der Wahrheit zu bleiben, denn mit ihr gerät man in das Fadenkreuz der Apologeten einer Ausdeutung der Geschichte, die dem nationalen Stolz und den Zwecken der gegenwärtigen politischen Führung verpflichtet ist. Zumal in der Provinz. Im Norden Russlands, in Karelien, unweit der ersten Zwangsarbeitslager und der Keimzelle des »Gulag«-Systems haben Vertreter der Zivilgesellschaft in den neunziger Jahren einen schrecklichen Ort dem Vergessen entrissen: die Massenhinrichtungsstätte Sandarmoch, in der Tausende von Menschen erschossen wurden. Bei einem privaten Besuch dort haben meine Frau und ich einen Satz bewahrheitet gefunden, der über diesen Ort des Grauens gesagt wird: »In Sandarmoch singen die Vögel nicht.« Mitten im Wald ist eine eindrucksvolle Gedenkstätte errichtet worden. Die Bäume ringsum sind behängt mit Bildern, beschriebenen Zetteln und anderen Zeichen individueller Erinnerungen an einzelne Opfer. Der karelische Historiker Juri Dimitrijew hat sich die Erschließung und Pflege der Gedenkstätte zum Lebenswerk gemacht, doch sein Projekt wurde zunehmend angefeindet, und er selbst landete schließlich vor Gericht, als Opfer einer nach allem Dafürhalten konstruierten, perfiden Anklage. Und Kulturminister Medinskis »Militärhistorische Gesellschaft« begann mit ergebnislosen Grabungen, um nachzuweisen, dass in Sandarmoch in Wirklichkeit Rotarmisten von finnischen Soldaten erschossen worden seien.

Selber denken ist gefährlich

Ein Projekt, das »Memorial« für und in Russland betreut, ist der alljährliche Geschichtswettbewerb für Jugendliche: »Der Mensch in der Geschichte« (und eben nicht »Der Staat in der Geschichte«). In 22 Ländern Europas werden ähnliche Wettbewerbe durchgeführt, sie sollen junge Menschen ermutigen, sich eigenständig mit historischen Themen auseinanderzusetzen. Auch in Russland findet er viel Zuspruch – obwohl »Memorial« und Lehrer oder Eltern, die ihn unterstützen, immer wieder drangsaliert werden. Irina Schtscherbakowa, die Leiterin des Bildungsprogramms der Organisation, organisiert ihn, mutig und souverän. Die Germanistin hat sich große Verdienste auch um die deutsch-russische Versöhnung erworben. Deutsche Stiftungen fördern das Projekt, und so war ich jedes Jahr eingeladen, bei der Preisverleihung zu sprechen.

Über die Jahre wurde es immer schwieriger, den Wettbewerb durchzuführen. Als ich im April 2016 vor einem kleinen Moskauer Theater eintraf, in dem die Preisträger jenes Jahres ausgezeichnet werden sollten, versperrte eine Menschenmenge den Eingang. Als sie unser Fahrzeug erkannte, das leicht als Wagen des deutschen Botschafters auszumachen war, begann sie zu lärmen und zu toben. Ein anwesender Polizist schaute ruhig zu, wie die offensichtlich gut organisierte Menge uns bedrängte und beschimpfte (»Faschisten!«), als wir ins Theater gingen. Wie sich dort zeigte, hatten wir noch Glück gehabt: Ljudmila Ulitzkaja, Russlands bekanntester Schriftstellerin, und anderen war es schlechter ergangen, sie waren mit grüner Farbe übergossen worden. Die Botschaft berichtete dem Außenministerium anschließend über den Vorgang und beschwerte sich – nicht darüber, dass protestiert worden war, das muss erlaubt sein, sondern darüber, dass der anwesende Polizist nichts unternommen hatte. Wie in allen vergleichbaren Fällen blieb die Antwort aus, auch wenn sie auf Nachfrage zugesagt wurde.

Die Verleihungszeremonie wurde mit versteckter Kamera gefilmt – was gar nicht nötig gewesen wäre, sie war öffentlich. Doch das Skandalpotenzial der so produzierten, wackeligen Bilder war natürlich weit größer. Sie fanden Eingang in eine Dokumentation, die der Propagandasender NTW einige Zeit später ausstrahlte und die bösen Machenschaften von »Memorial« und der sie unterstützenden Ausländer »enthüllte«. Besonderen Anstoß nahm man an einer Passage meines Grußworts, in der ich die jungen Menschen ermutigte, sich ein eigenes Bild von der Geschichte zu verschaffen. Das sei nun wirklich – so das eigens kreierte Etikett des Propagandasenders – »politische Pädophilie«.

Moralische Befindlichkeiten spielen bei Propagandisten wie jenen von NTW keine Rolle: Der amerikanische Botschafter hatte zu einem Abendessen eingeladen. Aus Washington war eine Delegation des »Holocaust Memorial Museums« zu Besuch, auf der Gästeliste des Abends standen prominente Vertreter der russischen jüdischen Gemeinschaft, darunter auch solche von »Memorial«. Als wir die amerikanische Residenz verließen, stürzte sich ein Kamerateam auf die Vertreter von »Memorial«: Was sie bei den Amerikanern gemacht hätten, ob sie wieder mal Geld bekommen hätten.

ARMES, REICHES RUSSLAND

Der Ressourcenfluch

Die größte Sorge autokratischer Regime sind »Schwarze Schwäne«: Unvorhergesehene, nicht steuerbare Ereignisse, die die Macht gefährden können – »Farbrevolutionen« eben oder, wie zuletzt, die Corona-Pandemie. Selbst Geld kann nicht auf die Schnelle ein unzulängliches, zu lange vernachlässigtes Gesundheitssystem reparieren. Gegen andere Überraschungen kann man sich wappnen, gegen Umsturzversuche hilft der Geheimdienst, und gegen das Murren des Volkes helfen gegebenenfalls die Methoden und Instrumente des Sicherheitsapparates – vor allem aber ein Griff in die Kasse. Russlands unermessliche Bodenschätze sind die zuverlässigste Stütze des Systems. So, wie es heißt, Russland habe nur zwei Verbündete, die Armee und die Flotte, heißt es auch: Russland hat zwei beste Freunde: Öl und Gas. Sie sind Reichtum und Achillesferse des Landes zugleich.

Russland ist das reichste Land der Erde: Es ist das einzige Land, das über jeden Rohstoff in ausreichender Menge verfügt, um sich selbst zu versorgen. Seine natürlichen Reserven sind schier unerschöpflich. Doch diese Potenziale sind nicht genutzt worden, um hieraus eine erfolgreiche, moderne Volkswirtschaft zu entwickeln, aus dem Reichtum ist kein breiter Wohlstand entstanden. Russland leidet, wie sich zeigt, unter einem »Ressourcenfluch«: An Rohstoffen reiche Länder sind häufig nicht in der Lage, ihren natürlichen Reichtum in nachhaltiges wirtschaftliches Wachstum und den Aufbau einer erfolgreichen Industrielandschaft umzusetzen. Man muss ja auch nichts unternehmen – es wird schon irgendwie klappen. Öl und Geld fließen ja. Die Volkswirtschaft des größten Landes der Erde, mit seinen 144 Millionen Einwohnern, ist nur etwa so groß wie jene des Staates New York, sie liegt zwischen den Volkswirtschaften Spaniens und Italiens. Oder, in den Worten meines schwedischen Kollegen: »Russland ist 38-mal so groß wie wir, hat 15-mal so viele Einwohner und eine dreimal so große Volkswirtschaft.«

Die Gründe hierfür sind zahlreich. Präsident Putin brachte sie in einem Interview mit der »Financial Times« im Juni 2019 auf den Punkt: »Die wichtigste Aufgabe, die wir zu leisten haben, ist es, die Struktur unserer Wirtschaft zu ändern und ein nachhaltiges Wachstum der Arbeitsproduktivität zu erreichen.« Die Defizite sind in Russland bekannt und werden auch benannt – über wirtschaftliche Schwierigkeiten, Missstände und Fehlentwicklungen darf offen und auch öffentlich diskutiert werden, solange nicht der Schluss gezogen wird, wirtschaftliche Probleme könnten mit der politischen Verfasstheit des Landes zu tun haben. Der Präsident selbst geht mit den Problemen und mit den mangelhaften Erfolgen der Regierung, diese zu beheben, oft genug scharf ins Gericht.

Zum Ressourcenfluch gesellen sich die Beharrungskräfte einer übermächtigen Bürokratie, Traditionen obrigkeitsstaatlichen Denkens, Filz und Korruption, ein schier undurchdringliches Dickicht immer neuer, teils sich widersprechender Vorschriften, die Scheu, Verantwortung zu übernehmen, und handfeste materielle Interessen einer schmalen Schicht, die die Reichtümer des Landes gerne unter sich aufteilt.

Mit wem man auch spricht, in einem sind sich alle Ökonomen einig: »Russlands Volkswirtschaft leidet unter massiven strukturellen Defiziten.« Sie waren auch die Ursache für die Talfahrt der russischen Wirtschaft seit 2014. Die Sanktionen verstärkten lediglich hausgemachte Probleme. Zu diesen zählt eine niedrige Produktivität der russischen Volkswirtschaft, also der wirtschaftlichen Leistung pro Arbeitnehmer. Die Arbeitszeiten in Russland seien besonders lang, konstatierte die OECD, der Zusammenschluss der weltweit führenden Industriestaaten vor einiger Zeit, die Produktivität jedoch besonders gering. In Griechenland sei sie anderthalbmal, in Deutschland doppelt so hoch. Seit 2015 sank sie in Russland sogar. Also wies der Präsident die Regierung nach seiner Wiederwahl im Mai 2018 an, die Produktivität jährlich um fünf Prozent zu erhöhen. Ein ehrgeiziges Ziel. Funktioniert die Umsetzung? »Nein«, sagte der Chef des russischen Rechnungshofes Anfang 2020 beim Blick auf die Ergebnisse.

Die Verbesserung der sozialen und wirtschaftlichen Situation des Landes solle ein Schwerpunkt seiner neuen Amtszeit werden, erklärte Wladimir Putin 2018. Dreizehn »Nationale Projekte« verkündete er zu diesem Zweck, die Erhöhung der Arbeitsproduktivität war eines davon. Ein anderes sollte kleine und mittlere Unternehmen fördern, »KMU«, von denen es viel zu wenige gibt – eine besondere Schwachstelle der russischen Wirtschaft. In anderen Ländern sind Betriebe mit bis zu 250 Mitarbeitern Herzstück und Motor des wirtschaftlichen Erfolges, fast sämtliche Unternehmen in der EU gehören zum Mittelstand; zwei Drittel aller Beschäftigten sind bei ihnen angestellt. Schon 2015 hatte Präsident Putin verfügt, den Anteil der »KMU« auch in der russischen Volkswirtschaft auf 40 Prozent zu bringen. 2018 wurden dafür nochmals erhebliche Mittel zur Verfügung gestellt. Doch als der Rechnungshof sich nach anderthalb Jahren die Ergebnisse anschaute, waren von geplanten 15 Milliarden Euro lediglich 1,9 Milliarden ausgegeben worden, und die staatliche Statistikbehörde teilte mit, der Anteil der »KMU« an der Volkswirtschaft sei 2018 erneut gesunken, um 1,8 Prozent auf 20,2 Prozent. Im Sommer 2020 erklärte der Präsident unter dem Eindruck der Corona-Pandemie kurzerhand, die Projekte sollten nicht bereits bis 2024 realisiert sein, sondern erst 2030.

Selbstverständlich existieren auch positive Beispiele, Leuchttürme privaten wirtschaftlichen Erfolges. Es gibt Bereiche, in denen Russland international wettbewerbsfähig ist. Im Landwirtschafts- und Pharmabereich hat man aufgeholt, in der digitalen Wirtschaft spielt man vorne mit, Russland verfügt über exzellente, international nachgefragte IT-Fachleute. Aber auch hier ist die Perspektive durchwachsen: Im Digitalisierungs-Ranking der »Internationalen Fernmeldeunion«, das

Faktoren wie Karrieremöglichkeiten, Familienfreundlichkeit sowie den Digitalisierungsstand des Landes berücksichtigt, war Russland 2018 vom 49. auf den 45. Platz vorgerückt – 2011 hatte man allerdings bereits den 38. belegt. Eine zuletzt forcierte Digitalisierung konzentriert einen Großteil der Mittel überdies auf den Staatssektor – Fortschritt soll sich mit Konsolidierung der Macht verbinden. Die renommierte Moskauer »Hochschule für Wirtschaft« kam in einer Studie im Sommer 2018 zu dem Schluss, der technologische Fortschritt gehe an Russland vorbei, es dominiere weiterhin der Rohstoffbereich. Eine digitale Wirtschaft im umfassenden Sinn lasse sich auf diese Weise nicht aufbauen.

Erfolge wie in der digitalen Wirtschaft verdecken überdies, dass ein weiterer schwerer Hemmschuh die wirtschaftliche Entwicklung Russlands bremst: die schwache Innovationskraft des Landes. Zu wenig wird in Forschung und Entwicklung investiert, zu schwach ist die Zusammenarbeit von Wissenschaft und Wirtschaft ausgebaut, zu abgeschottet und damit zu klein ist der Markt, als dass es für Unternehmen attraktiv sein könnte, hieran etwas zu ändern. 2016 gab Russland 1,1 Prozent seines BIP für Forschung und Entwicklung aus – Deutschland mehr als 3 Prozent, Südkorea über 4 Prozent.

»Alle wissen schon, was zu tun ist …«

Es mangelt Russland nicht an unternehmerischem Geist: Es gibt ausreichend motivierte, tatkräftige und engagierte Russinnen und Russen, die bereit wären, sich privatwirtschaftlich zu engagieren. Aber entgegen aller Beteuerungen, die »KMU« dringend fördern zu wollen, sind sie letztlich auch wieder nicht gewünscht. Zwei Herzen, kann man sagen, schlagen in der Brust der russischen Machthaber. Auf der einen Seite ist den Verantwortlichen bewusst, wie wichtig unternehmerische Initiative ist, um das große Land mit seinem Potenzial wegzubringen von seiner fatalen Abhängigkeit vom Export von Rohstoffen, insbesondere von Öl und Gas. Russland muss dringend mehr eigenständige Produktion entwickeln. Man kann Kunststofffenster exportieren oder die dafür erforderlichen Kunststoffprofile oder zumindest doch das Vorprodukt Kunststoffgranulat. Oder bloß Öl. Am meisten verdienen wird man mit den Fenstern. Eine russische Volkswirtschaft, die den Reichtum des Landes in selbst hergestellte Güter umwandeln würde, wäre unweigerlich eine Erfolgsgeschichte. Sie würde nicht nur den Wohlstand der Menschen mehren, sondern auch das Land stark machen.

Warum nun gelingt das Naheliegende und Gewünschte nicht? Menschen mit unternehmerischer Initiative berichteten mir immer wieder anschaulich, wie es ihnen erging, wenn sie staatlicher Bürokratie begegneten: Sie verfingen sich in einem frustrierenden Dickicht voller Fußangeln und Hemmnissen, Inkompetenz und »aufgehaltenen Händen«, so dass viele das Handtuch warfen. Jahr für Jahr verlassen Menschen in großer Zahl Russland – 2014 waren es 300000. Und es gehen nicht die Ungelernten oder die einfachen Arbeitskräfte – ihnen fehlen Sprachkenntnisse, Pass und Mittel für eine Ausreise –, nein, es sind ganz überwiegend gut ausgebildete Bürger, von denen viele ihr unternehmerisches Glück im Ausland suchen.

Längst müsste die gewaltige Bürokratie abgebaut werden. Der ehemalige Finanzminister Kudrin skizzierte 2016 das Dilemma einmal anhand eines, wie er es nannte, »bürokratischen Monsters, das nur behindert und keinen Mehrwert produziert: die staatliche Inspektionsbehörde«. Diese hatte 2015 2,5 Millionen Betriebsprüfungen vorgenommen, die in 8 Prozent der Fälle zu Beanstandungen geführt und bei 1 Prozent ernsthafte Probleme identifiziert hatten.

Die Korruption müsste tatsächlich bekämpft werden, Vorschriften müssten entschlackt und staatliches Handeln vorhersehbarer und verlässlicher werden, wenn es beispielsweise um Steuern und Gesetze geht. Rechtssicherheit müsste geschaffen werden. Hierzu gehört nicht zuletzt die Respektierung privaten Eigentums. Viele Wirtschaftsexperten sagen, dies sei mit das größte Problem: In Russland gebe es keine

Tradition privaten Eigentums und bis heute kein Verständnis für dessen wirtschaftliche Bedeutung. Also werde es nicht geachtet.

Die geschilderten Zustände behindern auch deutsche Unternehmen, die bereit und interessiert sind, sich in Russland zu engagieren und zu produzieren. Viele von ihnen sind zum Teil seit vielen Jahren, ja Jahrzehnten erfolgreich im Lande tätig, viele produzieren dort auch. Aber ihre Zahl ist rückläufig: 2013 waren fast 6200 deutsche Unternehmen in Russland aktiv, 2019 war ihre Zahl auf knapp 4300 gesunken. Dennoch wuchs der deutsch-russische Handel 2017 und 2018 wieder, jeweils um 20 %. 2018 tätigten deutsche Unternehmen in Russland Neuinvestitionen auf Rekordniveau. Grundsätzlich ist Russland ein interessanter Standort für Investitionen, mit gut ausgebildeten Arbeitskräften, niedrigen Steuern und günstigen Energiekosten. Die Weltbank bescheinigt Russland auch, dass das Investitionsklima seit Jahren kontinuierlich Fortschritte macht. Doch die Menge der Probleme ist übergroß. Ausländische Investoren werden häufig diskriminiert, so beim Zugang zu staatlichen Hilfen, bei der öffentlichen Beschaffung etc. Während der Corona-Pandemie verstärkte diese Tendenz sich noch.

Ein Paradebeispiel für die Behinderung ausländischer Investitionen war der Fall eines deutschen Landmaschinenherstellers. Im interessanten russischen Markt werde er künftig nur noch verkaufen können, so war ihm bedeutet worden, wenn er auch in Russland produziere. Nur dann werde er in den Genuss staatlicher Subventionen kommen, die allen russischen Konkurrenten einen enormen Vorteil verschafften. Also tätigte das mittelständische Familienunternehmen die größte Auslandsinvestition seiner Geschichte und errichtete eine Fabrik im Süden des Landes. Doch damit begannen die Probleme erst – denn nun drohte das Unternehmen zu einem ernsthaften Konkurrenten des größten russischen Herstellers zu werden. Also tauchte überraschend eine technische Vorschrift auf, der zufolge Mähdrescher in Russland lediglich dann zugelassen werden könnten, wenn sie über das Konstruktionsprinzip eines starren Rahmens verfügten – welches im Westen seit Jahrzehnten durch den technischen Fortschritt überholt worden ist. Wer aber stellte so etwas noch her? Jener russische Konkurrent – der dem Vorsitzenden des russischen Verbandes der Landmaschinenhersteller gehörte, welcher wiederum über beste Verbindungen »bis ganz nach oben« verfügte.

Nach einem Jahr war für die technische Vorschrift eine pragmatische Lösung gefunden worden – es wurde ein verkleinerter Rahmen akzeptiert, auf dem der Motorblock saß. Konnten nun Produktion und Verkauf zu den in Aussicht gestellten Bedingungen in Russland beginnen? Nein, denn jetzt tauchte eine Vorschrift auf, der zufolge der allergrößte Teil der ersehnten Subventionen an Unternehmen floss, die mindestens 2000 Mitarbeiter beschäftigten. Welches Unternehmen war das Einzige, auf das diese Vorschrift zutraf? Man kann es sich denken. Beschäftigte ein Unternehmen hingegen weniger als 500 Mitarbeiter, hatte es überhaupt keine Aussichten auf Subventionen. Da das deutsche Unternehmen in Russland ein hochmodernes, automatisiertes Werk errichtet hatte, lag die Zahl seiner Beschäftigten unter 500. Also wurde eine größere Zahl von »Fahrern und Gärtnern« eingestellt und schließlich auch diese Hürde genommen. Auch mit diesem Fall musste sich am Ende wiederholt der Präsident persönlich befassen, sonst hätte sich nichts bewegt.

Natürlich gibt es hin und wieder sehr erfolgreiche Investitionen aus dem Ausland. Zugleich fließt russisches Kapital in großem Umfang ab – die Vermögenden scheinen ihr Geld in den einschlägigen »Offshoredestinationen« für besser angelegt und sicherer zu halten. »Wir brauchen dringend deutsche Investitionen«, merkte der führende Wirtschaftswissenschaftler Ruslan Grinberg einmal sarkastisch zu diesem Thema an, »wir investieren nämlich selbst nicht.«

Ein langes Gespräch hatte ich wieder mal geführt, über die Lage und die Herausforderungen der russischen Wirtschaft mit einem wichtigen Vertreter der »Macht«. Er räumte alle Defizite nicht nur ein, beredt beklagte er sie auch selbst.

»Aber warum werden dann all jene – ja auch vom Präsidenten – für richtig erachteten Reformmaßnahmen nicht umgesetzt?« Er musste keinen Moment nachdenken: »Weil dies Russland ist.«

Im Dezember 2014 war die russische Wirtschaft völlig in den Keller gerauscht. In seiner Rede an die Nation, der »Poslanie«, schilderte der Präsident den Ernst der Lage und legte dar, was dagegen zu unternehmen sei. Er wies an und forderte auf, mahnte und erinnerte. Dann schloss er seine Ausführungen mit einem bis heute sehr wahren Satz: »Alle wissen schon, was zu tun ist. Man muss nur damit beginnen, es zu tun.«

2008 erwirtschaftete ein russischer Arbeitnehmer pro Jahr 32 Prozent dessen, was sein Kollege in der EU im Durchschnitt produzierte. Zehn Jahre später lag die Vergleichszahl bei 31 Prozent. Das ist pure Stagnation, nicht die Aufholjagd eines rohstoff-reichen Schwellenlandes. Kasachstan hat in dieser Zeit mit Russland gleichgezogen, und die chinesische Wirtschaft verdoppelt sich alle zehn Jahre.

Im Januar 2020 beklagte der für Unternehmer zuständige Ombudsmann des Präsidenten, die Zahl der Strafverfahren gegen Unternehmer habe 2019 um 37 Prozent zugenommen. Seit Jahren fordert auch der Präsident, diese Zahl müsse sinken. Sehr häufig handelt es sich hierbei um Steuerverfahren, von denen der allergrößte Teil durchaus zugunsten der Beklagten ausgeht – die allerdings während des sich hinziehenden Verfahrens bereits insolvent geworden sind. Damit ist dann die Rechnung jener Konkurrenten oder Neider aufgegangen, die die Justiz, auf welchen Wegen auch immer, in Gang gesetzt hatten.

Der Präsident hört in Wirtschaftsfragen auf kompetente Vertreter der wirtschaftsliberalen Schule: die weltweit renommierte Zentralbankchefin Elwira Nabiullina, den ehemaligen Wirtschaftsminister und Chef des größten russischen Geldinstituts Sberbank, German Gref oder den Chef des Rechnungshofes Alexej Kudrin. Doch nicht nur sie haben sein Ohr, sondern auch Berater, die altem, planwirtschaftlichem Denken verpflichtet sind. Häufig werden wichtige Entscheidungen dann in dem Versuch getroffen, einen Mittelweg zu gehen zwischen Vorschlägen, die sich eigentlich ausschließen – und sei es, weil der Präsident gesagt hat: »Einigt Euch!« Sobald es Probleme gibt, es zu einer Krise kommt, wächst erst recht die alte Neigung, eher auf den Staat und Direktiven von oben als auf das freie Wirken der Marktkräfte und die Initiative unabhängiger ökonomischer Akteure zu setzen.

Seit jeher wurde bekundet, Staatsbetriebe sollten privatisiert und der Anteil der privaten Unternehmen an der Volkswirtschaft erhöht werden. Als Präsident Putin an die Macht kam, lag der Anteil der Unternehmen in Staatshand bei etwa 34 Prozent – und ist seither nicht etwa gesunken, sondern gestiegen, auf über 50 Prozent, nach manchen Berechnungen sogar bis auf 70 Prozent. Im Ergebnis der Wirtschaftskrise nach 2014 war am Ende nur noch eine einzige relevante Bank in Privathand. Und die Corona-Pandemie traf den Mittelstand und die kleinen Unternehmen besonders hart. Bis zur Hälfte von ihnen, so schätzte der Ombudsmann, könnten verschwinden.

Hinzu kommt: Was heißt »in Staatshand«? Es ist ja nicht länger eine sowjetische Bürokratie, die die Volkswirtschaft in ideologischer Absicht zu steuern versucht, sondern eine überschaubare, eng verbundene Gruppe von Personen, die im Wesentlichen eben auch ihren persönlichen Reichtum dadurch steigert. In den Jahren, in denen das reale Einkommen der Menschen beständig sank, stieg die Zahl der absolut Reichen in Russland ebenso wie ihr Gesamtvermögen.

Warum Erfolg nicht gewünscht ist

Doch es gibt noch einen weiteren, sehr substanziellen Grund dafür, dass sich in Russland private wirtschaftliche Initiative nicht wirklich entfalten kann. Unabhängige russische Experten, wie Ruslan Grinberg oder Sergej Gurijew, bis 2019 Chefökonom der Europäischen Bank für Wiederaufbau und Entwicklung, weisen immer wieder darauf hin: Ein starkes, unabhängiges Unternehmertum ist politisch letztlich nicht erwünscht. Verkürzt gesagt: Wer morgen ökonomisch unabhängig ist, könnte übermorgen politisch aufmüpfig werden. Genau dies ist jedenfalls die Erfahrung der gegenwärtigen politischen Führung, und sie steckt ihr tief in den Knochen.

Als durchsickerte, dass die Parlamentswahlen vom 4. Dezember 2011 allzu offensichtlich gefälscht worden waren, kam es landesweit und über Monate hinweg zu Massenprotesten. Zehntausende gingen überall im Land auf die Straße, selbst bei winterlichen Temperaturen. Michail Gorbatschow appellierte an die Regierung, die Wahlen zu annullieren und zu wiederholen. Als sich am 6. Mai 2012 in Moskau noch einmal mehr als 100 000 Menschen zu Protesten versammelten, befürchtete man im Kreml, dass die Empörung in einen Aufstand umschlagen würde. Mit allen Mitteln eines erfahrenen Repressionsapparates gelang es schließlich, die Bewegung unter Kontrolle zu bekommen.

Es waren gar nicht so sehr »die frechen Studenten« gewesen, die auf die Straße gingen – nein, es waren empörte Bürger, die auf ihren Rechten beharrten, die sich dagegen wehrten, Demokratie als Inszenierung der Macht erleben zu müssen. Und diese Bürger waren eben nicht Mitarbeiter des Staatsapparates oder staatlicher Betriebe, sondern überwiegend Angestellte aus dem privaten Sektor der Wirtschaft und Selbständige. So zumindest die Einschätzung der Machthaber, deren Schluss ganz offensichtlich lautete: Das passiert uns nicht noch einmal. Jedenfalls stieg nicht allein der Anteil des Staates in der Wirtschaft, vielmehr wurden auch die Einkommen der dort Beschäftigten immer wieder gezielt so angehoben, dass es keinen Anlass zu Unmut gab.

2006 hatte Präsident Putin der Regierung das Ziel gesetzt, Russland bis 2020 »zu einem der lebenswertesten Länder der Welt zu entwickeln«. Dem entsprach ein Konzept zur sozialen und wirtschaftlichen Entwicklung des Landes bis 2020, das das russische Wirtschaftsministerium 2008 auf den Weg brachte. Eine führende Wirtschaftszeitung untersuchte 2020, was daraus geworden war. Ihr Fazit: Die meisten Ziele wurden nicht erreicht, zum Teil entwickelte die Wirtschaft sich sogar rückläufig. So sollte das Bruttoinlandsprodukt, also die Menge aller im Lande hergestellten Waren und Dienstleistungen, um 64 bis 66 Prozent wachsen – tatsächlich waren es jedoch nur 5,8 Prozent. Das den Menschen zur Verfügung stehende Einkommen hätte um 72 Prozent zunehmen sollen, doch nach anfänglichen Erfolgen stand den Menschen seit 2014 Jahr für Jahr weniger Einkommen zur Verfügung, und die Armut, die hatte halbiert werden sollen, stieg wieder an. Die Ausgaben für Bildung und Gesundheit blieben weit hinter den Zielen des Jahres 2008 zurück: 6 Prozent des Bruttoinlandsproduktes hatte man für Bildung ausgeben wollen – im Staatshaushalt der Jahre 2020–2022 waren dafür lediglich 3,7 Prozent angesetzt. Und für Gesundheit lediglich 2,9 Prozent statt geplanter 5,5 Prozent. Die Corona-Pandemie legte die Folgen offen.

Der Schwarze Schwan

Russlands Wirtschaft ist stark und schwach zugleich. Stark wegen ihrer Reichtümer – aber auch wegen eines konsequenten und harten Kurses der Konsolidierung nach der Krise von 2014 bis 2016. Präsident Putin hielt seine schützende Hand über jene, die den Kurs vorantrieben: die Zentralbankchefin, den Finanzminister, die Wirtschaftsminister. Die makroökonomischen Faktoren entwickelten sich im Ergebnis positiv: Russland hatte eine der geringsten staatlichen Verschuldungen weltweit, die Inflation konnte gesenkt und der Kurs des Rubels stabilisiert werden. Dies half auch, staatliche Rücklagen wieder aufzubauen, die in der Krise aufgebraucht worden waren und sich dank hoher Öl- und Gaspreise nun wieder bilden ließen.

Doch genau aus diesem Grund steht der Erfolg auf tönernen Füßen: Er liegt eben nicht in durchgreifenden strukturellen Reformen begründet, sondern hängt von hohen Rohstoffpreisen ab. Die Einnahmen aus Gas- und Ölexporten sprudelten im Wesentlichen auch, weil es Russland gelungen war, mit der

Organisation erdölexportierender Länder (OPEC) – der Russland selbst nicht angehört – einen hohen Ölpreis zu verabreden. Zu diesem Zweck einigte man sich Ende 2016, die Förderung – die Russland kurz zuvor massiv hochgefahren hatte – zu drosseln. Als diese Vereinbarung auslief, gelang es Anfang 2020 zunächst nicht, sie zu verlängern – neben Saudi-Arabien war es Russland, das sich sperrte. Der Ölpreis stürzte ab und mit ihm der Rubel, Russlands Reserven wurden angegriffen.

Moskau war bereit, dieses Risiko einzugehen, denn jemand anderes war ebenfalls getroffen: die amerikanische Öl- und Gasindustrie, die auf einen hohen Preis angewiesen ist, da sie teils teurer produziert als Russland. Erste US-Firmen, die Öl vermittels Fracking gewannen, mussten Insolvenz anmelden. Seit Jahren hatten die USA Russlands Öl- und Gasunternehmen mit Sanktionen traktiert, nun zahlte Russland es ihnen heim.

Doch dann kam der Schwarze Schwan: die Corona-Pandemie. Der Öl- und Gasverbrauch ging weltweit zurück, vor allem China, Russlands Großkunde, aber auch die EU importierte deutlich weniger, der Preis verfiel weiter. Rasch einigten sich Russland und die OPEC auf neue Fördermengen – doch in der Krise verpuffte der Effekt zunächst. Ende April 2020 gab es erstmals auch für russisches Öl einen negativen Preis: Die Lager liefen voll, und die Produktion ließ sich nicht so einfach runterfahren. Also zahlte der Produzent dem Kunden Geld dafür, dass er Öl abnahm.

Der Schwarze Schwan traf Russland besonders hart, weil man eben wichtige strukturelle Reformen nie angepackt hatte und daher abhängig von seinen Rohstoffeinkünften geblieben war. Und am Horizont taucht bereits eine neue Herausforderung auf, die Russlands Wirtschaftsmodell dauerhaft schwer unter Druck setzen kann, steuert man nicht grundlegend um: der globale Umstieg auf erneuerbare Energien. Deutschland kauft derzeit besonders viel russisches Gas, weil Strom nicht länger aus Kernenergie und Kohle gewonnen werden soll und daher Gas benötigt wird – doch lediglich zur Überbrückung, denn beständig wächst bei uns die Menge an Strom, die aus erneuerbaren Energien erzeugt wird. Mehr und mehr Länder steuern um, und Russlands derzeitiges Geschäftsmodell steuert sich aus. Die Regierung weiß das, also gab sie das Ziel vor, den Umfang der Exporte von Nicht-Rohstoffen, also z. B. von Industriegütern, bis 2024 auf jährlich 250 Mrd. Dollar zu steigern. Erstes Zwischenergebnis: Im ersten Halbjahr 2019 ging der Export im Vergleich zum Vorjahr um 4,7 Prozent zurück, auf 67,1 Milliarden Dollar.

Gegen Ende meiner Moskauer Zeit traf ich mich noch einmal mit Arkadi Dworkowitsch. Wir kannten uns schon lange – als ich zwischen 2007 und 2010 die Wirtschaftsabteilung des Auswärtigen Amtes leitete und in dieser Funktion den deutschen »Sherpa« bei den Verhandlungen der G8-Staaten vertrat, war er Russlands »Sherpa« gewesen. Die »Sherpas« »führen ihre Chefs zum Gipfel«: Sie bereiten sämtliche Beschlüsse möglichst so weit vor, dass den Teilnehmern des Gipfeltreffens Zeit zum tatsächlichen Austausch bleibt. Damals Mitte dreißig, war er einer jener begabten jungen Ökonomen und Präsidentenberater, die Russland auf einen marktwirtschaftlichen Kurs zu bringen versuchten. Bis 2018 bemühte er sich dann als stellvertretender Ministerpräsident darum. Nun war er aus der Regierung ausgeschieden und Präsident des Weltschachverbandes. Das Gespräch war wieder offener und vertrauter. »Um die anderthalb Prozent Wachstum leisten wir uns«, meinte er. »Selbst unter den gegenwärtigen Umständen könnten wir zwei bis zweieinhalb schaffen. Und wir bräuchten 4 Prozent, was mit einer reformierten Volkswirtschaft kein Problem wäre.« Und ständig lebe man in Sorge vor externen Schocks, wie dem Verfall des Ölpreises oder weiteren, einschneidenden US-Sanktionen. Von Corona war zu jenem Zeitpunkt noch nicht die Rede.

Monostädte und Waffengeschäfte

Das Bild der wirtschaftlichen Herausforderungen, mit denen Russland zu kämpfen hat, wäre nicht vollständig, würde man nicht auf die schweren Hinterlassenschaften des sowjetischen

Erbes verweisen. Erwähnt seien nur die Monostädte, Orte, die vollständig oder hauptsächlich von einem einzigen Unternehmen oder Wirtschaftszweig abhängig sind. Solche wurden auch in anderen Ländern des sozialistischen Machtbereiches errichtet – aber nicht nur dort: Salzgitter oder manche Städte des Ruhrgebietes gehören in diese Kategorie.

Mehr als 300 russische Städte gelten als Monostädte, etwa jede dritte Stadt des Landes. 13,5 Millionen Menschen leben dort. Arbeitslosigkeit, verfallende Infrastruktur, ökologische Altlasten und das Desinteresse moderner Unternehmen, sich hier anzusiedeln, gehören zu den Herausforderungen dieser einseitig ausgerichteten Städte, die in großer Zahl in der Zeit der forcierten Industrialisierung unter Stalin entstanden sind. Mancherorts gelingt es, die Wirtschaft neu aufzustellen und zu diversifizieren – aber laut Klassifizierung der russischen Regierung befinden sich immer noch mehr als 90 dieser Städte in einer kritischen Lage, mehr als 150 weitere Monostädte gehören der sogenannten Risikogruppe an.

Staatliche Bemühungen, hieran etwas zu ändern, scheinen nicht zum Ziel zu führen: 2019 veröffentlichte der Rechnungshof eine bittere Analyse, in der er u. a. feststellte, dass von 2016 bis 2018 in den Monostädten mehr Firmen geschlossen als neu gegründet wurden. Trotz staatlicher Fördermittel sei der Durchschnittslohn unter dem russischen Mittelwert geblieben, die arbeitsfähige Bevölkerung geschrumpft und die Einwohnerzahl gesunken. Vor allem gut qualifizierte Arbeitskräfte verließen ihre Heimatstadt. Das staatliche Programm, die Situation der Monostädte zu verbessern, habe sein Hauptziel verfehlt – wirtschaftliche Diversifizierung und stabile Entwicklung. Also wurde das laufende Programm vorzeitig beendet. Ein neuer Plan soll es ersetzen.

Neben den Rohstoffen gibt es übrigens noch einen weiteren wirklichen Exportschlager Russlands: Rüstungsgüter. Russische Waffentechnik ist günstig, robust und bewährt. Ohne jede falsche Zurückhaltung wies das Verteidigungsministerium stolz darauf hin, dass der Konflikt in Syrien eben auch eine erfolgreiche Präsentation russischer Waffentechnik sei.

Die Exporte in den Nahen Osten nahmen in den vergangenen fünf Jahren um 30 Prozent zu.

Dass Russland sich bei Waffenexporten keine besondere Zurückhaltung auferlegt, zeigt eine andere Konfliktregion: Das Verhältnis von Armenien und Aserbaidschan ist seit Jahrzehnten durch den ungelösten Bergkarabach-Konflikt belastet; immer wieder kommt es zu bewaffneten Auseinandersetzungen, so auch im Juli 2020, mit Toten und Verletzten. Russland verdient mit: Rund ein Drittel der Rüstungskäufe Aserbaidschans stammen aus Russland – und fast die gesamten Waffenimporte Armeniens.

Für 14 Milliarden Dollar exportierte Russland 2019 Waffen und hielt damit weltweit den zweiten Platz – nach den volkswirtschaftlich unvergleichlich größeren USA. Aber es gibt durchaus Einbrüche. Das hat auch damit zu tun, dass ein anderes Land, das einst zuverlässig russische Rüstungsgüter bezog, dabei ist, Russland zu überholen: China. Bislang deckt es mit seiner wachsenden Produktion überwiegend den eigenen Bedarf, doch in Zukunft dürfte es zu einem wichtigen Konkurrenten Russlands werden.

Doch wie ist es insgesamt um die Wirtschaftsbeziehungen und das Verhältnis der beiden großen Nachbarländer bestellt?

Im »herzlichen Einvernehmen« mit China

Der Ukraine-Konflikt war einige Monate alt, als all jene Gesprächspartner in Moskau, die (auch) dazu da sind, Botschaftern zu erzählen, was sie glauben sollen, mir in relativem Gleichklang verkürzt Folgendes zukommen ließen: Der Westen könne froh sein, wenn er eines Tages dabei sein dürfe, wenn Russland und China sich daran machten, gemeinsam die Welt neu zu ordnen. Als ich einen dieser Gesprächspartner, einen klugen, international anerkannten Wissenschaftler, in unserem Abschiedsgespräch 2019 noch einmal an diese »Warnung« erinnerte, lachte er. Natürlich hatte er schon 2014 gewusst, dass diese These »steil« war – inzwischen war sie jedoch von der Wirklichkeit überholt. Gleichwohl war es ja nachvollziehbar gewesen, dass Russland in der sich verhärtenden Konfrontation das Signal aussandte, man werde sich eben nach Osten wenden, wenn der Westen Russland verstoße. Potenzial bot und bietet das Verhältnis zu China genug – wirtschaftlich wie politisch.

Historisch waren die chinesisch-russischen Beziehungen zumeist schwierig bis feindselig, mit russischen und sowjetischen Landnahmen und Einmischungen in China. Selbst als beide Länder kommunistisch regiert wurden, verbesserte sich das Verhältnis nicht wirklich, im Gegenteil. 1969 kam es über Grenzstreitigkeiten am Fluss Ussuri zum ersten Mal zu einer Konfrontation zwischen zwei Atommächten, mit Schießereien und Toten, die nicht weit davon entfernt war, sich in einen Krieg auszuweiten. 1980 richtete China seine Militärstrategie neu aus: Nicht länger die USA, nein, die Sowjetunion wurde als gefährlichster Gegner betrachtet. Erst seit der Regierungszeit Michail Gorbatschows verbesserte sich das Verhältnis – allerdings begann es sich nun auch umzukehren: Waren Russland bzw. die Sowjetunion das wirtschaftlich und politisch stärkere Land gewesen, so war es mehr und mehr China, das aufgrund seines ungeheuren wirtschaftlichen und damit verbundenen politischen Machtzuwachses die Regeln des Miteinanders bestimmte.

Dies galt allemal 2014, als Russland sich China zuwandte. Im Mai reiste Präsident Putin in Begleitung des Chefs des staatlichen Gasunternehmens Gazprom, Alexej Miller, nach Shanghai. In nächtlicher Verhandlung gelang, was jahrelang nicht hatte klappen wollen: Gazprom und sein chinesischer Partner einigten sich auf die Bedingungen, zu denen russisches Gas 30 Jahre lang aus Russlands Fernem Osten nach China geliefert werden soll. Über den Preis wurde Stillschweigen bewahrt – doch es gibt ein Foto von der Unterzeichnung, auf dem man dem Gazpromchef im Gesicht ablesen kann, wie niedrig er gewesen sein dürfte. Für den Schulterschluss mit China, das sich noch kurz zuvor in den

Vereinten Nationen nicht an Russlands Seite hatte stellen wollen, als die Annexion der Krim mit überwältigender Mehrheit verurteilt worden war, war Wladimir Putin bereit, einen Preis zu bezahlen. Der chinesische Präsident Xi Jinping wusste dies genau, und so hatte die chinesische Führung leichtes Spiel. Moskau bekam in der Folge zu spüren, dass in Peking nicht die Caritas wohnt.

Mich interessierte, wie es mit den Vereinbarungen zwischen Putin und Xi weitergegangen war, und so suchte ich Anfang 2015 meinen chinesischen Kollegen auf. Botschafter Li Hui war ein kenntnisreicher, aufgeschlossener und gesprächsbereiter Vertreter seines Landes. Er bestätigte, dass der Handelsaustausch Russlands mit China, wie auch mit den Ländern der westlichen Welt, in den Jahren 2014 und 2015 deutlich zurückgegangen war. Wie der erhebliche Zuwachs, den die Staatschefs ihrer beiden Länder verabredet hätten, denn nun zustande kommen solle, fragte ich ihn. Nun ja, erwiderte er, daran arbeite man hart. Dann pausierte er einen Moment und fügte leicht seufzend hinzu: »Aber wissen Sie, Herr Kollege, die Qualität der russischen Produkte …«.

Der russisch-chinesische Handel hat sich seither erheblich erholt, und das Verhältnis beider Länder und Staatschefs ist zweifellos sehr gut. Und es ist Russland wahrlich zu wünschen, dass es zu seinem großen und starken Nachbarn ein dauerhaft gutes Verhältnis findet und die wirtschaftlichen Potenziale entfaltet, die sich vor allem im Fernen Osten Russlands bieten. Geändert hat sich allerdings die Natur des Handels: Noch in den neunziger Jahren war es Russland, das hochwertige Güter nach China lieferte – heute geht es um russisches Gas und um Holz für die boomende chinesische Bau- und Möbelindustrie. 90 Prozent der chinesischen Exporte nach Russland bestehen heute aus Industrieerzeugnissen, 90 Prozent der russischen Ausfuhren nach China aus Rohstoffen. Und russische Unternehmer beklagen, wie schwierig es sei, mit chinesischen Partnern Geschäfte abzuschließen – anders als mit europäischen: Die europäischen Geschäftsleute kenne und verstehe man, eine Einigung sei eine Einigung. Für Chinesen sei dies jedoch der Beginn weiterer Verhandlungen.

4250 km Grenze verbinden beziehungsweise trennen die beiden Länder – da ist es gut, im Frieden miteinander zu leben. Dazu gehört, einander zu zeigen, dass man wachsam ist. Immer wieder lassen sich im autoritär kontrollierten China Äußerungen von Wissenschaftlern finden, die daran erinnern, dass es nicht mit rechten Dingen zugegangen sei, als das Reich der Mitte dem Russischen Reich im 19. Jahrhundert große Territorien im Fernen Osten abtreten musste. Was sind schon 150 Jahre im chinesischen Denken? Als sich 2019 in jener Region Russlands Proteste formierten gegen die massiven Einschläge, die den chinesischen Hunger nach Holz stillen sollen, ließ der Chef der zuständigen chinesischen Staatsfirma sich in den russischen Medien mit der Bemerkung zitieren: Man solle bitte nicht vergessen, dass diese Gebiete vor historisch nicht allzu ferner Zeit zu China gehört hätten.

Das größte konventionelle Manöver, das die russischen Streitkräfte seit Ende des Kalten Krieges durchführten, fand 2018 im Fernen Osten statt, nördlich der chinesischen Grenze. Es war durchaus ein Manöver im Geist der neuen Freundschaft, an der Übung nahmen auch chinesische Soldaten teil. »Allerdings genau so viele, dass sie feststellen konnten, wie gut die russischen Streitkräfte immer noch aufgestellt sind«, merkte ein russischer Militärexperte anschließend süffisant an und fügte hinzu: »Das war ein Routinemanöver, wie es jedes Jahr reihum im Lande stattfindet – aber natürlich auch ein freundlicher Gruß nach Süden.«

2019 wurde ich auf einer Konferenz Zeuge eines angespannten Austauschs russischer und chinesischer Experten über die Stärke des chinesischen Atomwaffenpotenzials. Beharrlich weigerten sich die chinesischen Vertreter, Auskunft über Details zu geben. »Nicht mehr als zum Eigenschutz«, lautete die gebetsmühlenhaft wiederholte Floskel. Da ist man russischerseits gut beraten, sich zu schützen: Während der vergangenen Jahre hat Russland nicht nur Richtung Westen, sondern auch entlang seiner Grenze zu China mehrere neue Raketenstellungen in Betrieb genommen. Militärtechnologisch ist Russland China immer noch überlegen – und verkauft dem Nachbarn daher auch nicht alles, was es produziert. Doch es dürfte eine Frage der Zeit sein, bis China vollständig aufgeholt hat.

In Summe ist das Verhältnis der beiden Mächte heute ganz überwiegend von Pragmatismus und Realismus geprägt. China braucht Energie und Rohstoffe, Russland kann sie liefern und ist zugleich ein attraktiver Markt für chinesische Konsumgüter. Streitpunkte klammert man aus: China erkennt die Krim nicht als Teil Russlands an, Russland verhält sich zu Chinas Territorialansprüchen im südchinesischen Meer neutral. Es ist enorm hilfreich, dass ideologische Kontroversen und Ansprüche früherer Zeiten der Vergangenheit angehören. Man behelligt sich auch nicht gegenseitig mit den lästigen Themen, die der Westen immer wieder auftischt: Demokratie und Pressefreiheit, Menschenrechte und Minderheitenschutz.

Eines führt die beiden Länder auf jeden Fall noch näher zusammen: die Politik der USA, sowohl gegenüber Russland als auch gegenüber China. Das gilt in strategischer Hinsicht, aber auch ganz praktisch. Größter Nutznießer des amerikanisch-chinesischen Handelsstreits war Russland: Von 2017 auf 2018 schossen seine landwirtschaftlichen Exporte zum südlichen Nachbarn um mehr als 50 Prozent in die Höhe. Zugleich ist China allerdings auch sorgfältig darauf bedacht, sich in seinen Wirtschaftsbeziehungen zu Russland nicht in Widerspruch zur amerikanischen Politik zu setzen, vor allem zu den amerikanischen Sanktionen gegen Russland. Der Handel mit den USA ist für das Reich der Mitte ungleich wichtiger als jener mit Russland.

China ist in den letzten Jahren im Verhältnis zu Russland etwas gelungen, wovon wir Europäer lernen können – das Reich der Mitte hat mit enormem Geschick auf der Klaviatur der russischen Befindlichkeiten gespielt. Peking vermittelt dem nördlichen Nachbarn beständig das Gefühl, auf

Augenhöhe zu sein, als Gleicher behandelt zu werden – nicht nur bei allen bilateralen Gipfelbegegnungen. Russland kann – nach außen hin gleichberechtigt – in sämtlichen internationalen, von China geprägten Initiativen mitwirken: in der »Shanghai Organisation für internationale Zusammenarbeit«, in der »Seidenstraßen-Initiative«, wie auch bei den BRICS, dem Zusammenschluss der fünf großen Schwellenländer.

Doch das wird über kurz oder lang nicht darüber hinweghelfen können, dass Russland seine Rolle nicht mit wirtschaftlicher Stärke unterfüttern kann und der Abstand zu China größer und größer wird. China ist eine viel zu erfahrene und geschäftstüchtige Handelsnation, um seinen wachsenden Vorteil gegenüber Russland im Lauf der Zeit nicht mehr und mehr auszuspielen. Und aus wirtschaftlicher Stärke ergibt sich politische Macht. Dies wird bereits heute deutlich.

Seidenstraße und Eurasische Integration

Ein ums andere Mal reist der russische Präsident zu den Gipfeltreffen der chinesisch dominierten »Shanghai Organisation für internationale Zusammenarbeit« oder der von China kontrollierten »Seidenstraßeninitiative«. Stets wird er von Staats- und Parteichef Xi protokollarisch höchstrangig und auf das Äußerste höflich behandelt. Einmal mehr wird Wladimir Putin dann seine Vision von einer »Eurasischen Integration« vorstellen. Russlands Konzept einer »Eurasischen Wirtschaftsunion« und Chinas »Seidenstraßeninitiative« sollen, so seine Idee, miteinander verbunden werden und auf Europa ausstrahlen und es anziehen. Offensichtlich, dass Moskau hierbei in der Mitte liegt und Russland eine starke Rolle spielen soll. Xi Jinping wird wieder freundlich lächeln – und die neue Seidenstraße energisch weiter ausbauen. Sie hat ein Ziel: die Interessen und Machtansprüche Chinas durchzusetzen. Weltweit. Es ist schwer vorstellbar, wie Putins Traum und Xis Vision miteinander verbunden werden sollen: Russland verfolgt die Idee der »vielen Zentren der Macht«, des Polyzentrismus – mit Moskau, Peking, Washington, vielleicht auch noch Brüssel, Delhi und Tokio. China hingegen hat nur ein Ziel: die eigene Vorherrschaft.

Als die chinesische Vision einer neuen Welt sich in den zurückliegenden Jahren mehr und mehr zu entfalten begann, zeigte sich rasch, dass damit für Russland zwei schwergewichtige geographische Herausforderungen verbunden waren. Die eine liegt in Zentralasien.

Die Staaten dieser Region – Kasachstan, Kirgisistan, Usbekistan, Tadschikistan, Turkmenistan – gehörten einst zur Sowjetunion und blieben Russland seither eng verbunden. Das Führungspersonal jener Länder ist überwiegend in der Sowjetunion ausgebildet worden und spricht auch Russisch; russische Truppen und Sicherheitskräfte sind weiter in jenen Ländern präsent – auch um das Vordringen des islamistischen Extremismus aus Afghanistan nach Norden und die Ausweitung terroristischer Bewegungen in der Region unter Kontrolle halten zu können. Mit der »Eurasischen Wirtschaftsunion« hat Russland für die Region ein ökonomisches Integrationsmodell auf die Beine gestellt, mit der »Organisation des Vertrages über kollektive Sicherheit« auch ein Militärbündnis. Doch das aufstrebende Usbekistan ist aus dem Militärverbund wieder ausgetreten und gehört dem wirtschaftlichen nicht an. Tadschikistan hält sich aus der Wirtschaftsintegration heraus, und Turkmenistan hält sich ganz außen vor.

Was jedoch in jenen Ländern mehr und mehr anzutreffen ist, sind chinesische Händler, Unternehmen und Waren. China erwartet keine Treuebekenntnisse und Bündnisbeitritte, es weitet seinen Einfluss auf den Pfaden des Handels aus, den gleichen, die schon vor Jahrhunderten das Reich der Mitte und das Abendland verbanden. Der Handel des vergleichsweise wohlhabenden Kasachstan mit China ist inzwischen umsatzstärker als jener mit Russland. Russland ist immer noch in der Lage, in den meisten jener Länder sicherzustellen, dass der Übergang von einem zum nächsten Präsidenten unblutig und einigermaßen geräuschlos verläuft. Doch auch jene alte Garde, die sich oft noch aus der sowjetischen Militärakademie in Frunse kennt – heute Kirgisistans Hauptstadt Bischkek –, wird bald abtreten. Wladimir Ryschkow, einst unabhängiger Abgeordneter der Duma und angesehener Politikwissenschaftler, hat die Entwicklung auf die schöne Formel gebracht: »Russland wird mehr und mehr zum unbezahlten Wachmann in der zentralasiatischen Firma, in der China Geld verdient.«

Die zweite geographische Herausforderung, vor die Russland sich durch die »Seidenstraßeninitiative« gestellt sieht, ist Russland selbst, sein Platz und seine Rolle dort. Russland ist im chinesischen Projekt nicht als gleichrangiger Partner vorgesehen, sondern als Transitland, Rohstofflieferant und Absatzmarkt. Zu den großen Enttäuschungen der seit 2014 intensivierten Freundschaft gehört die mangelnde Bereitschaft Chinas, in Russland zu investieren. Die Hoffnungen waren groß gewesen, neue Autowerke würden entstehen und Arbeitsplätze und Wohlstand schaffen. Stattdessen musste man feststellen, dass das chinesische Interesse sich in erster Linie darauf richtete, die eigene Überschussproduktion auf dem russischen Markt abzusetzen. Inzwischen gibt es chinesische Investitionen, doch wie überall spielen dabei strategische Überlegungen eine entscheidende Rolle. Das Zukunftsprodukt Flüssiggas stößt auf chinesisches Interesse, und Einrichtungen der Infrastruktur sind interessant, insbesondere Verkehrswege. Als Frage steht dabei im Vordergrund: Wie kann ich möglichst schnell die verlockenden und großen Märkte in West-Europa erreichen?

Kein Wunder, dass Russland zu zweifeln beginnt, ob die »Seidenstraßeninitiative« eine so gute Idee ist. Der Ausbau der Infrastruktur im russischen Abschnitt verzögere sich um sieben Jahren, wurde Anfang 2020 gemeldet. Auch der Handel lief nicht rund, wechselseitig erschwerte man sich die Einfuhr von landwirtschaftlichen Gütern.

Zu einer wirklichen Belastungsprobe wurde die Corona-Pandemie. Betroffen waren zunächst Handel und Verkehr, doch die Entwicklung komplizierte das Verhältnis insgesamt. Aus Sorge vor einem Übergreifen der Pandemie sperrte erst Russland die Grenze zu China, dann China jene zu Russland. Als Chinesen in Moskau mithilfe moderner Technik der Gesichtserkennung gezielt überwacht wurden, protestierte die chinesische Botschaft öffentlich. Die Pandemie traf nicht zuletzt den russischen Tourismussektor hart. Mit 1 Million Besuchern jährlich stellt China die größte Gruppe von Touristen aus dem Ausland, im ganzen Land traf man sie, sei es, weil sie im Norden das Polarlicht erleben, in Moskau einkaufen oder im Winter das blaue Eis des Baikalsees bewundern wollten. Bereits im Januar war der Gesamtexport Russlands nach China infolge der Corona-Krise um 7 Prozent zurückgegangen, mit am schlimmsten waren die russischen Ölexporte nach China betroffen, sie reduzierten sich um fast ein Drittel.

Der Handel mit Energieträgern spielt im russisch-chinesischen Verhältnis eine herausgehobene Rolle. 2018 legte die chinesische Führung ein Weißbuch mit dem Titel »Die arktische Seidenstraße« vor. Entgegen mancher Prognosen hatte die Klimaveränderung es wirtschaftlich attraktiv gemacht, zumindest während einiger Monate des Jahres die Nordostpassage zu befahren, in Russland »nördlicher Seeweg« genannt. Es dauerte nicht lange, bis China dieses Potenzial erkannte und in sein strategisches Konzept einfügte: auf dem Seeweg von Ostchina durch die Beringstraße nach Norden und dann nach Westen, nördlich an Russland und Skandinavien vorbei nach Rotterdam. Allein die Strecke vom japanischen Yokohama nach Hamburg ist auf diesem Wege 40 Prozent kürzer als durch den Suezkanal. Russland hatte eigentlich die Absicht, diesen neuen nördlichen Weg exklusiv zu nutzen und zu kontrollieren – doch man wird sich mit China arrangieren müssen, zumal dieses einen wesentlichen Teil der Schiffskapazitäten zur Verfügung stellt. Und: China investiert im nördlichsten Russland Milliarden in seine zukünftige Energieversorgung. Es geht um Jamal.

Gas für die Welt

Nördlich des Polarkreises, dort, wo die Sonne im Winter nicht auf- und im Sommer nicht untergeht, liegt die riesige Halbinsel Jamal. Gigantische Gasvorkommen sind hier entdeckt worden. Doch wie lassen sich diese aus dem ewigen Eis zu den Kunden in aller Welt schaffen? Die Lösung dieser Frage ist eine eindrucksvolle russische Erfolgsgeschichte, insbesondere ein Beweis erfolgreichen privaten unternehmerischen Handelns, wenn man es denn zulässt.

2008 berichtet der »Spiegel«: Erstmals lasse der Nordpol sich komplett auf dem Seeweg umrunden, warme Sommer hatten die Passage für wenige Tage eisfrei gemacht. Was in Deutschland noch wie ein Spezialthema für Wissenschaftler klang, führte in Russland rasch zu weitreichenden Überlegungen. Würde im Norden gewonnenes Gas sich möglicherweise auf dem Seeweg exportieren lassen? 2013 begannen auf Jamal Bauarbeiten. Nur gut vier Jahre später, im Dezember 2017, nahm ich dort an der Eröffnung eines gigantischen, eindrucksvollen Infrastrukturprojektes teil. Entstanden war, aus dem Nichts, Sabetta, ein Ort mit internationalem Flughafen und hochmodernen Anlagen zur Gasverarbeitung, in denen 30 000 Menschen arbeiten, im Drei-Monats-Schichtbetrieb. Im neugebauten Hafen schickte der russische Präsident ein erstes Schiff auf die Reise: einen eisbrechenden Flüssiggastanker, dessen Ladung ausgereicht hätte, die Schweiz für einen Monat zu beheizen.

Wie bei solcher Fracht üblich, wird das Transportgut nicht vorher verkauft, sondern während der Reise weitergehandelt. Es wurde zu einer Ironie der Geschichte, dass diese erste substanzielle Lieferung von Flüssiggas aus Russland ausgerechnet in den USA landete, in Boston, wo der Bedarf und die Bereitschaft, einen entsprechenden Preis zu bezahlen, gerade besonders groß waren.

Sabetta, Jamal und die großen, dort weiter im Ausbau befindlichen Kapazitäten zum Export von Flüssiggas sind der Erfolg eines Mannes, des russischen Unternehmers Leonid

Michelson. Er ist größter Anteilseigner der Firma Nowatek, die jahrelang vergeblich versucht hatte, das vom russischen Staatskonzern Gazprom kontrollierte Pipelinesystem ebenfalls nutzen zu dürfen, um Gas zu exportieren. Als ihm dies dauerhaft versagt blieb, verlegte er sich, mit eindrucksvollem Unternehmergeist und der Bereitschaft zu wirtschaftlichem Risiko, auf die Variante, das Gas durch extreme Kühlung zu komprimieren und per Schiff zu exportieren. Leonid Michelson ist hinlänglich gut vernetzt, um im Kerngeschäft von Staat und Macht agieren zu können.

Die technologische Entwicklung bei der Gasverflüssigung wollte es, dass der gleiche Weg in jenen Jahren auch in einem anderen Land machtvoll beschritten wurde: in den USA. Der amerikanischen Öl- und Gasindustrie besonders verbunden ist der gegenwärtige amerikanische Präsident Donald Trump. Um deren Interessen durchzusetzen, scheut die amerikanische Administration daher auch nicht davor zurück, massiven Druck auf Konkurrenten auszuüben. Mit dem Argument, Europas Energieinteressen schützen und die Sicherheit der ostmitteleuropäischen Länder, insbesondere auch der Ukraine, gewährleisten zu wollen, hat die amerikanische Regierung Sanktionen gegen den Neubau einer Pipeline verfügt, die Westeuropa auf dem Weg durch die Ostsee mit russischem Gas versorgen soll. »Nord Stream 2«, so lautet das amerikanische Argument, werde insbesondere auch gebaut, um die Ukraine künftig von russischem Gas abschneiden zu können.

Das Argument, Russland verfolge mit seinen Gasexporten nicht immer nur ökonomische, sondern auch strategische Ziele, ist nicht neu und auch nachvollziehbar. Schon als Leiter der Wirtschaftsabteilung des Auswärtigen Amtes und dann als Botschafter in Polen hatte mich diese Frage intensiv beschäftigt. So gab es beispielsweise die Befürchtung, die erste Gaspipeline durch die Ostsee, »Nord Stream 1«, deren Bau 2010 begann, werde gezielt so verlegt werden, dass die Zufahrt zum geplanten Flüssiggasterminal in Swinemünde/Świnoujście blockiert sein würde. Über dieses Terminal wollte Polen sich von russischen Lieferungen unabhängig machen. Am 11. Dezember 2015 lief der erste Flüssiggastanker ohne jede Behinderung in Swinemünde ein.

Durch den Konflikt 2014 gewann das geostrategische Argument erhebliche Bedeutung, Russland wolle mit einer Ausweitung des Pipelinenetzes um »Nord Stream 2« die Ukraine um ihre Transiteinnahmen bringen und sie möglicherweise überhaupt von der Gasversorgung abschneiden. Diese Befürchtungen schienen auf den ersten Blick verständlich, mochten sie sich im Falle von »Nord Stream 1« auch nicht bewahrheitet haben. Zudem hatte sich die Sowjetunion seit den frühen siebziger Jahren jahrzehntelang als verlässlicher Gaslieferant erwiesen, Kalter Krieg hin oder her, ob sie gerade in Afghanistan einmarschierten oder die Nachrüstungsdebatte schwelte. Dafür, dass Gas dauerhaft und zuverlässig geliefert wird, spricht nicht zuletzt die Tatsache, dass zu einem solchen Geschäft zwei gehören: Nicht nur ein Kunde, der – so die Sorge – erpressbar ist, sondern auch ein Lieferant, der – wie Russland – in hohem Maße auf die Erträge angewiesen ist. Richtig ist: Westeuropa bezieht mehr als 30 Prozent seines Gases aus Russland – doch Russland verkauft 70 Prozent seines Gases nach Westeuropa. Anfang 2020 wies die russische Statistikbehörde darauf hin, dass die Abhängigkeit des russischen Staatshaushaltes von Rohstoffen weiter wachse: Der Anteil von Öl und Gas sei um 4,6 Prozent gestiegen, der der verarbeitenden Industrie um 3 Prozent gesunken. Natürlich wäre es schön, alle Gaslieferanten hießen Norwegen oder Schweiz. Und natürlich ist es sinnvoll, Gas und Öl von mehreren, verschiedenen Lieferanten zu beziehen. So weit möglich.

Es ist also nicht auszuschließen, dass Gas als Druckmittel eingesetzt wird, aber es gibt, wie man sieht, gewisse Plausibilitäten, die sich aus ökonomischen Faktoren ableiten und dies eher unwahrscheinlich erscheinen lassen. Doch mit der »freundlichen Bereitschaft«, sich um die Sicherheit der europäischen Energieversorgung nach ihren Vorstellungen kümmern zu wollen, entfaltete die Regierung in Washington zunehmenden Druck. Das hat auch einen weiteren Grund als nur die Sorge um die Sicherheit der Europäer: In amerikanischen Regierungsdokumenten zum sogenannten Ukraine-Transit und zu »Nord Stream 2« wird ausdrücklich auf die amerikanischen Flüssiggasinteressen Bezug genommen. Noch im Sommer 2020 zeigte die Bundeskanzlerin sich entschlossen, sich den angedrohten extraterritorialen Sanktionen der USA nicht beugen zu wollen. Doch erheblicher zusätzlicher Druck, das Projekt abzubrechen, entstand, als Ende August 2020 der Kremlkritiker Alexej Nawalny mit einem Nervenkampfstoff vergiftet wurde.

Nutznießer von »Nord Stream 2« sollen Kunden insbesondere in Großbritannien, Frankreich und den Niederlanden, vor allem aber in Deutschland sein. Also gab es für die Bundesregierung Grund genug, die Thematik auch mit der russischen Regierung aufzunehmen. Im Mai 2018 erreichte die Bundeskanzlerin bei einem Treffen in Sotschi, dass Präsident Putin öffentlich zusagte, dauerhaft russisches Gas durch die Ukraine leiten zu wollen. Ende 2019 erzielten die Ukraine und Russland eine wesentlich auch von Deutschland vermittelte Einigung über künftige Lieferungen an und durch die Ukraine.

Um all diese Fragen drehte sich auch ein letztes Gespräch, das ich Ende April 2019 mit Alexej Miller führte, dem Vorstandsvorsitzenden von Gazprom. Bereits der Zugang zum Herrn über das größte Erdgasförderunternehmen der Welt ist darauf ausgelegt, Eindruck zu machen: Schranke, Wachen, VIP-Aufzug, noch mal Wachen, Assistenten, Helfer, Presseleute, die Gäste warten lassen. Millers Gesprächsführung ist ähnlich machtbewusst: leise sprechen, zurückgelehnt, dann plötzlich vorstoßen und das beste Argument mit triumphierender Freundlichkeit auf den langen, hochglanzpolierten Tisch legen.

Doch Alexej Miller war auch ein stets aufgeschlossener, interessierter Gesprächspartner, wollte unsere Sichtweise und Einschätzung hören, nahm sich viel Zeit. Was den Chef des (nach den Streitkräften) zweitgrößten Arbeitgebers des Landes erkennbar ärgerte, war, dass er ständig politische Konzessionen machen sollte. Seine ökonomischen Argumente zum Thema Ukraine-Transit waren durchaus gewichtig –, und nicht ohne süffisanten Unterton fügte er diesen ökologische hinzu: Wir in Deutschland seien doch so sehr auf schonenden Umgang mit Ressourcen und den Schutz der Umwelt bedacht. Die ukrainischen Transitleitungen seien völlig veraltet, verlören Gas, die Durchleitung koste weit mehr Energie als durch die Ostsee, usw. usf. Und, ach ja, die Amerikaner priesen den Vorteil von Flüssiggas. »Wenn Sie wollen, liefern wir Ihnen unser Gas natürlich gerne auch verflüssigt – es kostet dann halt 25 Prozent mehr. Oder können die Amerikaner Ihnen etwa auch erklären, warum ihr Flüssiggas gut und unseres böse ist?«

RUSSISCHE GLÄUBIGKEIT

Kyrill I.

»Noch nie war das Band zwischen Kirche und Staat so eng wie heute!« Die Worte, die Patriarch Kyrill, Oberhaupt der Russisch-Orthodoxen Kirche (ROK), am 31. Januar 2019 an seinen Ehrengast Wladimir Putin richtete, waren ebenso zutreffend wie Ausdruck einer Tragödie. Mehrere tausend Gäste hatten sich an jenem Tag im »Staatlichen Kremlpalast«, versammelt, einem pompösen Bau aus dem Jahr 1961, in dem einst die Parteitage der KPdSU abgehalten wurden und der hier, im Herzen Russlands, unter den altehrwürdigen Bauten des Moskauer Kreml, ziemlich deplatziert wirkt. Zur Einstimmung wurde ein Film gezeigt, der nicht allein Kyrills Wirken würdigte, sondern die segensreiche Rolle der Russisch-Orthodoxen Kirche überhaupt – nicht nur in Russland. In Szenen aus Paris toben die »Gelbwesten« durch die Straßen, danach sind stimmungsvolle Bilder davon zu sehen, wie eine neue orthodoxe Kirche eröffnet wird: im Zentrum von Frankreichs Hauptstadt.

Zehn Jahre war Kyrill zu diesem Zeitpunkt »Patriarch von Moskau und der ganzen Rus«, und dies wurde gefeiert. Doch ein dunkler Schatten lag in jenen Tagen über der Feier und dem Patriarchat Kyrills, über der Kirche: Die besondere Nähe zur Macht war mit dem Preis der Kirchenspaltung bezahlt worden – die alte Rus, Sehnsuchtsort ostslawischer Identität, war über den Ukraine-Konflikt zerbrochen, politisch und nun auch kirchlich. Eine eigenständige ukrainische Nationalkirche war entstanden. Die pompösen Feiern am 31. Januar, erst im Kreml und später in der Christ-Erlöser-Kathedrale, legten die Wunde bloß, die sich hierdurch geöffnet hat und die sich wohl nicht wieder schließen wird. Auch der russische Präsident wird das nicht ändern können, mochte er Kyrill an jenem Tag auch versprechen, die nationale – sprich: die orthodoxe – Identität zu stärken, nicht zuletzt gegen jene, »die von den Gottlosen des vergangenen Jahrhunderts gelernt haben«. Die Trennung der Kirchen ist vollzogen, die russische Wagenburg schließt sich.

Als Kyrill gut zwei Jahre zuvor im November 2016 seinen 70. Geburtstag feierte, hatte sich das Drama bereits abgezeichnet. Gekommen waren seinerzeit nur zwei der drei Präsidenten, die für das Territorium der alten Rus stehen: Putin und der Weißrusse Lukaschenko. Der Präsident der Ukraine war ferngeblieben.

Die drohende Spaltung der Kirche hatte auch unser Gespräch bestimmt, als Kyrill I. mich Anfang 2015 zu einem offiziellen Besuch empfing. Es war ein Antrittsbesuch an einem besonderen Ort. Die Stadtresidenz des Patriarchen ist ein kleines Palais im Zentrum Moskaus, Tschisty pereulok 5. Seit 1922 war es die Residenz der Botschafter des Deutschen Reiches in der Sowjetunion gewesen. Ulrich Graf von Brockdorff-Rantzau, der wesentlichen Anteil daran gehabt hatte, dass die beiden Staaten diplomatische Beziehungen aufnahmen, hatte hier als Erster gelebt. Zu seinen Nachfolgern zählte Rudolf Nadolny, der 1934 nach einer Auseinandersetzung mit Hitler über die nationalsozialistische Politik gegenüber der Sowjetunion seinen Posten zur Verfügung stellte. Und schließlich Friedrich Werner Graf von der Schulenburg, der am frühen Morgen des 22. Juni 1941 den sowjetischen Außenminister Molotow wissen lassen musste – von Kriegserklärung zu sprechen, war ihm untersagt worden –, dass der deutsche Angriff auf die Sowjetunion begonnen hatte. Schulenburg, der wie seine Vorgänger stets um ein gutes Verhältnis zu Moskau bemüht gewesen war, schloss sich nach seiner Rückkehr in Berlin dem Widerstand an und wurde im November 1944 hingerichtet.

Nachdem Schulenburg die Sowjetunion hatte verlassen müssen, stand das Haus zwei Jahre leer – bis es im September 1943 von Stalin der Russisch-Orthodoxen Kirche als künftiger Sitz des Patriarchen überlassen wurde. In den Beziehungen der kommunistischen Machthaber zur ideologischen Gegenmacht hatte sich eine bemerkenswerte Wende vollzogen. Nach der Revolution von 1917 hatte die Kirche wie kaum eine andere Institution leiden müssen, kaum eine andere Gruppe hatte derart viele Opfer zu beklagen wie der Priesterstand. Doch nun, 1943, verlangten die deutschen Invasoren dem Land eine Mobilisierung aller Kräfte ab – und Stalin befand es für nützlich, sich hierzu auch der Unterstützung der Kirche zu versichern. Es war ein »Geschäft auf Gegenseitigkeit« – die Bischöfe ergriffen selbstverständlich die Sache des Vaterlandes, hierzu gehörte auch die Unterstützung der sowjetischen Führung. Und diese zeigte sich erkenntlich, indem sie die Kirche eingeschränkt duldete, die Wahl eines neuen Patriarchen zuließ – und diesem eben jene Residenz zuwies.

Der offizielle Titel Kyrills I. – »Patriarch von Moskau und der ganzen Rus« – signalisiert, dass sein Kirchenreich über Russland hinausgeht: Es umfasst das Gebiet der gesamten ehemaligen Sowjetunion (mit der Ausnahme Georgiens und Armeniens, wo es eigenständige Kirchen gibt), weite Teile Asiens und orthodoxe Kirchen im westlichen Ausland. Kyrills Befugnisse sind weitreichend, er ist niemandem untertan. Anders als die Römisch-Katholische Kirche kennt die Orthodoxie kein dem Papst vergleichbares Oberhaupt, die orthodoxen Kirchen verschiedener Länder und Regionen sind unabhängig. Eines der Oberhäupter jener orthodoxen Kirchen ist jedoch »der Erste unter den Gleichen«: Bartholomäus I., der ökumenische Patriarch von Konstantinopel, wie der aus alter Zeit bewahrte Städtename hier noch lautet. Als einzige Institution aus vorosmanischer Zeit hat sie in Istanbul die Fährnisse der Zeiten überdauert. Aus der Frühzeit des Christentums ist diese Kirche die »Urzelle« der verschiedenen orthodoxen Kirchen, und somit wird ihrem Patriarchen ein Ehrenvortritt gewährt. Die anderen erkennen an, dass nur er das Entstehen und die Eigenständigkeit einer neuen orthodoxen Kirche in die Wege leiten kann. Dies sollte während der Jahre, die ich in Moskau war, eine große Rolle spielen.

Kyrill begann unsere Unterhaltung auf Deutsch, seine Mutter war Deutschlehrerin gewesen. Er habe gehört, ich hätte Wurzeln in Russland, was es damit auf sich habe. Er sprach über die guten Beziehungen unserer Völker und Kirchen, die Bemühungen der evangelischen Kirche seit den fünfziger Jahren um Aussöhnung. Dann verschwanden Journalisten und Kameras, und der Patriarch kam auf jenes Thema zu sprechen, das ihn umtrieb und von dem er sich erhofft haben mag, dass die Bundesregierung Einfluss nehmen könnte: das Entstehen einer eigenständigen Ukrainisch-Orthodoxen Kirche. Er sparte nicht an Vorwürfen gegen die »Spalter« und deren verderbliches Tun, unter dem Getreue zu leiden hätten. Es könne auf dem Gebiet der alten Rus nur eine Kirche geben!

Natürlich waren aus der Ukraine die gegenteiligen Klagen bekannt – darüber, dass die Christen gezwungen werden sollten, Loyalität zu Moskau zu bekunden, dass sie oft gar nicht recht zwischen staatlichem und kirchlichem Anspruch zu unterscheiden vermochten, dass Druck ausgeübt wurde und viele Gemeinden vor der Zerreißprobe standen. Man könne doch nicht einem Kirchenoberhaupt treu ergeben bleiben, das sich dem russischen Präsidenten und jenem russischen Staat verpflichtet habe, welcher Krieg gegen die Ukraine führe, war zu hören.

Es stehe uns nicht zu, uns in Kirchenangelegenheiten einzumischen, erwiderte ich. Natürlich beklagten wir es, wenn es zu solch schlimmen Konflikten zwischen Gläubigen komme. Die Christen in allen Ländern hätten eine wichtige Rolle zu spielen beim Bemühen um Frieden.

Es gibt nur eine Ortho-doxie

Der Patriarch erwies sich als ein lebhafter Gesprächspartner, der gerne argumentierte. Vor allem, wenn es um die traditionellen Wertvorstellungen ging, an denen die ROK gegen alle

»selbstzerstörerischen Irrwege« des Westens und seiner Kirchen – sei es Frauenordination oder gleichgeschlechtliche Partnerschaften – festhält. Das Verhältnis der ROK zu nichtorthodoxen Kirchen im Westen ist überwiegend freundlich – allerdings zumeist eher oberflächlich. Man ist bereit, sich über soziale und diakonische Fragen auszutauschen, ein religiöser Dialog findet selten statt. Es kann eben nur eine »rechtgläubige – »ortho-doxe« Kirche geben. Dies wird vor allem dann deutlich, wenn es um Russland selbst geht. Insbesondere der katholischen Kirche, aber auch manchen Freikirchen wurden heftige Vorwürfe gemacht, als sie nach dem Ende der Sowjetunion in Russland mit christlicher Missionsarbeit begannen. »Proselytismus«, das Abwerben von Gläubigen, lautete der Vorwurf. Dabei richtete sich das Streben jener Kirchen gar nicht darauf, orthodoxe Gläubige zum Übertritt in ihre Kirchen zu bewegen – die überwältigende Mehrheit der Menschen in der Sowjetunion gehörte keiner Kirche an. Es waren daher zumeist auch keine ausgewiesenen Atheisten, Gottesleugner, sondern Glaubensferne, denen jene Kirchen ein Angebot machen wollten. Doch missionieren darf in Russland nach Auffassung der ROK eben nur die eine Kirche.

Dies traf besonders hart die Zeugen Jehovas, die schließlich als »extremistische Vereinigung« verboten und deren Anhänger auch staatlicherseits verfolgt wurden. Als ich dies in einem späteren Gespräch mit dem Patriarchen ansprach – er hatte sich über die schlechte Behandlung von Gläubigen in manchen westlichen Ländern beklagt –, wollte er die Parallele nicht gelten lassen. Was jene praktizierten, die Zeugen Jehovas, das sei den Russen eben fremd. Nach Angaben von »Memorial« stellen Zeugen Jehovas inzwischen die größte Gruppe Gewissensgefangener in Russland. Eine »einfallsreiche« Lösung fand der Staat, um die Missionstätigkeit der »Kirche Jesu Christi der Heiligen der Letzten Tage«, der Mormonen, zu unterbinden – zu einer Zeit, als der amerikanische Botschafter Angehöriger dieser Kirche war. 2018 wurden zwei mormonische Missionare, die, wie bei diesen üblich, Menschen auf der Straße angesprochen hatten, mit der Begründung verhaftet, sie hätten unerlaubterweise öffentlich Englischunterricht erteilt. Sie wurden abgeschoben, und die Kirche stellte ihre Missionstätigkeit ein.

»Friedliche Koexistenz« praktizieren in Russland seit Jahrhunderten Moslems und Christen. Exakt lässt sich die Zahl der Muslime in Russland nicht beziffern – möglicherweise liegt sie bei mehr als 20 Millionen –, unstrittig ist, dass der Islam die zweitgrößte Religionsgemeinschaft des Landes ist. Seine heimliche Hauptstadt ist Kasan, Zentrum des ölreichen Tatarstan, in dessen großer Burganlage, dem Kreml, Kathedrale und Moschee nebeneinanderstehen.

Im Gespräch mit Rawil Gainutdin, dem Vorsitzenden des Rates der Muftis Russlands, den ich bald nach dem Patriarchen traf, wurde rasch deutlich, dass von Gleichberechtigung der Religionsgemeinschaften aber nicht die Rede sein konnte. Er hatte einen schwierigen Balanceakt zu vollziehen. Den meisten Politikern und Verantwortlichen im Lande sei die Nähe zur Orthodoxie wichtiger als das Beharren auf Toleranz und Gleichbehandlung, meinte er, fügte jedoch sogleich offiziös hinzu: Insgesamt könnte die Situation der Moslems in Russland nicht besser sein. Nach der Lage der drangsalierten Krim-Tataren befragt, beharrte er darauf, auch diesen gehe es besser als je zuvor. Loyalität zur politischen Führung ist der Preis dafür, dass islamisches Leben in postsowjetischer Zeit sich intensiv und ungestört entfalten kann. In Moskau wurde 2015 nach achtjähriger Bauzeit eine eindrucksvolle neue Kathedralmoschee fertig gestellt, die 10 000 Gläubigen Platz bietet.

Das Verhältnis der russischen Muslime zur Mehrheitsbevölkerung ist nicht frei von Spannungen. Hierzu haben insbesondere die blutigen Unabhängigkeitskriege im Nordkaukasus beigetragen, in deren Zuge sich Teile der Separatisten islamistisch radikalisierten und landesweit blutige Anschläge verübten. Die Brutalität des Vorgehens der russischen Sicherheitskräfte trug ihren Teil hierzu bei. Noch heute herrscht in Russland die Sorge vor islamistisch motivierten Anschlägen.

Auch jüdisches Leben ist in Russland nach dem Ende der Sowjetunion neu aufgeblüht. »Wir sind wieder aus den Schränken gekommen«, fasste ein hochrangiger jüdischer Gesprächspartner es einmal in Worte. Die Geschichte des Judentums in Russland ist von Blüte und Verfolgungen geprägt. Sie gipfelten in der Vernichtung von drei Viertel der jüdischen Bevölkerung durch die deutschen »Einsatzgruppen« auf dem Gebiet, das die Wehrmacht nach dem Juni 1941 besetzte. Das Gedenken an die Verfolgung und Vernichtung von Juden durch Deutsche hatte auch schon meine Arbeit als Botschafter in Warschau geprägt. In der Sowjetunion fanden die Massenmorde jedoch nicht in Lagern, sondern in der Regel sofort an Ort und Stelle statt. Das Gedenken ist somit weniger fokussiert und überdies in den ersten Jahren nach Ende des Zweiten Weltkrieges dadurch erschwert worden, dass die späte Stalin-Zeit von Antisemitismus und der Verfolgung von Juden geprägt war. Doch heute gibt es an Orten der Massentötung Gedenkstätten wie die eindrucksvolle Schlangenschlucht bei Rostow am Don.

Nach dem Ende der Sowjetunion sind viele Juden – in der UdSSR wie im heutigen Russland auch eine Nationalitätenbezeichnung – aus den Weiten des früheren Reiches nach Moskau gezogen, so dass dort ein facettenreiches, traditionsverschiedenes jüdisches Leben entstanden ist. Juden schämten sich nicht mehr, Juden zu sein, sagt mir einer der Rabbiner. Darin zeige sich die Veränderung am meisten. Alle jüdischen Gesprächspartner waren sich in einem einig: Im Russland von heute gebe es keinen ernstzunehmenden oder geduldeten Antisemitismus. Dies sei wesentlich auf den Präsidenten selbst zurückzuführen, der in dieser Frage eine unmissverständliche Haltung habe. Wie um dies zu illustrieren, berichteten die Medien eines Tages, Präsident Putin habe seiner früheren Deutschlehrerin, die als Jüdin im Alter in Tel Aviv lebte, dort eine Wohnung gekauft. Juden spielen im öffentlichen und wirtschaftlichen Leben Russlands heute eine wichtige Rolle – wobei nicht so leicht festzumachen ist, was es bedeutet, Jude zu sein. »Ich bin Jude und Russe und Lette und eigentlich

Atheist«, brachte es ein Unternehmer im Gespräch mit mir einmal auf den Punkt.

Doch mancher fragt sich sorgenvoll, was nach Putin kommt. »Was wird sein, wenn bei einer Krise wieder einmal Schuldige gesucht werden?«, formulierte es sorgenvoll ein Rabbiner. Und er berichtete, was mir später meine israelische Kollegin bestätigte: Mit dem Beginn der Ukraine-Krise kam es im großen Umfang zu »Schein-Ausreisen« oder, wie sie auch genannt werden »Schubladen-Ausreisen«: Russische Bürger jüdischer Herkunft beantragten in großer Zahl die Ausstellung israelischer Pässe – vorsorglich, für die Schublade, für den Fall, dass die Stimmung sich plötzlich gegen die Juden wenden sollte.

Keinen einfachen Stand haben die russischen Zweige der westlichen Kirchen, die Evangelisch-Lutherische und die Römisch-Katholische. Die evangelische Kirche war einst groß gewesen, viele Russlanddeutsche gehörten ihr an. Da sie bereits seit Zeiten der Reformation in Russland verbreitet ist, zählt sie – wie die Russisch-Orthodoxe Kirche – zu den sogenannten traditionellen Kirchen, die eigentlich einen besonderen Status genießen sollten. Doch die heute kleine evangelische Kirche Russlands begegnet allerorten Misstrauen, und muss auch Übergriffe erdulden. In der Kaliningrader Oblast, dem früheren nördlichen Ostpreußen, ging manches evangelische Kirchengebäude in orthodoxen Besitz über, die Übernahme erfolgte notfalls robust. Mit der katholischen Kirche als Weltkirche tat die Russisch-Orthodoxe Kirche sich ebenfalls lange Zeit sehr schwer. Nach langjährigen Vorbereitungen wagte Patriarch Kyrill dann jedoch einen historischen Schritt: In Havanna traf er sich mit Papst Franziskus. Der Vertreter des Vatikans in Russland, der Nuntius, jubelte, als wir uns kurz darauf trafen: »Ich werde riesige Fotos dieser Begegnung an jeder unserer Kirchen aufhängen! Dann begreifen sie endlich, dass wir von den Orthodoxen geachtet sind!« Kyrill hingegen sah sich in seiner Kirche Anfeindungen ausgesetzt, konservative Kirchenführer warfen ihm vor, sich mit dem Papst auf eine Stufe begeben zu haben.

Moskau und Konstantinopel

Es fehlte nur noch sehr wenig, und es wäre 2016 neben der Begegnung von Papst und Patriarch zu einem weiteren kirchenhistorischen Ereignis gekommen: Zum ersten Mal seit dem Jahr 787 sollten die Oberhäupter aller orthodoxen Kirchen sich zu einem Konzil versammeln. Ziel war es, zu einem gemeinsamen Verständnis wichtiger theologischer und kirchlicher Fragen zu gelangen. Eingeladen hatte Bartholomäus I., der Patriarch von Konstantinopel, doch im letzten Moment erklärten die ROK und drei kleinere, ihr verbundene Kirchen, am Konzil nicht teilnehmen zu wollen.

Vordergründig standen kirchliche Streitfragen im Weg, im Kern ging es jedoch um die Macht. Dem Oberhaupt der mit Abstand größten orthodoxen Kirche, Kyrill, fiel es nicht leicht, zu akzeptieren, dass ein anderer Kirchenfürst mit weit geringerer Gefolgschaft, Bartholomäus, aus historischen Gründen einen höheren Rang einnahm – und Kraft dieser Stellung nun dabei war, die Dinge in der alten Rus in eine ungute Richtung zu lenken. Der sichtbare Bruch, den Kyrill damit zunächst unter den Kirchenoberhäuptern wagte, war auch innerhalb der russischen Kirche umstritten. Und es kam, wie es kommen musste: Der Patriarch von Konstantinopel trug dem immer stärkeren Drängen orthodoxer Christen in der Ukraine Rechnung und öffnete den Weg zur Gründung einer eigenständigen Ukrainisch-Orthodoxen Nationalkirche. Damit war für die ROK das Tischtuch zerschnitten: Sie beendete die Gottesdienst-Gemeinschaft mit ihrem Ehrenoberhaupt, nicht länger wird in russisch-orthodoxen Messen für Bartholomäus gebetet.

Was im Westen wenig Aufmerksamkeit fand, hat für die Christen in den betroffenen Ländern enorme Konsequenzen. Aber nicht nur für diese: In Russland, wo das Oberhaupt des Staates wie das Oberhaupt der Kirche gleichermaßen machtbewusst sind, war diese Entwicklung eine Demütigung und eine schwere Niederlage. Für den Patriarchen – aber auch für den Präsidenten. Schließlich geht es um russische Macht.

Der Patriarch von Konstantinopel kann das Entstehen einer neuen Kirche befördern – wirklich anerkannt wird sie nur sein, wenn auch andere orthodoxe Kirchen zu ihr Beziehungen aufnehmen. So begannen nach dem Zerwürfnis mit dem Patriarchat von Konstantinopel intensive Bemühungen der ROK, andere orthodoxe Kirchen von solchen Schritten abzuhalten. Gespart wurde dabei nicht, wie mir der ranghohe Vertreter einer kleineren Kirche berichtete. Um die Teilnahme seines Patriarchen an einer wichtigen Veranstaltung sicherzustellen, habe die ROK ein Privatflugzeug geschickt, um den Ehrengast nach Moskau zu schaffen. Das nahm die andere Kirche an – nicht aber den großen Umschlag, der im Gespräch dann plötzlich auf dem Tisch lag, wie mir berichtet wurde. So direkt geht es im Kampf um Macht und Verbündete zuweilen zu.

Der heilige Wladimir

Fast sinnbildlich wurde die Trennung der beiden Kirchen kurze Zeit später in Moskau durch ein anderes Ereignis: An prominentem Ort, vor den Mauern des Kreml, weihte Wladimir Putin am 4. November 2016, dem »Tag der nationalen Einheit«, ein Denkmal des heiligen Wladimir ein, jenes Großfürsten, auf den die Christianisierung der alten Rus zurückgeht.

Was die Geschichte ein wenig trübt: Herrschaftszentrum war seinerzeit Kiew, und dort steht schon länger ein Denkmal für den Heiligen, der dort Wolodymyr genannt wird. Das Moskauer Denkmal hätte auch nicht erst 2016, sondern bereits im Jahr zuvor, zum 1000. Todestag des Heiligen, errichtet werden sollen. Und so, wie Wolodymyr in Kiew auf einem Hügel über dem Dnjepr steht, sollte auch Wladimir hoch über der Moskwa seinen Platz finden, auf den Sperlingshügeln. In der Sichtachse vor der berühmten, die Stadt überragenden Lomonossow-Universität sollte er noch höher und eindrucksvoller als sein Kiewer Ebenbild über die Stadt schauen. Doch es regte sich Bürgerprotest: Durchaus nicht jeder war mit der Denkmalsidee einverstanden, zumal nicht an jenem besonderen Ort. Hinzu kam, dass Wladimir eine keineswegs unumstrittene Persönlichkeit ist. Da mit Bürgerprotest in Moskau nicht zu spaßen ist, wurden die Arbeiten wieder eingestellt, obwohl man bereits mit dem Fundament für den Sockel begonnen hatte. Doch hilfreicherweise stellte sich heraus, dass der Hang das imposante Denkmal wohl nicht getragen hätte. Ein neuer Ort wurde gesucht und gefunden, eben vor dem Kreml. Doch nun meldete sich die UNESCO zu Wort: Das Denkmal werde das Panorama des Weltkulturerbes Kreml beeinträchtigen. Also musste der Sockel so weit gekürzt werden, dass Wolodymyr in Kiew nun doch etwas größer ist.

Das Verhältnis des Bürgers zur Kirche ist kein unkompliziertes. Die ROK ist vermögend, und sie hat viel Besitz restituiert bekommen, anders als die anderen Kirchen, die sich oft schwertun, ihr rechtmäßig zustehendes Eigentum zurückzuerhalten. Mit ihren Mitteln errichtet die ROK neue Kirchen und Klöster und restauriert alte. Nicht immer stößt das auf Gegenliebe. So in Jekaterinburg, als eine Kirche mitten in einem beliebten Park wiedererstehen sollte. Die Stadt hat nicht sehr viel Grün, und die schöne Jahreszeit ist in Sibirien nicht besonders lang. Also gingen 2019 die Bürger auf die Straße, Polizei musste eingesetzt werden. Mit der Millionenstadt am Ural ist es ein wenig wie mit Moskau oder Sankt Petersburg: Es kann sinnvoll sein, auf Bürgerprotest elastisch zu reagieren. Also meldete sich flugs der Präsident zu Wort, und es wurde erst einmal eine Kommission eingesetzt. In Sankt Petersburg schloss sich sogar der Direktor der weltberühmten Gemäldesammlung Eremitage den Protesten an, als die Isaakskathedrale der Kirche zurückgegeben werden sollte. Der grandiose Bau, eine der größten Kirchenkuppeln der Welt, dient seit der Oktoberrevolution als Museum. Der Plan wurde stillschweigend begraben.

Sehnsucht nach dem alten Russland

Die Zahlen darüber, wie religiös Russland heute ist, schwanken stark. Generationen von Menschen sind ohne Nähe zum Glauben und ohne religiöses Wissen aufgewachsen. Nach dem Ende der Sowjetunion fehlte es an Gebäuden, Strukturen und Priestern, erst nach und nach blühte das kirchliche Leben wieder auf. Menschen fanden zur Kirche zurück oder neu zum Glauben. In Umfragen sagen viele: Ich bin orthodox – aber nur sehr wenige: Ich gehe zur Kirche. Und es gibt durchaus auch jene, die sagen: Ich bin orthodox, glaube aber nicht an Gott. Orthodoxie, das ist eben untrennbar Teil russischer Identität. Der Metropolit von Tatarstan sah dies ganz realistisch, als ich ihn besuchte: »Die Kirche wächst!«, stellte er erfreut fest, fügte jedoch hinzu: »Aber das ist natürlich schwer von der Sehnsucht nach dem alten Russland zu trennen.«

Genau so ist es wohl. Viele Menschen verehren die Kirche, weil sie zutiefst Russland verkörpert – die prächtigen Bauten, die man allerorten wieder bewundern kann, den Zauber ihrer Gottesdienste und die wunderbaren Gesänge der Priester. Ein Russland, das so schrecklich zerstört und im Orkus der Geschichte verschwunden war, ersteht wieder, in Gestalt kirchlicher Bauten und kirchlicher Kultur. Am sichtbarsten mitten in Moskau: Dort ist in wenigen Jahren die größte Kirche der russischen Orthodoxie neu aufgebaut worden, die Christ-Erlöser-Kathedrale, die einst der deutsch-russische Architekt Konstantin Thon zur Erinnerung an den Sieg über Napoleon errichtet hatte. Sie war 1931 gesprengt worden, weil an dieser Stelle ein »Palast der Sowjets« entstehen sollte. Doch dieser musste aufgegeben werden – hier gab es tatsächlich statische Probleme: Der Untergrund des Baus am Ufer der Moskwa hätte das gigantische Gebäude nicht getragen. Überdies stiegen die Kosten ins Unermessliche, und so wandelte man die begonnene Baugrube in ein ganzjährig beheiztes Freibad um. Ältere Moskauer schwärmten zu meiner Zeit noch davon.

Die orthodoxen Kirchen und der orthodoxe Ritus sprechen sehr stark die Sinne der Menschen an. Auch bei uns gibt es keine Werbung für Reisen nach Russland ohne Bilder von strahlend weißen Kirchenbauten mit blauen, mit goldenen Sternen übersäten Kuppeln; die farbenprächtige Moskauer Basilius-Kathedrale ist, neben der Matrjoschka, der »Puppe in der Puppe«, geradezu zum Sinnbild für Russland geworden. Und im Inneren der Kirchen ist kein Stück Wand frei, das nicht mit Fresken geschmückt wäre, die die Geschichten der Bibel erzählen und von Taten oder dem Leiden Heiliger berichten. Und dort, wo eine westliche Kirche in den Chorraum übergehen würde, erhebt sich eine mit Heiligenbildern geschmückte Wand, die Ikonostase. Nichts symbolisiert das Mysterium, das die orthodoxe Glaubenspraxis prägt, stärker als diese Wand, durch die nur der Priester hindurchgehen darf und aus der er, möglicherweise in neuem Gewand, wieder hervorkommt. Kein offener Altarraum, keine Kanzel von der gepredigt wird. »Über das tiefere, theologisch-biblische Wissen verfügen nur die Priester«, erklärte der Erzbischof einer der anderen Kirchen einmal. »Die Gläubigen werden in erster Linie in Regeln, Gebräuchen, Abläufen und rudimentärem Grundwissen unterwiesen. Die Ikonostase versinnbildlicht diese Trennung.«

Russisch-Orthodoxe Kirchen kennen keine Orgeln oder andere Musikinstrumente – nur die Stimmen der Gläubigen und den Klang der eindrucksvollen Chöre. In Jaroslawl kamen meine Frau und ich bei der Besichtigung der Stadt in eine Kirche, in der ein Gottesdienst stattfand. Wir blieben am Eingang stehen und lauschten dem Chor, den wir hörten, aber nicht sahen. Er musste groß sein – doch wie wir später feststellten, bestand er aus lediglich vier Frauen, deren eigentümlicher Gesang durch die Akustik der Kuppeln verstärkt wurde. Die Schönheit des russischen Kirchengesangs ist berühmt. Er entspricht der orthodoxen Auffassung, dass das Wahre das Schöne und das Schöne das Wahre ist und im Gottesdienst hervortritt. Die Lieder haben, anders als in den westlichen Kirchen, keinen didaktischen oder erzählenden Auftrag, sie sind reine Anbetung. Zwischen Lied und Gebet wird nicht unterschieden, nur singend wird gebetet. »Entscheidend ist die Mystik, das Eintauchen – die Feier«, erklärte jener Erzbischof. »Die großen Paraden zum 9. Mai stehen insofern in bester Tradition: Bejubeln und feiern, Glanz und Größe. Keine Reflexion, kein Leid – nur Prunk und Gold.«

Wer »die tiefe russische Seele« sucht, hier mag er sie finden.

Kirche und Staat

Kam bei offiziellen Begegnungen, zum Beispiel im Außenministerium, das Gespräch auf die Kirchen, so reagierten meine Gegenüber entweder unsicher oder belustigt. Dabei spielt die Kirche für die staatliche Macht eine bedeutende Rolle, unterstützt und verstärkt sie doch ihre Politik. Der Zwiespalt, in dem sie sich dabei befindet, wurde auf einem Empfang deutlich, den der Außenminister und der Patriarch im Mai 2014 gemeinsam im Gästehaus des Außenministeriums gaben, einer schönen, repräsentativen Villa im neogotischen Stil, die sich einst ein reicher Unternehmer gebaut hatte. Anlass war das Ende der russischen Osterzeit. Nicht unbedingt ein Termin für einen Außenminister – in diesem Fall jedoch schon, bot er doch Gelegenheit, die Kirche mit an Bord zu holen. Als Sergej Lawrow seine Begrüßungsworte sprach, stand der Patriarch neben ihm. Der Außenminister beschwor ausführlich die spirituelle, christliche Begründung russischer Außenpolitik. Die Einheit des religiös-kulturellen Raumes der Orthodoxie – das sei kein Imperialismus. Er sprach von der »ultraliberalen Permissivität« des Westens, der es selbst mit Gewalt nicht geschafft habe, einen Spalt in den eurasischen Zusammenhalt zu treiben … Kirche und Staat in Russland, Hand in Hand …

Das ging dem Patriarchen dann wohl doch etwas zu weit. Zwar dankte er der russischen Außenpolitik für deren Einsatz zum Schutz christlicher Minderheiten weltweit, doch dann ließ er sein Manuskript mit dem vorbereiteten Redetext sinken. »Die Kirche muss von allen gehört werden und kann niemandes Partei ergreifen … Die Ukraine ist unser aller Tragödie.«

Während des anschließenden Empfangs wurde der Patriarch im Gespräch noch deutlicher: Immer wieder gebe es Versuche, die Kirche zu vereinnahmen. Aber das sei mit ihm nicht zu machen, auch wenn das manchen nicht gefalle. Doch für jeden sichtbar trat er nun einmal gemeinsam mit dem russischen Außenminister auf, unterstützte er den Präsidenten und dessen Politik, lobte er die große Nähe von Kirche und Staat. Die Russisch-Orthodoxe Kirche hat stets eine besondere Nähe zur Macht ausgezeichnet, es entspricht ihrer Lehre, dass alle Obrigkeit von Gott kommt. Dies hat für sie in der Geschichte Verhängnis bedeutet wie Stärke.

Die tatsächliche Gläubigkeit manch führender Vertreter der Macht sei nicht in Zweifel gezogen. Aber unbestreitbar gehört es auch zum guten Ton, sich anlässlich hoher Festtage in der Kirche sehen und beim Anzünden einer Kerze oder gemeinsam mit dem Patriarchen fotografieren zu lassen. Beim alljährlichen riesigen Empfang aus Anlass des Namenstages des Patriarchen, zu dem auch Botschafter eingeladen waren, wollte es der Zufall stets, dass ich in der Schlange der Gratulanten bei Gennadi Sjuganow zu stehen kam, dem Vorsitzenden der kommunistischen Partei. Eine gute Gelegenheit zu einem informellen Austausch. Schließlich ist die Schlange lang. Auch er, Vorsitzender jener Partei, welche für die schrecklichen Verfolgungen der Kirche zu sowjetischer Zeit verantwortlich war, weiß um den heutigen Einfluss der Kirche. Ein gutes Verhältnis ist also kein Fehler. 2016 fiel der Tag der Arbeit auf einen Sonntag, und die Maikundgebungen, die für die Kommunistische Partei eine Pflichtübung sind, kollidierten mit den Terminen für Gottesdienste. Sjuganow entschuldigte sich in einem Interview halb und wies einnehmend darauf hin, Christus sei in gewissem Sinne ja der erste Sozialist gewesen.

GEHÖRT RUSSLAND ZU EUROPA?

»Russland gehört doch überhaupt nicht zu Europa!« Der Bundestagsabgeordnete war sich seiner Sache recht sicher. »Das sind ein paar Intellektuelle in Moskau und Sankt Petersburg, die uns das weismachen wollen. Das ist ein dünner Firnis. Der Rest: tiefstes Sibirien. Asien.«

Ist Russland überhaupt Europa? Teil Europas? Europäisch geprägt – oder nur »angestrichen«? Ist Russland ebenso asiatisch wie europäisch? Fährt es mit China besser als mit uns? Sollten wir uns gegen ein solches Bündnis wappnen? Mehr noch: Wenn Russland nicht Europa ist, kann es dann nicht sein, dass die Russen nicht in der Lage sind, eine funktionierende Demokratie aufzubauen? Braucht Russland nicht eben eine feste Hand? Der Urteile und Vorurteile sind viele.

»O' zapft is!!!« Ein Botschafter sollte in der Lage sein, auch ein Bierfass anzustechen und jene entscheidenden Worte zu sprechen, die ein Oktoberfest eröffnen. Hier in Wladiwostok kam es jedoch vielleicht nicht so sehr darauf an, dass dies in korrektem Bayrisch geschah. Hauptsache Oktoberfest. »Das fördert den europäischen Charakter unserer Stadt!«, wie der stellvertretende Oberbürgermeister zufrieden meinte. Dann wandte er sich wieder seinem Maßkrug zu. Die Bedienung: junge Russinnen im Dirndl. Das Bier und das Brauhaus: aus dem Baukasten, einschließlich Krügen und Kupferkesseln: deutsch. Die Gäste: überwiegend Japaner, Koreaner und Chinesen. Nicht, dass diese hier zu Hause gewesen wären, nein sie waren Touristen. Will man in Ostasien Europa erleben und nicht so weit reisen, so ist Wladiwostok der ideale Ort. 1860 gegründet, ist die Stadt ein Musterbeispiel europäischer Architektur jener Zeit, einschließlich einiger sehr schöner Jugendstilgebäude. Die Stürme der Zeiten hat auch die neugotische Paulus-Kirche überstanden, zur Sowjetzeit ein Marineheim und nun der evangelischen Gemeinde zurückgegeben.

Jenseits Sibiriens liegt der russische Ferne Osten, der sich bis östlich von China erstreckt und an dessen fernstem Punkt das russische Kolonialstreben »Wladiwostok« errichtete. Wenig besiedelt, wurde das riesige Territorium von Russland rasch und energisch erschlossen, vor allem mithilfe der Transsibirischen Eisenbahn. Entlang ihrer Trasse entstanden seit 1860 Siedlungen und Städte. Besucht man sie heute, so hat man stets das Gefühl, im westlichen Teil Russlands zu sein. Nicht nur die Architektur, auch die Bewohner gleichen sich, eine ursprüngliche oder asiatische Bevölkerung ist kaum präsent.

Sibirien und der Ferne Osten sind nicht nur russisch, sie sind europäisch geprägt. Geographisch liegt Russland auf zwei Kontinenten, es blickt in beide Richtungen und hat im Osten mit China, Korea und Japan asiatische Nachbarn und wichtige Handelspartner. Aber dieser Umstand gibt Russland keine asiatische Prägung. Auf den asiatischen Teil Russlands entfallen zwar 77 Prozent der Fläche des Landes, doch 77 Prozent der Bevölkerung Russlands leben westlich des Urals – also im geographischen Europa. »Wo will Russland hin?«, fragte Russlands ehemaliger Menschenrechtsbeauftragter und Botschafter in Washington, Wladimir Lukin, einmal in einem Gespräch. »Wo drei Viertel seines Territoriums liegen – oder wo vier Fünftel seiner Bevölkerung leben?!? Ich bin für die europäische Option!«

Die mongolische Herrschaft, die aus Asien über Russland gekommen war, prägt das Land in gewissem Sinne bis heute – doch mehr noch das machtvolle Unterfangen der letzten drei Jahrhunderte, die erneute Wendung hin nach Europa. Die orthodoxe Kirche wurde zur einigenden Kraft des Landes. Die Kultur des Riesenreiches ist ganz und gar europäisch, in den Werken ihrer großen Dichter und Komponisten, ihrer wunderbaren Maler und ihrer Architekten. Sie alle sind vom Westen gleichermaßen inspiriert worden, wie sie wiederum diesen bereichert haben. Die europäische Kultur wäre unvollständig ohne sie. Was russische von anderen europäischen Künstlern unterscheidet, ist das Gleiche, was den Sizilianer vom Finnen, den Portugiesen vom Polen unterscheidet: Vielfalt und Verschiedenheit durch nationale und regionale Prägung. Doch im Kern verbindet sie alle europäische kulturelle Identität, die uns spätestens dann bewusst wird, wenn wir versuchen, die Peking-Oper zu verstehen.

Was ist Europa? Was haben Finnen und Sizilianer, Iren und Zyprioten gemeinsam? Was verbindet die Menschen im säkularen Frankreich mit jenen im orthodox geprägten Griechenland, was das autoritär geführte Ungarn mit den liberalen Niederlanden? Ja, wir haben reiche gemeinsame Grundlagen und Wertvorstellungen – doch Europas wahres Kennzeichen ist eben die Vielfalt, die Verschiedenheit und Summe historischer und kultureller Prägungen, unterschiedlicher Lebensformen, sozialer Strukturen und Volkswirtschaften. Es ist der Versuch, aus fruchtbaren und schwierigen gemeinsamen Erfahrungen, aus Nachbarschaft und Geschichte einen Konsens zu bündeln, der ständig bestritten wird und neu erstritten werden muss. Und zu dieser großen Unternehmung gehört Russland wie Portugal oder Norwegen, wie die Faröer oder Malta. Die Russen sind Slawen wie die Polen oder die Kroaten, sie sind orthodox wie die Griechen oder die Bulgaren. Sie alle sind ähnlich und verschieden und wollen dies bleiben dürfen. Wo Verschiedenheit bestritten oder verwehrt wird, ist Europa bedroht.

Aber ist Russland nicht überhaupt ein Vielvölkerstaat? Ja, Tataren und Karelier, Burjaten, Deutsche und Juden, mehr als 100 Nationalitäten, Völker und indigene Ethnien leben in Russland; ihre Sprache, Kultur und Tradition werden – in Grenzen – gefördert. Doch sie alle haben eine doppelte Identität: ihre nationale – und die russländische. Sie sind Tataren und Russländer, Russen und Russländer, Inguschen und Russländer. Das eine bindet sie an ihre kulturelle Identität zurück, das andere beschreibt ihre Zugehörigkeit zu einem Land.

Und dieses Land heißt, korrekt ins Deutsche übersetzt, auch nicht »Russische Föderation«, wie es genannt wird, sondern »Russländische Föderation«, »Rossiskaja Federazija«. Andernfalls müsste es »Russkaja Federazija« heißen.

Bei aller Verschiedenheit sämtlicher Russländer: Russland ist vor allem deshalb – bei aller Besonderheit – europäisch, weil im Vielvölkerstaat *eine* kulturelle Identität – nämlich die russische – alles geprägt und sich mit anderen nicht verbunden hat, diese überformt hat, so sehr sie ihnen zugleich auch, in gewissem Umfang, ihre Eigenheit beließ. Änderungen der Verfassung 2020 haben genau diesen Vorrang erneut befestigt. Es gibt die Vielzahl der Sprachen, aber nur die eine, russische, Verständigungssprache. Die Tataren dürfen Moslems, die Esten Protestanten, die Burjaten Buddhisten bleiben – aber es gibt eben nur den einen »rechten« Glauben. In den Opernhäusern und Konzertsälen Sibirens wie Moskaus oder des Fernen Ostens wird die gleiche Musik gespielt – europäische Komponisten: russische wie deutsche, italienische wie französische. In jedem Winkel des Landes steht ein Denkmal des großen – russischen – Nationaldichters Puschkin. Und ab und an auch noch eines Stalins. Der war zwar Georgier, hatte seine kulturelle Prägung aber in einem orthodoxen Priesterseminar erfahren und seine politische durch einen europäischen Denker: Karl Marx. »Nie haben wir uns Europa stärker angenähert als zu sowjetischer Zeit«, sagte mir ein Gesprächspartner einmal. »Unser ganzes offizielles Denken war von den Analysen und Theorien eines Eurer Philosophen bestimmt.« Und er fügte hinzu: »Auf dieses Geschenk Europas hätten wir allerdings auch gerne verzichtet.«

Ja, Russland hat sich seit 2014 nach Osten gewandt – aber nicht im Sinne einer fundamentalen Neuausrichtung. Wenn viele Russen heute sagen: »Russland ist kein europäisches Land«, heißt dies vor allem: »Russland ist eben Russland und niemandem gleich« oder auch: »Wie jenes Europa, das wir im Westen sehen [lies: das unsere Staatsmedien uns zeigen], wollen wir nicht sein. Aber eben auch, weil wir die Werte des europäischen Abendlandes, anders als Ihr im Westen, nicht verraten haben, sondern weiter für sie stehen.« Niemand käme auf die Idee zu sagen: »Und weil wir uns mit dem Westen derzeit überworfen haben, schauen wir künftig nach Asien.«

Nie bin ich einem Vertreter der führenden Schicht des Landes begegnet, der sein Kind zur Ausbildung nach Shanghai, Delhi oder Peking geschickt hätte, stets nur nach Oxford, Berlin, Paris oder Harvard. Alle Statussymbole hießen Mercedes und Gucci, Armani und Porsche. Seine Zweit- und Drittwohnung hat man in Zermatt, Baden-Baden oder Juan-les-Pins, die Yacht liegt in Monaco und wer kann, hat auch noch ein kleines Weingut in der Toskana.

Also wieder nur die oberen Zehntausend, die nach Europa schauen? Im Gegenteil: Das Konzertpublikum, das ich in Chabarowsk im Fernen Osten erlebte, mehr als 6000 km Luftlinie von Moskau entfernt, war nicht gekleidet, als gehörte es zu den Reichen, der Genuss europäischer Kultur bedeutete ihm viel. Das Selbstverständnis der Lehrerinnen, denen ich in Wladiwostok und Nowosibirsk begegnete, war ganz und gar russisch-europäisch. Woher sie stammten? Gut möglich, dass ihre Großeltern zu Stalins Zeiten aus dem ganzen Reich hergewirbelt oder deportiert worden waren. Spätestens seit jener Zeit sind die Wurzeln vielfach auch verschwommen, ja, bewusst verwischt worden – es sollte ja der eine Sowjetmensch geschaffen werden. »Die eine Oma war Jüdin und der Opa Ukrainer, der andere Russe und die Oma … sie hat nie darüber gesprochen. Wir denken, sie war im Lager«, so lautet eine typische Auskunft auf die Frage nach dem »Woher«. Nicht selten ergänzt durch den Hinweis, dass der eine Großvater zur Stalin-Zeit erschossen worden und der andere im Krieg gefallen sei. In Wladiwostok hat man ein Denkmal für einen großen Sohn der Stadt aufgestellt: Juli Briner – der als Yul Brynner ein Filmschauspieler von Weltruf wurde. Seine Wurzeln: russisch, burjatisch – und schweizerisch.

Am stärksten verbindet die Menschen eines Landes die gemeinsame Sprache. Bedenkt man, wie riesig Russland ist, so ist es bemerkenswert, wie uniform diese dort ist. Ja, ganz im Westen, in den historisch alten Reichsteilen, lassen sich Unterschiede heraushören, lassen sich Sprecher einer Region zuordnen. Aber die Varianten sind minimal, nicht zu vergleichen mit den Unterschieden zwischen Karlsruhe und Stuttgart, von Schleswig und Schliersee ganz zu schweigen. Und natürlich glauben die Bewohner der alten Hauptstadt, die Petersburger, sie sprächen das bessere, gepflegtere Russisch als die Moskauer. Aber das ist ein wenig wie mit Düsseldorf und Köln oder wie mit Mannheim und Ludwigshafen.

Ja, Russland ist anders als weite Teile Europas, aus vielerlei Gründen. Aber so sind wir eben alle, verschieden – und Russland ist, bei aller historischen Prägung, nicht asiatisch. Russland liegt auf zwei Kontinenten, zwischen uns und China, und muss daraus Konsequenzen für sein politisches Handeln ziehen. Aber im Innern gehört Russland zu Europa und will dort auch hin – so wenig man dies einräumen mag –, in ein Europa, das es dann allerdings mitgestalten will. In welche Richtung, das ist dann auch eine Generationenfrage. Wir wollen Russlands autoritäre Vorstellungen nicht übernehmen, Russlands Traditionalisten nicht jede »hedonistische Verirrung« des Westens – aber von so viel anderem können wir ungeheuer profitieren, wechselseitig.

TEIL III – QUO VADIS RUSSLAND?

DIE ZUKUNFT *IN* RUSSLAND

»1000 Jahre Putin«?

Anfang 2020 überraschte Wladimir Putin nicht nur sein Volk, sondern auch die übrige Führung mit dem Vorschlag, kurzfristig die russische Verfassung zu ändern. Stets war dementiert worden, die politische Zukunft des Landes und seines Präsidenten solle auf diesem Wege gesichert werden. So auch von Putins Sprecher Peskow in einem unserer letzten Gespräche: Daran denke niemand. Das war geschickt formuliert.

In rekordverdächtigem Tempo wurden Wladimir Putins Vorschläge beraten und gutgeheißen. Quasi nebenbei wurde auch die Regierung ausgetauscht, neuer Ministerpräsident wurde der bislang weitgehend unbekannte Chef der russischen Steuerbehörde, Michail Mischustin. Wichtige Minister wurden auf ihren Posten belassen – Verteidigungsminister Schojgu und Außenminister Lawrow (auch wenn Letzterem seit Längerem der Wunsch nachgesagt wird, aufhören zu dürfen), wie auch der Finanz- und der Industrieminister.

Es blieb Valentina Tereschkowa, 83, der ersten Frau im All und *der* weiblichen Ikone Russlands vorbehalten, bei den Beratungen über die neue Verfassung in der Duma überraschend den entscheidenden Vorschlag zu machen: Wenn die Verfassung so weitgehend geändert werde, so argumentierte sie, sei es doch nur richtig, die Amtszeit des Präsidenten »auf null zu setzen«, sprich: ihm zwei weitere Amtszeiten zu gewähren. Damit war die Katze aus dem Sack: Präsident Putin schuf sich die Option, 2024 für ggf. nochmals zwei Amtszeiten anzutreten, bis 2036, wenn er 83 Jahre alt sein wird.

War dies das Ziel des Manövers gewesen? »1000 Jahre Putin«, wie »Der Spiegel« titelte? Das entspricht der Einschätzung eines führenden russischen Kremlbeobachters, der mir einmal sagte, Wladimir Putin werde »nur zu einer Bedingung bereit sein, den Kreml zu verlassen: zu den Klängen von Chopins Trauermarsch.« Nicht wenige teilen diese Meinung. Doch die Wirklichkeit ist komplexer, es hieße den Blick verengen, wollte man Putins Wunsch, die Geschicke Russlands noch für längere Zeit zu gestalten, auf seine persönlichen Machtambitionen reduzieren. In erster Linie dürfte ihm daran gelegen sein, dass das Land genau so weitergeführt wird, wie er es für richtig hält, weil es sich unter seiner Herrschaft bewährt hat. Das muss nicht mit seiner Person verbunden sein. Anders formuliert: Der Nachfolger von Putin soll Putin sein, ganz gleich, wie er heißt. Also er selbst oder jemand anderes, der gewährleistet, dass jener Weg des Präsidialabsolutismus erfolgreich fortgesetzt wird. Anders als manchem Zyniker in den oberen Etagen von Staat und Wirtschaft Russlands geht es Wladimir Putin dabei tatsächlich auch um sein Land, um eine spezifische Vorstellung von Russland, dessen Weg in die Zukunft und seiner Rolle in der Welt. Je länger er diesen Weg jedoch selbst gegangen ist – von seiner Zeit als Beamter mit KGB-Hintergrund, ins höchste Staatsamt quasi katapultiert, einer Front mächtiger Oligarchen und Interessenvertreter gegenüberstehend, bis hin zu seiner im Innern quasi unumschränkten und international wieder erstarkten Position –, desto schwieriger ist es für ihn geworden, einen Nachfolger zu finden. Also schuf der Präsident sich durch die Verfassungsänderung zumindest die Möglichkeit, sich selbst fortzusetzen, sollte sich keine andere Option auftun. Die Welt sollte sich aber auch nicht wundern, wenn plötzlich jemand auftaucht, der ihm doch als geeignet erscheint, an seiner statt den Posten des Präsidenten auszufüllen. Kandidaten gibt es genug – wobei durchaus nicht auszuschließen ist, dass ihm eines Tages jemand nachfolgen wird, den derzeit niemand so recht »auf dem Zettel hat«. Es gehört ja auch zum Herrschaftsstil Wladimir Putins, alle in Ungewissheit darüber zu lassen, was geschehen wird.

Bei der Auswahl eines Nachfolgers wird der Präsident vor allem darauf achten, dass dieser ihm gegenüber loyal bleibt. Sicherheit und Interessen der jetzigen Machtgruppierung müssen dauerhaft geschützt werden. Keine ganz einfache Bedingung: Als Boris Jelzin abtrat, ging es »lediglich« darum, dessen Interessen und die seiner Familie zu wahren. Putin versprach ihm dies und hat Wort gehalten. Nun geht es aber um mehr: um die Reichtümer einer ganzen, über die Jahre gewachsenen Gruppe. Die meisten der Superreichen im Umfeld des Präsidenten haben vielleicht nicht mehr allzu viel Einfluss, doch sie werden mit größter Aufmerksamkeit genau jene Frage im Auge behalten: Werden unsere – teils unter dubiosesten Umständen erworbenen – Vermögen uns in einer Zeit nach Putin erhalten bleiben? Auch Schweizer Konten sind bekanntlich nicht mehr um jeden Preis sicher.

Stabilität oder Stagnation?

»Ich schließe nicht aus, noch mal anzutreten«, sagte Putin, kurz bevor die vom Parlament bereits beschlossene und längst gedruckte Verfassung dem Volk noch einmal zur Akklamation vorgelegt wurde. »Aber für mich habe ich noch nichts entschieden.«

Der Machtapparat ließ kein Mittel aus, um Ende Juni 2020 breite Unterstützung für Putins Projekt sicherzustellen, das er seinem Volk zuvor in einer kurzen, emotionalen Ansprache ans Herz gelegt hatte, vor der Kulisse eines jener monumentalen Denkmäler des »Großen Vaterländischen Krieges«.

Indem Wladimir Putin sich nicht festgelegt hat, ob er nach 2024 tatsächlich im Amt bleiben wird, hat er, in einem geschickten Schachzug, all jenen den Wind aus den Segeln genommen, die gehofft haben mögen, sich in einer Nachfolgedebatte positionieren zu können. Und er entgeht der Gefahr, zur »lame duck« zu werden, so, wie ein US-Präsident gegen Ende seiner zweiten, letzten Amtsperiode. Wladimir Putin hat damit allerdings auch den Druck aus einem anderen Projekt genommen: Russland bis zum Ende seiner jetzigen Amtszeit auf den Weg in eine wirtschaftlich erfolgreiche und sozial gerechtere Moderne zu führen. Das würde ihn endgültig neben Peter den Großen stellen, jene historische Persönlichkeit, die er nach eigenem Bekunden am meisten verehrt. Doch nun müssen unangenehme Reformen nicht mehr sofort angepackt werden – man hat ja wieder Zeit. Wladimir Putin mag manchmal darüber verzweifeln, dass eine berühmt gewordene Feststellung des früheren Ministerpräsidenten Viktor Tschernomyrdin sich immer wieder zu bewahrheiten scheint: »Wir wollten es besser machen – und es wurde wie immer.« Wie gut wäre es, es wäre anders, zumal für jemanden, der sosehr in historischen Kategorien denkt wie Russlands Präsident.

So merkwürdig es klingen mag, aber das jetzt absehbare Szenario wird auch manche Analysten und Regierungsberater im Westen aufatmen lassen: Ein Russland, das zwar stabil, aber nicht zu erfolgreich ist. Ein wahrhaft prosperierendes Russland, mit größeren natürlichen Reichtümern gesegnet als China, wäre nicht nur eine wirtschaftliche Weltmacht, sondern könnte seine Stärke auch nach Belieben politisch einsetzen. Als autoritär geführtes Land wäre es dann ein formidabler Gegner. Wenn schon das weit entfernte China es schafft, vermittels seiner ökonomischen und finanziellen Stärke in europäischen Ländern auch politischen Einfluss zu nehmen – wie erst wäre es um die Möglichkeiten eines vergleichbar aufgestellten Russland bestellt?

Inhaltlich schrieb die Änderung der Verfassung die Stagnation eines Welt- und Gesellschaftsbildes fest, das einer jüngeren Generation immer fremder ist. Die Regierung wird verpflichtet, über »die historische Wahrheit« zu wachen, die Ehe wird als eine Gemeinschaft ausschließlich von Mann und Frau festgelegt und die Annexion der Krim erhält Verfassungsrang – es ist untersagt, Territorium der russischen Föderation abzutreten. Ausdrücklich festgehalten wird nun auch, dass Russland der Rechtsnachfolger der Sowjetunion ist. In einem komplexen Satz wird die Kontinuität der russischen Geschichte festgeschrieben und dabei in einem Nebensatz Gott in die Verfassung aufgenommen: »Die von einer 1000-jährigen Geschichte vereinte Russische Föderation«, heißt es nun, »erkennt unter Wahrung des Andenkens der Vorfahren, die uns Ideale, den Glauben an Gott sowie Kontinuität in der Entwicklung des russischen Staates hinterlassen haben, die historisch entstandene staatliche Einheit an.«

In dieses Welt- und Geschichtsbild passt es auch, dass die Russen nun zu den Ersten unter den Russländern gemacht werden: Russisch sei »die Sprache des staatsbildenden Volkes« heißt es in der neuen Verfassung. Das steht in der Tradition des Denkens Zar Alexanders III., der dem Russischen, den Russen und ihrer Kultur einen höheren Rang im Reich zuwies. Ende des 19. Jahrhunderts führte dies zu jener teils gewaltsam durchgeführten »Russifizierung«. Daran wird auch der Mufti von Tatarstan gedacht haben, als er – vergebens – gegen eine solche Festschreibung protestierte. Hier vollzieht sich der Abschied vom Vielvölkerideal der Sowjetunion. »Ich war Komsomolzen-Führer, ein stolzer Sowjetbürger!«, sagte mir einer meiner Gesprächspartner einmal beim Mittagessen. »Aber ich bin kein Russe und kein Moskowiter – nun bin und bleibe ich ein Jude aus Aserbeidschan.«

Die Zukunft des gegenwärtigen russischen Machtgefüges wird sich auch durch die längerfristigen Auswirkungen der Corona-Pandemie entscheiden. In der Krise selbst erlitt das System Blessuren. Die Abstimmung über die neue Verfassung, die man rasch hatte durchziehen wollen, musste genauso verschoben werden wie die groß geplante Feierlichkeit aus Anlass des 75. Jahrestages des Kriegsendes. Die wirtschaftliche Schwächung, wie sie alle Länder zu verzeichnen hatten, war in Russland aufgrund des kurz zuvor abgestürzten Ölpreises besonders gravierend. Präsident Putin verordnete eine mehrwöchige Ausgangssperre und bürdete die finanzielle Last hierfür weitgehend den Unternehmen auf, die er anwies, die Löhne fortzuzahlen. Dies traf vor allem den schwachen Mittelstand hart. Ansonsten schob der Präsident die Verantwortung für den Umgang mit den Auswirkungen der Pandemie weitgehend in die Regionen ab, wirkte merkwürdig distanziert und musste hinnehmen, dass seine Popularitätswerte auf ein Mehrjahrestief sanken.

Der Moskauer Oberbürgermeister Sobjanin, stets im Kreis der Nachfolgekandidaten, erwies sich als effizienter und umsichtiger Krisenmanager. Ansonsten wurde jedoch überall im Lande sichtbar, wie sehr das Gesundheitswesen über die Jahre herabgewirtschaftet worden war. Den staatlichen Angaben über die Zahl der Toten infolge der Pandemie wurde allgemein wenig Glauben geschenkt; im Internet wurde eine Liste mit den Namen verstorbener Mitarbeiter des Gesundheitswesens allein in Sankt Petersburg geführt, sie verzeichnete dreimal so viele Opfer wie die offizielle. Auch offizielle Angaben offenbarten schließlich das tatsächliche Ausmaß der Pandemie: Demzufolge starben in der Region Nowosibirsk im Juni 33 Prozent mehr Menschen als im Vorjahresmonat, im Swerdlowsker Gebiet 22 Prozent mehr und in Sankt Petersburg gar 55 Prozent mehr. Rückrechnungen auf der Basis offizieller Zahlen ergaben, dass die ursprünglichen Angaben zur Zahl der Corona-Toten in der Ostseemetropole deutlich zu niedrig gewesen waren. Nur noch 47 Prozent der Menschen vertrauten laut einer Umfrage zweier renommierter Institute Ende Juni den offiziellen Zahlen, während es Anfang April noch 59 Prozent gewesen waren.

Russland ist grundsätzlich nicht schlecht aufgestellt, den schweren wirtschaftlichen Einbruch zu überwinden, den die Pandemie verursacht hat, verfügt es doch über enorme finanzielle Reserven und über Rohstoffe, die nach der Krise zunächst wieder gefragt sein werden. Bislang hatte die russische Führung auch fest im Sattel gesessen, fester als ihre überscharfen Reaktionen gegen alles Oppositionelle vermuten ließen. Sie muss jedoch dauerhaft Mehrwert produzieren, muss weiteren Wohlstand erzeugen, größere Gerechtigkeit und internationales Ansehen. Dies kann gelingen. Dem stehen aber, neben den Corona-Folgen, die typischen Phänomene einer Führung entgegen, die sehr lange im Amt ist: Beharrung,

Unwille zu Veränderungen, Sicherung von Pfründen, Stagnation.

Der Führung fehlt dieses Mal auch eine Erzählung, um mit den negativen Auswirkungen einer Krise umzugehen, die erneut die grundsätzlichen wirtschaftlichen und sozialen Probleme offenlegte und verstärkte: In den Jahren nach 2014 hatte die Propaganda der Bevölkerung einreden können, die – überwiegend hausgemachte – Wirtschaftskrise sei der internationalen Abstrafung Russlands geschuldet. Dies war man bereit hinzunehmen für die »Rückkehr der Krim« und die Wiedererlangung von Respekt und Größe. Umfragen zeigten allerdings, dass der »Krim-Konsens« schon 2018 bröckelte. Daher werden die Auswirkungen der Corona-Pandemie das russische Machtsystem enorm belasten, mag die Führung auch noch so sehr auf »höhere Gewalt« verweisen.

Noch ist es stets gelungen, allen wirtschaftlichen und sozialen Unebenheiten durch Handsteuerung zu begegnen: eine Lohnerhöhung hier, eine Schadensleistung dort, eine Inhaftierung, ein Verbot, eine neue Schnellstraße. Das Volk kann seiner Führung allerdings auch müde werden, Anzeichen hierfür gibt es genug. In Chabarowsk, im Fernen Osten, acht Flugstunden von Moskau entfernt, gingen in den größten Demonstrationen seit Mitte Juli 2020 spontan und über Wochen Zehntausende auf die Straße – nicht wegen eines konkreten Missstandes: Ihr Gouverneur war verhaftet worden. Zwar gehörte er einer der Systemparteien an, der rechtsnationalistischen LDPR, doch er hatte sich in den Wahlen gegen den Kandidaten Moskaus durchgesetzt. Und nun, so die Empörung der Demonstranten, sprang Moskau mit der fernen Provinz mal wieder nach Belieben um. Die Demonstrationen, die sich auch auf andere Städte in der Region ausbreiteten, unterstützten nicht nur den Gouverneur – sie richteten sich klar auch gegen Moskau – und gegen den Präsidenten. Als es zur gleichen Zeit zu einer besonders willkürlichen Verhaftung eines investigativen Journalisten kam, Iwan Safranow – der Geheimdienst FSB klagte ihn wegen versuchten Staatsstreichs an, ohne seine Vorwürfe zu detaillieren –, solidarisierten sich kritische wie kremlnahe Journalisten gleichermaßen mit ihm.

Bevor ich Russland im Sommer 2019 verließ, traf ich mich noch einmal mit der Verlegerin Irina Prochorowa. Die renommierte Intellektuelle litt unter der Situation ihres Landes, versuchte jedoch, auch positive Entwicklungen zu sehen. Zunehmend gebe es nachbarschaftliche Hilfe, zivilgesellschaftliches Engagement, Interesse an lokaler Geschichte und regionaler Identität, eine wachsende Zahl von Nichtregierungsorganisationen. Das mache natürlich Hoffnung auf eine friedliche Entwicklung hin zu einem demokratischen Rechtsstaat – angesichts der Repression des Systems und der vielen Missstände befürchte sie aber eine Revolution. »Wir leben in einer bleiernen Zeit. Oft kommt es mir vor wie am Ende der Breschnew-Ära, vor dem Übergang zum finalen Regime der Geheimdienstchefs.« In der Stagnation befangen sieht auch der ehemalige Finanzminister Alexej Kudrin, heute Chef des russischen Rechnungshofes, sein Land: »Russlands strategische Herausforderung besteht darin, sich im Einklang mit einer sich wandelnden Welt zu ändern. Doch wir haben eine Führung, die den Unmut des Volkes fürchtet, ein Volk, das Veränderungen fürchtet, und Behörden, die nicht in der Lage wären, Veränderungen herbeizuführen.« Wenig spricht jedenfalls dafür, dass Russland sich in absehbarer Zeit organisch transformiert, hin zu einem demokratischen Land mit funktionierendem Rechtsstaat und gerechterer Verteilung des Wohlstandes. Die elementaren Menschen- und Bürgerrechte, zu deren Einhaltung das Land sich verpflichtet hat, werden immer wieder angemahnt werden müssen.

Gibt es keine organische Veränderung, so ist westliche Politik gut beraten, mit zwei denkbaren Entwicklungen in Russland zu rechnen und auf diese vorbereitet zu sein. Zum einen, dass alles noch sehr lange so weitergeht: Putin bis 2024 und dann ein ihm genehmer Nachfolger, oder Putin über 2024 hinaus und dann eine ihm genehme Nachfolge. Zum anderen, dass sich alles rasant ändert, über Nacht. Dann können die Erschütterungen groß sein, bis hin zu gewaltsamen Auseinandersetzungen und Machtkämpfen oder gar der weiteren Loslösung von Teilen des Reiches. »Alle lieben sie ihren Präsidenten«, sagte ein ihm durchaus verbundener Gesprächspartner mir einmal. »Aber keiner wird auf die Straße gehen, ihn zu verteidigen, wenn er strauchelt.«

DIE ZUKUNFT *MIT* RUSSLAND

Die Krim und der Donbas

Wie also weiter *mit* Russland, wenn es noch lange so weitergehen kann *in* Russland? Ein gutes, belastbares und vertrauensvolles Verhältnis werden wir langfristig nur gestalten können, wenn wir den Ukraine-Konflikt lösen. Solange es uns nicht gelingt, uns darüber zu verständigen, welche Regeln im Miteinander gelten, können wir nur nach besten Möglichkeiten den Istzustand verwalten und versuchen, zu verhindern, dass wir uns weiter entfremden.

Lässt sich die Krim-Frage überhaupt lösen? Vorstellbar ist vieles – aber eines unabdingbar: Vorschläge hierzu kann nur die Ukraine selbst machen. Schließlich geht es um ihr Territorium, über das nur sie verfügen kann. Das letzte, worauf Ostmitteleuropa wartet, sind deutsche – schlechter noch: deutsch-russische – Initiativen zur territorialen Neugliederung. Hierüber wird auch in Deutschland mit manchmal bestürzender Leichtigkeit hinweggesehen. Dabei wäre es hier besonders einfach, aus der Geschichte zu lernen.

»Ja, aber die Russen geben die Krim doch nie mehr her!«, heißt es häufig. Bemerkenswert, welchen Mut zur historischen Prognose jene haben, die so urteilen. Von offizieller russischer Seite habe ich natürlich ständig Sätze gehört wie: »Die Krim rücken wir auch in 100 Jahren nicht heraus!« Das klingt ein wenig wie Erich Honecker, der Anfang 1989 bekanntlich voraussagte, dass die Mauer auch noch in 100 Jahren stehen werde. Mit anderen Worten: Geschichte ist lang und windungsreich, und wir sollten ihre Entwicklung »nicht durch einen Mangel an Phantasie beleidigen«, um noch einmal Theo Sommer zu zitieren.

Gelegentlich habe ich russische Kollegen gefragt, was sie mir denn 1988, zu sowjetischer Zeit, auf die Frage geantwortet hätten, wer in fünf Jahren russischer Botschafter in Riga sein werde? Die Reaktion hätte sich wohl irgendwo zwischen Empörung und Gelächter angesiedelt. Doch 1993 hatte Russland, aus den Trümmern der Sowjetunion wiedererstanden, dann wirklich und selbstverständlich einen Botschafter im unabhängig gewordenen Lettland. 40 Jahre lang hatten die westlichen Staaten die Annexion der drei baltischen Länder durch die Sowjetunion nicht anerkannt. Mancher im Westen wird sich in den siebziger und achtziger Jahren gefragt haben, was man mit dieser scheinbar realitätsfremden völkerrechtlichen Position eigentlich noch erreichen wolle. Doch dann erstanden die baltischen Staaten aus der historischen Asche neu – und einen Teil ihrer Legitimation bezogen sie daraus, dass sie aus Sicht wichtiger Partner nie untergegangen waren.

Es mag sein, dass Russland einstweilen alles tun wird, die Krim zu behalten, und dass Moskau über diese Frage zu keinerlei Verabredung bereit sein wird, sei es mit der Ukraine, sei es in internationalen Foren. Doch das darf uns keinesfalls dazu verleiten, nach kurzer Zeit erfolgloser Bemühungen unsere Grundsätze über Bord zu werfen, getreu dem schönen Motto des amerikanischen Komikers Groucho Marx: »Dies hier sind meine Prinzipien. Wenn sie Ihnen nicht gefallen – ich habe auch noch andere.« Eine völkerrechtlich hochstrittige Frage, die sich gegenwärtig nicht lösen lässt, kann durchaus einmal einer späteren Regelung anvertraut werden, deren – dann möglicherweise günstige – Umstände wir naturgemäß noch nicht kennen können. Eine solche Vertagung setzt allerdings voraus, dass beide Seiten sich einig sind, sich nicht einig zu sein.

Der Konflikt um den Donbas hingegen ist lösbar, auch in absehbarer Zeit, vorausgesetzt, es gibt auf allen Seiten den guten Willen dazu. Im Prinzip besteht Einigkeit, eine friedenssichernde Mission der Vereinten Nationen einzusetzen, die einen Waffenstillstand überwachen und freie Wahlen gewährleisten könnte. Eine solche Mission müsste im gesamten umstrittenen Teil des Donbas eingesetzt werden, bis hin zur russisch-ukrainischen Grenze. Dies würde Kiew garantieren, dass nicht länger Menschen und Material in den Konflikt fließen, und den aktuellen Herrschern in jenem Gebiet – und damit Moskau – die Sicherheit geben, dass es ihnen nicht sofort an den Kragen geht.

Eine solche Lösung würde den Weg dafür ebnen, dass der größte Teil der westlichen Sanktionen aufgehoben werden kann, denn sie sind ganz überwiegend an den Donbas-Konflikt gebunden, vor allem in ihrem substanziellen Teil. Dann würden jene Sanktionen verbleiben, die im Zusammenhang der Krim-Annexion verfügt wurden und die im Wesentlichen Personen betreffen, die seinerzeit für die Annexion verantwortlich waren.

Es ist uns Europäern bislang nicht gelungen, den Ukraine-Konflikt wirklich zu lösen – aber doch, ihn einzuhegen. Es ist eben nicht zu einem größeren europäischen Krieg über die Krim oder den Donbas gekommen. Das ist nicht wenig, schaut man auf Jahrhunderte europäischer Geschichte zurück. Geschafft haben wir dies nicht durch Nachgiebigkeit und Beschwichtigung, sondern mit Entschlossenheit und Dialogbereitschaft. Weiterungen sind verhindert worden, weil uns eben genau jene Erfahrung der beiden furchtbaren Welterschütterungen des 20. Jahrhunderts so tief in den Knochen stecken und wir unsere Schlüsse daraus gezogen haben.

Wir haben andere Instrumente als 1914 oder 1939, und wir benutzen sie intensiver: Wir verfügen über unendlich viel bessere Mittel der Kommunikation, die eben gerade auch in Krisen eingesetzt werden. Und wir haben eine sehr viel intensivere und besser ausgebaute Diplomatie. Deutschland unterhält in Moskau seine weltweit größte Botschaft: Kontinuierlich wird in allen Bereichen das Gespräch mit russischen Partnern geführt, werden gemeinsame Ideen geboren, wird für die Bundesregierung der Blick auf das Land und seine Politik geschärft und fortgeschrieben, werden Botschaften nach Russland hinein gesendet. Alle diplomatischen Bemühungen haben in ihrem tiefsten Grund dabei eines zum Ziel: den Frieden zu bewahren.

Es gibt keinen Anlass zu beschönigen, was seit 2014 nicht gelungen ist, aber wir dürfen darauf vertrauen, dass wir ausreichend Fähigkeiten und Bereitschaft besitzen, Lösungswege zu bahnen. Es ist banal, aber uns selten ausreichend klar: Es liegt in der Natur der Sache, dass wir zwar die Probleme von heute kennen – aber nicht die Lösungen, die wir morgen für genau jene Probleme finden mögen. In der Vergangenheit ist es uns immer wieder gelungen: bemerkenswerte und manchmal ganz unerwartete Lösungen zu finden. Und scheinbar zwangsläufigen Entwicklungen zu entgehen. Nach dem Mauerbau richteten sowjetische und amerikanische Panzer mitten in Berlin ihre Rohre aufeinander, und zur Zeit der Hoch-Rüstung in den achtziger Jahren waren viele Menschen davon überzeugt, dass die Welt auf eine Katastrophe zusteuert. »Da ist uns die Geschichte zu Hilfe gekommen«, könnte man sagen – aber Geschichte ist das Ergebnis unseres Handelns. Bis eine Lösung tatsächlich erreicht ist, kann manchmal viel Zeit vergehen. Doch zu den Instrumenten moderner Diplomatie gehört es eben auch, gegenwärtig nicht lösbare Kontroversen der Zeit anzuvertrauen, ohne sie aus dem Auge zu verlieren.

Vorschläge für eine neue Russlandpolitik

Während der zurückliegenden Jahre hat es in Deutschland eine intensive Debatte über unsere Beziehungen zu diesem großen, wichtigen Land gegeben – in der Politik, den Medien, der Zivilgesellschaft. Russland ist uns nicht gleichgültig. Unser Interesse an guten Beziehungen ist groß und aufrichtig. Wie also weiter *mit* Russland, wenn es noch lange so weitergehen kann *in* Russland?

Immer wieder ist zu hören, wir bräuchten »eine neue Ostpolitik«, in der Tradition Willy Brandts und Walter Scheels. Diese hat damals entscheidend dazu beigetragen, dass der Bundesrepublik Deutschland Annäherung und Aussöhnung mit den Staaten des sowjetischen Machtbereiches in Ostmitteleuropa gelang. Der KSZE-Prozess wäre ohne die Ostpolitik nicht möglich gewesen. Mit ihrem Kernanliegen hat sie auch Erfolg gehabt: Es gelang »Wandel durch Annäherung« – allerdings nur im Verhältnis der Staaten zueinander, nicht im Hinblick auf deren innere Verfassung. Die Anerkennung der bestehenden Verhältnisse war ausdrücklich Bedingung jener Politik, das Herrschaftsmonopol der sozialistischen Staatsparteien blieb bestehen. Konservativ-katholische Werftarbeiter, die in Danzig auf die Barrikaden gingen und ihre Rechte einforderten, störten die erreichte Balance. Als im Dezember 1981 die Demokratie-Bewegung in Polen niedergeschlagen und das Kriegsrecht ausgerufen wurde, kommentierte Bundeskanzler Schmidt dies während eines Besuches in der DDR mit den Worten: »Herr Honecker und ich bedauern, dass dies nun notwendig geworden ist.« Während meiner Zeit in Warschau Ende der achtziger Jahre habe ich miterlebt, wie solche Schatten der Ostpolitik das deutsch-polnische Verhältnis belasteten.

Wenn heute für eine neue Ostpolitik plädiert wird, darf auch nicht übersehen werden, dass jene der siebziger Jahre, auch im Verständnis Willy Brandts, nur als Teil einer umfassenden Politik funktionierte. Ihre Strahlkraft gewann sie aus der festen Überzeugung ihrer Gestalter, ein – praktisch wie moralisch – überlegenes System zu haben. Und ihre Glaubwürdigkeit bezog sie aus der Bereitschaft zu Dialog und Ausgleich – wie zur militärischen Abschreckung. Dies wird gelegentlich nicht mitgedacht, wenn Vorschläge für eine neue Politik gegenüber Russland primär oder ausschließlich von dem Wunsch geleitet sind, wieder zu einem harmonischeren Verhältnis mit einem Partner zurückzukehren, der, wie sich gezeigt hat, zu gewaltsamem Ausgreifen bereit ist. Ideen für eine neue Ostpolitik scheinen oft auch nur um Russland zu kreisen. Die »alte« Ostpolitik galt jedoch ausdrücklich der Sowjetunion – *und* allen Ländern Ostmitteleuropas. Diese haben seither das Glück gehabt, die Seiten wechseln zu können. Der Begriff »Ostpolitik« für eine neue Strategie gegenüber Russland kann sie heute nur irritieren. Richtig ist es daher, eine europäische Russlandpolitik zu formulieren, gemeinsam und im Interesse aller.

Manche plädieren heute auch dafür, historisch noch weiter zurückzugehen und sich auf die erfolgreiche Russlandpolitik Otto von Bismarcks zu besinnen, der das Land aus eigener Anschauung als preußischer Gesandter in Sankt Petersburg kannte und die östliche Macht als Reichskanzler aufmerksam und erfolgreich in sein System von Allianzen einband. Doch die Ratio der nüchtern kalkulierenden Machtpolitik des Eisernen Kanzlers stammt aus einer anderen Zeit: Sie suchte zu verhindern, dass Frankreich ein antideutsches Bündnissystem unter Einschluss Russlands aufbaute, und sie zielte darauf, sicherzustellen, dass niemand an der Aufteilung Polens unter Russland, Preußen und Österreich rührte. Wie tief in den Ländern Ostmitteleuropas die Sorgen vor Verabredungen der »Großen« sitzen, musste 2019 der französische Präsident Macron erleben, als er an die Adresse Russlands – in der EU nicht abgestimmte – Vorschläge zu einer neuen europäischen Sicherheitsarchitektur richtete. Mehr oder minder explizit hatten sie Verabredungen der »Großen« untereinander zum Kern. Die französische Diplomatie war bemüht, nachzubessern, doch ihr Präsident hatte, zumal in innenpolitisch schwierigen Zeiten, Gefallen am Dialog der »Großen« gefunden. In einer betont herzlichen Videobegegnung Ende Juni 2020 entwickelte er seine Ideen im Dialog mit Wladimir Putin fort.

Nicht nur prinzipienvergessen, sondern schlicht unpolitisch ist der Vorschlag für eine Russlandpolitik, die quasi grundlos nachgeben würde, mit dem Argument: »Wenn wir die Sanktionen aufheben, werden die Russen schon auch etwas tun.« Warum sollte Russland auf etwas reagieren, was es sowieso für völlig ungerechtfertigt hält? Warum sollten die Separatisten das Schießen einstellen? Ist es nicht sehr viel wahrscheinlicher, dass jene, die mit dem aktuellen Zustand sehr zufrieden sind, die Zugeständnisse kassieren und sich noch tiefer in ihren Nestern einrichten würden? Solche Vorschläge unterstellen, der andere denke wie wir und werde sich durch Konzessionen bewegen lassen. Mit der russischen Denk- und

Handlungsweise hat dies nichts zu tun. Russland hat kein abstraktes Harmoniebedürfnis. Es hat Interessen.

Unser Handeln sollte prinzipiengeleitet sein, andererseits aber auch frei von Besserwisserei. Eine radikal wertegebundene Haltung kann manchmal blind machen. Andere machen die Dinge eben vielleicht nur anders und nicht unbedingt falsch. Es ist leicht, die Energie-, Bildungs- oder Gesundheitspolitik anderer Länder abzukanzeln oder andere Gesellschaften zu belächeln, wenn sie eine andere Vorstellung von Traditionspflege, Kultur oder dem Verhältnis der Geschlechter haben als wir. Den Patriotismus oder die konservative Sittenstrenge anderer müssen wir nicht teilen, wir sollten solches aber auch nicht einfach als rückständig abtun. Gelegentlich folgen wir unserem Gewissen mit so viel Eifer, dass wir gar nicht merken, was dies bei anderen auslöst. Und flugs soll die Welt wieder am deutschen Wesen genesen. Der Grat, den Politik und Medien dabei zu gehen haben, ist oft schmal. Was fatale Wirkung erzeugt, ist eine Haltung nach dem Grundsatz: »Wenn du nicht genau so tolerant bist wie ich, kann ich ganz schön ungemütlich werden!«

Das gilt auch in unserem Verhältnis zu Russland. An den Olympischen Winterspielen von Sotschi 2014 gab es schon im Vorfeld viel Kritik – womit sie in der Geschichte der Olympischen Spiele keine Ausnahme darstellten. Doch am Ende war es eben ein Projekt, auf das die Menschen in Russland stolz waren, mit dem sich ihr Land der Welt präsentierte. Aber viele führende Vertreter aus dem Westen blieben ihnen fern. Die zugrundeliegende Debatte ist weitgehend vergessen, die Reaktion bleibt in Erinnerung. In solchen Fragen geht es tatsächlich um Respekt und Wertschätzung. Und auch um die Substanz unseres künftigen Miteinanders. Wird es uns gelingen, einen gemeinsamen Weg in die Zukunft zu finden, bei dem wir Verschiedenheit akzeptieren – ohne unsere grundsätzlichen Überzeugungen preiszugeben?

»Es steht Europa – und ich finde, insbesondere Deutschland – gut an«, hat Bundespräsident Steinmeier in seiner Rede zur Eröffnung der Münchner Sicherheitskonferenz im

Februar 2020 gesagt, »der Welt weniger missionarisch entgegenzutreten. Die Verwestlichung der Welt kann nicht unser politisches Programm sein. Aber das normative Projekt einer Welt, das die Würde des Menschen zum Maßstab staatlichen Handelns macht, wie es in der Präambel der Charta der Vereinten Nationen vor fünfundsiebzig Jahren neben Frieden und Sicherheit als überragendes Ziel formuliert wurde, das die Stärke des Rechts über das Recht des Stärkeren stellt, das müssen und dürfen wir nicht aufgeben.«

Der Weg voran

In meinen Gesprächen mit offiziellen russischen Partnern habe ich oft die Frage gestellt: Und wie kommen wir hier wieder raus? »Wir brauchen eine neue Friedensordnung, ein neues Helsinki«, so lautete häufig die Antwort.

Bei Vorschlägen zu einer »neuen Friedensordnung« oder einem »neuen Helsinki« sollten wir genau hinschauen – und zwar wegen des Attributes »neu«. Fragten wir in Moskau nämlich nach, was dies zu bedeuten habe, so wurde rasch klar, dass bestimmte Regeln, die man einmal vereinbart hat, als lästig empfunden werden, wie eben die Verpflichtung zu einem demokratischen Weg in jedem unserer Länder, zur Einhaltung von Menschen- und Bürgerrechten, zum wechselseitigen Recht, einander hierbei zu begleiten, gegebenenfalls auch kritisch. Deutlich wurde aber auch, dass ein neues Projekt die Welt eigentlich zurück in eine alte lenken sollte, mit Einflusszonen und eingeschränkten Rechten für manche, wie eben dem Recht auf freie Bündniswahl. Weg vom »Multilateralismus«, dem gleichberechtigten Miteinander der Staaten in Konferenzen und internationalen Organisationen.

Natürlich ist gerade den »Großen« die Rücksicht auf die Interessen und Befindlichkeiten der Kleineren oft lästig, empfinden sie Regeln als störend, die alle gleichermaßen binden sollen. Genau deshalb wird in Moskau auch sehr gerne davon gesprochen, die Zukunft gehöre einer *multipolaren* Weltordnung. »Multilateral« und »multipolar« – die Begriffe liegen verräterisch nah beieinander, die Inhalte jedoch Welten auseinander. Wer in einem multipolaren System mit am Tisch sitzen soll, wer die (wenigen) Pole sein werden, bleibt offen – aus Moskaus Sicht auf jeden Fall natürlich Russland. Aber wird die eigene Kraft dies auf Dauer garantieren? Sehen Washington und Peking das genauso? Es besteht, auch im Hinblick auf unsere Beziehungen zu Russland, Anlass genug, eine multilaterale Ordnung trotz aller bekannten Probleme zu verteidigen und zu nutzen. Die Tatsache, dass die richtigen Instrumente, über die wir verfügen, blockiert oder nicht genutzt werden oder dass sie nicht ausreichend entwickelt sind, darf uns nicht veranlassen, sie zu entsorgen. Das Gute wird nicht schlecht, das Richtige nicht falsch, bloß, weil jemand gegen Regeln verstößt und sich nicht an Vereinbartes hält.

Bevor wir uns also fragwürdigem Neuen zuwenden, muss die Frage lauten: Was war eigentlich an der alten Ordnung so schlecht und falsch? Hatten wir nicht im Grunde alles Richtige und Wichtige miteinander aufgeschrieben? Der beste Ort, über den wir in Europa verfügen, um uns über solche Fragen auszutauschen, ist und bleibt die OSZE. Dieses gesamteuropäische Friedensinstrument hat – oft genug im Windschatten öffentlicher Aufmerksamkeit – viel Gutes geleistet und stellt unverändert ein vorzügliches Werkzeug dar. Ein Weg voraus bestünde daher darin, die Instrumente, die wir haben, in einer großen OSZE-Konferenz noch einmal gemeinsam zu betrachten und nach gemeinsamen Antworten auf neu aufgetauchte Herausforderungen der europäischen Sicherheit zu suchen: Welche Instrumente, die wir haben, sind gut, welche könnten verbessert werden, welche funktionieren nicht? Warum haben wir sie nicht genutzt, und wie können wir sicherstellen, dass sie in einer künftigen Krise besser genutzt werden? Welche Fragen sind bisher nicht geregelt worden? Welche Beschwernisse haben wir miteinander, was halten wir einander vor, und was ist davon zu halten? Wie sehen wir einander, und wie glauben wir, dass wir von anderen gesehen werden? Wie können wir mehr machen aus der OSZE?

Die in der OSZE 1990 vereinbarte Charta von Paris enthält viele gute Vorschläge, auch zum Thema europäische Sicherheitsarchitektur. Anläufe, in Europa zu entsprechenden Verabredungen zu kommen, hat es in der Vergangenheit durchaus schon gegeben: 2010 beispielsweise, in einer gemeinsamen Initiative von Bundeskanzlerin Merkel und dem damaligen russischen Präsidenten Medwedew, die unter anderem das Ziel ins Auge gefasst hatte, ein »Politik- und Sicherheitskomitee EU–Russland« einzurichten. Was damals nicht zu den erhofften Ergebnissen geführt hat, sollte vor dem Hintergrund einer weiter gewachsenen Entfremdung erneut betrachtet werden. Warum sollten wir nicht auch erwägen, die OSZE zu einer regionalen Unterorganisation der Vereinten Nationen zu machen, einschließlich vergleichbarer Instrumente wie dem eines europäischen Sicherheitsrates? Als die VN gegründet wurden, war geplant gewesen, solche Regionalgliederungen zu schaffen. Und warum nicht noch einmal die Vorschläge für eine europäische Sicherheitsordnung gemeinsam betrachten, die Russland gemacht hat, als Dmitri Medwedew Präsident war?

Die OSZE war und ist auch eine richtige Antwort auf die Globalisierung seit 1990. Die weltweite Verflechtung wird sich im Zuge der Corona-Pandemie verändern – verschwinden wird sie nicht mehr, allein schon aufgrund der modernen Mittel und Methoden der Kommunikation. Mit ihren Herausforderungen gehen wir am besten um, indem wir in Regionen zusammenarbeiten – wie in der Europäischen Union oder eben auch in der OSZE. Und so, wie Länder sich in Regionen zusammenschließen, können auch Regionen untereinander erfolgreich kooperieren. Russland und einige seiner Nachbarländer bemühen sich, mit der »Eurasischen Wirtschaftsunion«, der EAWU, einen ähnlichen Weg zu gehen wie wir seit mehr als 60 Jahren mit der EU. Noch steckt jenes Projekt in den Anfängen, es ist mit der Europäischen Union nicht vergleichbar – aber warum nicht gemeinsam prüfen, was es an Möglichkeiten gibt, zusammenzuarbeiten, ohne einander zu überfordern? Dabei kann man mit sehr praktischen Fragen beginnen, beispielweise: Welche technischen Standards müssten vereinheitlicht werden, damit die Hersteller in beiden Wirtschaftsräumen bessere Exportchancen haben? Die Idee, einen »gemeinsamen Raum von Vancouver bis Wladiwostok« zu gestalten, ist immer wieder beschworen worden. Sie ist und bleibt richtig.

Auch das Verhältnis der Europäischen Union zu Russland selbst lässt sich wiederbeleben, indem man an erfolgversprechende Projekte anknüpft, die nicht zu Ende geführt wurden. 2003 hatten Russland und die EU die Idee der »Vier Gemeinsamen Räume« entwickelt, in denen man zusammenarbeiten wolle: einem Raum der Wirtschaft, einem Raum der Freiheit, der Sicherheit und des Rechts, einem Raum für äußere Sicherheit und einem Raum der Forschung, Bildung und Kultur. Hier bieten sich Ansatzpunkte für konkrete Projekte.

Es lohnt also, Pläne der Vergangenheit nochmals hervorzuholen und miteinander zu überlegen, wie diese sich mit Leben füllen lassen, ohne ständig neue Initiativen zu starten, die einseitig bleiben und die die russische Führung ins Leere laufen lässt. Dies gilt beispielsweise auch für die Beratungen mit Russland im Kreis der acht führenden Industrieländer, den G8. Sie könnten wieder aufgenommen werden, sofern Russland von sich aus Interesse bekundet – im Verständnis, dass elementare Streitfragen damit nicht einfach aus der Welt geschafft sind.

Aber hat Russland derzeit überhaupt ein Interesse, das Verhältnis zum Westen, zu Deutschland zu verbessern? Aus Moskaus Sicht stehen viele Zeichen der internationalen Entwicklung auch so zu Russlands Gunsten, ohne dass man besondere Anstrengungen unternehmen müsste: Die USA unter Präsident Trump verfolgen zwar eine Großmachtpolitik, die ohne Rücksicht auf Verluste auf die konsequente Durchsetzung der eigenen Interessen ausgerichtet ist. Dies haben Gegner wie Verbündete zu spüren bekommen, Russland und China wie die Europäische Union. Zu dieser Politik gehört jedoch auch eine Kosten-Nutzen-Kalkulation: Die USA ziehen sich aus einzelnen Regionen zurück, wie aus Afghanistan, oder engagieren sich weniger, wie im Nahen und Mittleren Osten. Dies kommt Russland entgegen, wie auch der tiefe Riss, der die USA im Inneren zunehmend spaltet. Das transatlantische Bündnis ist einer Belastung nach der anderen ausgesetzt. Die EU befindet sich aus russischer Sicht auf dem absteigenden Ast, Moskau tut ja auch das Seine dazu, die innereuropäischen Differenzen zu befördern. Auch die großen Länder Europas sieht man schwächeln: Sie haben mit Migration, Gelbwesten, Brexit und anderen Problemen zu kämpfen. Da man zugleich zu China ein in Summe gutes Verhältnis aufgebaut hat, besteht aus russischer Sicht derzeit kein großer Anlass, ausgerechnet den Europäern besonders entgegenzukommen oder sich um sie zu bemühen.

Eine Normalisierung ist überdies schwierig, weil Russland die Normen an sich infrage stellt. Solange dies so ist, sollten wir die entsprechende Konsequenz daraus ziehen. Wenn die Wirklichkeit des Verhältnisses auf absehbare Zeit mehr vom Nebeneinander als vom Miteinander bestimmt ist, müssen wir dies gestalten: Dort zusammenarbeiten, wo unsere Interessen dies gebieten und gleichgelagerte russische dies vielversprechend erscheinen lassen; Russland dort Einhalt gebieten, wo es mit einer Politik der Störung und Zerstörung in Erscheinung tritt; bereit zum Gespräch bleiben und grundsätzliches Interesse an einer Verbesserung der Beziehungen zeigen,

Wir brauchen einen langen Atem – aber auch einen weiten Blick. Denn am Horizont zeichnen sich bereits gravierende Änderungen der internationalen Lage und der Position Russlands in ihr ab, die es für das große Land längerfristig interessant machen werden, mit einem starken und selbstständigen Europa zu kooperieren.

Was spricht hierfür? Russlands Aussichten, das Verhältnis zu den USA zu verbessern, sind auf absehbare Zeit gering. Zu tief sitzt in Washington der Groll gegen russische Einmischung nicht nur weltweit, sondern insbesondere auch in den USA selbst. Und eine Politik wie jene des gegenwärtigen amerikanischen Präsidenten, die auf kurzfristige, pragmatische Deals setzt, ist nicht geeignet – sofern sie denn überhaupt eine

Chance hat, zum Zuge zu kommen –, wieder ein dauerhaft belastbares, gutes Verhältnis herzustellen. Russland ist aufgrund seiner Kapazitäten nur begrenzt in der Lage, in jene Freiräume vorzustoßen, die amerikanische Rückzüge global schaffen. Es entspricht auch nur punktuell seiner Interessenlage.

Mit der fortschreitenden Dekarbonisierung der Welt – dem Abschied von Kohle und Gas als Energielieferanten – schwinden absehbar die Vorteile eines russischen Wirtschaftsmodells, das den größten Teil seines Wohlstandes aus dem Export eben solcher Rohstoffe generiert. Was bleibt, sind hohe Lasten durch eine ungünstige demographische Entwicklung, eine teure und teils marode Infrastruktur durch ausbleibende Strukturreformen, eine zu geringe Innovation durch Bereicherung und durch die Verschiebung gigantischer Vermögen ins Ausland.

Und zur gleichen Zeit eilt China mit seinem wesentlich erfolgreicheren Modell Russland davon, die Partnerschaft wird immer ungleicher.

Schon die EU, als der größte Wirtschaftsraum der Erde, tut sich schwer, mit der chinesischen Herausforderung umzugehen. Wie erst wird es längerfristig Russland ergehen, einem Land, das seine wirtschaftlichen Potenziale so wenig nutzt und das sich derart abhängig macht von seinen natürlichen Reichtümern? Wird Russland dann nicht wesentlich besser beraten sein, es gemeinsam mit den Europäern zu versuchen? Nicht aus übergroßer Liebe (bei aller tatsächlichen Nähe), aber in kühler Abwägung seiner Interessen. Die Europäische Union sollte auf diese Entwicklung vorbereitet sein, auf eine Situation, in der die chinesische Umarmung Russland zu eng zu werden beginnt. Es geht also nicht einfach darum, auf bessere Zeiten zu hoffen und bis dahin zu überwintern. Zeiten der Entfremdung müssen gestaltet, künftig möglicherweise besseren der Boden bereitet werden.

Die Frage wird sein, ob es uns dann gelingt, mit Russland eine Zusammenarbeit zu gestalten, die über die ökonomische hinausgeht, eine Zusammenarbeit, die die zivilisatorisch größere Nähe Russlands zu uns nutzt und die russischen Wünschen nach Respekt gerecht wird – ohne deswegen andere Partner schlechter zu behandeln oder die eigenen Prinzipien zu verraten. Kluge Politik und Diplomatie können so etwas vorbereiten. Indem sie Chancen ausloten, beispielsweise in der OSZE, indem sie Gefahren, wie einem neuen Wettrüsten, frühzeitig begegnen – und indem sie unsere grundsätzliche Verbundenheit mit Russland mit Leben füllen, durch Handel und Jugendaustausch, Städtepartnerschaften, Projekten der Zivilgesellschaft und kultureller Begegnung jeglicher Art.

Was wir allerdings nicht tun dürfen, ist, sehenden Auges das wichtigste Instrument preiszugeben, über das wir in diesem Teil der Erde zur Bewahrung des Friedens verfügen: die europäische Einheit, das Zusammenstehen jener Länder, die die Kriege des 20. und vorhergehender Jahrhunderte gegeneinander führten. Bei allem Streit und manchem Mangel des europäischen Einigungswerkes wird zu häufig übersehen, welch ungeheure friedenssichernde Wirkung es entfaltet. Über die Jahrhunderte haben wir uns immer wieder Freundschaft versprochen, Allianzen geschmiedet und sind dann übereinander hergefallen. Kluge Männer und Frauen haben nach dem Ende des schrecklichsten aller Kriege daraus die Konsequenz gezogen. Und ein Bündnis geschaffen, das die Interessen aller so eng miteinander verbindet, dass jeder seine Vorteile hat und dass jeder, der versucht, dem anderen zu schaden, sich selbst schadet. Sicherheit durch Verflechtung – eine absolut geniale Idee, die seit bald siebzig Jahren besser funktioniert, als wir es oft wahrhaben wollen.

Nur ein starkes, einiges Europa ist auch ein für Russland attraktiver Partner. Nur miteinander sind wir in der Lage, unsere Interessen zu wahren und an unseren Werten wie Besonderheiten festzuhalten – an der Geschichte unserer Erfolge wie unserer Bereitschaft und Gabe, moralisch unruhig zu bleiben und deshalb beständig Fragen zu stellen, wie es der polnische Schriftsteller Stefan Chwin formuliert hat: »Das Europäischste an uns ist, dass wir immer noch fähig sind, diese Fragen zu stellen, und dies auch immer wieder tun … Die ›unnötigen Komplikationen‹ des Nachdenkens darüber, was in der Welt und in den Herzen der Menschen geschieht, macht uns zu Europäern … Das wirkliche Europa ist für mich das Europa, das zögert. Und das trotz des Zögerns effektiv zu handeln vermag.«

Differenzen klar benennen und nicht unter den Teppich kehren, Gefährdungen vorausschauend ausräumen, nach Gemeinsamkeiten suchen und konkrete Projekte der Zusammenarbeit gestalten, ohne sich ständig krampfhaft neue Angebote auszudenken, alles Bewährte noch einmal bestätigen, ohne sich auf die schiefe Ebene falscher »neuer Verabredungen« ziehen zu lassen, die besonderen Chancen und die Verantwortung des bilateralen Verhältnisses ernst nehmen und nie die Anliegen unserer europäischen Partner aus dem Blick verlieren, geduldig daran arbeiten, das Verhältnis mit Leben zu erfüllen, ohne sich falschen Hoffnungen hinzugeben, man könne es über kurz oder lang in neue Höhen heben, und die Hoffnung auf eine bessere Zukunft nicht aufgeben – dies ist der gemeinsame Weg voran mit Russland.

EPILOG – ABSCHIED VON RUSSLAND

»Niemand bezweifelt den großen Wert der Beziehungen Europas zu den Vereinigten Staaten. Aber ich bin der Meinung, dass Europa seinen Ruf als mächtiger und selbstständiger Mittelpunkt der Weltpolitik langfristig nur festigen wird, wenn es seine eigenen Möglichkeiten mit den russischen menschlichen, territorialen und Naturressourcen sowie mit den Wirtschafts-, Kultur- und Verteidigungspotenzialen Russlands vereinigen wird.« Sagte? Wladimir Putin, in einer berühmt gewordenen Rede, auf Deutsch gehalten, vor dem Deutschen Bundestag am 25. September 2001. Bald zwanzig Jahre ist das her. Gilt das überhaupt noch – oder ist das nur noch Geschichte?

Mit Wladimir Putins Frage, was ich nun tun würde, ob ich ein Buch schreiben werde, hatte unser Abschiedsgespräch im Juni 2019 geendet. Begonnen hatte es mit einer Frage von mir. »Herr Präsident, wie sehen Sie die Zukunft der deutsch-russischen Beziehungen?«

Wladimir Putin holte ein wenig aus, ging zurück in die Frühzeit seiner politischen Laufbahn. Wie ich wisse, sei er ja ursprünglich beim KGB gewesen und 1991 dann Leiter des Amtes für Außenbeziehungen der Stadt Sankt Petersburg geworden. In dieser Funktion habe er den Oberbürgermeister der Stadt, Anatoli Sobtschak, zu einem Gespräch mit Bundeskanzler Kohl begleitet. Ihm habe man die gleiche Frage gestellt, die ich nun ihm, Putin stellte.

Wissen Sie, habe Helmut Kohl gesagt, in zwanzig oder dreißig Jahren werden China und Indien stark geworden sein und die USA ihren eigenen Weg gehen. Dann wird es gar keine andere Chance geben, als dass Russland und das übrige Europa zusammenarbeiten.

»Und sehen Sie, Herr Botschafter, da stehen wir heute.«

ZEITTAFEL

1975, 1. August: Die Schlussakte von Helsinki schreibt u. a. das Recht aller Teilnehmerstaaten der »Konferenz über Sicherheit und Zusammenarbeit in Europa« fest, »Vertragspartei bilateraler oder multilateraler Verträge zu sein ..., einschließlich des Rechtes, Vertragspartei eines Bündnisses zu sein«.

1985, 11. März: Michail Gorbatschow wird Generalsekretär des Zentralkomitees der KPdSU (bis August 1991). Politik der Glasnost (Offenheit) und Perestroika (Umbau).
Aufhebung der Breschnew-Doktrin (1988 auch formell): Den sozialistischen Staaten wird fortan uneingeschränkt das Recht eingeräumt, ihren eigenen Weg zu gehen.

1989, 4. Juni: Im Ergebnis des »Runden Tisches« von Opposition und Staatsmacht werden in Polen die ersten weitgehend freien Wahlen in einem bislang sozialistischen Land abgehalten.

1989, 11. November: Öffnung der DDR-Grenzen (»Mauerfall«).

1990, 12. September: »Vertrag über die abschließende Regelung in Bezug auf Deutschland« (»2+4-Vertrag«) zwischen den beiden deutschen Staaten und den alliierten Siegermächten des Zweiten Weltkrieges.

1990, 3. Oktober: Deutsche Einheit.

1990, 14. März: Michail Gorbatschow wird zusätzlich Staatspräsident der UdSSR (bis Dezember 1991).

1990, 21. November: Die KSZE beschließt die »Charta von Paris für ein neues Europa«. Festschreibung der Demokratie als einziger Regierungsform. Die Charta bekräftigt die Prinzipien von Helsinki und verpflichtet alle Teilnehmer, »sich jeder gegen die territoriale Integrität oder politische Unabhängigkeit eines Staates gerichteten Androhung oder Anwendung von Gewalt« zu enthalten.

1991, 19.–21. August: Putschversuch reaktionärer Kräfte gegen Gorbatschow. Niederschlagung unter Führung des Präsidenten der russischen Teilrepublik der UdSSR, Boris Jelzin, der anschließend die KPdSU verbietet. Beschleunigung des Zerfalls der Sowjetunion in schließlich 15 souveräne Staaten.

1991, 1. Dezember: Bei einem Referendum in der Ukraine unterstützt eine Mehrheit der Bevölkerung in allen Landesteilen die Unabhängigkeit des Landes.

1991, 8. Dezember: Die Präsidenten der bisherigen Teilrepubliken Russland, Weißrussland und Ukraine beschließen die Auflösung der UdSSR und teilen dies Michail Gorbatschow mit.

1991, 25. Dezember: Rücktritt Michail Gorbatschows zugunsten Boris Jelzins. Die »Russische Föderation« tritt die Rechtsnachfolge der UdSSR an.

Der Umbau der bankrotten sowjetischen Wirtschaft hat in den neunziger Jahren schwere soziale und ökonomische Probleme zur Folge. Eine Privatisierung, die das bisherige Staatsvermögen in möglichst viele Hände verteilen soll, führt letztlich zum Reichtum weniger, der sogenannten »Oligarchen«.

1994, 5. Dezember: Im »Budapester Memorandum« verpflichten sich die USA, Großbritannien und Russland, die Souveränität und die bestehenden Grenzen der Ukraine, Kasachstans und Weißrusslands zu achten, die dafür auf Nuklearwaffen verzichten.

1994–1996: Erster Krieg Russlands gegen tschetschenische Separatisten.

1997, 27. Mai: Unterzeichnung der »NATO-Russland-Grundakte«, die die Sicherheitsinteressen beider Seiten in praktische Verabredungen umsetzt.

1997, Dezember: Das »Partnerschafts- und Kooperationsabkommen« zwischen der EU und Russland tritt in Kraft.

1997: Die »Gruppe der 7« führenden Industrieländer wird durch die Aufnahme Russlands zur »G8« erweitert.

1998, 17. August: Russland ist, auch als Ergebnis eines Verfalls des Ölpreises, zahlungsunfähig.

1999, 31. Dezember: Boris Jelzin tritt zurück, die Amtsgeschäfte übernimmt Wladimir Putin, seit August Ministerpräsident.

1999–2009: Zweiter Tschetschenienkrieg.

2000, 26. März: Erste Wahl Wladimir Putins zum Präsidenten. Er setzt den Vorrang des Kreml gegenüber den Gebieten durch (»Machtvertikale«), beschneidet die Macht der Oligarchen und schränkt zunehmend bürgerliche Rechte und Freiheiten ein (»gelenkte Demokratie«). Als Ergebnis der Reformen der neunziger Jahre und eines wieder steigenden Ölpreises erholt sich die Wirtschaft.

2001, 25. September: Wladimir Putin spricht im Bundestag und postuliert eine enge Bindung des übrigen Europas zu Russland als wesentlich für Europas weltpolitisches Gewicht.

2005, Mai: Die EU und Russland verabreden »vier Räume der Zusammenarbeit«: der Wirtschaft, der Freiheit, Sicherheit und Justiz, der äußeren Sicherheit, der Forschung, Bildung und kulturellen Aspekte.

2007, 14. Februar: Präsident Putin übt auf der Münchner Sicherheitskonferenz scharfe Kritik an der Politik des Westens, insbesondere der USA.

2008, 7. Mai: Dmitri Medwedew wird Präsident, Wladimir Putin Ministerpräsident.

2008–2012: Verhandlungen der EU und der Ukraine über ein Assoziierungsabkommen. Zunächst keine Unterzeichnung, da die erforderlichen Reformen in der Ukraine nicht vorankommen.

2011: Die russische Wirtschaftsleistung beginnt, zurückzugehen. Notwendige strukturelle Reformen bleiben aus. 2013 beginnt sich eine Wirtschaftskrise abzuzeichnen, die sich unter dem Eindruck der Sanktionen und Gegensanktionen in den folgenden Jahren verschärft. Mit einer Rezession von –3,7 Prozent erreicht sie 2015 ihren Höhepunkt. Steigende Inflation und sinkende Einkommen.

2011: Novellierung des Gesetzes über »ausländische Agenten«, mithilfe dessen unabhängige Initiativen der Bürgergesellschaft zunehmend drangsaliert werden.

2011, Dezember–2012, Mai: Größte Massenkundgebungen der jüngeren russischen Geschichte gegen Fälschungen bei den Parlaments- und Präsidentschaftswahlen. Niederschlagung, Repression der Anführer.

2012, 4. März: Wladimir Putin wird erneut zum Präsidenten gewählt.

2013, Januar: Der Generalstabschef der russischen Streitkräfte umreißt in einer Grundsatzrede Bedingungen und Möglichkeiten »hybrider Kriegsführung«.

2013, Juli: Die EU erklärt sich bereit, das Assoziierungsabkommen mit der Ukraine zu unterzeichnen. Russland verhängt daraufhin massive Handelssanktionen und Importsperren gegen die Ukraine und erhöht den Gaspreis.

2013, 21. November: Der ukrainische Präsident Janukowitsch erklärt, das Abkommen mit der EU nun doch nicht unterzeichnen zu wollen. Russland gewährt der Ukraine kurz darauf attraktive Handelsvorteile, senkt den Gaspreis um ein Drittel und stellt einen unkonditionierten Kredit von 15 Milliarden US-Dollar zur Verfügung.

Am selben Tag beginnen in Kiew Proteste gegen Janukowitschs Kehrtwende. Als die Polizei am 30. November gewaltlose Studentenproteste niederknüppelt, weiten sich die Demonstrationen massenhaft und landesweit aus.

2014: Zu Jahresbeginn halten die Proteste im ganze Land an und richten sich mehr und mehr gegen die herrschende Gruppe und deren Korruption und Misswirtschaft.

2014, 13./14. Februar: Gespräche von Außenminister Steinmeier in Moskau.

2014, 18.–20. Februar: Eskalation der Konfrontation in Kiew, mehr als 100 Menschen finden im Zuge des Einsatzes von Polizei-Sondereinheiten den Tod.

2014, 20./21. Februar: Präsident Janukowitsch und drei Führer der Opposition unterschreiben ein Abkommen, vermittelt von den Außenministern Deutschlands, Frankreichs und Polens und einem Sondergesandten des russischen Präsidenten.

2014, 21. Februar: Die Oppositionsführer bemühen sich, das Abkommen bei den widerstrebenden Demonstranten durchzusetzen, zeitgleich flieht Präsident Janukowitsch aus Kiew und wird nach Russland in Sicherheit gebracht. Das Parlament setzt einen Übergangspräsidenten ein und schreibt Neuwahlen aus.

2014, 23. Februar: Präsident Putin entscheidet im nationalen Sicherheitsrat, »die Rückkehr der Krim nach Russland« in die Wege zu leiten. Abends beendet er gemeinsam mit dem IOC-Präsidenten die Olympischen Spiele von Sotschi.

2014, 26. Februar: Zusammenstöße zwischen prorussischen Demonstranten und Anhängern der neuen Kiewer Führung vor dem Parlament der Krim in Simferopol.

2014, 27. Februar: Soldaten ohne Hoheitsabzeichen – zu denen die russische Führung sich später bekennt – besetzen das Parlament der Krim und erzwingen einen Beschluss, ein Referendum über die Unabhängigkeit der Halbinsel abzuhalten. Rasch werden wichtige Einrichtungen und schließlich die gesamte Halbinsel besetzt.

2014, seit 6. März: Die Europäische Union und weitere Staaten verhängen schrittweise Sanktionen, zunächst gegen Personen, die für die Annexion der Krim verantwortlich sind.

2014, seit Anfang März: Unruhen in Donezk und anderen Orten des Donbas, prorussische Aktivisten stürmen Regierungsgebäude und Polizeiwachen. In der Folge zunehmender Einsatz von Waffen.

2014, 16. März: Die neu eingesetzten Machthaber führen auf der Krim eine Volksbefragung durch, die eine (u. a. vom staatlichen russischen Menschenrechtsrat in Zweifel gezogene) Mehrheit von 95,5 Prozent für einen Beitritt der Krim zu Russland ergibt.

2014, 18. März: Mit einer Feier im Kreml vollzieht Präsident Putin den Anschluss der Krim an Russland.

2014, 21. März: Die OSZE entsendet eine Beobachtermission in die Ukraine, deren Mandat im September (»Minsk I«) ausgeweitet wird: Sie soll den Dialog der Konfliktparteien befördern, einen Waffenstillstand und den Rückzug schwerer Waffen kontrollieren sowie die russisch-ukrainische Grenze überwachen. Hieran wird sie bis heute gehindert.

2014, 23. März: Rüdiger von Fritsch, bislang Botschafter in Warschau, tritt seinen Dienst als deutscher Botschafter in Moskau an.

2014, 27. März: Die Generalversammlung der Vereinten Nationen verurteilt mit einer Mehrheit von einhundert zu elf Stimmen die Annexion der Krim. Auch die Partner in der Gruppe der großen

Schwellenländer, »BRICS«, (Brasilien Indien, China, Südafrika) unterstützen Russland nicht.

2014, April: Die Separatisten rufen im Donbas eine »Volksrepublik Donezk« und eine »Volksrepublik Luhansk« aus.

2014, 15. April: Nach Ablauf einer Amnestiefrist Beginn des Einsatzes der ukrainischen Armee gegen die Separatisten im Südosten des Landes. Seit Anfang Mai Einsatz schwerer Waffen auf beiden Seiten.

2014, 17. April: Präsident Putin spricht in einer Fernsehsendung vom Osten der Ukraine als »Neurussland«, einem Gebiet, das traditionell zum russischen Reich gehört.

2014, 28. April: Alt-Bundeskanzler Gerhard Schröder feiert gemeinsam mit Wladimir Putin seinen 70. Geburtstag in Sankt Petersburg.

2014, 2. Mai: Brand des Gewerkschaftsgebäudes in Odessa, 42 Menschen kommen ums Leben.

2014, 25. Mai: Petro Poroschenko gewinnt die Präsidentschaftswahlen in der Ukraine.

2014, 6. Juni: Anlässlich der Gedenkfeier zum 70. Jahrestag der Landung der Alliierten wird das »Normandie-Format« ins Leben gerufen, dass sich seither um eine Lösung des Konfliktes bemüht (Ukraine und Russland, sowie Deutschland und Frankreich als Vermittler).

2014, Mitte Juni: Die Rebellen setzen erstmals russische Kampfpanzer ein.

2014, 17. Juli: Absturz (höchstwahrscheinlich: Abschuss) des Malaysia-Airlines-Fluges MH 17 über der Ostukraine. 298 Tote. Weitere Sanktionsschritte der EU gegen Russland.

2014, Mitte August: Mit verstärkter russischer Unterstützung wendet sich das Kampfgeschehen zugunsten der Rebellen. Die russische Regierung bestreitet den Einsatz regulärer Soldaten.

2014, 5. September: Unterzeichnung des Protokolls von Minsk (»Minsk I«) für einen Waffenstillstand und politische Lösungsschritte.

2015, Januar: Wiederaufflammen der Kämpfe, die nie ganz zur Ruhe gekommen waren.

2015, 12. Februar: Unterzeichnung des Waffenstillstands- und Konfliktlösungsabkommens »Minsk II«.

In der Folgezeit werden zeitweilige Waffenstillstände von immer neuen Kämpfen unterbrochen. Die politischen Lösungsbemühungen dauern fort.

2015, 15. Februar: Ermordung des Oppositionspolitikers und ehemaligen stellvertretenden Ministerpräsidenten Boris Nemzow in Moskau.

2015, Frühjahr: Hackerangriffe auf den Deutschen Bundestag, die sich dem Kollektiv »APT28« zuordnen lassen, das im Auftrag des russischen Militärgeheimdienst GRU arbeitet.

2015, 30. September: Russland greift mit eigenen Streitkräften in den Bürgerkrieg in Syrien ein, der sich im Zuge des Arabischen Frühlings auf dem Weg friedlicher Proteste seit 2011 entfaltet hatte. Die russische Luftwaffe unterstützt die Truppen des bedrängten Machthabers Baschar al-Assad und bekämpft sowohl Kräfte des islamischen Staates als auch der politischen, bewaffneten Opposition.

Der Bürgerkrieg kostet vermutlich mehr als 400 000 Menschen das Leben, Millionen werden in die Flucht getrieben, innerhalb Syriens, in die Nachbarländer und bis nach Westeuropa. Tausende Menschen werden allein 2016 Opfer der von Russland geflogenen Luftangriffe auf die Millionenmetropole Aleppo.

2015, November: Abschuss eines russischen Kampfflugzeuges an der türkisch-syrischen Grenze, massive Sanktionsreaktion Russlands gegen die Türkei. Mitte 2016 Normalisierung und Zweckbündnis mit der Türkei beim Vorgehen in Syrien.

2016, Januar/Februar: Russland schlachtet den Berliner »Fall Lisa« für eine große Propagandakampagne aus.

2016, 19. April: Die »Moskauer Helsinki-Gruppe« feiert, vom Staat ignoriert, den 40. Jahrestag ihrer Gründung.

2016: Präsidentschaftswahl in den USA. Vorwurf der massiven Einmischung durch Russland mit Mitteln hybrider Kriegsführung.

2017, 7. November: Der 100. Jahrestag der »Großen Sozialistischen Oktoberrevolution« vergeht in Russland weitgehend unbemerkt.

2017, 11. Dezember: Präsident Putin gibt bekannt, dass ein teilweiser Abzug der russischen Truppen aus Syrien beginnen soll.

2018, 4. März: Mordanschlag in Großbritannien auf den ehemaligen russischen Geheimdienstmitarbeiter Sergej Skripal und dessen Tochter mit Nervengas durch zwei russische Agenten. Wechselseitige Ausweisung von Diplomaten.

2018, März: Präsident Putin kündigt die Einführung zahlreicher »praktisch unverwundbarer« neuer Waffensysteme an.

2018, 18. März: Vierte (und gemäß den bisherigen Verfassungsbestimmungen letzte) Wiederwahl Wladimir Putins als russischer Präsident mit 71,4 Prozent der Stimmen.

2018, Oktober: Bruch der Russisch-Orthodoxen Kirche mit dem Ehrenoberhaupt der orthodoxen Christenheit, Patriarch Bartholomäus von Konstantinopel.

2018, 25. November: Schwerer Zwischenfall in der Meerenge von Kertsch vor der Krim: Die russische Küstenwache rammt Patrouillenboote der ukrainischen Marine, beschlagnahmt diese und nimmt die Besatzung fest.

2018: Hackerangriffe auf Rechner des Auswärtigen Amtes.

2019, 21. April: Wolodymyr Selenski gewinnt in der Ukraine die Präsidentschaftswahlen gegen Amtsinhaber Petro Poroschenko.

2019, 30. Juni: Botschafter von Fritsch geht in Moskau in den Ruhestand.

2019, 2. August: Der 1987 zwischen den USA und der UdSSR geschlossene Vertrag zum Verbot landgestützter Mittelstreckenraketen (»INF-Vertrag«) läuft, nach wechselseitigen Vorwürfen der Vertragsverletzung, aufgrund der Kündigung durch die USA aus.

2019, 23. August: Ermordung eines Milizenführers aus dem Tschetschenien-Krieg im Berliner Tiergarten. Der Generalbundesanwalt ordnet die Tat im Juni 2020 als Auftragsmord durch russische staatliche Stellen ein.

2020, 15. Januar: Rücktritt der Regierung Medwedew, Ernennung von Michail Mischustin zum neuen Ministerpräsidenten.

2020, Juni: Eine Änderung der russischen Verfassung ermöglicht es Wladimir Putin, sich zwei weitere Male – theoretisch bis 2036 – zum Präsidenten wählen zu lassen.

2020, Juli: Ein neues Gesetz auf der Grundlage der geänderten Verfassung macht es strafbar, die Zugehörigkeit der Krim zu Russland infrage zu stellen.

2020, 20. August: Giftanschlag auf den Regimekritiker Alexej Nawalny.

DANK

Herzlich danken möchte ich jenen, die die Entstehung dieses Buches begleitet und unterstützt haben: Viktor Jerofejew, Jens Siegert und Nikolaus Graf Vitzthum mit ihrer Russland-Kompetenz, Christian Koth, Thomas Karlauf, Tobias Tunkel und Maximilian von Fritsch als Lektoren und kritischen Lesern, Rainer Schwalb, Thomas Graf und Hinrich Snell als ehemaligen Kollegen mit ihrem Fachwissen. Und vor allem meiner Frau, der dieses Buch gewidmet ist.